Musik und Männlichkeiten in Deutschland seit 1950

Beiträge zur Kulturgeschichte der Musik
Herausgegeben von Rebecca Grotjahn
Band 8

Musik und Männlichkeiten in Deutschland seit 1950

Interdisziplinäre Perspektiven

Herausgegeben von Marion Gerards, Martin Loeser und Katrin Losleben

Allitera Verlag

Weitere Informationen über den Verlag und sein Programm unter:
www.allitera.de

Dezember 2013
Allitera Verlag
Ein Verlag der Buch&media GmbH, München
© 2013 Buch&media GmbH, München
Herstellung: Kay Fretwurst, Freienbrink
Umschlaggestaltung: Dietlind Pedarnig, München
Printed in Germany · ISBN 978-3-86906-311-9

Inhalt

Vorwort 9

Marion Gerards / Martin Loeser / Katrin Losleben
Einleitung 11

1 Perspektiven

Stefan Horlacher
Männlichkeitsforschung: ein einleitender Überblick 23

Ian Biddle / Kirsten Gibson
Musicologies / Masculinities 39

Katrin Losleben
Musik und Männlichkeiten – ein Forschungsüberblick 53

2 Personen – Institutionen – Instrumente – Genres

Nina Noeske
Beethoven 1970: Männlichkeitsinszenierungen als politische Strategie
in Ost und West 73

Monika Bloss
Männlichkeit/en in populärer Musik – Artikulationsmuster in den
Deutschlands der 1950er- und 1960er-Jahre 89

Irving Wolther
»… und eine junge Dame« – Feminisierung und männliche Dominanz
beim Eurovision Song Contest 105

Martin Loeser
»Wann ist ein Mann ein Mann?«
Männlichkeitsinszenierungen in westdeutscher Rock- und Popmusik am
Beispiel von Marius Müller-Westernhagen und Herbert Grönemeyer ... 121

Florian Heesch
»Eigentlich so wie 'ne Frau«?
Zur hohen Männerstimme im Heavy Metal der 1980er-Jahre am
Beispiel Udo Dirkschneider 141

Malte Friedrich
Der Klang des Männlichen.
Sexismus und Affirmation im HipHop 161

Martin Seeliger
Zwischen Affirmation und Empowerment?
Zur Bedeutung von Gangsta-Rap-Images im gesellschaftlichen
Repräsentationsregime 181

Gerlinde Haid (†)
Von Männlichkeiten und vom Umgang mit deren Symbolen in der
alpenländischen Volksmusik 195

Verena Barth
»Schade, dass du ein Mädchen bist!« –
Männlichkeitsinszenierungen im Umfeld der Trompete 213

Birgit Kiupel
E=xy? Andere Se/aiten der Männlichkeit.
Drei E-Gitarristen und eine E-Gitarristin erzählen 239

3 Musik- und sozialpädagogische Aspekte

Martina Oster
»Ich bin doch kein Knabe, ich bin ein Junge, ein kräftiger«–
Konzepte zu Männlichkeit und Singepraxis von Kindern im
Grundschulalter 265

Ilka Siedenburg
Der Weg zum Guitar Hero
Lernprozesse im Pop und männliche Identität 275

Marion Gerards
Sozialpädagogische Überlegungen zu Männlichkeitsinszenierungen in
populärer Musik 291

Elke Josties
Empowerment und Grenzüberschreitungen.
Bedeutungspotenziale von Musikprojekten für männliche Jugendliche . . 305

Judith Müller
Inszenierung von Musik und Männlichkeiten
Ein gendersensibler Blick auf die Kinder- und Jugendbandarbeit 321

Verzeichnis der Autor_innen 337

Register 343

Vorwort

Der vorliegende Band ist aus der Tagung *Musik und Männlichkeiten in Deutschland seit 1950. Erscheinungsformen und Funktionen, musik- und sozialpädagogische Perspektiven* hervorgegangen, die am 29. und 30. September 2011 am Department Soziale Arbeit der Hochschule für Angewandte Wissenschaften Hamburg stattgefunden hat. Der Großteil der Vorträge konnte für die Publikation gewonnen werden; wir haben diese zudem durch Texte ergänzt, die unseren Fokus auf den deutschsprachigen Raum durch eine internationale Perspektive erweitern (Ian Biddle/Kirsten Gibson) und die Musikgenres Hip-Hop und Schlager (Malte Friedrich, Irving Wolther) ebenso wie musik- und sozialpädagogische Fragen (Elke Josties, Martina Oster) differenzieren und um weitere Aspekte bereichern. Bereits an dieser Stelle möchten wir uns bei allen Autorinnen und Autoren für ihre Beiträge bedanken.

Die zahlreichen Teilnehmer_innen an der Tagung zeichneten sich durch ein hohes Maß an Interdisziplinarität aus. Die regen und zum Teil kontroversen Diskussionen zeigten den Bedarf und die Relevanz von Erkenntnissen und Informationen zur musikwissenschaftlichen Geschlechter- und speziell der Männerforschung an. Gerade auch für andere kultur- und sozialwissenschaftliche Disziplinen sind diese Ergebnisse interessant, da Musik intermedial eingebunden ist und im Alltag der Menschen eine zentrale Rolle spielt. Diese Interdisziplinarität war uns bei der Konzeption der Tagung und des Bandes besonders wichtig, was sich nicht nur am wissenschaftlichen Hintergrund der Autor_innen ablesen lässt, sondern auch daran, dass musik-, medien- und kulturwissenschaftliche sowie musik- und sozialpädagogische Beiträge in einem Band vereint sind.

Herzlich danken wir allen Personen und Institutionen, die zum Gelingen der Tagung und zum Erscheinen des Tagungsbandes beigetragen haben: An erster Stelle ist hier die Mariann Steegmann Foundation zu nennen, die sowohl die Tagung finanziell unterstützt, als auch die Druckkosten für den vorliegenden Band übernommen hat. Unser Dank geht ebenso an die Gleichstellungsstelle der HAW Hamburg für finanzielle Unterstützung, an das Zentrum für Praxisentwicklung (ZEPRA) der Fakultät Wirtschaft & Soziales der HAW Hamburg, das uns mit seiner Mitarbeiterin Judith Cole bei der Organisation und Durchführung der Tagung außerordentlich behilflich war, ebenso an die studentischen Mitarbeiterinnen Anne Sippel und Melanie Jost. Außerdem bedanken wir uns bei Stephan Larisch für die akribische Mitarbeit bei der Manuskripterstellung. Nicht zuletzt gilt unser Dank Prof. Dr. Rebecca Grotjahn für die Aufnahme des vorliegenden Bandes in ihre Reihe »Beiträge zur Kulturgeschichte der Musik« sowie dem Allitera Verlag für die geduldige und fachkundige Begleitung bei der Entstehung und Publikation.

Hamburg – Greifswald – Bayreuth im September 2013

Marion Gerards, Martin Loeser und Katrin Losleben

Marion Gerards / Martin Loeser / Katrin Losleben
Einleitung

Regelmäßig greifen Artikel in Feuilletons überregionaler Zeitungen Gender-Themen auf und thematisieren dabei kritisch traditionelle Männerbilder und patriarchale Konzepte von Männlichkeit. Artikel wie »Die Schmerzensmänner« (DIE ZEIT vom 5.1.2012), »Das verteufelte Geschlecht« (DIE ZEIT vom 12.4.2012), »Macho, weiß, von gestern« (DIE ZEIT vom 15.12.2012), »Sexismus gibt's auch unter Männern« (DIE ZEIT vom 7.2.2013) oder »Der Kerl hat es bestimmt verdient« (Schwerpunktthema des ZEIT-Magazins vom 28.2.2013) holen Männer und Männlichkeitskonzepte aus dem toten Winkel der öffentlichen Wahrnehmung und geben ihnen – neben zahlreichen Talkrunden im Fernsehen – mediale Aufmerksamkeit. Auch in den verschiedenen wissenschaftlichen Disziplinen beschäftigt man sich verstärkt mit Männern, nimmt sie als Objekte wissenschaftlicher Forschung in den Untersuchungsfokus[1] und sucht nach Antworten auf die viel gestellte Frage: »Wann ist der Mann ein Mann?«[2] Daneben bieten zahlreiche populärwissenschaftliche Abhandlungen pädagogische und psychologische Handreichungen für die im Gender-Dschungel verunsicherten Männer (und Frauen).[3] Gibt man beispiels-

---

[1] So z.B.: *Erziehung, Bildung und Geschlecht. Männlichkeiten im Fokus der Gender-Studies*, hrsg. von Meike Sophia Baader, Johannes Bilstein und Toni Tholen, Wiesbaden 2012; *Ambivalente Männlichkeit(en). Maskulinitätsdiskurse aus interdisziplinärer Perspektive*, hrsg. von Uta Fenske und Gregor Schuhen, Opladen 2012; Anna Buschmeyer, *Zwischen Vorbild und Verdacht. Wie Männer im Erzieherberuf Männlichkeit konstruieren* (= Geschlecht und Gesellschaft 52), Wiesbaden 2013; Lothar Böhnisch, *Männliche Sozialisation. Eine Einführung* (= Geschlechterforschung), 2. überarb. Aufl. Weinheim u.a. 2013; Martina Mronga, *Die Konstruktion von Männlichkeit im Management. Eine Analyse entgrenzter Arbeitsstrukturen*, Wiesbaden 2013.

[2] Herbert Grönemeyer fragte bereits 1984 in seinem Song »Männer« auf dem Album *Bochum* »Wann ist ein Mann ein Mann?«; Stefan Horlacher erweiterte diese Frage in dem von ihm herausgegebenen Band zu: *»Wann ist die Frau eine Frau?« – »Wann ist der Mann ein Mann?« Konstruktionen von Geschlechtlichkeit von der Antike bis ins 21.Jahrhundert* (= ZAA monograph series 10), Würzburg 2010; vgl. auch den Aufsatz von Martin Loeser zu Grönemeyer im vorliegenden Tagungsband.

[3] Björn Thorsten Leimbach, *Männlichkeit leben. Die Stärkung des Maskulinen*, 6. Aufl. Hamburg 2012; Ralf Bönt, *Das entehrte Geschlecht. Ein notwendiges*

weise bei Amazon »Ratgeber Mann« als Suchbegriff ein, so erhält man immerhin 4939 Ergebnisse im Vergleich zu 5910 Ergebnissen bei der Suchanfrage »Ratgeber Frau« (Abfrage am 13.07.2013). Männlichkeit und Männer sowie Männerforschung sind ganz offensichtlich als Thema in der Gesellschaft angekommen – und dies ist keineswegs selbstverständlich:

Ausgehend von der feministischen Bewegung der späten 1960er-Jahre stand Geschlechterforschung zunächst einmal ganz im Zeichen von Frauenforschung beziehungsweise Women's Studies, die wesentlich von den politischen Anliegen geprägt waren, die Benachteiligung von Frauen zu kritisieren, Gleichberechtigung zu fordern, bestehende Geschlechterverhältnisse in Frage zu stellen, zu verändern und, mit Blick auf die Musikgeschichte, das Komponieren und die Bedeutung von Frauen sichtbar zu machen.[4] Erst ganz allmählich entwickelte sich hieraus, gestützt durch zahlreiche universitäre Förderprogramme in den 1970er- und 1980er-Jahren eine akademische Frauen- und Geschlechter- beziehungsweise die Genderforschung, die Geschlecht – und hier sind dann explizit alle geschlechtlichen Lebens- und sexuellen Begehrensformen gemeint – als kulturelles Konstrukt versteht, die über die Grundlagen der Geschlechterverhältnisse nachdenkt und damit verbundene Hierarchisierungen und Machtdiskurse kritisch hinterfragt.

Wie langwierig und schwierig dieser Prozess war, ist beispielsweise an dem im Jahr 1997 in der zweiten Auflage der *MGG* publizierten Artikel »Musikwissenschaft« zu sehen, der den Begriff der Genderforschung noch gar nicht enthält. Lediglich mit Blick auf die USA heißt es dort kursorisch und mit abwertendem Impetus, die angloamerikanischen Cultural Studies würden »nicht davor zurückscheuen, neben den Neigungen der Künstler auch ihre Werke und sogar ganze Epochen der Musikgeschichte auf ihre sozial-politischen, psychoanalytischen und geschlechtsspezifischen Implikationen zu befragen.«[5] Und der – mit dem Bemühen, die enzyklopädische Lücke zur Entwicklung der

---

Manifest für den Mann, München 2012; Jan-Rüdiger Vogler/Thomas Prünte, *Eier zeigen! Männliche Stärken in der Partnerschaft*, Hamburg 2012.

[4] Einführend hierzu vgl. Rebecca Grotjahn, »Musik und Gender – eine Einführung«, in: *Musik und Gender. Grundlagen – Methoden – Perspektiven*, hrsg. von Rebecca Grotjahn und Sabine Vogt unter Mitarbeit von Sarah Schauberger (= Kompendien Musik 5), Laaber 2010, S. 18–42, hier S. 24 ff.

[5] Heinz von Loesch, »Musikwissenschaft. Abschn. II. Musikwissenschaft nach 1945«, in: *MGG* 2, Sachteil, Band 6, Kassel u. a. 1997, Sp. 1807–1827, hier Sp. 1822. Vgl. ebenfalls den Vorbehalt, Gender-Forschung sei ebenso wie Intermedialität, Cultural Studies oder Klangwissenschaft eine »sinnlose Strategie [...] der Selbsterhaltung«, in: *Musikwissenschaft, eine Positionsbestimmung*, hrsg. von Laurenz Lütteken, Kassel u. a. 2007, S. 44.

Frauen- und Geschlechterstudien zu kompensieren –, 2008 in der *MGG* nachgereichte Artikel »Gender Studies« akzentuiert vor allem die unterschiedlichen Forschungsansätze zum kulturellen Handeln von Frauen. Das Thema Männlichkeiten wird explizit und sehr knapp lediglich im ausblickhaften Abschnitt »Perspektiven« angeschnitten. Eine neue, für die Gender Studies nicht genug zu betonende Bedeutung hat dabei die prinzipiell gleichberechtigte

> »Darstellung und Deutung der spezifischen Qualitäten und Quantitäten der kulturellen Teilhabe beider Geschlechter, der Wechselwirkungen zwischen beiden Sphären und die Analyse von symbolischen Repräsentationen von ›männlich‹ und ›weiblich‹ in Ästhetik, Musik und musikkulturellem Handeln.«[6]

Nur eine symmetrisch ausgerichtete Genderforschung, die ihr Erkenntnisinteresse gleichermaßen auf Weiblichkeit(en) und Männlichkeit(en) richtet und beide als unabdingbar aufeinander bezogene komplementäre Kategorien begreift, ermöglicht letztlich den angemessenen Nachvollzug der mit dem *doing gender* verbundenen vielschichtigen (historischen und künstlerischen) Prozesse der Konstruktion und Inszenierung weiblicher und männlicher Identitäten. Um die in diesem Zusammenhang relevanten Diskurse, sozialen Praxen und (subjektiven) Erfahrungen offenlegen und ihre Verhältnis zueinander sinnvoll beschreiben und interpretieren zu können, ist ein konkreter historischer Kontext unabdingbar. Dies gilt nicht nur deshalb, weil als natürlich behauptete Strukturen bereits in Abhängigkeit von ihrer kulturellen Umgebung und der für sie typischen Sozialisation variieren, sondern auch weil die in den Blick genommenen Personen und Gegenstände immer in der Spannung von »individuellen Zügen und kollektivem Habitus« stehen.[7]

Vor allem der von Soziologen wie Norbert Elias und Pierre Bourdieu entwickelte Habitus-Begriff bietet »eine Vermittlungsinstanz zwischen strukturalistischem Determinismus und dem freien Willen des Individuums«[8] und

---

[6] Nina Noeske, Susanne Rode-Breymann, Melanie Unseld, »Gender Studies«, in: *MGG* 2, Supplement, Kassel u. a. 2008, Sp. 239–251, hier Sp. 249.

[7] Katharina Hottmann, »Männlichkeitskonstruktion in der Oper am Beispiel von Hugo von Hofmannsthals und Richard Strauss' *Arabella*«, in: *Musik und Gender. Grundlagen – Methoden – Perspektiven*, hrsg. von Rebecca Grotjahn und Sabine Vogt unter Mitarbeit von Sarah Schauberger (= Kompendien Musik 5), Laaber 2010, S. 183–194, hier S. 193; zu grundlegenden methodischen Fragen siehe zudem S. 183–185.

[8] Katrin Losleben, *Musik – Macht – Patronage. Kulturförderung als politisches Handeln im Rom der Frühen Neuzeit am Beispiel der Christina von Schweden (1626–1689)* (= musicolonia 9), Köln 2012, S. 19.

definiert diesen, so Bourdieu, »als ein System verinnerlichter Muster [...], die es erlauben, alle typischen Gedanken, Wahrnehmungen und Handlungen einer Kultur zu erzeugen – und nur diese.«[9] Dieser Habitus schreibt sich in die Körper ein, er wird inkorporiert und kann als »Leib gewordene Gesellschaft« besonders im Geschlechtshabitus wirksam werden:

> »Da jedes der beiden Geschlechter nur in Relation zum anderen existiert, ist jedes das Produkt einer zugleich theoretischen und praktischen diakritischen Konstruktionsarbeit. Erst durch sie wird es als [...] vom anderen Geschlecht *gesellschaftlich unterschiedener Körper*, d.h. als männlicher, also nicht weiblicher, oder weiblicher, also nicht männlicher Habitus erzeugt. [...] Da sie in den Dingen eingezeichnet ist, prägt sich die männliche Ordnung durch die den Routinen der Arbeitsteilung und der kollektiven oder privaten Rituale impliziten Forderungen auch in die Körper ein.«[10]

Die Inkorporation der männlichen Ordnung in die handelnden Subjekte passiert auch und gerade in Bezug auf musikkulturelle Praktiken: Wenn grundlegend gilt, dass männliche und weibliche Subjekte mit unterschiedlichem Habitus und unterschiedlichen Zugängen zu ökonomischen und kulturellen Kapitalformen agieren, dann performieren Dirigenten, Komponisten, Instrumentalisten, Pädagogen, Wissenschaftler oder Hörer in ihren musikbezogenen Handlungen ihren jeweiligen männlichen Habitus, der von diversen kulturellen Kapitalformen gespeist wird und sie in den speziellen institutionellen Strukturen des Musiklebens als eines der gesellschaftlichen Spielfelder besonders handlungsfähig macht.

Insbesondere auf die notwendige Differenzierung zwischen ganz unterschiedlichen Ausprägungen von Männlichkeit hat aus soziologischer Sicht Raewyn Connell aufmerksam gemacht.[11] Das von ihr entwickelte System unterschiedlicher Männlichkeitskonzeptionen gab Impulse nicht nur für die sozialwissenschaftliche Männerforschung. Hegemoniale Männlichkeiten stehen für ideale Vorstellungen von Männlichkeit, die sich weitgehend auf Heterosexualität stützen und einen privilegierten Zugang zu gesellschaftlicher Macht und öko-

---

[9] Pierre Bourdieu, *Zur Soziologie der symbolischen Formen* (= suhrkamp taschenbuch wissenschaft 107), Frankfurt/M. 1974, S. 143.

[10] Pierre Bourdieu, *Die männliche Herrschaft*, Frankfurt/M. 2005, S. 46, Kursivierung im Original.

[11] Raewyn Connell hat auch unter den Vornamen Robert W., Robert William und Bob publiziert. Wir haben uns entschieden, den jeweils von ihr verwendeten Publikationsnamen zu benutzen (vgl. Fußnote 23 im vorliegenden Aufsatz von Stefan Horlacher). Vgl. Robert W. Connell, *Masculinities*. Los Angeles 1995, dt. Ausgabe u.d.T. *Der gemachte Mann. Konstruktion und Krise von Männlichkeiten*, 3. Aufl. Wiesbaden 2006.

nomischen Ressourcen sichern. Davon unterscheidet Connell komplizenhafte, untergeordnete und marginalisierte Männlichkeiten, die jedoch alle von der prinzipiellen Unterordnung von Frauen profitieren, was Connell als »patriarchale Dividende« bezeichnet.[12]

Im Bereich der Musik sind Konzepte von Männlichkeit (und Weiblichkeit)[13] auf verschiedenen Ebenen aufzufinden. Neben dem männlichen Habitus der im Musikleben agierenden Subjekte sind auch die Inszenierungen auf der Bühne und die Diskurse über Musik in Wissenschaft und Feuilleton in den Blick zu nehmen. Der vorliegende Band wendet sich diesen Ebenen zu und zeigt Beispiele für Inszenierungen und Aushandlungen von Männlichkeiten im Bereich der Musik. Um der Komplexität des Themas gerecht zu werden, ist es erforderlich, auf die Ergebnisse verschiedener wissenschaftlicher Disziplinen zurückzugreifen. Dabei stellt man fest, dass dort jeweils mit unterschiedlichen theoretischen Ansätzen und Begrifflichkeiten operiert wird. Sprach man in früheren Abhandlungen und orientiert an literaturwissenschaftlichen Studien viel von (Frauen- und) Männerbildern oder von Repräsentationen, so greift man in sozialkonstruktivistischen und -wissenschaftlichen Arbeiten eher auf Begriffe wie (Geschlechter-)Rolle, Stereotype oder auf Formulierungen wie »Konstruktionen von Männlichkeit« oder von Geschlechterkonzepten zurück, während der ethnomethodologische Ansatz das Tun von Geschlecht als doing gender betont. Oder man spricht unter Bezugnahme auf theaterwissenschaftliche Zusammenhänge von der Inszenierung von Geschlecht. Eine Männlichkeitsinszenierung ist demnach »eine Erzeugungsstrategie, die die spezifische Gegenwärtigkeit und Materialität dessen herstellt, was sie zeigt.«[14] Mit Bourdieu ließe sich ergänzen, dass der »habituelle Vollzug von Geschlecht im Alltagshandeln [...] uns diesen meist nicht als Inszenierung wahrnehmen«[15] lässt. Dieser Ansatz besitzt wiederum eine theoretische Nähe zu sprachphilosophischen Theorien, die sich mit Performanz, Performativität und Performance von Geschlecht beschäftigen. Der von Judith Butler[16] entwickelte Erklärungsansatz

---

[12] Vgl. Connell, *Der gemachte Mann*, S. 87–102.
[13] Dass die hier diskutierten Konzepte, Prozesse und Strukturen schwerpunktmäßig auf Männlichkeiten bezogen werden, bedeutet nicht, dass sie nicht auch für die Konstruktion von Weiblichkeiten gelten. Dies ist im Folgenden jedoch nicht immer wieder explizit benannt.
[14] Marie-Anne Kohl, [Art.] »Inszenierung des Geschlechts«, in: *Lexikon Musik und Gender*, hrsg. von Annette Kreutziger-Herr und Melanie Unseld, Kassel 2010, S. 261.
[15] Ebd.
[16] Judith Butler, *Das Unbehagen der Geschlechter*, Frankfurt/M. 1991 und *Körper von Gewicht. Die diskursiven Grenzen des Geschlechts*, Frankfurt/M. 1997.

von Performativität und Geschlecht »versteht die Geschlechtszugehörigkeit als performativen Vollzug, [...] der die soziale Fiktion seiner eigenen psychologischen Innerlichkeit konstruiert.«[17] Und in einem weiteren Schritt dekonstruiert Butler die vermeintliche ›Natürlichkeit‹ des biologischen Geschlechts, da dieses »als Effekt einer permanenten Inszenierung von Geschlechtsein innerhalb diskursiv erzeugter Intelligibilitätsmuster« verstanden wird. »Mann- oder Frausein ist nichts, was Mann/Frau hat oder ist, sondern was fortwährend produziert werden muss, um den Anschein der Natürlichkeit aufrecht zu erhalten«.[18]

Diese begriffliche Vielfalt zeugt demnach nicht von einer Unbestimmtheit kultur- und sozialwissenschaftlicher Theoriefindung, sondern sie ist vielmehr zur Erklärung der komplexen Zusammenhänge von Geschlecht und Gesellschaft und hier konkret von Männlichkeiten und Musik unabdingbar. Der vorliegende Tagungsband zeugt von dieser begrifflichen und theoretischen Vielfalt, die sich jedoch auf das gemeinsame Erkenntnisinteresse zusammenführen lässt, Antworten auf die Fragen zu finden, wie und mit welchen künstlerischen Mitteln Männlichkeit konstruiert, inszeniert beziehungsweise performativ hergestellt wird, welchen Zwecken dies dient und welcher Stellenwert dabei der Musik zukommt. Vielleicht ist allen Beiträgen sogar eine gemeinsame Grundhypothese zu eigen, dass nämlich gerade musikbezogenes Handeln eng mit Inszenierungen beziehungsweise Konstruktionen und Konzepten von Männlichkeiten verbunden ist. Das Leitmotiv könnte somit in knapper Form lauten: doing masculinities by doing music.

Die Aufsätze umfassen einen Zeitraum von 1950 bis heute und beschränken sich ganz bewusst auf den deutschen Sprachraum. Eine derartige Begrenzung erscheint bereits angesichts der Heterogenität des Forschungsobjekts Männlichkeiten für dessen Untersuchung sinnvoll, auch wenn dadurch der in der Regel so attraktive internationale Horizont zugunsten einer konzentrierten, aber interdisziplinären Herangehensweise hintenan gestellt wird. Denn diese multiperspektivischen Momentaufnahmen eröffnen dank ihres Fokus von der Nachkriegszeit bis heute die Chance, Kontinuitäten und Veränderungen im Umgang mit männlichen (und weiblichen) Identitäten offenzulegen und dabei ein Stück der Geschichte und Kultur eines Raumes zu vermitteln, und dies mit zahlreichen Anknüpfungsmöglichkeiten nicht nur für die musik- und sozialpädagogische Praxis.

---

[17] Dagmar von Hoff, [Art.] »Performanz«, in: *Lexikon Musik und Gender*, S. 426–427, hier S. 427.
[18] Ebd.

Teil 1 dient der Einführung in den Gegenstand und führt verschiedene Perspektiven zum aktuellen Forschungsstand zu Männlichkeit(en) und Musik zusammen. Erläutert werden sowohl die wichtigsten theoretischen Ansätze der sozial- und kulturwissenschaftlichen Männlichkeitsforschung in den letzten Jahrzehnten (Stefan Horlacher) als auch die vielfältige und gewichtige Bedeutung von Männlichkeit für die Musikwissenschaft als akademischer Disziplin. Dies gilt für musiktheoretische Äußerungen und musikalische Artefakte, die vom Mittelalter bis in die Gegenwart reichen und in deren Zusammenhang Männlichkeit(en) zur Sprache gebracht oder projiziert werden, aber auch für die Fachdisziplin selbst. Deren Akteure waren lange Zeit überwiegend männlich und haben als männlich konnotierte musikalische Klänge und Kompositionsweisen als ästhetische Norm gesetzt und damit ›andere‹ Arten von Musik in den Hintergrund gedrängt und abgewertet (Katrin Losleben). Wie sehr sich dieser Sachverhalt bis in die Gegenwart hinein als Bürde für die Musikwissenschaft auswirkt und einen adäquaten Umgang, das heißt, eine im Idealfall offene und ausgewogene Auseinandersetzung mit Musik, erschwert, dies verdeutlicht nicht zuletzt ein angloamerikanischer Blick auf die Fachtradition der deutschsprachigen Musikwissenschaft und die bundesrepublikanische Nachkriegszeit, in der Musik immer noch primär ein Repräsentationsmittel männlicher Kreativität darstellt (Ian Biddle/Kirsten Gibson).

Teil 2 begibt sich daher auf die konkrete Spurensuche nach musikalischen Repräsentationen von Männlichkeiten. Im Fokus stehen vor allem die vielfältigen performativen, medialen und dezidiert klanglichen Möglichkeiten, mit denen Männlichkeiten im Zusammenhang mit Musik inszeniert und dabei affirmiert, gebrochen oder in Frage gestellt werden kann. So vielfältig wie die gesellschaftlichen Orte von Musik sind dabei ihre Adressat_innen und nicht zuletzt das Phänomen Musik selbst. Wissenschaft sollte diese Vielfalt und die damit einhergehenden Vielstimmigkeiten abbilden, zumal sich valide Aussagen über Männlichkeiten und ihre musikalische Inszenierung nur am konkreten Fallbeispiel und in speziellen soziokulturellen Kontexten mit ihren jeweils zugehörigen Rezeptionsweisen gewinnen lassen. Dass solch ein umfassender Zugriff in einem Band wie dem vorliegenden nur annäherungsweise möglich ist und auch andere Beispiele möglich und sinnvoll wären, versteht sich nahezu von selbst. Gleichwohl reicht die Bandbreite der hier vorgestellten Fallbeispiele von der west- und ostdeutschen Beethoven-Rezeption der 1970er-Jahre (Nina Noeske) über die Entwicklung des Schlagers in beiden deutschen Staaten (Monika Bloss) bis zur alpenländischen Volksmusik (Gerlinde Haid), hier aufgezeigt an einem Beispiel aus dem österreichischen Kulturraum. Ebenso werden Männlichkeitsinszenierungen in zentralen Genres der sogenannten U-Musik, u. a. in Rock- und Popmusik (Martin Loeser), im Heavy Metal (Florian Heesch), im HipHop (Malte Friedrich, Martin Seeliger) und im Eurovision Song Contest (Irving Wolther) thematisiert. Die Streifzüge durch die wichtigsten Genres populärer Musik enden mit einer Betrachtung der in der Regel männlich konnotierten Instrumente Trompete (Verena Barth) und E-Gitarre (Birgit Kiupel). Die Fallbeispiele verdeutlichen insgesamt, wie wichtig für den sich erst in den Anfängen befindenden musikwissenschaftlichen Diskurs um Männlichkeiten eine Auseinandersetzung jenseits der Vogelperspektive ist. Denn durch die eingenommene Nahperspektive – im Sinne von Mikrostudien, die einen Fokus auf jeweils konkrete historische und situative Kontexte legen – verlieren bislang als homogen wahrgenommene Performierungen von Männlichkeit vielfach ihre Eindeutigkeit, und Aussagen über die unterschiedlichen Funktionen von Männlichkeiten werden möglich. Dies geschieht einerseits in der Auseinandersetzung mit verschiedenen Formen von Weiblichkeit, wobei Feminines beziehungsweise Feminisierung bewusst oder unterbewusst zur Abstufung von Maskulinität Verwendung findet; andererseits entpuppt sich mitunter ein markanter männlicher Habitus, wie er beispielsweise in Sing- und Tanzritualen der alpenländischen Volksmusik zutage tritt, nicht etwa als hegemonial, sondern als eine bezogen auf ihren historischen Entstehungskontext untergeordnete Form von Männlichkeit. Nicht zuletzt vermittelt Teil 2 einen Einblick in die beträchtliche Diversität an kompositorisch-klanglichen Mitteln und medialen Strategien, mit denen Männlichkeiten seit den 1950er-Jahren in unterschiedlichen Bereichen der Musikkultur im deutschsprachigen Raum in Szene gesetzt worden sind.

Teil 3 fragt schließlich nach den Konsequenzen, die aus dem Wissen um die soziale und kulturelle Konstruktion der Kategorien Männlichkeit und Weiblichkeit für eine gendersensible Musikpädagogik und Jugendarbeit erwachsen, namentlich wenn man junge Menschen gemäß ihrer individuellen Fähigkeiten fördern und nicht durch Geschlechterkonzepte einschränken will. Sozialisationsbedingten Barrieren werden hier adäquate Möglichkeiten gegenübergestellt, wie jene durch unterschiedliche Formen von Empowerment eingeebnet werden können. Fallstudien beschäftigen sich mit musikpädagogischen Konzeptionen für das musikbezogene Handeln von Jungen (Martina Oster), mit der Sozialisation und Identitätsbildung bei Jungen, insbesondere im Zusammenhang mit dem ›doing masculinities‹ beim Erlernen eines Instrumentes (Ilka Siedenburg), und nicht zuletzt mit der Bedeutung von Musikprojekten und Bandarbeit für Kinder, Jugendliche und junge Erwachsene (Elke Josties, Judith Müller). Dabei gilt die Aufmerksamkeit nicht nur einem möglichen Gefahrenpotential durch hypermaskuline Texte und Inszenierungen in Heavy Metal und HipHop, deren heteronormative, mitunter sexistische und homophobe Geschlechterkonzepte in der Jugendarbeit zu reflektieren sind, sondern auch dem Empowerment in Form weiblicher Maskulinität, die Frauen in ›Männer-Musik-Szenen‹ praktizieren (Marion Gerards).

Insgesamt spiegeln die hier versammelten Beiträge die Vielfalt möglicher wissenschaftlicher Zugangsweisen zum Themenfeld Musik und Männlichkeit wider. Je nach wissenschaftlicher Disziplin der Autor_innen steht dabei die Musik in ihrer klanglichen oder strukturellen Materialität mehr oder weniger stark im Analysefokus. Gewonnen wird gleichwohl ein interdisziplinärer Zugang, der Musik und musikbezogene Praktiken in Bezug auf Männlichkeitsinszenierungen in geografisch und zeitlich konkretisierten sozio-kulturellen Kontexten verortet. So bilden die durchaus unterschiedlichen Einschätzungen der Autor_innen den Eingang der Themen Gender und Männlichkeit(en) im Handlungsfeld Musik in den jeweiligen wissenschaftlichen Debatten und öffentlichen Prozessen des Gender Mainstreaming ab. Dass damit »Musik und Männlichkeiten in Deutschland seit 1950« nicht erschöpfend dargestellt sind, dies versteht sich von selbst und sollte Anlass zu zukünftiger Forschung geben.

1 Perspektiven

Stefan Horlacher
Männlichkeitsforschung: ein einleitender Überblick

Nicht nur aufgrund von Gewaltexzessen wird Männlichkeit seit etwa 15 bis 20 Jahren zumindest in der westlichen Welt als ein ernst zu nehmendes soziales Problem wahrgenommen. Wie ein Verweis auf die durch die Medien gegangenen U-Bahn-Attacken (beispielsweise 2007 in München und 2011 in Berlin) oder die Erinnerung an die gewalttätigen Zwischenfälle an der Columbine High School, der Virginia Tech University, der Northern Illinois University (DeKalb), der Chardon High School (Ohio), der Berliner Rütli-Schule, dem Erfurter Gutenberg-Gymnasium oder der Jokela Schule in Tuusula, Finnland, belegen, konzentriert sich die öffentliche Aufmerksamkeit immer stärker auf männliche Straftäter und männliche Gewalt.

Dass diese sich in Deutschland erst in den letzten Jahren verschärft abzeichnende Thematik keinesfalls völlig neu ist, belegt ein Blick in die USA, wo der Psychiater William Pollock von der Harvard University bereits 1998 eine »nationale Krise des Knabenalters« ausrief. Nachdem »[j]ahrelang [...] in den USA die Förderung von Mädchen Priorität« hatte, offenbaren die Statistiken eine erschütternde Bilanz: »Im Pubertätsalter begehen in den USA fünfmal so viele Jungen wie Mädchen Selbstmord. Jungen machen 90 Prozent der Disziplinarfälle aus und brechen viermal häufiger die Schule ab«.[1] Doch dies war – und ist – nur die Oberfläche: Aktuelle Daten belegen, dass die Zahl der unter Alkoholismus leidenden Männer doppelt so hoch ist wie die der Frauen,[2] und

---

[1] »Psychiater: Amerikas Jungen in der Krise«, in: *Die Welt* 02.06.1998, S. 12. Siehe auch: Stefan Horlacher, »Men's Studies and Gender Studies at the Crossroads (I): Transdisziplinäre Zukunftsperspektiven der Geschlechterforschung«, in: *LWU – Literatur in Wissenschaft und Unterricht*, XXXVII.2 (2004), S. 169–188. Siehe weiterhin: Stefan Horlacher, *Masculinities. Konzeptionen von Männlichkeit im Werk von Thomas Hardy und D. H. Lawrence*, Tübingen 2006.

[2] Die Angabe bezieht sich auf die USA; vgl. »Excessive Alcohol Use and Risks to Men's Health«, in: *Centers for Disease Control and Prevention* 20.07.2010, www.cdc.gov/alcohol/fact-sheets/mens-health.htm, 11.02.2012. Zwar gilt die geistige Gesundheit bei Frauen laut aktuellen Zahlen der World Health Organisation als anfälliger, jedoch werden Männer bei gleichen Symptomen weit seltener als depressiv diagnostiziert.

dass auch beim Krankheitsbild der Antisozialen Persönlichkeitsstörung die Männer zahlenmäßig weit führend sind.[3]

In Deutschland lag im Jahr 2006 die altersspezifische Sterblichkeit der Männer um 57% höher als die der Frauen. Die statistische Lebenserwartung der Männer war mit 77,2 gegenüber 82,4 Jahren um 5,2 Jahre niedriger und die Zahl der Sterbefälle vor dem 65. Lebensjahr pro 100.000 Personen betrug 139 auf weiblicher gegenüber 238 auf männlicher Seite. Ähnlich unausgeglichen verhält es sich bei Sterbefällen aufgrund chronischer Erkrankung (♀ 82 zu ♂ 142 auf jew. 100.000 Personen), der Sterberate durch Krebs (♀ 130,1 zu ♂ 206,4 auf jew. 100.000 Personen), den Neuerkrankungen an Krebs (♀ 197.600 zu ♂ 229.200) sowie dem Anstieg der voraussichtlichen Pflegebedürftigkeit bis 2030 von ♀ 58% zu ♂ 74%. In Zusammenhang mit Alkohol starben, gerechnet auf 100.000 Personen, im Jahr 2005 31 Frauen im Vergleich zu 86 Männern, in Folge von Rauchen starben 153 Frauen im Vergleich zu 297 Männern.[4] Auch die Selbstmordrate ist in Deutschland bei Männern unabhängig von der Alterskohorte in der Regel mindestens dreimal so hoch wie bei Frauen.[5]

Angesichts dieser Zahlen könnte man fast den Eindruck haben, als mutiere das ehemals starke nun zum »mit zahlreichen physischen und psychischen

---

[3] WHO [World Health Organization], »Gender and Women's Mental Health« 2011, www.who.int/mental_health/prevention/genderwomen/en/, 11.02.2012. Die Zahlen einer etwas älteren in *L'Actualité médicale* publizierten kanadischen Studie sprechen eine noch deutlichere Sprache: Demzufolge leiden im Kindes- und Jugendalter deutlich mehr Männer als Frauen an Beeinträchtigungen beziehungsweise Erkrankungen wie langsamer geistiger Entwicklung, Verhaltensstörungen, Überängstlichkeit oder schizoiden Tendenzen. Im Erwachsenenalter weisen Männer besonders häufig Persönlichkeitsstörungen wie beispielsweise Paranoia und zwanghaftes oder antisoziales Verhalten auf. Vgl. Huguette O'Neil, »Santé mentale: les hommes, ces grands oubliés«, in: *L'Actualité médicale* 11.05.1988, S. 27.

[4] Gerry McCartney u. a., »Contribution of Smoking-Related and Alcohol-Related Deaths to the Gender Gap in Mortality: Evidence from 30 European Countries«, in: *Tobacco Control: An International Peer-Reviewed Journal for Health Professionals and Others in Tobacco Control* 12.01.2011, http://tobaccocontrol.bmj.com/content/early/2010/12/20/tc.2010.037929.full, 11.02.2012.

[5] In Deutschland töten sich von 100.000 Menschen durchschnittlich 17,9 Männer und 6,0 Frauen (2006), in den USA 17,7 Männer und 4,5 Frauen (2005); vgl. WHO [World Health Organization], »Suicide Rates per 100,000 by Country, Year and Sex« 2011, www.who.int/mental_health/prevention/suicide_rates/en/, 11.02.2012; vgl. auch Doris Bardehle, »Gesundheit und gesundheitliche Versorgung von Männern«, in: *Erster Deutscher Männergesundheitsbericht: Ein Pilotbericht*, hrsg. von Doris Bardehle und Matthias Stiehler, München 2010, S. 17–27. Für die Zuarbeit zum statistischen Überblick danke ich Wieland Schwanebeck, M. A.

Anfälligkeiten«[6] behafteten schwachen Geschlecht, zumal die Medien beständig daran erinnern, »that men [...] are three times more likely to be murdered, more frequently die of heart attack, AIDS, and cancer, are more often homeless, are forced to go to war, become criminals and terrorists in much larger numbers, are expected to perform sexually, but also to repress emotions, suffer circumcision, [and] have their pain trivialized«.[7]

Zwar scheint aus biologischer Sicht bereits das reine Überleben für das männliche Wesen schwieriger zu sein als für das weibliche, doch wäre es voreilig, die in Industriegesellschaften um etwa fünf Jahre geringere Lebenserwartung der Männer allein auf die Biologie zurückzuführen, beträgt die Differenz in klösterlicher Umgebung doch nur ein Jahr.[8] Dies lässt erkennen, dass Männlichkeit nicht nur höchst problematisch, sondern sogar bis hin zur Lebenserwartung kulturell determiniert ist. Martin Dinges argumentiert diesbezüglich, dass »traditionelle Leitbilder ›hegemonialer Männlichkeit‹«, die im 19. Jahrhundert geprägt wurden und auf »harte, schmerzunempfindliche, [...] besonders wehrfähige Jungen« abzielten, die »normativ erwünschte Trennung der Sphären von Frau und Mann« sowie »die zunehmende Verbreitung haushaltsferner Arbeitsplätze der Männer [...] auch heute noch zu Gesundheitsgefährdungen im männlichen Lebenslauf« führen:

> »Jungen spielen gefährlicher. Pubertierende männliche Jugendliche verhalten sich risikoreicher als Mädchen – zwar nicht mehr beim Rauchen, aber immer noch beim Konsum von Drogen und harten Alkoholika. Auch die Unfallrate und die Suizidrate von jungen Männern sind höher als die gleichaltriger Frauen. Darüber hinaus fügen sich junge Männer gegenseitig viel häufiger Verletzungen zu.«[9]

Dies führt zur Frage nach Verletzungsmacht und Verletzungsoffenheit[10] als grundlegende, wechselseitig aufeinander verweisende Modi von Vergesellschaftung, zur Frage nach einer kulturellen Konstruktion von Männlichkeit

---

[6] Elisabeth Badinter, *XY. Die Identität des Mannes*, München 1993, S. 49f.
[7] Rainer Emig und Antony Rowland, »Introduction«, in: *Performing Masculinity*, hrsg. von Rainer Emig und Antony Rowland, Houndmills 2010, S. 1–12, hier S. 7f.
[8] Vgl. Martin Dinges, »Männlichkeit und Gesundheit: Aktuelle Debatte und historische Perspektiven«, in: *Erster Deutscher Männergesundheitsbericht: Ein Pilotbericht*, hrsg. von Doris Bardehle und Matthias Stiehler, München 2010, S. 2–16, hier S. 5; sowie: Marc Luy, »Die geschlechtsspezifischen Sterblichkeitsunterschiede. Zeit für eine Zwischenbilanz«, in: *Zeitschrift für Gerontologie und Geriatrie* 35 (2002), S. 412–429.
[9] Dinges, »Männlichkeit und Gesundheit«, S. 7.
[10] Vgl. Heinrich Popitz, *Phänomene der Macht*, Tübingen 1986.

und Weiblichkeit, die den männlichen Körper als verletzungsmächtig, den weiblichen Körper als verletzungsoffen konzipiert und Gegenevidenzen, die sich nicht der binären Klassifikation fügen, ausblendet. In der Tat hält das »Muster der hegemonialen Männlichkeit [...] für die Wahrnehmung einer verletzungsoffenen Männlichkeit beziehungsweise von Männern als Opfer von Gewalt kein Vokabular bereit«.[11] Hinzu kommt, dass Gewalt in der Erziehung von Jungen eine größere Rolle spielt und »auch bei von Gewalt Betroffenen die Annahme« fördert, »dass Gewaltwiderfahrnisse völlig normal seien. [...] Die[se] Gewöhnung an Gewalt als normales Mittel des Umgangs erfolgt bei Jungen recht früh«.[12]

Bei den oben genannten handelt es sich jedoch nur um einige von zahlreichen Faktoren, die zur geringeren Lebenserwartung und höheren Krankheits- und Unfallanfälligkeit von männlichen Jugendlichen beitragen und Männlichkeit als ein fragiles Phänomen beziehungsweise als »eine Konfliktdynamik«[13] erkennen lassen. Diskutiert die Medizin, ob die bei männlichen Jugendlichen deutlich höhere gesundheitliche Anfälligkeit vielleicht auch auf eine weniger redundante genetische Kodierung zurückzuführen ist,[14] so kommt vor allem

[11] AIM Gender 2012 [Arbeitskreis für interdisziplinäre Männer- und Geschlechterforschung – Kultur-, Geschichts- und Sozialwissenschaften], »Call for Papers« 08.02.2012, www.fk12.tu-dortmund.de/cms/ISO/de/soziologie/soziologie_der_geschlechterverhaeltnisse/AIM_Gender/AIM_Tagungen/AIM-Tagung_2012/index.html, 11.02.2012. Siehe auch ebd.: »Ein Blick in die alljährlich erscheinende Polizeiliche Kriminalstatistik zeigt mit großer Regelmäßigkeit, dass bei den dort aufgeführten Gewaltdelikten Männer und insbesondere junge Männer sowohl die Täter- als auch die Opferstatistik dominieren. Lediglich bei den Straftaten gegen die sexuelle Selbstbestimmung sind Männer nur selten unter den Opfern. Auch wenn man berechtigterweise die Daten der Polizeilichen Kriminalstatistik nicht als getreues Abbild der gesellschaftlichen Verbreitung und geschlechtlichen Verteilung abweichenden Handelns begreift, verweisen sie darauf, dass der Zusammenhang von Männlichkeit und Gewalt nur dann angemessen erklärt werden kann, wenn man den Fokus nicht nur auf Männer als Täter, sondern auch als Opfer von Gewalt richtet«.

[12] Dinges, »Männlichkeit und Gesundheit«, S. 7.

[13] Mechthild Bereswill, »Männlichkeit als verfestigte Norm und als dynamischer Konflikt«, in: *Gender Scripts: Widerspenstige Aneignung von Geschlechternormen*, hrsg. von Christa Binswanger, Frankfurt/M. 2009, S. 105–117, hier S. 106.

[14] Einen solchen Schluss legt etwa eine kürzlich von Wissenschaftler_innen der University of California vorgelegte Untersuchung zu Autoimmunerkrankungen nahe. Siehe Deborah Smith-Bouvier u. a., »A Role for Sex Chromosome Complement in the Female Bias in Autoimmune Disease«, in: *The Journal of Experimental Medicine* 205.5 (2008), S. 1099–1108. Eine Übersicht gegenwärtiger medizinischer Debatten rund um die Geschlechterdifferenzen aus neuronaler und genetischer

der Tatsache, dass – wie die Kulturanthropologie belegt[15] – Männlichkeit auch im 21. Jahrhundert noch durch Initiationsriten erworben beziehungsweise erkämpft und immer wieder bestätigt werden muss, eine nicht zu unterschätzende Bedeutung zu. Vera Nünning argumentiert, dass das Thema *masculinities* nicht nur »am Schnittpunkt von Literatur- und Kulturgeschichte« steht, sondern dass die durch Literatur und nicht-fiktionale Schriften »verbreiteten, teilweise aber auch kritisierten Männlichkeitsvorstellungen eine große gesellschaftliche und kulturelle Relevanz« besitzen, denn »obgleich Männlichkeitsideale Konstrukte darstellen, haben sie aufgrund ihrer normativen Funktion Auswirkungen auf Eigenschaften und Handlungsweisen, die Jungen schon früh anerzogen werden«.[16]

Gerade die sich in den Massenmedien wie in der modernen Prosaliteratur niederschlagenden Geschlechtervorstellungen genauso wie die von männlichen Jugendlichen ausgehende Gewalt bezeugen, dass Männlichkeit einen ungewissen und mehrdeutigen Status hat und etwas ist, das durch einen Kampf, eine schmerzhafte Initiation oder eine lange und manchmal demütigende ›Lehrzeit‹ erworben werden muss. Die in dieser ›Lehrzeit‹ allgemein akzeptierten Risiken sind immens hoch, und je höher sie sind, desto größer scheint der Anspruch der Betroffenen auf einen männlichen Habitus[17] zu sein. Doch sind die erforderlichen inneren Kräfte und die notwendige Entschlossenheit, die als Voraussetzung dieser »Draufgängerdynamik mit ihrem großen Nachdruck auf materiellem Erfolg« gelten, keinesfalls natürlich vorhanden, sondern werden den Jungen »künstlich durch eine harte Periode der Indoktrination«[18] eingeprägt. Männlichkeit stellt also eine durchaus ernste Angelegenheit dar: »Sie ist nicht einfach natürlich, denn wie die meisten charakteristischen Eigenschaften einer

---

Perspektive bietet Thomas J. Gerschick, »Masculinity and Degrees of Bodily Normativity in Western Culture«, in: *Handbook of Studies on Men and Masculinities*, hrsg. von Michael S. Kimmel, Jeff Hearn und Robert W. Connell, Thousand Oaks 2005, S. 367–378, bes. S. 368–370.

[15] Siehe David D. Gilmore, *Manhood in the Making. Cultural Concepts of Masculinity*, New Haven 1990. Siehe auch: Alfred Habegger, *Gender, Fantasy, and Realism in American Literature*, New York 1982. Siehe weiterhin: Badinter, *XY. Die Identität des Mannes*.

[16] Vera Nünning, »Sammelrezension«, in: *Anglia* 120.2 (2002), S. 301–305, hier S. 301.

[17] Vgl. Pierre Bourdieu, »Die männliche Herrschaft«, in: *Ein alltägliches Spiel. Geschlechterkonstruktion in der sozialen Praxis*, hrsg. von Irene Dölling und Beate Krais, Frankfurt/M., 1997, S. 153–217.

[18] Gilmore, *Manhood in the Making*, S. 120. Siehe auch Peter N. Stearns, *Be a Man! Males in Modern Society*, New York 1979.

zivilisierten Gesellschaft muss sie gelehrt werden«,[19] kann also auch einem Scheitern unterworfen sein.

Nach Jahrzehnten, in denen der weiblichen Lebenswelt und Psyche vollkommen zu Recht verstärkte Aufmerksamkeit gewidmet wurde, rücken seit 15 bis 20 Jahren die männliche Psyche und Subjektkonstitution zunehmend in den Blickpunkt wissenschaftlicher Beobachtung. Doch selbst wenn die Forschung im Bereich der *(New) Men's Studies* oder *(Critical) Masculinity Studies* signifikant zugenommen hat, so stellt sie im Vergleich zur Frauenforschung (im weiteren Sinn) gleich aus mehreren Gründen immer noch eine deutliche Minorität dar: Einerseits dominieren nach wie vor Arbeiten über Weiblichkeit die Forschungslandschaft, andererseits rücken viele Arbeiten aus dem Bereich der Männlichkeitsforschung homosexuelle Aspekte in den Vordergrund.[20] Noch in den späten Neunzigerjahren beklagten viele Kritiker_innen, die »literature on men and masculinity« sei »hopelessly at odds with itself« und die Forschung theoretisch schlecht abgesichert und in sich widersprüchlich, sodass die gesamte Problematik sowohl in breiten gesellschaftlichen als auch wissenschaftlichen Kreisen als »unsurveyed« oder »shifting territory« galt, das auch heute, zu Beginn des 21. Jahrhunderts, nur ansatzweise erschlossen ist.[21] Kenneth Clatterbaugh konstatiert, »[that s]o much of the current writing about men and masculinity is anecdotal«,[22] und Raewyn Connell kritisiert, »[dass d]ie meisten Männerbücher [...] voll wirrem Gedankengut [stecken], das den Stand der Forschung entweder ignoriert oder verzerrt darstellt«.[23]

---

[19] Stearns zit. n. Gilmore, *Manhood in the Making*, S. 120.
[20] Vgl. Walter Erhart, »Das zweite Geschlecht: ›Männlichkeit‹, interdisziplinär. Ein Forschungsbericht«, in: *Internationales Archiv für Sozialgeschichte der deutschen Literatur* 30.2 (2005), S. 156–232, hier S. 162.
[21] Kenneth S. Clatterbaugh, *Contemporary Perspectives on Masculinity: Men, Women, and Politics in Modern Society*, Boulder 1990. Siehe auch Kenneth S. Clatterbaugh, *Contemporary Perspectives on Masculinity: Men, Women, and Politics in Modern Society*, 2. überarb. Aufl., Boulder 1997.
[22] Clatterbaugh 1990, S. 159.
[23] Raewyn Connell hat auch als Robert W., R. W. und Bob Connell publiziert. Im Folgenden werden die ursprünglichen Publikations- beziehungsweise Namensangaben beibehalten. Für das Zitat s. Robert W. Connell, *Der gemachte Mann*, Opladen 1999, S. 16. Zusammen mit Tim Carrigan und John Lee schreibt Connell, wenn auch deutlich früher, »[that t]hough most social science is indeed about men, good-quality research that brings *masculinity* into focus is rare.« Tim Carrigan, Bob Connell und John Lee, »Toward a New Sociology of Masculinity«, in: *The Making of Masculinities: The New Men's Studies*, hrsg. von Harry Brod, Boston 1987, S. 63–102, hier S. 64.

Was für die (anglo-)amerikanische[24] beziehungsweise englischsprachige Männlichkeitsforschung des ausgehenden 20. Jahrhunderts galt, gilt für weite Teile des deutschsprachigen Bereichs der Männlichkeitsforschung noch heute. So kritisiert Mechthilde Vahsen, dass »die interdisziplinäre Verknüpfung mit anderen Analysekategorien, z. B. Klasse oder Ethnie« fehlt und dass »sich der Austausch mit neuen Forschungsrichtungen [...] noch in den Anfängen« befindet.[25] Therese Frey Steffen spricht in ihrem Sammelband *Masculinities – Maskulinitäten* stellvertretend für viele andere Kritiker_innen von einem in den vergangenen 15 Jahren »im anglo-amerikanischen Raum exponentiell gewachsene[n] Interesse an ›Masculinities‹«, das sich im deutschen Sprachraum nur zögerlich artikuliert, »sei es, dass man(n) sich nicht (schon wieder) mit Gewalt auseinandersetzen oder als Prügelknabe dienen mochte, sei es, dass die Frauenforschung hart erkämpften Boden ungern teilt, oder Europa US-amerikanischen Entwicklungen nicht folgen will, ihnen vielleicht ganz einfach nachhinkt.«[26] Auch der Historiker Wolfgang Schmale – als letzter hier exemplarisch angeführter Kritiker – argumentiert ähnlich, wenn er fragt:

> »Hat die *Männergeschichte* in der deutschen Geschichtswissenschaft [...] einen sicheren Platz? Nein. Das hat vielerlei Gründe [...]. Die *men's studies*, ob mit oder ohne historische Fragestellung, sind bekanntermaßen keine Erfindung deutscher Wissenschaftsdisziplinen, sie müssen erst noch integriert, möglicherweise erst noch verstanden werden. Ihre *Notwendigkeit*, um nicht zu sagen *Legitimität*, gehört noch nicht zum *allgemeinen* Wissensgut. [...] Der einzige Bereich der Männerforschung, in dem bisher eine langfristige Perspektive von der Antike bis heute verfolgt wurde, ist die Geschichte der Schwulen und der männlichen Homosexualität(en).«[27]

---

[24] Hier wie auch im Folgenden umfasst der Begriff »anglo-amerikanische Männlichkeitsforschung« auch britische sowie australische Arbeiten (beispielsweise Connell), da diese schon aufgrund der Publikationssprache primär in die nordamerikanische Diskussion einfließen.

[25] Mechthilde Vahsen, »Männerforschung (Men's Studies/New Men's Studies/Men's Movement)«, in: *Metzler Lexikon Gender Studies/Geschlechterforschung. Ansätze – Personen – Grundbegriffe*, hrsg. von Renate Kroll, Stuttgart 2002, S. 248–249, hier S. 249.

[26] Therese Frey Steffen, »Masculinities/Maskulinitäten: Gender Studies and its Mal(e)Contents«, in: *Masculinities – Maskulinitäten. Mythos, Realität, Repräsentation, Rollendruck*, hrsg. von Therese Frey Steffen, Stuttgart 2002, S. 270–282, hier S. 270.

[27] Wolfgang Schmale, »Einleitung: Gender Studies, Männergeschichte, Körpergeschichte«, in: *MannBilder: Ein Lese- und Quellenbuch zur historischen Männerforschung*, hrsg. von Wolfgang Schmale, Berlin 1998, S. 7–33, hier S. 7.

Ungeachtet dieser negativen Einschätzungen hat jedoch nicht nur die anglo-amerikanische, sondern auch die europäische und deutsche Männlichkeitsforschung in den letzten 15 Jahren deutliche Fortschritte gemacht, wobei im Folgenden die wichtigsten Grundlagen kurz dargelegt werden sollen.

Auf internationaler Ebene haben sich die Arbeiten von Harry Brod, Michael Kimmel oder Pierre Bourdieu und vor allem Raewyn Connells Konzept der hegemonialen Männlichkeit als prägend erwiesen. Connell versteht Geschlecht als körperreflexive Praxis, »die sich in den Körper einschreibt und gleichzeitig auf ihn bezogen ist, ohne sich auf ihn zu reduzieren«,[28] und schlägt ein Modell vor, in dem sie zwischen Machtbeziehungen, Produktionsbeziehungen, emotionalen Bindungsstrukturen sowie Symbolisierung als kulturelle symbolische Repräsentanz der Geschlechter unterscheidet. Hegemonie wird dabei als eine sich historisch verändernde Relation aufgefasst, die nicht nur das Verhältnis zwischen Männern und Frauen, sondern auch das Verhältnis zwischen Männern beschreibt, wobei als strukturelle Prinzipien diejenigen der Hegemonie, Unterordnung, Komplizenschaft und Marginalisierung beziehungsweise Ausgrenzung gelten. Hegemoniale Männlichkeit ist folglich die in einem gegebenen *setting* kulturell dominante Form von Männlichkeit und kann »als jene Konfiguration geschlechtsbezogener Praxis« definiert werden, »welche die momentan akzeptierte Antwort auf das Legitimationsproblem des Patriarchats verkörpert und die Dominanz der Männer sowie die Unterordnung der Frauen gewährleistet (oder gewährleisten soll)«.[29] Des Weiteren gilt es zu berücksichtigen,

> »[that ›h]egemonic‹ signifies a position of cultural authority and leadership, not total dominance; other forms of masculinity persist alongside. The hegemonic form need not be the most common form of masculinity. […] Hegemonic masculinity is, however, highly visible. It is likely to be what casual commentators have noticed when they speak of ›the male role.‹ Hegemonic masculinity is hegemonic not just in relation to other masculinities, but in relation to the gender order as a whole. It is an expression of the privilege men collectively have over women. The hierarchy of masculinities is an expression of the unequal shares in that privilege held by different groups of men.«[30]

---

[28] Willi Walter, »Gender, Geschlecht und Männerforschung«, in: *Gender Studien. Eine Einführung*, hrsg. von Christina von Braun und Inge Stephan, Stuttgart 2000, S. 97–115; hier S. 100.
[29] Connell, *Der gemachte Mann*, S. 98.
[30] Raewyn Connell, »Gender, Men, and Masculinities«, in: *Quality of Human Resources: Disadvantaged People*, hrsg. von Eleonora Barbieri-Masini, EOLSS Encyclopedia of Life Support Systems 2004, www.eolss.net, 25.08.2006.

Als neue, gegen Ende des 20. Jahrhunderts auftauchende hegemoniale Form innerhalb der globalen Geschlechterordnung identifiziert Connell eine »auf den multinationalen Unternehmen und internationalen Kapitalmärkten« basierende Männlichkeit. Diese wird von transnationalen Geschäftsleuten, Politikern, Bürokraten und Militärs verkörpert, die sich durch eine »immense Erhöhung ihrer körperlichen Macht durch Technologie« auszeichnen. Durch ihre enge Einbindung in Aviation, Computertechnologie und Telekommunikation entwickeln sie eine »Cyborg-Männlichkeit«, bei der sich ihre »körperlichen Lüste« genauso »der sozialen Kontrolle lokaler Geschlechterordnung entziehen [...] wie ihre transnationalen Geschäfte« der nationalstaatlichen Kontrolle.[31]

Von der Kritik wird Connell vorgeworfen, dass sie sich »nicht konsequent von einer dichotomen Patriarchatskonzeption« löst und ihre Konzeptualisierung von Geschlecht »noch sehr stark in einem Zweigeschlechtermodell verhaftet« bleibt.[32] Genau dies gilt auch für die meisten von Clatterbaugh in *Contemporary Perspectives on Masculinity*[33] unterschiedenen Ausprägungen oder *Perspectives* der amerikanischen *Masculinity Studies*, die hier kurz vorgestellt werden sollen: So wird aus der *Profeminist Perspective* argumentiert, das herrschende Männlichkeitsideal schade zwar den Männern, stelle jedoch auch ein patriarchales, gegen die Frauen gerichtetes Macht- und Unterdrückungsinstrument dar. Die *Men's Rights Perspective* stimmt mit dieser Ausrichtung teilweise überein, verschiebt jedoch den Fokus und sieht eher die Männer als die Frauen als Opfer.[34] Aus der häufig von den Arbeiten des Psychoanalytikers C. G. Jung beeinflussten *Mythopoetic Perspective* wird für eine Rückkehr zu einem im männlichen Unbewussten gespeicherten archetypischen Männ-

---

[31] Robert W. Connell, »Globalisierung und Männerkörper – Ein Überblick«, in: *Feministische Studien* 2 (2000), S. 78–86, hier S. 84.

[32] Walter, »Gender, Geschlecht und Männerforschung«, S. 102. Siehe auch Franziska Bergmann und Jennifer Moos, »Männer und Geschlecht. Einleitung«, in: *Männer und Geschlecht. Freiburger GeschlechterStudien* 21 (2007), S. 13–37, hier S. 16–19.

[33] Clatterbaugh, *Contemporary Perspectives on Masculinity* ²1997; siehe auch Joseph Bristow »›Irresolutions, Anxieties, and Contradictions‹: Ambivalent Trends in the Study of Masculinity«, in: *Journal for the Study of British Cultures* 3.2 (1996), S. 165–180; Frey Steffen, »Masculinities/Maskulinitäten«, S. 280f.

[34] »The goals of the men's rights perspective are to create an awareness of the hazards of being male and to build a substantial movement among men that recognizes the costs and discriminations of being masculine«. Clatterbaugh, *Contemporary Perspectives on Masculinity*, 1990, S. 153.

lichkeitsmuster plädiert[35] – Robert Blys *Iron John: A Book About Men*[36] war ganze 62 Wochen auf der Bestsellerliste der *New York Times* –, und aus der *Socialist Perspective* erweist sich Männlichkeit als ›soziale Realität‹ und als durch wirtschaftlich bestimmte Klassenstrukturen präformiert, wenn nicht sogar determiniert, sodass sich Männlichkeit von Klasse zu Klasse und von Rasse zu Rasse unterscheidet, da diese verschiedene Rollen im kapitalistischen System einnehmen.

Ebenso massentauglich wie wissenschaftlich fraglich ist die *Conservative Perspective*, die in eine soziobiologisch- und eine moralisch-konservative Ausrichtung unterteilt werden kann. Hier entspricht die Rolle des Mannes als Versorger und Beschützer, als Besitzer und Beherrscher entweder seiner durch den Prozess der Evolution geförderten Natur (*biological conservatives*) oder sie ist insofern ›natürlich‹, als sie das gesellschaftlich bestverträgliche Produkt ist, um die dem Mann vermeintlich inhärenten antisozialen Tendenzen zu überwinden (*moral conservatives*) und zur Entwicklung der Gesellschaft beizutragen. Sowohl der moralisch- als auch der biologisch-konservative Standpunkt sind essentialistisch, insofern sie Mann und Frau »intrinsically different natures« unterstellen und die gesellschaftlichen Rollen von Männlichkeit und Weiblichkeit als Manifestationen dieser »intrinsic natures« auffassen.[37] Auch wenn in weiten Teilen der Gender Studies die Einsicht vorherrscht, dass es wissenschaftlich unhaltbar ist, komplementäre Geschlechterrollen (rein) auf die Biologie zurückzuführen, so muss doch eingeräumt werden, dass die biologisch (mit)fundierten Hypothesen nicht ausdiskutiert sind und in den letzten fünf bis zehn Jahren vor allem in den Medien und der Öffentlichkeit deutlich an Popularität gewonnen haben.

Als weitere wichtige Ausprägungen der Männlichkeitsforschung müssen genannt werden: Die *Gay Male Perspective*, die sich nicht nur gegen eine Feminisierung Homosexueller wendet, sondern auch die »viability of hegemonic masculinities and the morality of these masculinities«[38] genauso wie die rigide Trennung zwischen männlich und weiblich hinterfragt, die *African American Men's Perspective*, die sich mit der Verbindung von Rasse, Ethnie und Männ-

---

[35] »Archetypes play the same role for the spiritual perspective as nature plays for conservatism [...]. Masculinity, then, is the product of these deep psychological scripts, which are selectively played out according to social structures that appear at different historical moments«. Ebd., S. 90.

[36] Robert Bly, *Iron John: A Book About Men*, Boston 1990.

[37] Vgl. Clatterbaugh, *Contemporary Perspectives on Masculinity* 1990. S. 15–36. Siehe auch Clatterbaugh, *Contemporary Perspectives on Masculinity* ²1997, S. 17–40.

[38] Ebd., S. 13.

lichkeit beschäftigt und argumentiert, »that antiblack racism is a formative feature of hegemonic masculinities«,[39] sowie das *Evangelical Christian Men's Movement*, das sich auf eine enge und konservative Bibelauslegung stützt und traditionelle Rollen fortschreibt beziehungsweise wieder einfordert.[40] Gerade in den letzten Jahren sind in den USA die auf das patriarchale Männererbe aufmerksam machenden, für traditionelle, konservative Geschlechterrollen stehenden und den weißen heterosexuellen Mann zur Norm erhebenden *Promise Keepers* zunehmend ins Licht der Öffentlichkeit gerückt.

Von Bedeutung für die Entwicklung der *Masculinity Studies* ist auch, dass sich die internationale Männlichkeitsforschung[41] seit den frühen 1990er-Jahren ausdifferenziert hat und zunehmend Kriterien wie Ethnie, soziale Schicht, Nationalität, Altersgruppe, Marginalität etc. berücksichtigt. Wurde nämlich in der Frühphase Männlichkeit in den meisten Studien noch im Singular gedacht, indem auf abstrakter Ebene eine generelle Art von Männlichkeit im nationalen Kontext oder beispielsweise in den Werken kanonisierter Autoren untersucht wurde, so betont die aktuelle, vor allem anglo-amerikanische Männlichkeitsforschung die Heterogenität von Männlichkeit, ihre Differenz und Vielfalt. Dies führt zur Dekonstruktion einer in der früheren Forschung implizit dominant weiß gedachten hegemonialen Männlichkeit zugunsten asiatischer, lateinamerikanischer, arabischer oder ›schwarzer‹ Männlichkeiten sowie zur Ausbildung einer neuen, mit *Comparative Masculinity Studies* umschriebenen Forschungsrichtung.[42]

---

[39] Ebd., S. 13f.
[40] »Society is taken to be in moral crisis in part because men have abdicated their responsibilities and in part because women, influenced by feminism, have taken on the man's role«. Ebd., S. 14.
[41] Für einen Überblick siehe Stefan Horlacher, »Charting the Field of Masculinity Studies; or, Towards a Literary History of Masculinities«, in: *Constructions of Masculinity in British Literature from the Middle Ages to the Present*, hrsg. von Stefan Horlacher, New York 2011, S. 3–18; zum folgenden Abschnitt siehe ausführlich: Stefan Horlacher, »Überlegungen zur theoretischen Konzeption männlicher Identität: Ein Forschungsüberblick mit exemplarischer Vertiefung«, in: »*Wann ist die Frau eine Frau?*« – »*Wann ist der Mann ein Mann?*« *Konstruktionen von Geschlechtlichkeit von der Antike bis ins 21. Jahrhundert*, hrsg. von Stefan Horlacher, Würzburg 2010, S. 195–238, bes. S. 212–214.
[42] Siehe hierzu den wegweisenden Artikel von R. W. Connell und James W. Messerschmidt, »Hegemonic Masculinity: Rethinking the Concept«, in: *Gender and Society* 19.6 (2005), S. 829–859. Siehe auch das von der Alexander von Humboldt-Stiftung geförderte, an der TU Dresden sowie der Kent State University (Ohio) angesiedelte TransCoop-Projekt »Towards Comparative Masculinity Studies: A Transatlantic Analysis of the Literary Production of National Masculinities in Great Britain and the United States, 1945 to the Present«.

Auch in der deutschen Männlichkeitsforschung hat diese Ausdifferenzierung inzwischen eingesetzt. Nachdem in einer frühen Phase[43] vor allem »auf die Bereiche Beruf und Karriere, sexuelle Orientierung, Militär, Gewalt sowie Körperbilder und Sport fokussiert wurde«,[44] haben inzwischen literatur-, soziohistorisch und soziologisch ausgerichtete Ansätze deutliche Fortschritte erzielt.[45] Zwar besteht noch erheblicher Nachholbedarf – Hans-Joachim Lenz spricht noch 2007 nicht ohne Grund von der »kurzen Geschichte der Männerforschung in Deutschland«[46] –, doch existieren durchaus bemerkenswerte Ansätze. Wie Walter Erhart exemplarisch argumentiert, bringen vor allem einer entmythologisierenden Alltagsgeschichte gewidmete mikrostrukturelle und sich einer ›dichten Beschreibung‹[47] bedienende Untersuchungen nicht nur eine große Anzahl »kleiner Erzählformen« hervor, die den relativ wenigen makrostrukturell dominanten *master narratives* gegenüberstehen, sondern machen auch deutlich, dass Männlichkeit weder als ein »›Bild‹ stereotyper Eigenschaften« noch als ein »Bündel abrufbarer ›Männerphantasien‹« hinreichend erfasst werden kann, sondern als eine sich jeweils historisch verschieden formierende narrative Struktur verstanden werden sollte.[48]

> »Durch diese mikrologisch erfaßte Vielfalt der Geschlechter ergibt sich, daß die Vielfältigkeit und Variabilität der historischen Geschlechterpraxis [...] demnach in einem Gegensatz zu jenen präskriptiven Normen, Theorien, Bildern und Erzählungen [stehen], auf die sich bislang das Interesse der Geschlechtergeschichte [...] vorrangig gerichtet hat. [...] Ebenso wie das Bild einer hegemonialen, auf Herrschaft bedachten Männlichkeit scheint sich nun allerdings auch das Gefüge der Geschlechterordnung in

---

[43] Für einen Überblick siehe Bergmann und Moos, S. 13–37; siehe auch Hans-Joachim Lenz, »Zwischen Men's Studies und männlicher Verletzungsoffenheit – Zur kurzen Geschichte der Männerforschung in Deutschland«, in: *Männer und Geschlecht. Freiburger GeschlechterStudien* 21 (2007), hrsg. von Franziska Bergmann und Jennifer Moos, S. 41–77.
[44] Bergmann und Moos, »Männer und Geschlecht. Einleitung«, S. 23.
[45] Siehe hierzu allgemein die Überblicke bei Walter; Erhart; Frey; Steffen; Horlacher, 2010, S. 195–238; Stefan Krammer, »Fiktionen des Männlichen. Männerforschung als literaturwissenschaftliche Herausforderung«, in: *MannsBilder: Literarische Konstruktionen von Männlichkeiten*, hrsg. von Stefan Krammer, Wien 2007, S. 15–36.
[46] Lenz, »Zwischen Men's Studies und männlicher Verletzungsoffenheit«, S. 41–77.
[47] S. Clifford Geertz, »Thick Description: Toward an Interpretive Theory of Culture«, in: Clifford Geertz, *The Interpretation of Cultures: Selected Essays*, New York 1973, S. 3–30.
[48] Erhart, »Das zweite Geschlecht«, S. 203 f.

einem *patchwork* alltäglicher und vielfältiger Lebenszusammenhänge aufzulösen, und das hier praktizierte historiographische Modell einer ›dichten Beschreibung‹ droht mit den Mythen der Geschlechtergeschichte zugleich auch die Wirksamkeit und Wirkmächtigkeit aller kulturellen Geschlechternormen zu relativieren.«[49]

Aus dieser geschichts-, aber auch literatur(geschichts)wissenschaftlichen Perspektive erscheinen die Geschlechter als »ebenso narrativ konstruiert wie [...] die Realität«, da ihr Selbstverständnis »auf narrativen *stories* und *plots* beruht«.[50]

Angesichts dieser Entwicklungen kann man deshalb durchaus mit Jeff Hearn argumentieren, »the broad, critical approach to men and masculinities developed in recent years« sei charakterisiert durch:

- a *specific*, rather than an implicit or incidental, *focus* on the topic of men and masculinities;
- taking account of feminist, gay, and other critical gender scholarship;
- recognizing men and masculinities as *explicitly gendered* rather than non-gendered;
- understanding men and masculinities as *socially constructed, produced, and reproduced* rather than as somehow just ›naturally‹ one way or another;
- seeing men and masculinities as *variable and changing* across time (history) and space (culture), within societies, and through life courses and biographies;
- emphasizing men's relations, albeit differentially, to *gendered power*;
- spanning the material and the discursive in analysis;
- interrogating the *intersecting of the gender with other social divisions* in the construction of men and masculinities.[51]

Diese Punkte entsprechen der wissenschaftlich sicherlich anspruchsvollsten Ausprägung der Männlichkeitsforschung, die von manchen Kritikern auch als *New Men's Studies* oder *(Critical) Masculinity Studies* bezeichnet wird und sich unter anderem an den Erkenntnissen des dekonstruktiven Feminismus, der Diskursanalyse sowie der postfreudianischen Psychoanalyse orientiert, während sie Männlichkeit als ein jeweils historisch verschieden verkörpertes,

---

[49] Ebd., S. 190f.
[50] Ebd., S. 215f.
[51] Jeff Hearn, »The Materiality of Men, Bodies, *and* Towards the Abolition of ›Men‹«, in: *Männlichkeiten denken*, hrsg. von Martina Läubli und Sabrina Sahli, Bielefeld 2011, S. 195–215, hier S. 197.

variables Bündel kultureller Normen zu fassen sucht.[52] Die Dezentrierung des Subjekts ist auch eine Dezentrierung des männlichen Subjekts, das plötzlich als *dark continent* erscheint, »[and w]hat has begun to emerge is a notion of masculinity as a plural concept [...], and as a far less stable category than has hitherto been assumed«.[53] Es stellt sich sogar die Frage, ob man die binäre Opposition von männlich und weiblich als Ausgangspunkt nicht hinterfragen und ›Geschlecht‹ als einen performativen Akt auffassen sollte, »der in der Übernahme und im wiederholten Vollzug geschlechtlich kodierter Erscheinungen und Verhaltensweisen das jeweilige ›Geschlecht‹, die Geschlechtsidentität und auch die geschlechtlichen Körper der Akteure immer schon (mit-)hervorbringt«.[54] Männlichkeit und Weiblichkeit würden dabei endgültig von der Sphäre der Biologie losgelöst und als »Positionen innerhalb eines historisch und sozial wandelbaren Kontinuums«[55] aufgefasst, wodurch tradierte Normen und Restriktionen nicht mehr aufrechterhalten werden könnten und sich dem Individuum (neben einem Verlust an Sicherheit) völlig neue Freiräume fern der sonst bei Devianz üblichen Diskriminierung böten.

Wenn also auf die ›Singularisierung‹ der frühen Phase der Männlichkeitsforschung nun eine ›Partikularisierung‹ und Ausdifferenzierung von Männlichkeit gefolgt ist, die sogar das Konzept von Männlichkeit selbst hinterfragbar werden lässt, so argumentieren auch neuere Arbeiten aus dem Bereich der *Transgender* und *Intersex Studies*, auf die hier aus Platzgründen nicht näher eingegangen werden kann, dass die vermeintlich gesellschaftsbegründende Gender-Binarität von männlich und weiblich nachhaltig ins Wanken gerät.[56]

---

[52] Vgl. Doris Feldmann und Sabine Schülting, »Männlichkeit«, in: *Metzler Lexikon Literatur- und Kulturtheorie*, hrsg. von Ansgar Nünning, Stuttgart 2001, S. 399.
[53] Susan Bassnett und Gisela Ecker, »Editorial«, in: *Journal for the Study of British Cultures* 3.2 (1996), S. 99–102, hier S. 100.
[54] Walter Erhart und Britta Herrmann, »Der erforschte Mann?«, in: *Wann ist der Mann ein Mann? Zur Geschichte der Männlichkeit*, hrsg. von Walter Erhart und Britta Herrmann, Stuttgart 1997, S. 3–31, hier S. 15. Siehe auch Judith Butler, *Das Unbehagen der Geschlechter*, Frankfurt/M. 1991; Judith Butler, *Körper von Gewicht. Die diskursiven Grenzen des Geschlechts*, Frankfurt/M. 1995.
[55] Erhart und Herrmann, »Der erforschte Mann?«, S. 15.
[56] Siehe Kevin Floyd, »Masculinity Inside Out: The Biopolitical Lessons of Transgender and Intersex Studies«, in: *Constructions of Masculinity in British Literature from the Middle Ages to the Present*, hrsg. von Stefan Horlacher, New York 2011, S. 33–48; Judith Halberstam, *Female Masculinity*, Durham 1998; Judith Halberstam, *In a Queer Time and Place: Transgender Bodies, Subcultural Lives*, New York 2005; Henry Rubin, *Self-Made Men: Identity and Embodiment among Transsexual Men*, Nashville 2003; Gayle Rubin, »Of Catamites and Kings: Reflections on Butch, Gender, and Boundaries«, in: *The Transgender Studies Reader*,

Als vorläufiges Ende im Bereich der Männlichkeitsforschung konstatiert Harry Brod, dass diese in der anglo-amerikanischen Welt einen ersten ›Sättigungsgrad‹ erreicht habe und an einem wichtigen Wendepunkt[57] stehe beziehungsweise »that some critical mass has been achieved, allowing for the kind of overview self-reflection that is possible only when at least the initial trajectory of a field's development has reached some sort of intellectual maturity«.[58]

Wenn dies als erstes positives Fazit für die anglo-amerikanische Männlichkeitsforschung gelten kann, so bleibt doch festzuhalten, dass von dieser außeramerikanische und vor allem europäische Kontexte und nicht englischsprachige Forschungsarbeiten kaum zur Kenntnis genommen werden und sich die vermeintliche Selbstreflexion in der Regel auf die *(New) Men's Studies* beziehungsweise *(Critical) Masculinity Studies* sowie eng verwandte Fachdisziplinen wie die Soziologie oder Medienwissenschaft beschränkt. Noch viel zu wenig wird beispielsweise gefragt, welches Wissen zu Männlichkeit in anderen Disziplinen, aber auch Kunstformen existiert. Die Musik sowie die Musikwissenschaft stellen für diese Vernachlässigung ein gutes Beispiel dar, und zwar nicht nur bezüglich der aus Perspektive der Gender Studies hochberechtigten Frage nach Weiblichkeit und Musik(geschichtsschreibung),[59] sondern auch bezüglich der Suche nach einer spezifischen, eben *nicht* universal gesetzten Männlichkeit. Zwar existieren inzwischen einige zum Großteil englischsprachige Publikationen,[60] die sich auf unterschiedlichen theoretischen Grundlagen

hrsg. von Susan Stryker und Stephen Whittle, New York 2006, S. 471–481; Jamison Green, »Look! No, Don't! The Visibility Dilemma for Transsexual Men«, in: *Reclaiming Genders: Transsexual Grammars at the Fin de Siècle*, hrsg. von Kate More und Stephen Whittle, London 2000, S. 117–131.

[57] »I believe that the time is now right for a retrospective consideration of the field of masculinity studies because its initial intellectual trajectory has indeed reached some sort of completion, and it therefore now stands on the brink of a critical turning point«. Harry Brod, »The Construction of the Construction of Masculinities«, in: *Constructions of Masculinity in British Literature from the Middle Ages to the Present*, hrsg. von Stefan Horlacher, New York 2011, S. 19–32, hier S. 24.

[58] Ebd., S. 24. Brod belegt dies u.a. durch die Tatsache, dass innerhalb von sieben Jahren nicht weniger als fünf neue Fachzeitschriften erschienen sind, während ältere Fachzeitschriften wie *Men & Masculinities* oder das *Journal of Men's Studies* selbstverständlich weiter existieren. Gleichzeitig erschienen in den USA auch mehrere Nachschlagewerke und Enzyklopädien, die zumindest den Anspruch erheben, global gültige Aussagen zur Erforschung von Männlichkeit zu treffen, zumindest aber die ersten 20 bis 30 Jahre US-amerikanischer Männlichkeitsforschung einer gründlichen Bilanzierung unterwerfen.

[59] Siehe *History | Herstory. Alternative Musikgeschichten*, hrsg. von Annette Kreutziger-Herr und Katrin Losleben, Köln 2009.

[60] Aus Platzgründen werden im Folgenden keine Aufsätze aufgeführt. Für den eng-

und aus verschiedenen Perspektiven mit Männlichkeit und Musik befassen, doch hat die eigentliche Arbeit im Bereich Musik und Männlichkeitsforschung gerade erst begonnen. Vor allem die aus feministischer Sicht zu Recht kritisierte Universalisierung von Männlichkeit erweist sich nämlich auch für die Männlichkeitsforschung selbst als problematisch, da sie den Blick auf eine spezifische Männlichkeit beziehungsweise den Mann als Geschlechtswesen zu verstellen droht,[61] da »notions of the ›human‹,« so David Rosen, »notions of the ›masculine‹«[62] verdunkeln. Dies kann letztlich soweit führen, dass sogar von einer ›traditionellen Unsichtbarkeit des männlichen Geschlechts‹ die Rede ist, so dass es eine spezifische, gerade *nicht* monumental-vereinnahmend-universalistische männliche Erfahrung in der Musik, der Musikwissenschaft und der Musikgeschichtsschreibung erst noch zu entdecken und zu validieren gilt.[63]

lischsprachigen Bereich siehe: Peter Lehman, *Roy Orbison. The invention of an alternative rock masculinity*, Philadelphia 2003; Matthew Bannister, *White boys, white noise: masculinities and 1980s indie guitar rock*, Aldershot 2006; Freya Jarman-Ivens, *Oh boy! masculinities and popular music*, London/New York 2007; Jasmin S. Greene, *Beyond money, cars, and women: examining black masculinity in hip hop culture*, Newcastle 2008; Scott Harrison, *Masculinities and music: engaging men and boys in making music*, Newcastle 2008; Scott Harrison, *Male voices: stories of boys learning through making music*, Camberell 2009; Miles White, *From Jim Crow to Jay-Z: race, rap, and the performance of masculinity*, Urbana/Chicago/Springfield 2011; Ian Biddle, *Music, masculinity and the claims of history*, Farnham 2011. Für den deutschsprachigen Bereich siehe: Stephanie Grimm, *Die Repräsentation von Männlichkeit im Punk und Rap*, Tübingen 1998; Dietmar Kreutzer, *RockStar: Sexobjekt Mann in der Musik*, Berlin 2005; Katja Kauer, *Pop und Männlichkeit: zwei Phänomene in prekärer Wechselwirkung?* Berlin 2009; Jan Guido Grünwald, *Male Spaces: »ernsthafte« Bildinszenierungen archaischer Männlichkeit im Black Metal*, Frankfurt/M./New York 2012; Andreas Litzbach, *»Real niggaz don't die«. Männlichkeit im HipHop*, Marburg 2011.

[61] Siehe Krammer, »Fiktionen des Männlichen«, S. 20f.
[62] Siehe David Rosen, *The Changing Fictions of Masculinity*, Urbana 1993, S. XI–XII.
[63] Siehe Harry Brod, »Introduction: Themes and Theses of Men's Studies«, in: *The Making of Masculinities: The New Men's Studies*, hrsg. von Harry Brod, Boston 1987, S. 1–17.

Ian Biddle / Kirsten Gibson
Musicologies / Masculinities

Is there a twentieth-century masculinity? The question no doubt seems strange when posed ›raw‹ in this manner, but it is a question that this book clearly wants to ask. Whenever gender and history are brought into a critical relation such as here, we are always implicitly forced to ask a question of this nature. Is it subject to epochs, places, tendencies, trends? Can it be thought in the same way as, for example, ›harder‹ cultural productions like art, film, literature and, in particular, music? And, how, we must therefore ask, might gender and this broader culture in which it operates interact? How, for instance, might such cultural productions and practices shape, reflect or reify contemporaneous understandings and constructions of gender?[1]

In the field of musicology, such gender-oriented questions have, over the last 30 or so years, increasingly found a voice. Indeed, we might say the growing volume and dispersedness of gender-oriented, or at least gender-sensitive, scholarship across the field, and the seeming normalising of such gender-conscious questions within musicology, points to the acceptance of gender scholarship in the musicological mainstream.[2] Such enquiry, of course, grew out of feminist scholarship, and initial gender-oriented scholarship within musicology was, rightly, concerned with women's experiences of, access to and constructions through music, and with writing into history women musicians who

---

[1] Some of the ideas in this chapter are based on research undertaken for Ian Biddle and Kirsten Gibson (eds.), *Masculinity and Western Musical Practice*, Aldershot 2009.

[2] The sheer diversity of gender-oriented scholarship is too broad to catalogue here. Foundational texts include Jane Bowers and Judith Tick (eds.), *Women Making Music: The Western Art Tradition 1150–1950*, Urbana 1986; Marcia Citron, *Gender and the Musical Canon*, Cambridge 1993 (reprint Urbana 2000); Suzanne Cusick, »›Eve … Blowing in our Ears‹? Toward a History of Music Scholarship on Women in the Twentieth Century«, in: *Women and Music. A Journal of Gender and Culture*, 5 (2001), pp. 125–139; Katherine Ellis, »Female Pianists and Their Male Critics in Nineteenth-Century Paris«, in: *Journal of the American Musicological Society*, 50/2–3 (1997), pp. 353–385; Sophie Fuller, *The Pandora Guide to Women Composers: Britain and the United States 1629–Present*, London 1994; Susan McClary, *Feminine Endings. Music, Gender and Sexuality*, Minneapolis 1991.

had previously been no more than a passing footnote at best. More recently, however, the critical gaze has turned also towards masculinity, and the ways in which male identities have been shaped and reflected through musical practices and discourses.³ Despite the growing body of gender-oriented scholarship in Anglophone musicology, and its apparent acceptance into mainstream musicology, however, its ›birth‹ has been both long and hard. It was, we might argue, the nineteenth-century origins of musicology that were, amongst other things, inherently ›masculinist‹ and the long shadow they cast over the discipline into the twentieth century, which entrenched hostility towards relating socially-oriented questions, including those of gender, to musical practices and discourses.

The first part of this chapter will therefore explore the historicity of the nineteenth-century masculine ideals that took an implicit role in shaping the foundations of the discipline. We will consider the fraught legacy of these foundations in the final third of the twentieth century, when it finally became possible within musicology to openly question how gender had intervened, and continues to intervene, in musical meaning, practices and discourses. Only through this hard-fought battle has it become possible to consider the historicity of gender in relation to music, and to begin to address such ques-

---

3 See Linda Phyllis Austern, »›Alluring the auditorie to effeminacie‹: Music and the Idea of the Feminine in Early Modern England«, in: *Music & Letters*, 74/3 (1993), pp. 343–354; Ian Biddle, *Music, Masculinity and the Claims of History: The Austro-German Tradition from Hegel to Freud*, Aldershot 2011; Ian Biddle and Kirsten Gibson (eds.), *Masculinity and Western Musical Practice*, Aldershot 2009; Citron, *Gender and the Musical Canon*; Robert Fink, »Desire, Repression, and Brahms's First Symphony«, in: *Repercussions*, 2/1 (1993), pp. 75–103; Roger Freitas, »The Eroticism of Emasculation. Confronting the Baroque Body of the Castrato«, in: *Journal of Musicology*, 20 (2003), pp. 196–249; Jeffrey Kallberg, *Chopin at the Boundaries*, Cambridge, M. A. 1996; Lawrence Kramer, *Franz Schubert. Sexuality, Subjectivity, Song*, Cambridge 1998; Lawrence Kramer, *After the Lovedeath. Sexual Violence and the Making of Culture*, Berkeley and Los Angeles 1997; Fred Everett Maus, »Masculine Discourse in Music Theory«, in: *Perspectives of New Music*, 31/2 (1993), pp. 264–293; Susan McClary, »Narrative Agendas in ›Absolute‹ Music. Identity and Difference in Brahms's Third Symphony«, in: *Musicology and Difference, Gender and Sexuality in Music Scholarship*, ed. by Ruth Solie, Berkeley 1995, pp. 326–344; Susan McClary, »Constructions of Subjectivity in Schubert's Music«, in: *Queering the Pitch. The New Gay and Lesbian Musicology*, ed. by Phillip Brett, Elizabeth Wood, Gary C. Thomas, New York 1994, pp. 205–234; Sanna Pederson, »Beethoven and Masculinity«, in: *Beethoven and His World*, ed. by Scott Burnham and Michael P. Steinberg, Princeton 2000, pp. 313–331; Maynard Solomon, »Franz Schubert and the Peacocks of Benvenuto Cellini«, in: *Nineteenth-Century Music*, 12/3 (Spring 1989), pp. 193–206.

tions as those with which this book is concerned: how masculinity has been performed, shaped and reflected through musical practices in post-war twentieth-century Germany. Taking as its case study Edgar Reitz's 13-episode film novel *Heimat II, Chronik einer Jugend*, the final part of this chapter examines one particular representation of the relations between music and art, on the one hand, and gender, class and politics, on the other, in the post-war Federal Republic of Germany.

Gender in the Eurocentric Musicological Tradition

Let us begin our exploration of gender-oriented scholarship within musicology at the point of its inception in the late 1970s. There had been, until this point, a deafening silence on questions of music and gender within musicology (at least in Eurocentric ›classical‹ musicology). Where traditional musicology had been persistently quiet about its ideological attachments to certain social classes, its silent adherence to racial ›white-washing‹ and its refusal to acknowledge its corrosive gender politics, by the late 1970s individual musicologists, drawing on the development of cultural and critical studies in the humanities – feminist scholarship included – were beginning to interrogate the susceptibility of those attachments to exposure and critique.[4] The so-called cultural turn (the move in history and related disciplines to thinking about human practice as semantically rich, as constructed and as contingent to time, place and mindset) seemed by the mid 1980s to provide the blueprint for the kinds of critique needed to unsettle the genteel disavowal of the political in musicology. Hence, feminism's avowed culturalism, especially in the arts and humanities, served as a way of thinking about music and gender that worked towards a dethroning of the putative innocence of musicological ideology.

The move towards a ›cultural musicology‹, in which there was space for explorations of the relationships between musical practices and gender, sexuality, race, class, politics or the social worlds in which music had been created

[4] Key early contributors include Susan McClary, »Towards a Feminist Criticism of Music«, in: *Canadian University Music Review* No. 10/2, (1990), pp. 9–18, and, of course, her *Feminine Endings*; Catherine Clement, *Opera or the Undoing of Women*, Minneapolis 1988; Richard Leppert and Susan McClary (eds.), *Music and Society. The Politics of Compositions, Performance and Reception*, New York 1987; Carol Neul-Bates, *Women in Music. An Anthology of Source Readings from the Middle Ages to the Present*, New York 1982; Susan McClary, »Terminal Prestige: The Case of Avant-Garde Music Composition«, in: *Cultural Critique*, No. 12, Discursive Strategies and the Economy of Prestige (Spring, 1989), pp. 57–81.

and consumed – in short, we might say, identity politics – was not an easy path, and many within the discipline fervently defended what they regarded as the professional values of the discipline. As late as 1997, indeed, Gary Tomlinson, an ardent and eloquent advocate of cultural musicology, noted in the responses to his own work, a tendency to an exaggeratedly defensive tone:

> »[...] from Rosen's charge of flight into a false historicism, to Kerman's accusation of authoritarianism, to Treitler's imputation of an all-out ethical collapse. All this, strangely, in response to a call for a critique of musicological ideology whose aim would be to reveal precisely the underlying ethics and epistemology of musicological practice.«[5]

Traditionally, the relation of music to wider cultural formations such as class, gender and race, has been construed as a kind of scholarly side show, characterised for many in its posing of ›secondary‹ or ›whimsical‹ research questions in which, so the argument goes, merely ›minoritarian‹ interests are played out to the detriment of the important business of doing musicology proper. For music studies, especially in Europe and North America, the question as to the place of identity politics in shaping our access to music, our hermeneutic habits in relation to music, our bodily and intellectual understanding of it and, even, its very materiality, remains highly contested.

The reasons for this are not difficult to understand, since the academic study of music emerged at a particular historical juncture at which its entry into the academy could only be assured by systematically adapting itself to the demands of already well-established academic disciplines, especially *Altertumswissenschaft*, in which the key cultural products of classical civilisation were held up as exemplars to be modelled, aped, repeated. Hence, the value of studying music in the academy would have been judged according to the new discipline's ability to systematically account for high value in certain musics, and its ability, therefore, to demonstrate an extremely intense and ideologically-focused emphasis on so-called ›high art‹. Disciplines change very quickly, of course, and what goes under the name musicology (*Musikwissenschaft*) now would have been unrecognisable to its early exponents in the German, British and North American academies. And yet, the intense fidelity still shown among many musicologists to the value systems of that first traumatic entry into the academy persists into the present and this helps explain some of the anxiety occasioned by the arrival of gender-interested

---

[5] Gary Tomlinson, »Finding Ground to Stand On« (Conference Paper *Grounding Music*, May 1996), *Popscriptum* (1997), www2.hu-berlin.de/fpm/popscrip/, 12.08.2012.

scholarship, and so-called ›identity politics‹ more broadly, into musicology from the late 1970s.

Pieter van den Toorn's now infamous attack in 1996 on the fruits of that arrival – particularly in the work of Susan McClary – helps exemplify some of the ways in which hegemonic forces in musicology sought to defend themselves against the dissipation of their authority, especially with regard to the continuing claims they make to ›autonomy‹ and ›technical analysis‹. Van den Toorn's key argument understandably cloaks itself in these ›technical‹ matters, choosing to locate its critique of gender studies and identity politics more broadly not within an openly political domain, but within a more studiedly disciplinary domain, thereby rendering his commitment ›professional‹ or ›musicological‹ and the arguments of his target(s) crassly ›political‹: »…the effort [McClary's argument] (or the system its builds) is far more driven from an ideological standpoint, more controlling vis-à-vis music and its appreciation, than is, say Schenker's Free Composition«.[6] This strategy is also recognisable in the praise heaped on the book on its back cover by Kofi Agawu: »I value [this book] for its idealism, its positive vote for autonomy and technical analysis, its courageous answer to feminist musicology, its exposure of the contradictions of academic politics…«. Again, the attempt to represent this analysis, spoken from the privileged position of a van den Toorn insider, as beyond (above) the political, to those of its targets as ›interested‹ or ›political‹, is precisely the mechanism by which critiques of identity politics have been consistently enacted. Here, writ large, is the very reason identity politics had to arrive into musicology in the first place, this genteel liberal discourse of ›autonomy‹ that hides privilege, and presents itself as eminently reasonable whilst consistently silencing discordant or other-voiced subject positions, especially those interested in gender politics. It is precisely also that very same mechanism by which women, black men and women, the disabled, the GLBT community, native Americans, East Asians, peoples of the Indian subcontinent and countless racially, physically, sexually and gender-othered groups have been fully or partially excluded from the academy.

The history of this state of affairs is quite complex, and intimately implicated in the relation of masculinity (especially in its academy-sanctioned heteronormative guise) to power, to reason and to scholarship in the broadest sense. Indeed, the very ›birth‹ of our discipline is a birth characterised by a densely gendered disavowal of the feminine in which the technical, the disciplinary and the professional all cover over the operation of an intensely political exclusion of the feminine:

[6] Pieter C. van den Toorn, *Music, Politics and the Academy*, Berkeley/Los Angeles 1996, p. 60.

»Jeder Schritt, der zu dem Ziele führt, jede That, die uns ihm näher rückt, bedeutet einen Fortschritt menschlicher Erkenntniß. Je aufrichtiger der Wille, desto wirksamer in der Folge, je umfassender das Können, desto bedeutungsvoller das Product, je mehr gemeinschaftlich das Vorgehen, desto tiefgreifender die Wirkung, welche hohe Güter in sich birgt: Erforschung des Wahren und Förderung des Schönen.«[7]

Thus ends Guido Adler's famous 1885 essay on musicology. The structural proclivities of Adler's thought, focussed on system and on teleology, are symptomatic of what Jacques Derrida, in his critique of Jacques Lacan's seminar on Edgar Allan Poe,[8] refers to as ›phallogocentrism‹, designating an ›old and enormous root‹ that Derrida so smartly recognised in Lacan's and others' use of language. As he famously put it: »the ›description‹ is a ›participation‹ when it induces a practice, an ethics, an institution, and therefore a politics that ensure the truth of the tradition«.[9] What feminisms after Derrida have had to negotiate, then, is the tension implicit in Derrida's observation between gender as fantasy or dream work, and gender as a kind of immutable stain (between, that is, the notion that gender is a kind of play and the notion it is a kind of law). Hence, the ›root‹ that Derrida speaks of, that implication of gender in ancient and stubborn laws, runs deep, is embedded in every gesture, every vocalisation and turn of phrase, in our somatic dispositions. Gender ideology, in other words, does not operate like other ideological formations. It makes itself felt in the affective register as well as in the physical; it runs, like a kind of ›machinic unconscious‹,[10] through all speech acts, all habits of discourse, as a kind of institutional unconscious regimen.

This institutional unconscious speaks particularly clearly when questions of disciplinary propriety are raised. In van den Toorn's disavowal of the gender politics in his own work, for example, and in the marshalling of all the disciplinary technology at his command to marginalise McClary's argument, the institutional unconscious speaks particularly clearly. Indeed, the recourse to the ›technical‹ in van den Toorn's argument, although by no means authoritarian in and of itself, becomes authoritarian for its enactment as self-evident.

[7] Guido Adler, »Umfang, Methode und Ziel der Musikwissenschaft«, in: *Vierteljahrschrift für Musikwissenschaft*, 1 (1885), pp. 5–20, here p. 20.
[8] Jacques Lacan, »Le séminaire sur ›La Lettre volée‹« and »French Freud«, in: *Yale French Studies* 48 (1972).
[9] Jacques Derrida, *The Post Card. From Socrates to Freud and Beyond*, Chicago 1987, p. 481.
[10] Félix Guattari, *The Machinic Unconscious: Essays in Schizoanalysis*, Los Angeles 2011.

It was, indeed, a certain self-evidence, that that was at stake for Adler when he published »Umfang, Methode und Ziel der Musikwissenschaft« in 1885.[11] The ›reach‹, ›methods‹ and ›aims‹ of the new field, modelled explicitly as we have seen on *Altertumswissenschaft*, drew on ›scientific‹ models of divination, sifting, archiving, grouping and ordering, ensuring that the cold eye of the *Musikwissenschaftler* could make claims to the objectivity of method and the assuredness of the discipline's territory by removing itself from claims of dilettantism, amateurism, and the indecent performance of musical passion, all marked indelibly as feminine in the early music academy. What was ruled in was clear, and what was ruled out, in line with his age's proclivity for grand schemata, was silenced or marginalised.

The terms of Adler's ›field‹ are well known as »establishing the highest laws in the individual branches of tonal art«.[12] There is no place at all in his vision for an account of music as in some sense beholden to the operations of ideological or social structures outside a narrowly defined field of musical practice. That omission is particularly clear in the ›historical‹ branch of musicology where Adler recognises only four subfields: musical palaeography, historical categories, the historical sequence of laws and the history of musical instruments. To these he appends the ›auxiliary sciences‹ of diplomatics, bibliography, library and archival science, the history of literature and philology, liturgical history, the history of the mimetic arts and dance, biographies of composers, statistics of musical associations and, only as the last elements in this long list, institutions and performances.

The musicologies that developed from Adler's model (hudebná věda, musicología, musicologie, musikvetenskap, muziekwetenschap, musikologi, zenetudomány, музыковедение and the Anglophone musicology) all inevitably focused, for the main part, on developing a key territory of common practice centred, as is now well attested, around a pantheon of (usually European) male composers and their works. This pantheon is grounded on a historically-specific imagination of male creativity, born of the European Enlightenment. The conceptions of autonomy, individuality and atomised sovereignty that came with it also incubated discourses of the genius and heroism, already intensely manifest in the Romantic hagiography of composers. The various temples to art constructed in the nineteenth century – from Leo von Klenze's Walhalla in the Oberpfalz and the Ruhmeshalle in Munich to the Befreiungshalle in Kelheim, the Secession Building in Vienna and the Panthéon in Paris – are material realisations of the symbolic systems that produced conceptions of male creativity

[11] Ibid.
[12] Ibid., pp. 16–17.

in that century. Alongside busts and reliefs of major German figures from the fields of science, literature, philosophy and politics, for instance, at its inauguration von Klenze's Walhalla contained busts that celebrated and memorialised the composers J. S. Bach, Beethoven, Handel, Haydn, Mozart, Schubert and Weber. These great pantheons were symptomatic of a wider tendency in nineteenth-century European culture to propagandise the notion of creativity that they represented as exemplary or as speaking for human endeavour as a whole while simultaneously, in the Germanophone world in particular, making claims to that national culture as the apotheosis of the European tradition. They explicitly demonstrate that nations collect their male heroes under the rubric of originality, creativity and virility. These buildings represent what Gilles Deleuze and Félix Guattari would term a ›territorialisation‹,[13] that is, a disciplining, circumscribing and enclosing of cultural practice, from which women, until very recently, have been rigorously and consistently excluded.

There are other monuments that do this kind of cultural work, but they are more dispersed and less materially palpable. They are, however, no less powerful for that. We are talking here of the discursive equivalents of the pantheon trope – collected scores and works, collected editions, Festschriften, archives, libraries and all the great monuments, however flimsy, however dispersed, that modernity has erected to the past. In the context of musical production in particular, this idea might be traced through the emergence in the nineteenth century of the notion of the ›musical museum‹.[14] In 1835 Franz Liszt proclaimed:

> »In the name of all musicians, of art, and of social progress, we require: … the foundation of an assembly to be held every five years for religious, dramatic, and symphonic music, by which all the works that are considered best in these three categories shall be ceremonially performed every day for a whole month in the Louvre, being afterwards purchased by the government, and published at their expense.«

»We require«, he continued, »the foundation of a musical Museum«.[15] As Lydia Goehr points out, Liszt's desire for a ›museum‹ of musical works was not entirely new.[16] Writing in 1802, Johann Nikolaus Forkel asserts that public

---

[13] See in particular: Gilles Deleuze and Félix Guattari, *Anti-Oedipus*, London / New York 2004.

[14] See in particular Lydia Goehr, *The Imaginary Museum of Musical Works: An Essay in the Philosophy of Music*, Oxford 1992.

[15] Franz Liszt, »On the Positions of Artists and their Place in Society«, cited in Alan Walker, *Franz Liszt: The Virtuoso Years 1811–1847*, Ithaca 1987, pp. 159–60. This is cited by Goehr, *Imaginary Museum*, p. 205.

[16] Goehr, *Imaginary Museum*, p. 205.

performances of J. S. Bach's music would »raise a worthy monument to German art« while »furnish[ing] the true Artist with a gallery of the most instructive models«.[17] For Forkel, therefore, »the most efficacious means of preserving in lasting vigour musical works of art is undoubtedly the public execution of them before a numerous audience«.[18] Forkel's language – his assertion that public performances are the most effective way of preserving musical works in ›lasting vigour‹ – immediately ›territorialises‹ the ›musical museum‹ as a masculine domain: it is an intangible monument to men's creative endeavours that is figured in explicitly masculine terms. In the musical museum, as in the numerous pantheons of that century, women are nowhere to be found.

This strict territorialisation of the field of musicology is made by recourse to the kinds of strategies that feminists have since brought into the mainstream critical view: the sureness of tone, the commitment to scientistic objectivity and the strict marginalisation of non-musical materials to the peripheries of the scholarly system, all work to shore up the authority of the wielder of that system – be true to it and you shall reap its benefits, trespass outside its carefully delimited territory and you fall foul of amateurism. Adler's model, then, undoubtedly draws on contemporaneous gender constructions, especially as they are rehearsed in the professional/amateur binarism. At the turn of the last century, those qualities that were upheld as appropriate to bourgeois masculinity – uprightness, steadfastness, fastidiousness, rigour – were also resolutely connected in the collective consciousness to professionalism and the public domain. The amateur, by contrast, although by no means exclusively feminine, was more readily connected to putatively feminine qualities – softness, indulgence, capriciousness, dilettantism – and to the domestic interior. Indeed, as musicology emerged as an encoded branch of philology, it relied specifically on the marginalisation of the amateur and thus the feminine, in order to legitimise itself and take up its place in the professional academy.

Much has been written about the gender politics of this kind of territorialisation of the tradition, both in terms of its misogynist exclusion of women and its appeal to a heroic model of creativity.[19] It is undoubtedly here that feminist musicology begins, with a critique of the gender ideologies underpinning canon formation and a consequent attempt to repopulate that territory

---

[17] Johann Nikolaus Forkel is cited in Hans T. David and Arthur Mendel (eds.), *The Bach Reader: A Life of Johann Sebastian Bach in Letters and Documents*, New York, rev. edn 1966, p. 298. Cited in Goehr, *Imaginary Museum*, p. 205.

[18] Forkel, cited in Hans T. David and Arthur Mendel (eds.), *The Bach Reader*, p. 296. Cited in Goehr, *Imaginary Museum*, London 1967, p. 205.

[19] See, for example, Katherine Bergeron and Philip V. Bohlman (eds.), *Disciplining Music: Musicology and Its Canons*, Chicago 1996.

with the marginalized and silenced voices of female composers, performers and thinkers.[20] A different but wholly interrelated approach, exemplified by the work of McClary and many others, draws on feminist theories forged in literature studies and other fields outside musicology, to uncover the connections among hegemonic musicology, masculinity and misogyny, and to show how patriarchy has shaped and intervened in the formation and perpetuation of musical meanings, especially as they are related to constructions of women and the feminine.[21] Drawing on the Bluebeard myth, McClary famously characterised her feminist curiosity as that which placed her in danger:

»As a woman in musicology, I find myself thinking about Judith quite often – especially now, as I begin asking new kinds of questions about music with the aid of feminist critical theory. Like Judith, I have been granted access by my mentors to an astonishing cultural legacy: musical repertoires from all of history and the entire globe, repertoires of extraordinary beauty, power, and formal sophistication. It might be argued that I ought to be grateful, since there has really only been one stipulation in the bargain – that I never ask what any of it means, that I content myself with structural analysis and empirical research.«[22]

What is radical in McClary's work, and what exposed her to extraordinary criticism, not least that discussed here by van den Toorn,[23] is her analysis of the institutional structuring of musicology around a ›trained priesthood‹ of men whose key aim is to maintain the continued institutional legitimacy of musicology within the academy.[24]

[20] See Bowers and Tick (eds.), *Women Making Music*; Citron, *Gender and the Musical Canon*; Cusick, ›Eve … Blowing in our Ears«?‹; Ellis, ›Female Pianists‹; Fuller, *The Pandora Guide to Women Composers*.

[21] McClary, *Feminine Endings*. See also Linda Phylllis Austern, »Sing Againe Syren«: The Female Musician and Sexual Enchantment in Elizabethan Life and Literature, *Renaissance Quaterly*, Vol. 42, No. 3 (1989), pp. 420–480; Corinne Blackmer (ed.), *En Travesti: Women, Gender, Subversion, Opera*, New York 1995; Todd M. Borgerding (ed.), *Gender, Sexuality and Early Music*, London/New York 2002; Citron, *Gender and the Musical Canon*; Clément, *Opera, or the Undoing of Women*; Leslie C. Dunn and Nancy A. Jones (eds.), *Embodied Voices: Representing Female Vocality in Western Culture*, New York 1994; Lucy Green, *Music, Gender, Education*, Cambridge 1997; Thomasin LaMay (ed.), *Musical Voices of Early Modern Women: Many-Headed Melodies*, Aldershot 2005; Solie, *Musicology and Difference*.

[22] McClary, *Feminine Endings*, p. 4.

[23] van den Toorn, *Music, Politics and the Academy*, pp. 11–43.

[24] Susan McClary, »Afterword: The Politics of Silence and Sound«, in Jacques Attali, *Noise: The Political Economy of Music*, Minneapolis 1985, pp. 149–58, p. 150.

Perhaps the greatest achievement of McClary and her contemporaries was to make visible what hegemonic masculinity had sought to keep hidden – that the hegemonic masculinities on which musicology was grounded were (and are) themselves cultural constructions: they are just as susceptible to the operations of ideology, time and place as any other scholarly practice. Hence, with this feminist turn, masculinity emerges in musicology as an object of study. It is this constituting of masculinity as an object of study that has made way for new critical scholarly approaches to music and masculinity, and has made possible and acceptable the questions this collection seeks to explore: namely, relationships between masculinity, on the one hand, and music, on the other, in post-war Germany. To return, then, to our question of the historicity of masculinity in post-war Germany and its construction and reflection in contemporaneous musical practices, we turn to a brief case study situated at that historical juncture, where new modes of masculinity and new modes of musical practice were being forged in the recent aftermath of the Second World War.

A second homecoming: masculinity after year zero

In Edgar Reitz's 13-episode film novel *Heimat II, Chronik einer Jugend* (1992), music, art and its relation to gender, class and politics in the post-war Federal Republic of Germany are examined from the perspective of a group of young musicians and film makers studying and working in Munich in the 1960s. Throughout the 13 episodes, the young Bohemians enact a kind of working through of the heavy weight of Germany's past through a succession of disavowals and deliberate confrontations with it: the narrative swings between lofty metaphysical intonings of aesthetic radicalism to explicit rejections of the past, and stages the relation of art and politics not as simply reflective, but as antagonistic: »what has this to do with music?« asks the composer Hermann, when confronted with the violence on the streets in the Schwabing riots. The masculinity at work in Reitz's film novel is intriguing for anyone interested in new tropings of masculinity and music in Germany after 1945: Hermann, the central character of much of this second *Heimat* (the first film novel *Heimat I* deals with the previous generation), is given leave to explore his masculinity in a Bohemian (which is to say, experimental) space in which women, other men and differently-raced others (his friend Juan, for example) are put at his disposal as agencies against which to calibrate his own masculinity. This avant-garde masculinity, explicitly juxtaposed with older forms of masculinity (in the scene from the Oktoberfest in the last episode, for example, or the long conversation with the fellow passenger in the first episode), represents here a complex decentred and radically problematised version of masculine authority, on the one hand free to explore others to its own ends and, on the other, hemmed in by more traditionally-restrictive codes of masculinity (played out almost hyperbolically in the authority figures of the police, a crude representation of the state apparatus, in the train scene in the final episode). Like all discourses about ›freedom‹ attending the *consensus gentium*, the freedom attending Hermann's putatively open masculinity is enacted, then, at the expense of others. There is no communal freedom, no communal liberation here that does not also leave women and racial others diminished or marginalised. The over-focus of the camera on Hermann whenever he is in shot, his narcissistic encounter with himself on the train in the final episode, his constant on/off relation with Clarissa Lichtblau and his endless crisscrossing of the country in search of himself, all allegories, we are led to believe, of Germany's postwar self-questioning, leave any exploration of his responsibility to others radically curtailed. As if to emphasise a certain messianic tone in the masculinity of the new generation, the older male passenger with whom Hermann has a long conversation on the train on the way to Munich (in episode 1), asks him: »Sind Sie Jesus?« to which he replies »Ne, aber wenn Jesus fuchsig geworden wäre, dann wäre seine Religion nur eine Jungensünde gewesen und sonst nichts.« The Oedipal (not to mention narcissistic) structure of this retort points to a certain conventional structuring of masculinity in Reitz's world view: men are cast either as old weary tradition bearers or over-confident (unbearably self-assured) bearers of the new order. And music plays a significant role in maintaining this generational bifurcation.

At the most general level, music stands in the film novel for a doubled truth: the continuity with the affective lives of the older generation of *Heimat I*, (the title music, by Nikos Mamangakis, for example) and the shock of the new affective order (the avant-garde performances at the conservatoire, the music in the caves from the end of *Heimat I*, the sound of the ›electronic stream‹ and the electronic music of the famous radio concert, and later, the Beatles, and so on). Music, we might say, stands for a certain knowing historicity, for the ebb and flow of generations and for the passing of one Weltanschauung into another. It also stands for the rituals of male becoming that so adorn postwar Hollywood representations of masculinity. Hermann's masculinity is no rebel without a cause, no cowboy, no pioneer, and it stands for the question the postwar predicament will always ask of men: what is it to be a man when the past (the world of the absent, long-gone father) must be overthrown. In musical terms, the clumsy (perhaps too self-conscious) juxtaposition of Schubert and the Beatles, Beethoven and the avant-garde, stands for an identikit historicism: »Zum ersten Mal hörte ich diese Avantgardmusik«, says Hermann when he sits in on an early rehearsal of a new ensemble piece by a fellow student in the first episode, and then, »Sie faszinierte mich, so wie die fremde Großstadt«. Hermann's fascination with the new music is made, rather clumsily, to stand for his fascination with the new cityscapes of postwar Germany. In particular, the city stands for a space of open play and new possibilities, far from the cosy limits of rural small-town Germany of *Heimat I*. The Avant-garde here stands for both a certain nostalgic encounter with the culture of the flâneur that so energised Charles Baudelaire and after him Walter Benjamin,[25] and the renewed strangeness of the urban space after the Second World War. Musically, then, *Heimat II, Chronik einer Jugend* deals with an array of, sometimes clumsy, binarisms: province versus city; classical versus avant-garde; tradition versus modernity.

The musical dimension of Hermann's messianic masculinity is examined through several exaggerated stagings of radically autonomist avant-gardism. Not only is Hermann perplexed by the Schwabing riots, but the police's destruction of his guitar does nothing to radicalise him. On the contrary, he descends into an ever more internalised world, redolent of the neue Innerlichkeit that critics levelled at Nicolas Born's novel Die Erdabgewandte Seite der Geschichte: the gentle open masculinity of the avant-garde descends in Hermann (and, arguably archetypically so) to a kind of inward-facing desire for autonomy from the outside. Reitz's politically-ambiguous representation of the left, especially the violent left of the Baader-Meinhof years (one of the characters, Helga, is wanted by the police for her membership of the group) is reflected also in his ambivalence towards traditional and avant-garde gender roles: what marks this second film-novel out from the other two (*Heimat I* and *Heimat III*) is its intense investment in music.

Why Music?

One key question that attends this middle film novel of the *Heimat* trilogy is the role of music in its representation of postwar West Germany. Why, indeed, would Reitz invest so heavily in music as, seemingly, so *symptomatic*? One way to answer this lies, perhaps, in the friendship of the director with the composer Nikos Mamangakis who, as mentioned above, himself studied at the Munich conservatoire in the 1960s. In the masculine political economy of creative production at work here, then, masculinity serves as an intimate inter-personal stage on which to rehearse unspoken intimacies, as a way, perhaps, to discipline what Eve Kosofsky Sedgwick has termed the homosocial

---

[25] Walter Benjamin, *The Arcades Project*, New York 2002.

continuum.[26] Sedgwick's point is that literary (and other forms of cultural) production from the long European nineteenth century onwards, have tended to use a third term or figure (often a woman) as a way of negotiating same sex relationships, as a way, in particular, of maintaining the boundary between homosocial and homosexual desire. This middle film novel, we might say, is a massive structural displacement of the *bromance* of the director and the composer. Hence music stands for a particularity in this relationship, but also, we would suggest, for a wider structural investment in the idea of creative masculinities as always already having affinity, as set up, so to speak, with a certain idea of community in mind, the community of outsiders, of prophets, of angry young men raging against the machines of the past.

Masculinity, as a topic here, belongs to that group of critical terms that has been used to productively destabilize any number of traditional mindsets, and here, we might say, it works also to unsteady musicology's disciplinary assuredness and bring the study of music into meaningful relation with recent critical re-fashionings of the social domain: although Hermann's narcissism dislocates him from the call of the throng on the streets, he nonetheless stands for a certain new kind of atomised subjectivity that, from the position of the 1990s and the rise of neoliberalism in the German economy, must have resonated strongly with audiences of the time. What this analysis seems to show, then, is that, when masculinity is itself constituted as an object of study (when, that is, men cease to operate as the silent wielders of knowledge) then the position of masculine creativity and its relation to musical practice comes under intense scrutiny. Indeed, the destabilisation of the male composer figure, shown as a hopeless narcissist in Reitz's film novel, points to the ongoing volatility in our engagement with gender. Perhaps the most redolent symptom of the impact of feminist and men's studies on musicology, merely the beginning of a long and complex story yet to be told, is this remarkably disturbing and unsettling noisiness in the operation of gender in a Europe far less comfortable with itself than even in the immediate aftermath of the Second World War. Music helps us hear the disturbances, helps us track the flows of capital, the rhizomes of power that hold us in the grips of a pervasive fantasy – the notion, that the messianic energy of charismatic masculinity can sustain itself without marginalising its others.

---

[26] Eve Kosofsky Sedgwick, *Epistemology of the Closet*, London/New York 1990.

Katrin Losleben
Musik und Männlichkeiten – ein Forschungsüberblick

Geschlechtlichkeit ist seit den 1970er-Jahren ein öffentlich diskutiertes Thema, befeuert von der gesellschaftspolitischen Forderung nach der Gleichberechtigung der Geschlechter. Soll es aber eine Symmetrie zwischen Vertreter_innen sämtlicher Geschlechter und sexueller Orientierungen geben, so braucht es die Sicht- und Hörbarkeit aller Beteiligten. Auch in den Anfängen musikwissenschaftlicher Geschlechter- und Frauenforschung ging es daher primär um die historische und die aktuelle Rolle von Frauen in der Musik, die im Dunkel der Geschichte verborgen geblieben war. Allerdings ist es auch erforderlich, die männlichen Akteure, also die Wissenschaftler, Komponisten, Dirigenten, Interpreten, Musikschriftsteller, Kritiker, Verleger u. a. in den Blick zu nehmen und sie zum Untersuchungsgegenstand werden zu lassen, wie das in den ersten Arbeiten der Geschlechterforschung z. B. bei Sophie Drinker, Judith Rosen, Eva Rieger, Susan McClary u. a. bereits anklingt. Dieser Anstoß hat sich seitdem zur Männlichkeitsforschung oder den Masculinity Studies innerhalb der musikwissenschaftlichen Gender Studies ausgeweitet; die Entwicklung des Forschungsgebiets mit seinen Themen, Methoden und Desideraten sind im folgenden Forschungsüberblick zusammengefasst.

Der die Musikwissenschaft dominierende Fokus auf das Meisterwerk geriet u. a. mit der Sozialgeschichtsschreibung, der Schule der Annales, der Bielefelder Schule um Hans-Ulrich Wehler und Jürgen Kocka, der zweiten Frauenbewegung in den 1970er-Jahren und einem postmodernen Interesse an Minderheiten und marginalisierten Gruppen in die Kritik. In der Musikkultur rückte nun der handelnde Mensch, zunächst v. a. die Frau, in den Vordergrund. Die anfängliche Suche nach weiblichen Äquivalenten zu Bach, Mozart, Beethoven, nach ›großen Komponistinnen‹ ergab allerdings weniger herausragende Persönlichkeiten als erhofft und forderte die Suche nach den Gründen dafür heraus, wie z. B.: »Wäre Bach so produktiv und so großartig gewesen, wenn er keine Anstellungen in der Kirche und bei Hof gehabt hätte, die ihn zum Komponieren zwangen? Er musste Kantaten, Choräle, Motetten im wöchentlichen Turnus liefern. Derartiger Druck fördert die Kreativität.«[1]

Rückenwind bekam dieses politisch-feministische Erkenntnisinteresse von dem sich in den 1980er-Jahren in den USA etablierenden New Historicism. In der Folge wurden Parameter, die in der Musikwissenschaft wirksam waren (und auch noch sind), benannt und auf ihre exkludierende Macht hinterfragt. So lässt das wachsende soziologisch-ethnologische Interesse von Vertreter_innen der britischen Cultural Studies an der Populärkultur auch Popmusik zum musikwissenschaftlichen Objekt werden,[2] die hierarchischen Stufen von dieser und außereuropäischer Musikkultur zur zentraleuropäischen so genannten ›ernsten Musik‹ büßen an Höhe ein und die Autorität von Werk und ›Meister‹ schwindet. Die Frage nach Körper, sex und gender wird neben anderen Paradigmen wie Zeit, Raum, Identität, Zeichen, Medien, Repräsentation oder Performanz – um nur einige zu nennen – in der Wissenschaft um Musik relevant und trägt dazu bei, kulturwissenschaftliche Forschungsperspektiven zu etablieren. Im Folgenden werden diese Forschungsentwicklungen kurz nachgezeichnet und das daraus entstandene veränderte Geschichtsbild in Bezug auf Männer und Männlichkeiten skizziert. Den roten Faden bildet dabei der Blick auf die männlichen Akteure des Feldes. Es geht dabei sowohl um sie, als auch um Männlichkeitsdiskurse in der Musik und im Sprechen über Musik, um Männlichkeitsbilder bei Künstlern und Künstlerinnen in ihren unterschiedlichen Handlungsfeldern sowie auf den verschiedenen Bühnen als diskursiven Spielwiesen. In der kulturwissenschaftlich orientierten Musikforschung herrscht ein von postfreudianischer Psychoanalyse beeinflusster, am dekonstruktiven Feminismus orientierter diskursanalytischer Ansatz vor, der Männlichkeit als zeit- und raumbedingtes »variables Bündel kultureller Normen« versteht.[3] Während die Anfangsjahre der Männer- und Männlichkeitsforschung noch von Klaus Theweleits zweibändiger Studie *Männerphantasien* (1977 und 1978) geprägt waren, orientieren sich heutige Arbeiten an Raewyn (vormals Robert) Connells Konzept der hegemonialen Männlichkeit.[4]

---

[1] Judith Rosen, »Why haven't women become great composers?«, in: *High Fidelity. The Magazine for Music Listeners and Musical America* 23, H.2 (1973), S. 46, 51–52, hier zit. n. *Musik und Gender. Ein Reader*, hrsg. von Florian Heesch und Katrin Losleben, (= Musik-Kulturgender 10), Köln u.a. 2012, S. 70.

[2] Simon Frith/Angela McRobbie, »Rock and Sexuality«, in: *On Record. Rock, Pop and the Written Word*, hrsg. von dems. und Andrew Goodwin, London 1990, S. 371–390, zuerst in: *Screen Education* 29 (1978), S. 371–389.

[3] Vgl. Stefan Horlacher, [Art.] »Männerforschung«, in: *Lexikon Musik und Gender*, S. 237–239, hier S. 242).

[4] Robert W. Connell, *Masculinities*, Cambridge 1995; dt. u. d. T. *Der gemachte Mann. Konstruktion und Krise von Männlichkeiten*, Opladen 1999.

1 Wer spricht: Das musikalische Feld und seine Spieler

Eine Musikwissenschaft, die sich als Kulturwissenschaft versteht, ergänzt den Blick auf das musikalische Artefakt unter anderem um Prozesse, die zu seiner Entstehung beigetragen haben und für seine Reproduktion und Rezeption relevant sind; dazu zählen auch Professionalisierungsprozesse, wie sie über Jahrhunderte in Europa die Regel waren. Allerdings unter der schwierigen Bedingung, dass neben den zeitlich bedingten Veränderungen die Berufsgruppe der Musiker in Zentraleuropa in sich seit jeher heterogen ist. Spielleute, Hof- und Kirchenmusiker oder freischaffende Komponisten durchliefen gänzlich unterschiedliche, oft sehr spezifische, individuelle Werdegänge. Dennoch lassen sich, auch über die Grenzen der Musikberufe hinweg, Traditionen von Ausbildung, Profession und Öffentlichkeit feststellen.[5] In jedem Stadium des Professionalisierungsprozesses spielt das Geschlecht der Lernenden eine wichtige Rolle, und es entscheidet unter anderem darüber, ob ein Mensch eine private Ausbildung erhält oder bereits in diesem frühen Stadium eine Institution besuchen kann.

Eine institutionalisierte theoretische und systematische Musikausbildung – mit Musik im Kanon der Septem artes liberales – entwickelte sich zuerst an Klöstern und Universitäten für Adelige und Klerikale und war ausschließlich Männern vorbehalten. Neben der ›informellen‹, auf privaten Beziehungen beruhenden Musikvermittlung entwickelte sich die praktische institutionelle Ausbildung an Hochschulen, Konservatorien und Singschulen, die sich wiederum als Norm für eine professionelle Laufbahn als Musiker, Komponist oder Dirigent etablierte.[6] Einzelne praktische Fachrichtungen wie Gesang und die pädagogische Ausbildung wurden ab dem 18. Jahrhundert Frauen zugänglich gemacht und boten im 19. Jahrhundert dem auf 50% geschätzten Anteil unverheirateter und damit unversorgter Frauen Erwerbsmöglichkeiten als Lehrerinnen.[7] Der um 1800 aufkommende biologische Determinismus behinderte allerdings Frauen weiterhin als Komponistinnen. Das männlich-zeugende Prinzip fand bekanntermaßen seine Entsprechung im musikalischen Bereich als Komponieren, im Sinne von Musik erschaffen; darüber wurde allein Männern jene für das Komponieren unerlässliche Fähigkeit des logischen und

---

[5] Siehe Walter Salmen, *Beruf: Musiker: verachtet – vergöttert – vermarktet. Eine Sozialgeschichte in Bildern*, Kassel u. a. 1997.
[6] Vgl. Uta Nevermann-Körting, [Art.] »Kompositionsstudium«, in: *Lexikon Musik und Gender*, S. 146; wobei diese Norm wie jede Werteordnung auch Abweichungen zulässt, wie das Beispiel Ludwig van Beethoven zeigt.
[7] Brigitte Vedder, [Art.]»Musikpädagogin«, in: *Lexikon Musik und Gender*, S. 377–379, hier S. 378.

entwickelnden Denkens zugeschrieben. Frauen wurden auf Empfangen und Gebären reduziert und dem Bereich des Gefühls zugeordnet, womit sie auf das Reproduzieren von Musik beschränkt blieben. Während Männer also Werke erschufen, sollten Frauen sie nur auf einigen als schicklich eingestuften Instrumenten nachspielen oder singen.[8] Kompositions- und Tonsatzstudentinnen blieben im 19. Jahrhundert die Ausnahmen, z.B. Ethel Smyth am Leipziger Konservatorium. Diese Schwelle bleibt bis heute merkbar: Uta Nevermann-Körting beziffert an wenigen einzelnen Hochschulen den Anteil der Männer in diesen Studiengängen zwar auf 50%; im Bundesdurchschnitt liege er aber bei immerhin 75 bis 90%. Dementsprechend ist der Anteil von Kompositionsprofessoren mit über 90% weiterhin hoch.[9]

Die durch Historismus aufblühenden Themen wie Fortschritt, Formalismus, Genius und Nation sind eng mit den Geschlechterdiskursen verwoben. Frauen, Juden und Homosexuelle wurden, wie der Literatur- und Musikwissenschaftler Hans Mayer festgestellt hat, aus dem musikalischen Feld ausgeschrieben oder -geschwiegen.[10] Musikwissenschaft als universitäres Fach wurde 1898 ins Leben gerufen; 1950 wurde mit Anna Amalie Abert die erste Frau zur Professorin ernannt, und erst in den letzten Jahren beginnt sich das Verhältnis von Professorinnen und Professoren anzugleichen. Das diskursive Feld der Musik und ihrer Historiografie war damit in vielen Jahren von männlichen, weißen und zentraleuropäischen Protagonisten bestellt.

2 Besprochen werden: Zum Diskurs um ›männliche Musik‹

Anders als Literatur oder bildende Kunst vermittelt Instrumentalmusik mit den wenigen Ausnahmen tonmalerischer Elemente in der Regel keine realistische oder naturalistische Aussage. Der Diskurs um die sogenannte absolute Musik, der im 19. Jahrhundert begonnen und bis in die 1980er-Jahre dominiert hat, eröffnete einen weiten Raum für die Frage nach dem Gehalt jenseits von Syntax und Struktur textloser Musik. Seit Jahrhunderten werden Musik oder musikalische Elemente als ›männlich‹ oder ›weiblich‹ bezeichnet, mit den Gender Studies jedoch wurde die Frage nach einer geschlechtlichen Bedeutung in der Musik aus einem neuen Blickwinkel gestellt beziehungsweise wurden diese Zuschreibungen hinterfragt.

---

[8] Freia Hoffmann, *Instrument und Körper. Die musizierende Frau in der bürgerlichen Kultur*, Frankfurt/M./Leipzig 1991; Lucy Green, *Gender, Music, Education*, Cambridge 1997.
[9] Vgl. Nevermann-Körting, [Art.] »Kompositionsstudium«, S. 146.
[10] Hans Mayer, *Außenseiter*, Frankfurt/M. 1975; vgl. auch Martin Loeser, [Art.] »Geschichtsschreibung«, in: *Lexikon Musik und Gender*, S. 250–251, hier S. 251.

Während sich die frühe Genderforschung in der Musikwissenschaft mit feministischem Anspruch darauf konzentrierte, in erster Linie die Präsenz von Frauen in der jeweiligen Musikkultur sichtbar werden zu lassen und deren Kompositionen angesichts bestehender, von Männern dominierter Kanones wirksam aufzustellen,[11] führte z. B. die US-amerikanische Musikwissenschaftlerin Susan McClary an Werken des gängigen Kanons vor, wie männliche Sexualität und Begehren sowie Machtverhältnisse zwischen den Geschlechtern in der Faktur der Musik seit der Renaissance sicht- und hörbar werden.[12] Auch Eva Rieger stellt die Frage nach der semantischen Bedeutung musikalischer geschlechtlicher Muster, die sie gleichsam als allgemeingültige kulturelle Codes versteht. So seien bestimmte Notenfolgen als männlich empfunden worden, z. B. in großen Sprüngen aufwärts gehende Intervalle, prägnante Punktierungen, Dur oder große Lautstärke.[13]

Die durchaus berechtigte Kritik daran lautet, dass geschlechtliche Zuschreibungen eines kulturellen Kontextes in die Musik projiziert werden.[14] Da Musik, so schreibt auch Annegret Huber, weder Geschlechtschromosomen oder -hormone besitze noch sich sexuell fortpflanze, könne an ihren Strukturen weder das biologische noch das soziale Geschlecht untersucht werden; Fragen nach Sex oder Gender ergäben sich erst unter Einbeziehung der sie komponierenden oder analysierenden Individuen und der sozialen Kontexte, in denen Prozesse der Sinngebung und -stiftung stattfänden.[15] Gesellschaftliche Geschlechterdiskurse würden sich lediglich in (musikästhetischen) Schriften, Kritiken, Briefen

---

[11] Marcia J. Citron, *Gender and the Musical Canon*, 3. Aufl. Urbana/Chicago 2000.

[12] Susan McClary, *Feminine Endings. Music, Gender, and Sexuality*, Minneapolis 1991.

[13] U. a. Eva Rieger, *Leuchtende Liebe, lachender Tod. Richard Wagners Bild der Frau im Spiegel seiner Musik*, Düsseldorf 2009, S. 17f.; dies., »Frau, Musik und Männerherrschaft revisited«, in: *Gender Studies in der Musikwissenschaft – Quo Vadis? Festschrift für Eva Rieger zum 70. Geburtstag*, hrsg. von Annette Kreutziger-Herr, Nina Nieske und Susanne Rode-Breymann, (= Jahrbuch Musik und Gender 3), Hildesheim u. a. 2010, S. 63–69, hier S. 67.

[14] Vgl. Leo Treitler, »Gender and Other Dualities of Music History«, in: *Musicology and Difference. Gender and Sexuality in Music Scholarship*, hrsg. von Ruth A. Solie, Berkeley 1993, S. 23–45; Marion Gerards, *Frauenliebe, Männerleben. Die Musik von Johannes Brahms und der Geschlechterdiskurs im 19. Jahrhundert* (= Musik – Kultur – Gender 8), Köln u. a. 2010.

[15] Annegret Huber, »Performing Musical Analysis. Genderstudien als Prüfstein für eine ›Königsdisziplin‹«, in: *Gender Performances. Wissen und Geschlecht in Musik, Theater, Film*, hrsg. von Andrea Ellmeier, Doris Ingrisch und Claudia Walkensteiner-Preschl (= mdw Gender Wissen 2), Wien 2011, S. 21–48, hier S. 28.

und Rezensionen niederschlagen und so die Rezeption, aber auch die Konzeption von Konzertmusik formen.[16]

Lange vor der Proklamierung der ›absoluten Musik‹ zeichnet sich bereits in der frühen Abhandlung *De institutione musica libri quinque* von Anicius Manlius Torquatus Severinus Boethius (ca. 480–525), die die mittelalterliche Ausbildung von Jungen und jungen Männern und das Denken über Musik ab dem 9. Jahrhundert geprägt hat, die Verbindung von musiktheoretischen Inhalten und Geschlecht ab. In der Tradition von Platons *Der Staat* wird ein Verständnis von Musik auf der bekannten Geschlechterdichotomie vermittelt: Die höchste Musik sei »modesta, simplex, mascula« und stehe damit über jener, die »effeminata, fera, varia« sei.[17] Dieser Dualismus sollte sich für Jahrhunderte forttragen, in denen in zahlreichen Schriften musikalische Phänomene wie z. B. Konsonanz/Dissonanz, Dur/Moll, polyphon/homophon, perfekt/imperfekt, große/kleine Intervalle, erstes Thema/zweites Thema, Komponist/Hörer, große Gattung (Sinfonie)/kleine Gattung (Kammermusik, Lied) mit Geschlechterzuschreibungen versehen und dabei die hier erstgenannten männlich besetzt und höher gewertet wurden.[18] So wird bei der Etablierung der Tongeschlechter im 18. Jahrhundert Dur als das männliche, Moll als das weibliche, vom Männlichen abhängige, bezeichnet. Robert Schumann ergänzt in seinen *Gesammelten Schriften über Musik und Musiker*, das männliche Dur sei das handelnde, das weibliche Moll das leidende Prinzip.[19] Viel zitiert ist auch die Charakterisierung in der einflussreichen Kompositionslehre von Adolf Bernhard Marx, in der er zwar nicht die beiden gegensätzlichen Themen des Sonatenhauptsatzes als ›männlich‹ und ›weiblich‹ bezeichnet, aber die Analogie und die Hierarchisierung doch vorbereitet: Haupt- und Seitensatz in der Sonatenform verhalten sich gegensätzlich zueinander, wobei ersterer mit den Vokabeln frisch, energisch, absolut gebildet, herrschend und bestimmend, letzterer mit nachgeschaffen, zum Gegensatz dienend, vom Vorangegangenen bedingt und bestimmt, milder und schmiegsam charakterisiert werden, kurz, »das Weibliche gleichsam zu jenem vorangehenden Männlichen«.[20]

---

[16] Matthias Tischer, [Art.] »Kompositionsgeschichte«, in: *Lexikon Musik und Gender*, S. 251–252, hier S. 252.
[17] Elizabeth E. Leach, »Music and Masculinity in the Middle Ages«, in: *Masculinity and Western Musical Practice*, hrsg. von Ian D. Biddle und Kirsten Gibson, Aldershot 2009, S. 21–39, hier S. 23.
[18] Vgl. Treitler, »Gender and Other Dualities of Music History«.
[19] Vgl. Robert Schumann, *Gesammelte Schriften über Musik und Musiker*, Bd. I, Leipzig 1854a, S. 181f.
[20] Adolf B. Marx, *Die Lehre von der musikalischen Komposition, praktisch, theoretisch*, Bd. 3, Leipzig 1845, S. 273.

Die Nähe zur bürgerlich-dualistischen Geschlechterordnung des 19. Jahrhunderts ist so groß, dass man davon ausgehen kann, dass die Leser_innen die Analogie durchaus selbstständig ziehen würden.[21] Noch 1955 formulierte Joseph Müller-Blattau die Vorherrschaft des ersten (männlichen) Themas explizit aus.[22] Wie tief sich diese Vorstellungen eingegraben haben, zeigt die Analyse vom ersten Satz der 9. Sinfonie Ludwig van Beethovens von Susan McClary. Spektakulär ist sie insofern, als sie in einer der zentralen Kompositionen des westlichen Kanons eine der »erschreckendsten, gewalttätigsten Episoden in der Geschichte der Musik« entziffert,[23] nämlich eine Narration eines männlich-gewalttätigen Sexualakts. Sie tut dies, indem sie das der Dur-/Moll-tonalen Kadenz zugrundeliegende Verhältnis von Spannung und Entspannung mit einer Spielart sexueller Aktivität parallel setzt (Klimax-Prinzip) und es in der Faktur der Sinfonie nachweist. Die Frage, ob es eine ›männliche Musik‹ gebe, beantwortet McClary wie viele andere damit eindeutig positiv und dies an einem zentralen Stück der europäischen Musikkultur. Interessant an der gewagten Interpretation ist jedoch im vorliegenden Zusammenhang vor allem die berechtigte Kritik u. a. von Leo Treitler, der ihr vorwarf, Gender-Dualismen und Dichotomien als Grundlage für eine feministische Musikkritik zu verwenden und die Dichotomien damit weiter zu vertiefen.[24]

3 Neu-Schreiben: Zur Dekonstruktion des Konzepts Genius, am Beispiel Beethoven

Laut Melanie Unseld ist die Wirkungsmacht, »die vom Bild des Komponisten als Genie im 19. Jahrhundert ausging und das Musikleben in seiner ganzen Vielfalt durchdrang – von Fragen der Ausbildung und Förderung, der Professionalisierung und Öffentlichkeit, der Rezeption und künstlerischen Selbstinszenierung bis hin zu Fragen der Musikästhetik, der Musikgeschichtsschreibung und der Kanonisierung –, [...] kaum zu überschätzen.«[25] Das Bild des

---

[21] Vgl. Thomas Dietrich, »›Dein Will‹ ist mir Gesetz‹ und ›Deine Liebe sey mein Lohn‹. Hegemoniale Geschlechterordnung, Musiktheorie und Haydns *Schöpfung*«, in: *History/Herstory. Alternative Musikgeschichten*, hrsg. von Annette Kreutziger-Herr und Katrin Losleben (Musik – Kultur – Gender 5), Köln u. a. 2009, S. 140–153, hier S. 145.

[22] Vgl. Joseph Müller-Blattau, [Art.] »Form«, in: *Die Musik in Geschichte und Gegenwart*, hrsg. von Friedrich Blume, Bd. 4, Kassel 1955, Sp. 549.

[23] Hier zit. nach Susan McClary, »Feminine Endings. Musik, Geschlecht und Sexualität«, in: *Musik und Gender. Ein Reader*, S. 39–47, hier S. 44.

[24] Vgl. Treitler, »Gender and Other Dualities of Music History«.

[25] Melanie Unseld, »Das 19. Jahrhundert«, in: *Lexikon Musik und Gender*, S. 87–97,

Komponisten am meisten geprägt hat vermutlich Ludwig van Beethoven. Hörgewohnheiten, der Konzertbetrieb, Kanones, das Schreiben über Musik und deren Komponisten wie auch das Schreiben von Musik selbst änderten sich durch ihn bereits zu Lebzeiten.

Allerdings kommt es erst in den späten 1960er-Jahren auch zu einer kritischen Auseinandersetzung mit dem ›Mythos Beethoven‹[26] (vgl. hierzu auch Nina Noeskes Beitrag im vorliegenden Band) und zu gendersensiblen Untersuchungen aus den Kreisen der New Musicology, womit diese Art der Rezeption zwar dazu beiträgt, Beethovens Status als »für alle Zeiten und alle Länder« gültiges Vorbild (so Romain Rolland), nicht aber »seine exemplarische Bedeutung und seine epochenübergreifende Gegenwärtigkeit« zu entkräften.[27]

Leo Treitler,[28] Eleonore Büning oder Tia de Nora[29] dekonstruieren Zuschreibungen wie die des Revolutionärs, des Nationalheiligen, des Heroen oder des gesellschaftlichen Außenseiters, die bei Beethoven verstärkt auftreten, aber als gängige Konzepte im europäischen Musikdiskurs gelten können. Viele der Begriffe, mit denen Beethoven bis ins 20. Jahrhundert charakterisiert wird, sind ausschließlich männlich konnotiert. Zentral ist in seiner Rezeption der Topos der durch das Leid des Komponisten zur höchsten Vervollkommnung gelangenden Kunst und verbunden damit der Begriff des Genies, das Kunst erschafft. Die Diskursfelder Mann – Komponist – Kultur einerseits und Frau – Interpretin – Natur andererseits manifestierten sich zu einer kaum hinterfragten Wahrheit.

[26] hier S. 91; vgl. auch Eleonore Büning, »Rezeption und Wirkung«, in: *Das Beethoven-Lexikon*, hrsg. von Heinz von Loesch und Claus Raab, Laaber 2008, S. 602–609, hier S. 602.
Peter Schleuning/Martin Geck, »*Geschrieben auf Bonaparte*«. Beethovens *»Eroica«. Revolution, Reaktion, Rezeption*, Reinbek b. Hamburg 1989; Brigitte Massin/Jean Massin, *Ludwig van Beethoven*, Paris 1967; Eleonore Büning, *Wie Beethoven auf den Sockel kam. Die Entstehung eines musikalischen Mythos*, Stuttgart/Weimar 1992; *Der »männliche« und der »weibliche« Beethoven. Bericht über den Internationalen Musikwissenschaftlichen Kongress vom 31. Oktober bis 4. November 2001 an der Universität der Künste Berlin*, hrsg. von Cornelia Bartsch, Beatrix Borchard und Rainer Cadenbach, Bonn 2003.
[27] Angelika Corbineau-Hoffmann, [Art.] »Mythos Beethoven«, in: *Das Beethoven-Lexikon*, S. 521–525, hier S. 524 und 525.
[28] Leo Treitler, »History, Criticism and Beethoven's Ninth Symphony«, in: *Music and the Historical Imagination*. Cambridge 1989, S. 19–45 (Wiederabdruck aus: *19th-Century Music* 3/3 (1980), S. 193–210).
[29] Tia De Nora, *Beethoven and the construction of genius. Musical politics in Vienna, 1792–1803*, Berkeley u.a. 1995.

Diese Wissenschaftler_innen wie auch Sanna Pederson[30] u.a. untersuchen die Bedingungen der bürgerlichen Musikkultur im Europa des 19. Jahrhunderts und stellen sie in den Kontext von Beethovens Selbstmarketing und seinem Erfolg. Im Zuge des sich aus höfischen oder kirchlichen Räumen und Beschäftigungsverhältnissen lösenden Konzertbetriebs entsteht ein Musikmarkt im ökonomischen Sinn, in dem Hoforchester und zahlreiche neugegründete Orchestergesellschaften rentabel wirtschaften müssen. Das Konzertrepertoire entwickelt sich folglich in Abhängigkeit vom bürgerlichen Publikumsgeschmack. Um Kompositionen auf diesem Markt positionieren und so als freischaffender Künstler existieren zu können, müssen Stücke in Verlagen gedruckt, von Dirigenten ausgewählt und von Orchestern gespielt, im Anschluss daran in Rezensionen besprochen werden; sämtliche am Verbreitungsprozess beteiligten Berufssparten sind aufgrund bürgerlicher Vorstellungen von Geschlechterrollen allerdings von Männern besetzt und haben exkludierende Strukturen. Beethoven beherrscht die Kunst der Vermarktung bestens – sowohl in Österreich und Preußen, Frankreich und England – oder zieht professionelle Hilfe hinzu. Als dieser Strategie förderlich erweist sich das Aufgreifen politischer Diskurse mit musikalischen Mitteln, nämlich das Zitieren von Revolutionsmusiken oder französischer Orchestermusik aus dieser Zeit u.a. in seiner 1., 3., 5. und 7. Sinfonie, op. 21, 55, 67, 92, in den *Leonore*-Ouvertüren, op. 72, im *Egmont* op. 84, im *Trauermarsch* aus der Klaviersonate op. 26 oder der *Kreutzersonate* op. 47.[31] Damit und mittels voller Instrumentierung bei großem Orchester, Choreinsatz, extremen Lagen, Dynamik und Klangfarbe, mittels Verletzungen der Satzregeln (z.B. harmonische Rückungen), prägnanten Rhythmen, dunkel instrumentiertem Beginn mit hell klingendem Finale (wie in der 5. Sinfonie) und motivischen Fortentwicklungen entsteht bei Beethoven ein Stil, der vor dem Hintergrund des Goetheschen Idealismus als ›männlich-heroisch‹ rezipiert wird. Hinzu kommen explizite Verweise auf das Heroische (*Sinfonia eroica* op. 55; Klaviersonate Nr. 12, op. 26, 3. Satz: *Marcia funebre sulla morte d'un Eroe*) oder die Widmung jener 3. Sinfonie an Napoleon Bonaparte, die Beethoven zwar später wieder zurücknimmt, mit der er aber dennoch seine Sinfonie der öffentlich-politischen, männlich konnotierten Sphäre zuführt.[32]

---

[30] Sanna Pederson, »Beethoven and Masculinity«, in: *Beethoven and His World*, hrsg. von Scott G. Burnham und Michael P. Steinberg, Princeton 2000, S. 313–331.

[31] Vgl. Beate A. Kraus, [Art.] »Frankreich«, in: *Das Beethoven-Lexikon*, S. 256–259, hier S. 256; Hans Aerts, [Art.] »Revolutionsmusik«, in: *ebd.*, S. 600–602, hier S. 601.

[32] Vgl. Pederson, »Beethoven and Masculinity«, S. 323.

Diese Tendenz zur Heroisierung setzt sich fort im Berlin der 1820 Jahre, wo die Expansionsbestrebungen Preußens dominieren,[33] in den Kriegen gegen Österreich (1866) und Frankreich (1870–1871), wo Beethoven auf beiden Seiten als Identifikationsfigur dient, und bis in den Nationalsozialismus hinein sowie im Kalten Krieg zwischen den beiden deutschen Teilstaaten. Beethoven wird in Deutschland in die Tradition Johann Sebastian Bachs als ›deutscher Mann‹ gegen die österreichische Trias Joseph Haydn (›Papa Haydn‹), Wolfgang Amadeus Mozart (›das Kind‹) und den ›verweiblichten‹ Franz Schubert aufgestellt. Musik wird entlang von Beethoven als männliche, deutsche Kunst lanciert[34] und hierarchisiert: Die Bezeichnung einer Komposition beziehungsweise eines Komponisten, in sehr seltenen Fällen einer Komponistin (wie z. B. Louise Adolpha Le Beau) als ›männlich‹ wird zur Auszeichnung; der Musikkritiker Eduard Hanslick adelt Johannes Brahms' 1. Sinfonie, indem er den »männlichen hohen Ernst des Ganzen [, der] an Beethovens symphonischen Styl«[35] erinnere und auf den die jüngst geeinte deutsche Nation stolz sein könne, heraushebt.

Beethoven selbst greift in seinen wenigen Schriften, z. B. dem *Heiligenstädter Testament* vom Oktober 1802, Ideale der Französischen Revolution auf, die auch den Bildungsroman prägen (wie Johann Wolfgang von Goethes *Wilhelm Meisters Lehrjahre*[36] oder in Georg Wilhelm Friedrich Hegels *Phänomenologie des Geistes*[37] zu finden sind. Das Bild Beethovens als des zwischen »vorwärtsdrängende[r] Tatkraft« und »klagend resignierte[m] Besinnen« ringenden, das Leid überwindenden Künstlers, so Paul Bekker,[38] dessen ›heroische‹ Tat dann die vollendete Komposition beziehungsweise bei Beethoven auch der Sieg über den Freitod dank der Kunst ist, wird also von mehreren Seiten gezeichnet.

---

[33] Vgl. Marie-Agnes Dittrich, [Art.] »Held/Heroismus«, in: *Lexikon Musik und Gender*, S. 353–354, hier S. 354.

[34] Vgl. u. a. Philip Brett, »Musicality, Essentialism, and the Closet«, in: *Queering the Pitch. The New Gay and Lesbian Musicology*, hrsg. von dems., Elizabeth Wood und Gary C. Thomas, 2. Aufl. New York/London 2006, S. 9–26, hier S. 15.

[35] Eduard Hanslick, *Concerte, Componisten und Virtuosen der letzten fünfzehn Jahre. 1870–1885. Kritiken*, 3. Aufl. Berlin 1896, S. 168f.; vgl. hierzu ausführlicher Gerards, *Frauenliebe und Männerleben*, S. 248–325.

[36] *Goethes neue Schriften. Dritter bis sechster Band. Wilhelm Meisters Lehrjahre. Ein Roman*, Berlin 1795–1796.

[37] Georg Wilhelm Friedrich Hegel, *System der Wissenschaft. Erster Teil, die Phänomenologie des Geistes*, Bamberg/Würzburg 1807.

[38] Zit. n. Scott G. Burnham, *Beethoven Hero*, Princeton 1995, S. 6.

Solchen Untersuchungen gingen US-amerikanische Debatten um Schuberts soziale Netzwerke und um Subjektivität in seinen Liedern und seiner Instrumentalmusik voraus. Ziel einer schwul-lesbischen Ausrichtung war, die Heteronormativität der traditionellen Musikwissenschaft deutlich zu machen und die gesellschaftliche Akzeptanz von Homosexualität über das Medium Musik zu steigern. Maynard Solomon hatte durch eine dezidierte Analyse der Schubert'schen Wiener Kreise und einiger seiner Schriften dessen gleichgeschlechtliche Orientierung in den Bereich des Möglichen gerückt[39] und damit deutlich die Auseinandersetzung mit den verschiedenen Formen von Sexualität in der Musikwissenschaft befördert, aber auch den regen Widerstand einiger Fachvertreter_innen wie z.B. Rita Steblin ausgelöst.[40] Der heftigen Diskussion fügte Lawrence Kramer eine Abhandlung hinzu, in der er die sich zu Schuberts Zeit entwickelnde Innerlichkeit des Subjekts ins Feld führte und zeigte, dass Schubert in seinen Liedern eine Subjektposition bezogen hatte, die die zu Beginn des 19. Jahrhunderts gültigen Männlichkeitsbilder hinterfragte, indem in der Musik gleichgeschlechtliches Begehren und ›weibliche‹ Bilder präsentiert würden, die auch für Männer eine Identifikation ermöglichten.[41] Damit wurde ein lange tradiertes Rezeptionsschema aufgelöst: Bereits Robert Schumann schreibt, Franz Schubert sei ein

> »Mädchencharakter, […] geschwätziger, weicher und breiter; gegen Jenen [Beethoven] ein Kind, das sorglos unter den Riesen spielt. […] Zwar bringt auch er [Schubert] seine Kraftstellen, bietet auch er Massen auf; doch verhält er sich immer wie Weib zum Mann, der befiehlt, wo jenes bittet und überredet. Dies alles aber nur im Vergleich zu Beethoven; gegen Andere ist er noch […] Mann genug.«[42]

Zu diesem Bild trägt seine Nationalität als Österreicher beziehungsweise Nicht-Deutscher ebenfalls bei. Auch dass bei dem bekennenden Homosexuellen Pjotr Iljitsch Tschaikowsky die Nationalität als Russe mit dazu geführt hat, exotische, ›dekadente‹ und ›weibliche‹ Eigenschaften in seine Musik zu interpretieren und die Person quasi als Warnung hochzuhalten, sei anzunehmen.[43] Musik

---

[39] Maynard Solomon, »Franz Schubert and the Peacocks of Benvenuto Cellini«, in: *19th-Century Music*, 12/3 (1989), S. 193–206.

[40] Rita Steblin, »The Peacock's Tale: Schubert's Sexuality Reconsidered«, in: *19th-Century Music* 17/1 (1993), S. 5–33; Susan McClary, »Music and Sexuality: On the Steblin/Solomon Debate«, in: *ebd.*, S. 83–88; James Webster, »Music, Pathology, Sexuality, Beethoven, Schubert«, in: *ebd.*, S. 89–93.

[41] Lawrence Kramer, *Franz Schubert. Sexuality, Subjectivity, Song*, Cambridge/New York 2003.

[42] Schumann, *Gesammelte Schriften*, Bd. 2, S. 238.

[43] Vgl. Brett, »Musicality, Essentialism, and the Closet«, S. 15.

selbst, das verdeutlichen diese Forschungen, ist nicht weiblich, effeminiert oder homosexuell, sondern diese Attribute werden aus den Narrationen der Komponistenbiografien in die Musik projiziert. Dieses Vorgehen kann dazu dienen, Abweichungen von vornehmlich an Kompositionen der Überfigur Beethoven konstruierten Satzidealen zu deuten.[44] Auch wenn der britische Komponist Benjamin Britten, der seine Homosexualität offen lebte und damit bis zu einer Outing-›Welle‹ amerikanischer Komponistinnen und Komponisten in den späten 1990er-Jahren eine Ausnahme bildete, seine Opern mit auffällig vielen Männerrollen besetzt und gleichgeschlechtliches Begehren mit Celesta, Glockenspiel, Harfe und pianissimo Tremolo in den Streichern ausgestaltet,[45] sind dies – mit Edward Said gesprochen – orientalistische Mittel auf musikalischer Ebene, die wiederum weiblich konnotiert sind.

4 Männlichkeitsperformanzen auf der Bühne

»Keine andere Gattung«, schreibt Silke Leopold, »ist im Laufe der Jahrhunderte so eng an die Frage nach den sich wandelnden Geschlechteridentitäten gebunden gewesen wie die Oper«.[46] Sie merkt an, dass die Erforschung von männlichen Geschlechterrollen bislang im Hintergrund steht. Es geht dabei nicht nur um jene Opernstoffe, die mit einer Prise Travestie oder cross-dressing gewürzt werden – junge Männer, die sich als Kammerzofen verkleiden, aber von einer Mezzosopranistin gesungen werden –, sondern um vier Jahrhunderte heterogene europäische Operngeschichte, in der auf den verschiedenen Ebenen eine Vielzahl von gesellschaftlichen Diskursen sicht- und hörbar werden. Dazu zählen die unterschiedlichen Stimmbesetzungspraktiken, die hier nur am Beispiel der Protagonisten dargestellt wird, sowie die Verhältnisse der Geschlechter zueinander auf der Bühne oder die musikalische, textliche und darstellerische Ausgestaltung von Geschlechtscharakteren – um nur einige zu nennen. Die Opernforschung steht hier allerdings noch sehr an ihren Anfängen. Großes Interesse zeigten Wissenschaftler_innen gegenüber Kastratensängern, auch wenn viele der frühen Arbeiten unsensibel gegenüber der spezifischen Geschlechtlichkeit waren.[47] Reflexionen über das doing gender von Kastraten (häufig ohne es so zu nennen) neben der Bühne sind an-

---

44 Tischer, [Art.] »Kompositionsgeschichte«, S. 252.
45 Vgl. Philip Brett, »Eros and Orientalism in Britten's Operas«, in: *Queering the Pitch*, S. 235–256.
46 Silke Leopold, [Art.] »Oper«, in: *Lexikon Musik und Gender*, S. 228–230, hier S. 228.
47 Z. B. Angus Heriot, *The castrati in opera*, New York 1974; Patrick Barbier, *The world of the castrati. The history of an extraordinary operatic phenomenon*, London 1996.

ekdotisch und weitgehend undifferenziert, oft von Abscheu, aber auch von extremer Anziehungskraft der Kastraten auf die Rezipientinnen und Rezipienten geprägt: James Q. Davies spricht von einer »Leerstelle« [blank], die die Zuhörer_innenschaft dazu animieren würde, ihre eigenen Leidenschaften einzuschreiben;[48] Corinna Herr erweitert dies auf die Wissenschaft, in der eigene Vorstellungen zwischen Andersartigkeit und Normalität auf den Kastraten projiziert würden.[49] Kastraten auf der Opernbühne gibt es in erster Linie im frühneuzeitlichen Italien. Die aus dem operativen Eingriff resultierende Kombination von kindlichen Stimmlippen mit enormen Knochenwachstum und damit einem großen Resonanzkörper inklusive großem Lungenvolumen bewirkt im Verbund mit der Ausbildung im Idealfall wendige, brillante Sopranstimmen mit großer Kraft, die extrem lange Passagen singen können. Damit vereinte sich im idealtypischen Bild des Kastraten stimmliche Höhe mit Kraft und Ausdauer, wobei hinzugefügt werden muss, dass die Zuordnung von hoher Stimme und ›weiblich‹, von tiefer Stimme und ›männlich‹ wissenschaftlichen Untersuchungen zufolge nicht den Realitäten, sondern nur heutigen gesellschaftlichen Vorstellungen entspricht.[50] Ausschlaggebend waren die Kategorien Klasse, Alter und Schönheit in der Besetzungspraxis der Opera seria bis zur französischen Machtübernahme 1798. Heldenrollen sind in diesem Zeitrahmen eben Sopranpartien – ob nun von einer Frau oder einem

[48] James Q. Davies, »›Veluti in Speculum‹: The Twilight of the Castrato«, in: *Cambridge Opera Journal* 17/3 (November 1, 2005), S. 271–301, hier S. 280.
[49] Corinna Herr, Art. »Kastrat«, in: *Lexikon Musik und Gender*, S. 249–250, hier S. 250; differenzierte Lesarten finden sich z. B. bei dies., »The Castrato Voice as a Paradigm of the *manière italienne*. French Discourse on Italian Music and Compositional Practice around 1700«, in: *Italian Opera in Central Europe 1614–1780*. Bd. 2: *Italianità: Image and Practice*, hrsg. von Herbert Seifert, Andrea Sommer-Mathis, Reinhard Strohm und ders. (= Musical Life in Europe 1600–1900), Berlin 2008, S. 263–286; dies., *Gesang gegen die »Ordnung der Natur«? Kastraten und Falsettisten in der Musikgeschichte*, Kassel 2013; Joke Dame, »Unveiled voices. Sexual difference and the castrato«, in: *Queering the Pitch*, S. 139–153; Silke Leopold, »Not Sex But Pitch. Kastraten als Liebhaber – einmal über der Gürtellinie betrachtet«, in: *Provokation und Tradition. Erfahrungen mit der Alten Musik* (Festschrift Klaus L. Neumann), hrsg. von Hans-Martin Linde und Regula Rapp, Stuttgart 2000, S. 219–240; Roger Freitas, *Portrait of a Castrato. Politics, Patronage, and Music in the Life of Atto Melani*, Cambridge 2009; Kordula Knaus, *Männer als Ammen, Frauen als Liebhaber. Cross-gender Casting in der Oper 1600–1800*, Stuttgart 2011; Anke Charton, *Prima donna, prima uomo, musico. Körper und Stimme. Geschlechterbilder in der Oper*, Leipzig 2011.
[50] Vgl. Rebecca Grotjahn, »Das Geschlecht der Stimme«, in: *Musik und Gender. Grundlagen – Methoden – Perspektiven*, hrsg. von ders. und Sabine Vogt (= Kompendien Musik 5), Laaber 2010, S. 158–169.

Kastraten gesungen. Diese Stimmen stehen für die ideale Reinheit und Jugend sowie für einen hohen Sozialstatus.

Ab dem ausgehenden 18. Jahrhundert entwickelte sich aus der zunehmenden Geschlechterpolarisierung auch jene Aufteilung, bei der Frauen ›weibliche‹ und Männer ›männliche‹ Figuren übernahmen und dies sich in den Stimmen (weiblich – hoch, männlich – tief) abbildete.[51] Dann erst ist es möglich, gegebenenfalls von gegengeschlechtlicher Besetzungspraxis, Cross-dressing oder Travestie-Rollen zu sprechen. Dass Soprane Knaben, Pagen, Diener etc. verkörperten, war zwar bereits seit dem 17. Jahrhundert Usus, vermutlich ab dem 18. Jahrhundert übernahmen diese Rollen immer häufiger auch Frauen. Kordula Knaus konstatiert hier eine Verschiebung besonders aus der Sicht des männlichen Subjekts von der bis in die Renaissance akzeptierten Erotisierung der Knabenfigur hin zu ihrer Heterosexualisierung.[52] Die Hosenrolle bleibt in einer Zeit des Zweigeschlechtermodells und der ihm innewohnenden Verbindung von Männlichkeit und Macht dem vorbehalten, der die patriarchale Ordnung nicht gefährdet, nämlich dem weiblichen Körper.[53] Wiederentdeckt wurden für die Oper im 20. Jahrhundert die hohen (falsettierenden) männlichen Stimmen, z. B. bei Benjamin Britten (Oberon), Philip Glass (Echnaton) oder Peter Eötvös (Irina, Mascha, Olga, Natascha).

Die Geschlechterdiskurse des ausgehenden 19. Jahrhunderts werden ausführlich diskutiert in Richard Wagners Operndramen und in seinen eigenen autobiografischen und musikästhetischen Schriften sowie denen seiner zweiten Ehefrau Cosima Wagner. Es wäre jedoch verkürzt anzunehmen, dass Wagners Opern allein die Geschlechterhierarchie des 19. Jahrhunderts wiedergäben. Unzweifelhaft werden viele seiner männlichen Protagonisten (Hans Sachs, Wotan, Lohengrin, Parsifal, Siegfried, die Meistersinger, (Grals-)Ritter, Pilger, Edle und Soldaten von Nürnberg usw.) als Leitfiguren in einer patriarchalen Ordnung oder einer Utopie gezeichnet;[54] durch männlich konnotierte Elemente wie großes Orches-

---

[51] Vgl. ebd. sowie dies., ›Die Singstimmen scheiden sich ihrer Natur nach in zwei große Kategorien‹. Die Konstruktion des Stimmgeschlechts als historischer Prozess«, in: *Puppen, Huren, Roboter. Körper der Moderne in der Musik zwischen 1900 und 1930*, hrsg. von Katharina Hottmann und Sabine Meine, Schliengen 2005, S. 34–57.
[52] Vgl. Knaus, *Männer als Ammen, Frauen als Liebhaber*, S. 209ff.
[53] Vgl. Charton, *Prima donna, prima uomo, musico*, S. 277.
[54] Melanie Unseld, »›Heroisch‹ im weitesten Sinne«. Wagners Konzeption des Helden«, in: *Der musikalisch modellierte Mann. Interkulturelle und interdisziplinäre Männlichkeitsstudien zur Oper und Literatur des 19. und frühen 20. Jahrhunderts*, hrsg. von Barbara Hindinger und Ester Saletta, Wien 2012, S. 146–163.

ter, satten Bläserklang, Choräle, Fanfaren, Diatonik und Dreiklangsbrechungen wird dies auf musikalischer Ebene hörbar. Allerdings finden sich auch zerbrechliche Figuren wie Tristan, Erik oder Siegmund, die sich – wie sonst überwiegend die weiblichen Figuren Wagners – für die Liebe bedingungslos opfern, dafür aber bestraft werden.[55] Die Figurenkonstellationen der romantischen Oper zeigen jene bürgerlichen Geschlechtervorstellungen, nach denen der Mann als gesellschaftliches Wesen auf eine Frau – Sinnbild der Natur oder der sexuellen Verführung – trifft und bestehen kann oder untergehen muss.[56]

Großes Interesse erfährt die Untersuchung von Geschlechterdiskursen auf der multimedialen Bühne der populären Musik des 20. und 21. Jahrhunderts. In den Blick genommen werden die verschiedenen Produktionsebenen von Geschlechterbildern in populärer Musik, also auf musikalischer und textlicher Ebene, hinsichtlich technischer Realisierung, Wahl von Instrumenten, Gesang und Stimme, Performanz von Charakteren und Musikern, Interaktionen zwischen denselben auf der Bühne und in Videos. Dies spiegelt sich auch in den Beiträgen des vorliegenden Bandes wider. Die frühe Annahme aus den 1970er-Jahren, Rockmusik mit all ihren Produktionsorten sei ein ausschließlich männliches Terrain, und so genannter Cock Rock, wie ihn *die* Rocker schlechthin, die Rolling Stones, präsentierten, sei eine Musikform, die ausschließlich auf multiplen Darstellungen von männlicher, aggressiver Körperlichkeit respektive Sexualität beruhe, wurde durch eine Vielzahl von jüngeren Arbeiten differenziert. Ohne die männliche Dominanz auf dem Feld der populären Musik in Frage zu stellen, zeigt z. B. Philip Auslander mit einer Performanz-Analyse im Glam Rock der späten 1960er-Jahre von u. a. Marc Bolan, David Bowie (als polysexuell-androgyn außerirdisches Wesen Ziggy Stardust), Brian Eno und Bryan Ferry der Gruppe Roxy Music, Lou Reed sowie Suzi Quatro, wie diese auf der Ebene ihrer eigenen Person, der Bühnenperson und dem Subjekt des jeweiligen Textes mit Männlichkeitsbildern abseits der straighten Norm spielten und queere Geschlechteridentitäten ausloteten.[57] Indem auch die Männer toupierte Frisuren, Make-up und Frauenkleidung trugen und die männlich konnotierte E- gegen die akustische Gitarre austauschten und bi- oder homosexuelle Orientierung andeuteten, eröffneten sie einen Weg zu mehr Akzeptanz von gay acts in der Musik (z. B. Boy George, Frankie Goes to Hollywood oder Bronski Beat) und damit auch im »wirklichen Leben.«[58] Jüngere Studien spüren die Ambiguitäten von Geschlech-

---

[55] Vgl. u. a. Eva Rieger, *Leuchtende Liebe, lachender Tod*.
[56] Vgl. Unseld, [Art.] »Das 19. Jahrhundert«, S. 96.
[57] Philip Auslander, *Performing Glam Rock. Gender and Theatricality in Popular Music*, Ann Arbor 2006.
[58] Ebd. S. 41, auch S. 232–234.

terperformanzen von (männlichen) Rockmusikern wie z. B. Mick Jagger auf. Diese Musiker zeigten durch – weiblich konnotiertes – Tanzen auf der Bühne, Tragen von Frauenkleidern oder Schleiern, Allusionen an S/M-Spiel, Satanskult und häufig Selbstironie androgyne Facetten.[59] Solch optisches wie auch akustisches Cross-Dressing, wie es z. B. Annie Lennox und Dave Stewart alias The Eurythmics mit ihrem Auftreten als »White Soul« singende androgyne Zwillinge kultivierten,[60] hatte zwar im Varieté eine Tradition, feierte im restriktiven Großbritannien der Margaret Thatcher jedoch sein Comeback und wurde von amerikanischen Künstler_innen wie Michael Jackson oder Madonna adaptiert und weiterentwickelt.[61] Der bei Robert Walser als rein patriarchales Diskursfeld beschriebene und durch Misogynie, Ausschreiben von Frauen aus der Gemeinschaft, Androgynität und romantische Liebe charakterisierte Heavy Metal[62] wird inzwischen in seinen zahlreichen Subgenres und mit seinen Widersprüchen betrachtet. Denn gerade dort, wo Männer mit Glam-Elementen wie toupierten Frisuren und hohem Gesang auftreten, stellt sich die komplexe Frage, wie in der Rezeption das Bild vom ›harten Mann‹ entsteht, gerade in einem Feld, das sich vielfältig aufgespalten hat, mehr und mehr von Frauen bespielt wird und in dem auch Männer weiblich konnotierte Elemente übernehmen (vgl. u. a. von Florian Heesch in seinem hier vorliegenden Artikel). Der Ende der 1970er-Jahre in den New Yorker Bronx entstandene und regional stark divergierende HipHop hat zwar verschiedene queere, feministische, anti-homophobe Spielarten hervorgebracht, dennoch bleibt die patriarchale Durchdringung gegeben.[63] Hypermaskulinität, die durch die Verbindung von Klassentopoi Ghettoisierter mit bestimmten Hautfarben oder ethnischen Zugehörigkeiten, mit Phallozentrismus und aggressiver, gewalttätiger Sexualitätsdarstellung bei gleichzeitiger misogyner Zurschaustellung von Frauenbildern und Frauenhass performiert wird, finden sich im Gangsta-Rap allerorts.[64] Martin Seeliger nimmt im vorliegenden Band eine intersektionale Blickrichtung auf das Phänomen Gangsta-Rap u. a. in Deutschland ein.

[59] Vgl. Sheila Whiteley, *Sexing the Groove. Popular Music and Gender*, London u. a. 1997, S. 76ff.
[60] Vgl. Richard Middleton, »Authorship, Gender, and the Construction of Meaning in Eurythmics› Hit Recordings«, in: *Cultural Studies* 9/3 (1995), S. 465–485.
[61] Ders., *Studying Popular Music*, Milton Keynes u. a. 1990.
[62] Robert Walser, *Running with the Devil: Power, Gender, and Madness in Heavy Metal Music*, Middletown 1993, S. 109.
[63] Gabriele Klein/Malte Friedrich, *Is this real? Die Kultur des HipHop*, Frankfurt/M. 2008, S. 24.
[64] U. a. Tricia Rose, *Black Noise. Rap Music and Black Culture in Contemporary America*, Middletown 1994; Michael Rappe, *Under construction. Kontextbezogene Analyse afroamerikanischer Popmusik* (= musicolonia 6), Köln 2010.

5 Ausblick

Nach der Etablierung der frauenorientierten Gender Studies sind die Männlichkeitsstudien in der Musikwissenschaft ein junges Feld, dessen Desiderate kaum überschaubar zu sein scheinen. Während die Popularmusikforschung hierbei vergleichsweise gut aufgestellt ist, stehen die traditionelleren Felder noch weitgehend unberührt von der Untersuchung von Genese, Performanz, Rezeption und Wirkung von Männlichkeitsdiskursen da. Auf der methodischen Grundlage der feministischen Gender Studies und mit Weiblichkeitsdiskursen und -bildern als Gegenüber im Bewusstsein werden sich die Leitfragen künftiger Forschungen auf Männlichkeitsdiskurse in Vergangenheit und Gegenwart bei Komponist_innen, Performer_innen und Rezipient_innen und deren Widerhall im musikalischen Material ausrichten.

Zu diesen möglichen Fragen zählen u.a., wie sich Männlichkeitsbilder im musikalischen Material niederschlagen, welche Männlichkeitsbilder bei Komponist_innen, Dirigent_innen, Instrumentalist_innen, Sänger_innen, Tänzer_innen, Performer_innen zu finden sind (und hier ist anzumerken, dass auch jene Männlichkeitsinszenierungen zu berücksichtigen sind, die von Frauen ausgehen)[65], welche Männlichkeitsbilder auf der Opernbühne inszeniert werden, welche Auswirkungen unterschiedliche Arten von Musik auf soziokulturelle Geschlechterdiskurse und auf die Geschlechterperformanzen der Rezipient_innen haben, welche Männlichkeitsdiskurse sich in der Musikkritik oder, allgemeiner, im Schreiben über Musik finden, wie sich Vorstellungen von Heteronormativität auf die Wahrnehmung und Bewertung von Musik, Musiker_innen und Komponist_innen auswirken, welche Rolle Männlichkeitsdiskurse in Institutionen des Musikbetriebs und der Musikwissenschaft spielen und welche Auswirkungen dies auf das Konzertleben und die Kanonbildung hat, welche Interdependenzen zwischen Geschlechterdiskursen und Diskursen um nationale Identitäten existieren und welchen Umgang die Musikpädagogik mit dem Themenfeld Männlichkeit zeigt. Die Kooperation mit anderen Disziplinen ist hierbei eine conditio sine qua non.[66]

---

[65] Siehe z.B. Judith Halberstam, *Female Masculinity*, 5. Aufl. Durham u.a. 2003.
[66] Vgl. Biddle/Gibson (Hrsg.), *Masculinity and Western Musical Practice*, S. 10f.; Ian Biddle, *Music, Masculinity and the Claims of History. The Austro-German Tradition from Hegel to Freud*, Farnham 2011; siehe auch Hindinger/Saletta (Hrsg.), *Der musikalisch modellierte Mann*.

2 Personen – Institutionen – Instrumente – Genres

Nina Noeske
Beethoven 1970: Männlichkeitsinszenierungen als politische Strategie in Ost und West

Nach wie vor sind es bestimmte Klischees, die stereotyp immer wieder bedient werden, wenn von Beethovens Leben und Werk die Rede ist (Leiden, Ausharren, Kämpfen, Überwinden). Dies ist spätestens seit Hans Heinrich Eggebrechts 1972 erstmals veröffentlichter Studie zur Beethoven-Rezeption bekannt.[1] Dass es hierbei – nicht zuletzt abgeleitet aus diesen gängigen Topoi – zahlreiche Aspekte auch für die Genderforschung gibt, über die nachzudenken es sich lohnt, hat im deutschsprachigen Raum u.a. der musikwissenschaftliche Kongress über den »männlichen« und den »weiblichen« Beethoven, der im Herbst 2001 an der Berliner Universität der Künste stattfand, gezeigt.[2] Bereits zu Lebzeiten wurde der Komponist immer wieder als Held, als Genie, als Titan, als Kämpfer, Visionär und Eroberer neuer musikalisch-künstlerischer Welten gezeichnet. Die Wahrnehmung des Menschen Beethoven beeinflusste die Rezeption seiner Musik (und vice versa);[3] ein derart einseitiges Bild aber, für das insbesondere die mythische Figur des Prometheus, zuweilen auch Herkules als Prototyp herhalten musste,[4] weist unübersehbar auf einen dezidiert ›männlichen‹ Beethoven hin. Doch der Komponist gilt bis heute nicht nur als ›Urbild‹ des bürgerlichen männlichen Musik-

[1] Hans Heinrich Eggebrecht, *Zur Geschichte der Beethoven-Rezeption*, 2. Aufl. Laaber 1994.
[2] *Der »männliche« und der »weibliche« Beethoven. Bericht über den Internationalen musikwissenschaftlichen Kongress vom 31. Oktober bis 4. November 2001 an der Universität der Künste Berlin*, hrsg. von Cornelia Bartsch, Beatrix Borchard und Rainer Cadenbach, (= Veröffentlichungen des Beethoven-Hauses in Bonn, Reihe IV, Schriften zur Beethoven-Forschung 18), Bonn 2003. Im angelsächsischen Raum beschäftigten sich Susan McClary, Lawrence Kramer, Sanna Pederson, Scott Burnham u.a. bereits seit den frühen 1990er-Jahren mit dem Phänomen des ›männlichen‹ Beethoven; vgl. u.a. Sanna Pederson, »Beethoven and Masculinity«, in: *Beethoven and His World*, hrsg. von Scott Burnham und Michael P. Steinberg, Princeton, Oxford 2000, S. 313–331, hier S. 313f.
[3] Vgl. u.a. Scott Burnham, *Beethoven Hero*, Princeton/New Jersey 1995.
[4] Vgl. Nanny Drechsler, »Prometheische Phantasien – (m)ein Versuch über Beethoven«, in: *Maßstab Beethoven? Komponistinnen im Schatten des Geniekults*, hrsg. von Bettina Brand und Martina Helmig, München 2001, S. 9–23.

Genies, sondern – neben Goethe – auch als Symbolfigur für die ›deutsche Kunst‹:[5] Albrecht Riethmüller rekurrierte diesbezüglich auf den Doppelsinn des Wortes ›Chauvinismus‹.[6] Der Verweis auf Beethoven als prototypisch ›Deutschen‹ kam in der Geschichte immer dann zum Tragen, wenn es darum ging, die deutsche Nation beziehungsweise den deutschen Staat ideell (und damit auch real) zu stärken – welche Absicht sich dahinter jeweils auch immer verbarg.

Dies gilt im 20. Jahrhundert auch und insbesondere für die Jahrzehnte während des Kalten Krieges: Sowohl die BRD als auch die DDR reklamierten den gebürtigen Bonner Komponisten für sich.[7] Bereits im Beethoven-Jahr 1952, als der 125. Todestag des Komponisten begangen wurde, betonte der ostdeutsche Musikwissenschaftler Karl Laux, es sei die »Schmach« dieses Jahres, dass – ausgerechnet – »von Bonn aus [...] die deutsche Einheit untergraben, eine Einigung unmöglich gemacht wird.« Zudem werde dort einem »amerikanisch infizierten Kosmopolitismus der Musik das Wort geredet, der im schärfsten Gegensatz zu Beethovens Schaffen steht.« Der eigenen (DDR-)Regierung hingegen gelinge es auf vorbildliche Weise, »Beethovens Andenken im Sinne seines national geprägten Werkes zu begehen«, und werde ihm damit einzig gerecht.[8] Insbesondere Beethovens 9. Sinfonie wurde nach 1945 – vor allem

---

[5] Vgl. u. a. Esteban Buch, *Beethovens Neunte. Eine Biographie*, Berlin/München 2000, S. 136.

[6] Albrecht Riethmüller, »Wunschbild: Beethoven als Chauvinist«, in: *AfMw* 58/2 (2001), S. 91–109

[7] Der vorliegende Beitrag klammert die österreichische Beethoven-Rezeption beziehungsweise das Wiener Beethoven-Jahr 1970 aus – obwohl es als Referenz interessant wäre – und beschränkt sich aus Platzgründen auf den deutsch-deutschen Konkurrenzkampf um Beethoven.

[8] Denn, so Laux: »Auch Beethoven lebte in einem zersplitterten Deutschland, in dem die Sehnsucht der besten Patrioten der deutschen Einheit galt, und er hat ihr in seinem Werk Ausdruck gegeben.« (Karl Laux, »Die fortschrittliche und nationale Bedeutung Beethovens«, in: *Ludwig van Beethoven. Genius der Nation. Ein Material zur Ausgestaltung von Gedenkfeiern anläßlich seines 125. Todestages am 26. März 1952*, hrsg. vom Kulturbund zur demokratischen Erneuerung Deutschlands, o. O., o. J., S. 12). – Riethmüller geht davon aus, dass die »nationalistische Dienstbarmachung in der ehemaligen DDR fast nahtlos an die Nazizeit [...] anknüpfte und größer war als in Westdeutschland, wo das Phänomen anders kapitalisiert und kommerzialisiert worden ist.« (Riethmüller, »Wunschbild: Beethoven als Chauvinist«, S. 104). Letztere Behauptung ist – wie im Folgenden zu zeigen ist – zweifellos richtig; erstere wäre dahingehend zu modifizieren, dass zwar der ›Kämpfer‹ Beethoven (›Leiden‹, ›Ausharren‹, ›Überwinden‹) im NS-Staat und in der DDR als ähnlich unbesiegbar inszeniert wurde, die Attribute des Kämpferischen aber mit jeweils gänzlich anderer politischer Zielsetzung im Umlauf waren. Vgl. hierzu auch Buch, *Beethovens Neunte*, S. 283.

in der DDR⁹ – zum Symbol für die ›deutsche Einheit‹; so erklang die Melodie von »Freude schöner Götterfunken« beispielsweise bei den Olympischen Spielen 1952 und 1968, als die beiden deutschen Staaten mit einer gemeinsamen Mannschaft antraten.¹⁰

Während zu Beginn der 1950er-Jahre noch beide Seiten (jeweils unter umgekehrten Vorzeichen) eine ›deutsche Einheit‹ anstrebten, ging es knapp zwei Jahrzehnte später, 1970, nur noch der Bundesrepublik um ein vereinigtes Deutschland; die DDR verlangte hingegen die völkerrechtliche Anerkennung des eigenen Staates. Beide Seiten aber stritten darum, welcher von beiden der ›bessere‹ (und damit einzig legitime) deutsche Staat sei. Dies lässt sich insbesondere an den Beethoven-Feierlichkeiten des Jahres 1970 zeigen.¹¹

1 BRD: Kagel und Stockhausen

In Ost-Berlin war man im Jahr von Beethovens 200. Geburtstag geradezu manisch darauf fixiert, herauszustreichen, was am westdeutschen Beethoven-Bild und der Art und Weise, wie der ›Bonner Staat‹ das Erbe des Komponisten fortführte, von Grund auf verfehlt war. Hingegen beschäftigten sich westdeutsche Künstler, Journalisten und Wissenschaftler beiderlei Geschlechts in erster Linie mit sich selbst und der eigenen (gesamtdeutschen) Vergangenheit.¹² Selten wurde in der BRD zu dieser Zeit mehr als ein flüchtiger Blick hinter den Eisernen Vorhang geworfen; erst recht nicht, wenn es ›bloß‹ um (vermeintlich harmlose) kulturelle Belange ging. Die westdeutsche Presse berichtete entsprechend – anders als 1952 – nur en passant über die ostdeutschen Beethoven-Veranstaltungen.¹³ So ging etwa der damals 38-jährige Mauricio Kagel, Kölner Komponist argentinischer Herkunft, gründlich mit dem (westdeutschen) Beethoven-Kult, der zugleich in bis dato ungewohntem Ausmaß der Vermarktung Beethovens zugute kam, ins Gericht. In einem im Nachrichtenmagazin *Der Spiegel* im September 1970 veröffentlichten Interview – der Titel des Hef-

---

⁹ Vgl. Christina M. Stahl, *Was die Mode streng geteilt? Beethovens Neunte während der deutschen Teilung*, Mainz u. a. 2009, S. 135.
¹⁰ Vgl. Buch, *Beethovens Neunte*.
¹¹ Vgl. Matthias Tischer, »Ulbrichts Beethoven? Die Konzeption des Beethoven-Jubiläums in der DDR 1970«, in: *Deutschland Archiv* 41/3 (2008), S. 473–480.
¹² Vgl. hierzu auch Beate Kutschke, »The Celebration of Beethoven's Bicentennial in 1970: The Antiauthoritarian Movement and Its Impact on Radical Avant-garde and Postmodern Music in West Germany«, in: *The Musical Quarterly* 93/3-4 (2010), S. 560–615.
¹³ Vgl. u. a. Stahl, *Was die Mode streng geteilt?*, S. 136.

tes lautete bezeichnenderweise *Beethoven: Abschied vom Mythos* – regte der Komponist halb ironisch, halb ernst gemeint, an, Beethovens Musik eine Weile nicht mehr aufzuführen, um eine Erholung der »Gehörnerven, die auf seine Musik reagieren«, zu ermöglichen: Zwar möge diese Lösung auf Schwierigkeiten stoßen, aber »das Resultat würde sich lohnen.«[14] Kagel ging es darum, Ballast abzuwerfen, um für Beethovens Musik (erneut) günstige Entfaltungsbedingungen zu schaffen. »Neotheologisches Gedankengut« der Beethoven-Rezeption hingegen – gemeint ist das gängige, letztlich christliche »Motto ›Er hat für uns gelitten, wir sind es seinem Werke schuldig‹« sowie die verbreitete Aneignung des Beethoven-Erbes als »[m]oralische Aufrüstung« – sollten, so der Avantgarde-Komponist, ein für allemal verabschiedet werden.[15]

Kagels im Herbst 1969 im Auftrag des Westdeutschen Rundfunks gedrehter, im Juni 1970 erstmals im Fernsehen ausgestrahlter, anderthalbstündiger Film *Ludwig van* war von genau diesem Impuls geleitet: Hier wird der Geniekult parodistisch auf die Spitze getrieben, um ihn endgültig zu verabschieden. Ein Beispiel sei im Folgenden näher betrachtet: In einer etwa achtminütigen Film-Sequenz kurz vor Ende des Films (1:14:45–1:22:25)[16] tritt eine sehr alte Pianistin mit weißem Haar auf, die langsam und würdevoll, ihre Wirkung genießend, zum Klavier schreitet und auf martialische Weise Beethovens *Waldstein-Sonate* op. 53 zu interpretieren beginnt. Mit Beginn des zweiten Themas (1:16:15–1:18:28) ist zusätzlich eine etwa einen Viertelton tiefer als das Klavier gestimmte, stümperhaft-sentimentale, dabei aber durchaus engagiert spielende (Laien-)Blaskapelle zu hören, die ein Arrangement der Sonate zum Besten gibt und dabei den Klavierpart asynchron überlagert. Das akustische Ergebnis ist für sensible Ohren kaum erträglich, entspricht aber dem, was Kagel 1970 als gelungene Aufführung begreift: »[KAGEL:] Den rauhen Ton [bei Beethoven] zu ›erweichen‹, ist schändlich. [...] SPIEGEL: Sie würden also

---

[14] »SPIEGEL: Sie meinen also, daß der Abnutzungseffekt der Beethovenschen Musik heute schon so groß ist, daß man den Komponisten für die nächsten paar Jahre unter Denkmalschutz stellen sollte? KAGEL: Ja. Ich finde, wir tragen die Verantwortung dafür, die weitere Mißbildung der Hörbevölkerung zu verhindern.« »›Beethovens Erbe ist die moralische Aufrüstung‹. SPIEGEL-Gespräch mit dem Komponisten Mauricio Kagel über Beethovens Musik«, in: *Der Spiegel* (7.9.1970), H. 37, S. 195–198, hier S. 196. Im Internet abrufbar unter www.spiegel.de/spiegel/print/d-43836565.html, 7.3.2012.

[15] Ebd.

[16] Die Zeitangaben beziehen sich auf die DVD *Ludwig van. Ein Bericht von Mauricio Kagel*, Wiesbaden, Köln 2007 (Film Edition Winter & Winter 915 006-7).

den schönen runden Klang, der von vielen Dirigenten angestrebt wird, nicht gelten lassen. KAGEL: Na [sic]. Der Idealfall wäre, Beethoven so aufzuführen, wie er hörte. Also: ›schlecht‹.«[17]

Zweifellos soll es sich bei der Pianistin um die 1968 im Alter von 85 Jahren verstorbene Elly Ney handeln, die sich bis zuletzt wie eine Priesterin Beethovens am Klavier inszeniert hatte. Als einstige bekennende Hitler-Verehrerin[18] und Antisemitin empfahl sie sich dabei weit über 1945 hinaus – sicherlich auch im Zuge einer wirksamen Vermarktungsstrategie – erfolgreich als Hüterin der ›großen deutschen Kunst‹. Der Klavierabend verwandelte sich auf diese Weise zu einer Art Gottesdienst. Nicht von ungefähr trägt Kagels ›Elly Ney‹ während des Spiels ein Amulett mit dem Portrait Beethovens an ihrer Brust: Die Kunstreligion benötigt eine Priesterin. Dass die Pianistin im Film allerdings von einem Mann verkörpert wird,[19] ist durch die Maske kaum zu erkennen; gleichwohl gibt der deutlich spürbare Verfremdungseffekt einen Hinweis darauf, dass die Kategorie ›Geschlecht‹ auch bei der Beethoven-Interpretation eine nicht unwesentliche Rolle spielt: In der Musikgeschichte waren es nicht selten Frauen, die sich, gleichsam kompensatorisch, musikalisch-interpretatorisch oder schriftstellerisch als Verkünderin (›Priesterin‹) des Werkes eines ›großen Mannes‹ betätigten, sich mit diesem identifizierten und entsprechend inszenierten – auch wenn und gerade weil sie selbst als musikalisch-künstlerische Vermittlerinnen (geschweige denn als selbstständig Schaffende) häufig nicht ernst genommen wurden.[20]

In ihrem *Bekenntnis zu Ludwig van Beethoven* (1942) notierte Ney, sich mit dem Kriegsgeschehen der eigenen Zeit identifizierend: »Soldatischer Marschrhythmus durchpulst so manche Werke [Beethovens], besonders die während der Freiheitskriege geschaffenen. Ist dieser Rhythmus in stolzer, beschwingter Kraft vernehmbar, so sollte er doch jeden Zuhörer mitreißen.«[21]

[17] »Beethovens Erbe ist die moralische Aufrüstung«, S. 196. Kagels zur gleichen Zeit entstandene Komposition *Ludwig van* führt dies ebenfalls akustisch vor.
[18] Ney trat am 1. April 1937 der NSDAP bei (Martha Schad, *Sie liebten den Führer. Wie Frauen Hitler verehrten*, München 2009, S. 190); ihr größter Wunsch war, ein Privatkonzert für ›den Führer‹ zu geben.
[19] Es handelt sich um den »kostümierte[n] Kölner Hausregisseur Klaus Lindemann«. Vgl. Christian Brix, »*Ludwig van*« – *Zu Mauricio Kagels Beethoven-Film*, Magisterarbeit, Norderstedt 2004, S. 40.
[20] Unter dieser Voraussetzung kann Liszts Bemerkung von 1854 als geradezu fortschrittlich gelesen werden, wonach »keine glücklichere, keine harmonischere Vereinigung in der Kunstwelt denkbar« gewesen sei, »als die des erfindenden Mannes mit der ausführenden Gattin, des die Idee repräsentirenden Componisten mit der ihre Verwirklichung vertretenden Virtuosin«. (Franz Liszt, »Clara Schumann«, in: *NZfM* 21/41 (1854), Nr. 23, S. 245–252, hier S. 248).
[21] Elly Ney, »Bekenntnis zu Ludwig van Beethoven«, in: *Von deutscher Tonkunst. Festschrift für Peter Raabe*, Leipzig 1942, S. 59–68, hier S. 60.

Und weiter: »Eine unerbittliche Kampfbereitschaft und eine überwältigende Siegesgewißheit strahlt uns aus seinen Werken entgegen.«[22] Wenn die Film-Pianistin mithin – gleichsam als ›verkappter Mann‹ – das rhythmisch-motorische Moment des Beginns der *Waldstein-Sonate* (als handele es sich um Strawinskys *Sacre du Printemps*)[23] betont und dabei über die ersten beiden Takte nicht hinausgelangt, während sie auf das Klavier mit immer den gleichen Akkorden im wahrsten Sinne des Wortes ›einhämmert‹ und dabei das »Herbe und Harte ostentativ«[24] hervorkehrt (ab 1:20:25), so lässt dies Marschieren und Gewalt assoziieren – umso mehr, als im Anschluss, den Bewegungsimpuls des Beethoven-Beginns aufnehmend, nur noch Geräusch zu hören ist. Es könnte sich hierbei um das Ruckeln eines fahrenden Zuges (mit der Endhaltestelle Auschwitz oder Buchenwald) handeln; mit Blick auf die enge Verbindung zwischen Elly Ney und dem Hitler-Regime liegt eine solche Assoziation keineswegs fern.

Irgendwann (ab 1:21:25) sitzt die Pianistin, deren weiße Haare im Fortgang des Spiels das Klavier überwuchern,[25] schweigend – rauchend und trinkend – neben dem Instrument, ungerührt, kühl und gedankenverloren den (fragwürdigen) Folgen ihrer Interpretation lauschend. Die Musik (oder das, was von dieser übrigblieb) hat sich gleichsam verselbstständigt. Wie aus der Ferne klingt, zart und flüchtig, das – von Adolph Bernhard Marx (1845) bekanntlich als ›weiblich‹ beschriebene[26] – melodische zweite Thema an, welches, die Ausweglosigkeit des ewigen Marschierens gleichsam transzendierend, auf einen nahezu utopischen Horizont zu verweisen scheint (ab 1:21:50). Der ›Sprung in der Platte‹ (zugleich eine Art ›Bruch in der Geschichte‹) zeugt somit – auch – von der unrühmlichen Allianz, welche die Beethoven-Interpretin mit dem Hitler-Regime einging, indem sie sich mit den beiden Männern, dem Genie und dem Diktator (der sich gleichermaßen als Genie fühlte und inszenierte), identifizierte.[27] So rechnet Kagels Film nicht nur mit der kulturindustriellen Ver-

---

[22] Ebd., S. 62.
[23] Vgl. Buch, *Beethovens Neunte*, S. 291.
[24] Zur verbreiteten »Tendenz, die Musik [Beethovens] auf Biegen und Brechen anzutreiben, dem ohnehin Nachdrücklichen noch einmal allerkräftigst nachzudrücken« vgl. Riethmüller, »Wunschbild: Beethoven als Chauvinist«, S. 108.
[25] »[D]ie Pianistin wird zur weiblichen Variante von Barbarossa, gleichsam als Beethovens geisterhafte Statthalterin für die Ewigkeit.« (Beate Angelika Kraus, »Elly Ney und Thérèse Wartel. Beethoven-Interpretation durch Pianistinnen – eine Selbstverständlichkeit?«, in: Bartsch/Borchard/Cadenbach, *Der »männliche« und der »weibliche« Beethoven*, S. 429–447, hier S. 429).
[26] Vgl. Adolph Bernhard Marx, *Lehre von der musikalischen Komposition, praktisch theoretisch. Dritter Theil*, Leipzig 1845, S. 273.
[27] Riethmüller zufolge handele es sich bei Beethoven und Hitler um Elly Neys »Identifikationsfiguren, ihre beiden Führer, Heroen, Götter, ihre beiden Männer«:

marktung Beethovens ab, sondern zugleich ging es dem Komponisten offenbar darum, die politisch und moralisch fragwürdige Instrumentalisierung des ›männlichen‹ Beethoven – der Zweite Weltkrieg lag zu Drehbeginn gerade mal ein knappes Vierteljahrhundert zurück – ästhetisch ad absurdum zu führen: Nicht zufällig ähnelt der Fremden›führer‹ des Bonner Beethoven-Hauses in *Ludwig van* ausgerechnet Hitler.

Auch der Kölner Komponist Karlheinz Stockhausen, nur wenig älter als Kagel, setzte sich 1970 produktiv mit ›Beethoven‹ und dem dazugehörigen Geniekult auseinander. So versah er sein (ebenfalls zum Beethoven-Jahr komponiertes und mit elektronisch verfremdeten Beethoven-Zitaten gespicktes) *Opus 1970* auf der Schallplattenhülle mit dem Wortspiel »Stockhoven – Beethausen«. Wer hier der ›Autor‹ ist, bleibt demnach offen – gleichzeitig inszeniert sich Stockhausen auf diese Weise gewissermaßen als legitimer Erbe des Genies. Sowohl Kagels als auch Stockhausens kaum verhülltes Anliegen war es mithin, durch die kritisch-reflektierende musikalische Auseinandersetzung mit dem ›Titan‹ insbesondere den männlichen, d. h. den ›moralisch aufgerüsteten‹, ›kämpferischen‹, ›gottgleichen‹, zugleich aber auch ›deutschen‹[28] Beethoven vom Sockel zu stoßen[29] – nicht zuletzt, um den Weg für eine von ihnen selbst verkörperte musikalische Avantgarde gleichsam freizuschaufeln. Mit beiden künstlerischen Ansätzen konnte nur ein kleiner Teil der (west-)deutschen Bildungs-Elite etwas anfangen;[30] gegen die bis heute übliche Konnotation von Beethoven als (im Gegensatz etwa zu Franz Schubert oder Felix Mendelssohn) ›männlicher‹ Komponist schien kein Kraut gewachsen.[31]

»Vielleicht gehörte es zu ihrer [...] Strategie, sich unübersehbar mit Beethoven [hinzuzufügen wäre: Hitler] zu identifizieren, um überhaupt auf dem heimischen, von Männern besetzten Musikmarkt mit ihm bestehen zu können.« (Riethmüller, »Wunschbild: Beethoven als Chauvinist«, S. 92f.) Eine derartige ›Strategie‹ muss nicht zwingend bewusst gewählt sein.

[28] Riethmüller weist zu Recht auf die Konnotation »[m]ännlich = ethisch = deutsch« hin (ders., »Wunschbild: Beethoven als Chauvinist«, S. 106ff.; zur Hartnäckigkeit des Stereotyps vgl. ebd., S. 109).

[29] Vgl. Elisabeth Eleonore Bauer, *Wie Beethoven auf den Sockel kam. Die Entstehung eines musikalischen Mythos*, Stuttgart, Weimar 1992.

[30] »Kagels heute kaum mehr präsenter Streifen fand damals Zustimmung, mehr jedoch Ablehnung.« (Riethmüller, »Wunschbild: Beethoven als Chauvinist«, S. 91f.).

[31] Scott Burnham weist darauf hin, dass, von Adorno über Carl Dahlhaus bis hin zu Susan McClary, Schuberts Musik interessanterweise in der Regel als »non-Beethovenian rather than as Schubertian« charakterisiert wird (Burnham, *Beethoven Hero*, S. 155). Ähnliches aber gilt idealtypisch seit jeher für das ›Weibliche‹ (als das ›Nicht-Männliche‹).

2 DDR: Der Ostberliner Beethoven-Kongress 1970

Noch vor Beginn der offiziellen Feierlichkeiten bemerkte *Der Spiegel* im April 1970 kritisch: »[I]m Beethoven-Gedenkjahr 1970 ist der Meister nun wirklich für alle da: für Ost und West, für Manager und Wissenschaftler, für Film- und Plattenmacher, für Denkmal-Pfleger und Notenstecher, für Funkautoren und Fernsehregisseure«.[32] Sowohl in Bonn als auch in Ost-Berlin fand im September beziehungsweise Dezember 1970 jeweils ein großer Beethoven-Kongress mit international renommierten Koryphäen der Beethoven-Forschung statt. Die Erträge wurden jeweils ein Jahr darauf in umfangreichen Kongressberichten veröffentlicht: Herausgeber des Bonner Sammelbandes war u. a. Carl Dahlhaus,[33] für den DDR-Bericht zeichneten die Musikwissenschaftler Heinz Alfred Brockhaus und Konrad Niemann verantwortlich.[34] Während der Bonner Bericht über weite Strecken eine »selbstgenügsame Detailsammlung« mit Schwerpunkten in Philologie und Skizzenforschung darstellt,[35] heißt es im Herausgeber-Vorwort des Ostberliner Berichts unmissverständlich: »Der Beethoven-Kongreß der DDR, an dem 530 Musikforscher, Pädagogen, Kulturfunktionäre, Künstler und Musikfreunde aus neunzehn Ländern teilnahmen, hatte die Aufgabe, das marxistisch-leninistische Beethoven-Bild [...] zu präzisieren, zu differenzieren und weiterzuführen.«[36] Wie dieses ›offizielle‹ Beethoven-Bild der DDR, das von Kulturfunktionären, Politikern und ausgewählten Musikologen bereits im Vorfeld minutiös ausgearbeitet worden war,[37] beschaffen sein sollte, sei im Folgenden ausgelotet. Ausgangsfrage ist hierbei, welche Rolle der Topos des ›männlichen Beethoven‹ in diesem Zusammenhang spielt und welche Funktion dieser im Kalten Krieg hatte.

1927, zum 100. Todestag Beethovens, notierte der vormalige Schönberg-Schüler und Kommunist Hanns Eisler in der Zeitung *Die rote Fahne*, Zen-

---

[32] »Musik/Beethoven. Für alle da«, in: *Der Spiegel* (27.4.1970), H. 18, S. 201.
[33] Carl Dahlhaus, Hans Joachim Marx, Magda Marx-Weber und Günther Massenkeil (Hrsg.), *Bericht über den internationalen musikwissenschaftlichen Kongress Bonn 1970*, Kassel u. a. 1971.
[34] Heinz Alfred Brockhaus und Konrad Niemann (Hrsg.), *Bericht über den internationalen Beethoven-Kongress 10.–12. Dezember 1970 in Berlin*, Berlin 1971.
[35] Vgl. Wolfgang Sandner, »Musikwissenschaftlicher Kongreß, Bonn 1970: Januskopf einer ›verunsicherten‹ Wissenschaft, deren Repräsentanten zwischen selbstgenügsamer Detailsammlung und einer im umfassenden Sinn gesellschaftsbezogenen Forschung schwanken«, in: *Frankfurter Allgemeine Zeitung* (23.9.1970).
[36] Brockhaus/Niemann (Hrsg.), *Bericht über den internationalen Beethoven-Kongress*, S. V.
[37] Vgl. Tischer, »Ulbrichts Beethoven?«, S. 475ff.

tralorgan der Kommunistischen Partei Deutschlands (KPD): »Seine [d. h. Beethovens] Musik ist männlich, auch dort, wo sie innig und weich ist, niemals formlos, zerfließend, dekadent.«[38] Was Eisler hier mit ›männlich‹ meint, verrät er zwar nicht; zweifellos sind jedoch Attribute wie ›willensstark‹, ›charakterfest‹, ›kraftvoll‹ und ›kämpferisch‹ gemeint, die einer spätbürgerlich-verweichlichten Dekadenz entgegengehalten werden. An ein solches, schon damals alles andere als originelles Beethoven-Bild aber, das sich zugleich unausgesprochen gegen einen ›nicht-männlichen‹ Beethoven richtet, wurde in der DDR von Beginn an im- wie explizit angeknüpft. Unter marxistisch-leninistischem Blickwinkel war der Komponist – kurz gefasst – nicht nur künstlerischer ›Heros‹, sondern zugleich der ›Held der Arbeiterklasse‹, der im Gefolge der Französischen Revolution erkannt hat, was an der Zeit war: den unterdrückten Völkern Frieden und Freiheit zu bringen. Das Herz Beethovens hat demzufolge stets für die Benachteiligten und Geknechteten geschlagen; für genau diese sei mithin seine Musik geschaffen, und wer mit den »Millionen« gemeint ist, die Beethoven mit seiner 9. Symphonie (auf die in der DDR auch 1970 unentwegt verwiesen wurde) »umschlungen« wissen wollte, stand fest: die Heerscharen von Arbeiterinnen und Arbeitern, die sich auf dem Weg zur Freiheit befanden. So fügte es sich, dass 1970 nicht nur der 200. Geburtstag Beethovens, sondern auch der 100. Geburtstags Lenins gefeiert wurde.

Im gesamten, mehr als 600 Seiten umfassenden Ostberliner Kongressbericht ist von ›männlich‹ oder ›weiblich‹ zwar so gut wie nie direkt die Rede; doch strotzen die Ausführungen der (vielen) Autoren und (wenigen) Autorinnen von Begriffen und Denkmustern, die entsprechend geschlechtlich markiert sind. Einige Beispiele sollen dies verdeutlichen: Willi Stoph, Vorsitzender des Ministerrates, stellte in seiner Festansprache vom 16. Dezember 1970, die auf einer bereits 1969 von Harry Goldschmidt, Johanna Rudolph und Werner Rackwitz erarbeiteten Vorlage basiert,[39] fest, dass der »Genius Beethoven« ein »Revolutionär der Tonkunst« sowie ein »Kämpfer für Freiheit und Fortschritt im Leben und in der Kunst« gewesen sei; seine »machtvolle« Musik lasse »das Bild einer brüderlich vereinten Welt wahrnehmen«.[40] Mit seinen »Tonschöpfungen« habe Beethoven »Ideen musikalisch gestaltet, die erst durch den sieg-

---

[38] Hanns Eisler, »Ludwig van Beethoven«, in: *Die Rote Fahne* (22.3.1927), zit. n. Riethmüller, »Wunschbild: Beethoven als Chauvinist«, S. 99.

[39] Tischer, »Ulbrichts Beethoven?«, S. 478; Stoph zitiert in seiner Rede zudem aus einer Ansprache Walter Ulbrichts.

[40] Willi Stoph, »Festansprache auf dem Festakt zur Beethoven-Ehrung der DDR am 16.12.1970«, in: Brockhaus/Niemann (Hrsg.), *Bericht über den internationalen Beethoven-Kongress*, S. 1–8, hier S. 1.

reichen Kampf der Arbeiterklasse und ihrer Verbündeten in der sozialistischen Gesellschaftsordnung Wirklichkeit geworden sind.«[41] Insbesondere seine Sinfonien »streben einem Ziel zu«;[42] so sei die Musik Beethovens nunmehr der »Besitz unserer sozialistischen Nationalkultur«,[43] ihre »wahre Heimstätte« habe sie mithin »in unserem Arbeiter-und-Bauern-Staat« gefunden.[44] Als einzig angemessene Rezeptionseinstellung gegenüber Beethoven und seinem Werk kommen entsprechend nur »[t]iefe Ehrfurcht [...], Liebe und Bewunderung«[45] in Betracht. Das überkommene Schema »Leiden, Ausharren und Überwinden« zielt hier auf die quasi-heilsgeschichtliche Befreiung der Menschheit von Ausbeutung und Barbarei: »Beethoven [...] gelangte in einem kampferfüllten, entbehrungsreichen und von körperlichen Leiden gekennzeichneten Leben zu einer Höhe künstlerischer Schaffenskraft, die ihn zu dem unvergleichlichen Tonschöpfer und musikalischen Künder humanistisch-revolutionärer Menschheitsideale werden ließ.«[46] Widergespiegelt werde diese Bewegung insbesondere in Beethovens symphonischem Werk, das »Sinnbild des Kampfes der gesellschaftlichen Kräfte« sei.[47]

Doch nicht nur der Parteifunktionär Stoph, der in seiner Rede fast ausschließlich die aus dem 19. Jahrhundert überlieferten ›bürgerlichen‹ Klischees reproduziert und der DDR-Staatsideologie anverwandelt, sondern auch der Schweizer Harry Goldschmidt, einer der profiliertesten Beethoven-Forscher nicht nur in der DDR, stimmte in diesen Tonfall ein:

> »[Beethoven] war kein Schiffbrüchiger. Nicht die Resignation diktierte ihm die Feder, sondern der ungebrochene Wille, unter immer erschwerteren Bedingungen ›weiterzugehen‹, herausgefordert, kontestierend, aus hundert Wunden blutend, wie der von ihm immer wieder berufene Herkules im Kampf mit der hundertköpfigen Hydra. Brutus, Herkules, Prometheus, Sokrates, Christus blieben seine Helden. Das erklärte Ziel: die arme, erniedrigte und gequälte Menschheit frei zu machen von dem Elend, mit dem sie sich schleppte.«[48]

---

[41] Ebd., S. 2f.
[42] Ebd., S. 3
[43] Ebd., S. 5
[44] Ebd., S. 2
[45] Ebd., S. 1.
[46] Ebd., S. 1f.
[47] Ebd., S. 3.
[48] Harry Goldschmidt, »Der späte Beethoven – Versuch einer Standortbestimmung«, in: Brockhaus/Niemann (Hrsg.), *Bericht über den internationalen Beethoven-Kongress*, S. 41–58, hier S. 50.

Die Musikwissenschaftlerin und Leiterin des Arbeiterliedarchivs an der Akademie der Künste Inge Lammel (geb. Rackwitz)[49] hielt fest, dass sich entsprechend insbesondere die Arbeiter Beethoven verbunden fühlten und zwar »aufgrund seiner unbeugsamen, kämpferischen Lebensauffassung sowie der seiner Musik innewohnenden revolutionären Kraft«.[50] Paul Michel zufolge müsse die Musikerziehung in der DDR »das in kühner Antizipation über seine [d. h. Beethovens] eigene Epoche hinaus Vorwärtsweisende [...] zum Besitz aller Heranwachsenden machen«,[51] und der parteikonforme Musikwissenschaftler und Stasi-Mitarbeiter[52] Heinz Alfred Brockhaus wies mit allem Nachdruck auf das »Per-aspera-ad-astra«-Prinzip als »klassische[s] Modell der Konfliktstruktur« hin, das sich bei Beethoven unzweifelhaft auf »die Misere der bürgerlichen Gesellschaft und die Revolution, auf eine neue lichtvolle Epoche der Menschengeschichte« beziehe.[53] Der damals 65-jährige Musikwissenschaftler und Komponist Ernst Hermann Meyer, spätestens seit Veröffentlichung des Buches *Musik im Zeitgeschehen* (1952) Chef-Ideologe (und Haupt-Buhmann kritischer ostdeutscher Intellektueller) auf dem Gebiet der Musik, hob insbesondere die »Universalität« des Beethovenschen Gesamtwerks hervor; ja, in dieser Universalität sei selbst die »Tanz- und Unterhaltungsmusik« als »leichte [...] Muse« mit einbegriffen.[54] Dies erinnert nicht nur entfernt an das ›Männliche‹ als das Universelle, dem das ›Weibliche‹ als Sonderfall seit jeher logisch untergeordnet ist.[55] Meyer resümierte:

[49] Die Jüdin Inge Rackwitz emigrierte 1939 als Fünfzehnjährige nach England und trat dort der KPD bei; 1947 kehrte sie nach Ost-Berlin zurück.
[50] Inge Lammel, »Zur Beethoven-Rezeption in der deutschen Arbeiterbewegung«, in: Brockhaus/Niemann (Hrsg.), *Bericht über den internationalen Beethoven-Kongress*, S. 155–163, hier S. 155.
[51] Paul Michel, »Das Beethoven-Bild der deutschen Musikerziehung in Vergangenheit und Gegenwart – ein Beitrag zur Geschichte der Beethoven-Rezeption und der Schulmusik«, in: ebd., S. 189–200, hier S. 197.
[52] Vgl. Lars Klingberg, »IMS ›John‹ und Schostakowitsch. Zur Stasi-Karriere von Heinz Alfred Brockhaus«, in: *Musikgeschichte in Mittel- und Osteuropa*, Heft 7 (2000), S. 82–116, im Internet abrufbar unter www.uni-leipzig.de/~musik/web/institut/agOst/docs/mittelost/hefte/Heft7_BildUndText.pdf_092-126.pdf, 14.3.2012.
[53] Heinz Alfred Brockhaus, »Konflikthaftigkeit und Idealität im klassischen Realismus Ludwig van Beethovens«, in: Brockhaus/Niemann (Hrsg.), *Bericht über den internationalen Beethoven-Kongress*, S. 235–248, hier S. 238.
[54] Ernst Hermann Meyer, »Das Werk Ludwig van Beethovens und seine Bedeutung für das sozialistisch-realistische Gegenwartsschaffen«, in: ebd., S. 581–592, hier S. 589.
[55] Grundlegend hierzu Cornelia Klinger, »Feministische Theorie zwischen Lektüre und Kritik des philosophischen Kanons«, in: *Genus. Geschlechterforschung/Gender Studies in den Kultur- und Sozialwissenschaften. Ein Handbuch*, hrsg. von Hadumod Bußmann und Renate Hof, Stuttgart 2005, S. 329–364.

> »In einer problemreichen Situation, in der wir Reste eines niedergehenden, wenn auch noch immer einflußreichen und aggressiven imperialistischen Kulturbetriebes [der BRD] zu überwinden und einen ständigen Kampf gegen von ihm ausgestrahlte Sirenenstimmen zu führen [...] haben, ist Beethoven uns Kraftquell, Hilfe und Regulativ für unsere eigenen Ziele und Konzeptionen.«[56]

Beethoven wird hier gleichsam als das Wachs in den Ohren der Mannschaft des Odysseus vorgeführt, der mit seinem Schiff, wie es Theodor W. Adorno und Max Horkheimer im Kulturindustrie-Kapitel der *Dialektik der Aufklärung* (1947) beschrieben, kraft seiner ›bürgerlichen‹ List (d. h. seines Geistes) unbeschadet an den Sirenenstimmen vorbeifährt. Auf ähnliche Weise gelinge es der DDR, zumindest laut Meyer und anderen, den Verlockungen des westlich-dekadenten Lebensstils zu widerstehen: Der Preis hierfür ist die Unterjochung der eigenen Sinnlichkeit und Körperlichkeit, mithin genau jenes Bereichs, der traditionell ›weiblich‹ konnotiert ist.

Die überlieferten, im ›bürgerlichen‹ 19. Jahrhundert wurzelnden Beethoven-Klischees wurden also von der DDR-Musikwissenschaft auch im Jahr 1970 nahezu bruchlos wiederholt, wobei der ›männliche‹ Revolutionär Beethoven gegen den Sirenengesang des Westens in Stellung gebracht wird. Der ›Westen‹ aber ist aus dieser Sichtweise zutiefst ›unmännlich‹ – was (aus dieser Perspektive) nicht nur die ›spätbürgerliche‹ Beethoven-Deutung etwa eines Theodor W. Adorno, sondern auch die oben genannten musikalischen Stellungnahmen Kagels und Stockhausens bezeugen. Werner Rackwitz etwa, späterer stellvertretender Minister für Kultur, bezeichnete Kagels Film *Ludwig van* als »›Liebeserklärung‹ freilich nicht an Beethoven, sondern an alles Nihilistische, das humanistische Menschenbild verhöhnende und verzerrende, an die Dekadenz.« Der Film sei mithin »pervers«.[57] Der damals noch nicht 30-jährige Musikwissenschaftler Frank Schneider, der sich nur wenige Jahre später publizistisch auf breiter Front für die musikalische ›Avantgarde‹ des eigenen Landes einsetzte, bezeichnete Kagels »Parole: Beethoven nicht mehr aufführen«, die man im *Spiegel*-Interview lesen konnte, ebenso plastisch wie drastisch als »Amoklauf [...]: er kehrt sich gegen die Menschen und gegen Beethoven.«[58]

---

[56] Meyer, »Das Werk Ludwig van Beethovens«, S. 591.

[57] Werner Rackwitz, »Die Bedeutung Ludwig van Beethovens für die sozialistische Nationalkultur der Deutschen Demokratischen Republik«, in: Brockhaus/Niemann (Hrsg.), *Bericht über den internationalen Beethoven-Kongress*, S. 9–20, hier S. 16.

[58] Frank Schneider, »Zur Kritik der spätbürgerlichen Beethoven-Deutung«, in: Brockhaus/Niemann (Hrsg.), *Bericht über den internationalen Beethoven-Kongress*, S. 177–181, hier S. 181. Dass Schneider des Komponisten halb ironische

Selbst ein so reflektierter Musikforscher wie Georg Knepler konstatierte in seinem ansonsten klugen Aufsatz mit Blick auf Stockhausens *Opus 1970*, dass hier »[m]it brutaler Aggressivität« die Tradition negiert werden solle, und zwar gegen Beethoven selbst: »Es sind Fetzen aus Beethovens Musik [...]. Hier geht es nicht um Distanzierung von Kult und Konvention, auch nicht um ein Neuansetzen, um [...] die fortschrittliche Traditionslinie fortzuführen, sondern gerade um deren Zertrümmerung.«[59] Auch Ernst Hermann Meyer wandte sich erwartungsgemäß massiv gegen Kagels und Stockhausens musikalische Auseinandersetzung mit Beethovens Erbe:

> »[A]n die Stelle vorwärtsweisenden Schöpfertums [treten] Hohn und Perspektivlosigkeit [...]. Über Beethoven werden von einigen Individuen Kübel von Unrat entleert. Herr Mauricio Kagel sucht dabei insbesondere die Person Beethovens zu verunglimpfen und seinen Charakter sowie sein Wirken durch eine ans Pornographische grenzende Darstellungsweise zu beschmutzen.«[60]

Unübersehbar inszeniert Meyer hier – wie auch im Odysseus-Gleichnis – die abendländische Geist-Körper-Dichotomie als Ost-West-Gegensatz. Während man selbst (in der DDR) an das Beethovensche ›geistige‹ Ideal, nämlich des Komponisten Willen, Zielstrebigkeit und historischen Weitblick, mithin: an die ›männlichen‹ Eigenschaften Beethovens und seiner Musik anknüpfte, orientiere man sich demzufolge im Westen wissenschaftlich wie künstlerisch am Körper, am gleichsam ›nackten‹ musikalischen »Material«,[61] das man beliebig verzerre, und ende damit in einem Extrem von Körperlichkeit, nämlich in ›Pornografie‹. Hiermit einher gehe völlige Orientierungslosigkeit, die einzig das Streben nach – auch hier: ›materiellem‹ – Gewinn kenne. Bemerkenswert ist, dass die Kritik Kagels am nazistischen und westdeutschen Beethoven-Bild von Seiten der DDR kaum registriert, geschweige denn gewürdigt wurde; vielmehr schien man die Polemik – deren Inhalt man offensichtlich nur oberflächlich zur Kennt-

---

Interview-Äußerung tatsächlich wörtlich genommen hat, ist allerdings unwahrscheinlich – ein Hinweis darauf, dass sicherlich nicht alle Autoren an das glaubten, was sie an so prominenter Stelle wie im Rahmen des Beethoven-Kongresses 1970 öffentlich behaupteten.

[59] Georg Knepler, »Das Beethoven-Bild in Geschichte und Gegenwart«, in: Brockhaus/Niemann (Hrsg.), *Bericht über den internationalen Beethoven-Kongress*, S. 23–40, hier S. 35.

[60] Meyer, »Das Werk Ludwig van Beethovens«, in: Brockhaus/Niemann (Hrsg.), *Bericht über den internationalen Beethoven-Kongress*, S. 583.

[61] Vgl. hierzu Schneider, »Zur Kritik der spätbürgerlichen Beethoven-Deutung«, S. 181.

nis nahm – vor allem auf sich selbst zu beziehen. Bezeichnenderweise wurde auf dem Ostberliner Kongress immer wieder bekräftigt, dass insbesondere das Beethoven-Bild Adornos abzulehnen sei: Zielscheibe war vor allem dessen wohlwollende Interpretation des späten Beethoven, bei dem, so der Philosoph, sich der ›Geist‹ aus dem ›Material‹ gleichsam kritisch (im Sinne einer negativen Dialektik) zurückziehe und der ›Körper‹, das hilflos-›Kreatürliche‹ sichtbar werde – etwa als »stehengelassene Konvention«.⁶² Eine derartige Ästhetik aber ließe sich – nimmt man die Gender-Konnotationen des Körper-Geist-Gegensatzes beim Wort – als ›weiblich‹ wahrnehmen, die Ästhetik des Sozialistischen Realismus aber wäre aus dieser Perspektive genuin ›männlich‹.⁶³

Es verwundert nicht, dass 1970 in Ost-Berlin – genaugenommen ein letztes Mal – der ›männliche‹ (und das heißt zugleich: der gleichsam öffentliche) Beethoven auf den Sockel gehoben wurde, denn die DDR war, entgegen aller offiziellen Proklamationen, politisch wie kulturell ein Patriarchat. Die Kulturträger waren auch im ostdeutschen Musikleben in der Regel (bis auf einige wenige Ausnahmen) männlich, was in der Regel als so selbstverständlich erachtet wurde, dass man sich dessen nur selten bewusst wurde. Die selten hinterfragte Vorherrschaft des ›Männlichen‹ als des geistig wie körperlich Überlegenen schien mithin auf verschiedenen Ebenen den ›Sieg‹ zu garantieren – so auch, 1970 kaum weniger als 1952, jenen gegen die ›westliche Dekadenz‹. In einem Kalten Krieg lag es, anders gesagt, auch auf musikalisch-kulturellem Gebiet nahe, sich des hegemonialen Diskurses zu versichern, um die eigene Vorherrschaft im Systemkonflikt festzuschreiben.⁶⁴ Wortwahl, Argumentationsstruktur und Zielrichtung der wissenschaftlichen Beiträge zum Ostberliner Beethoven-Kongress 1970 legen hiervon beredt Zeugnis ab.

***

[62] Theodor W. Adorno, *Beethoven. Philosophie der Musik. Fragmente und Texte*, hrsg. von Rolf Tiedemann, Frankfurt/M. 2004.

[63] »Überall da, wo Form vor Materie, Transzendenz vor Immanenz, das Heilige vor dem Profanen, Aktivität vor Passivität, Subjekt vor Objekt ausgezeichnet ist, wo Kultur über Natur, Geist über Körper, Vernunft über Gefühl gestellt wird, – überall da ist in den Subtext der Theorie die Geschlechterordnung, der Dualismus des Männlichen und Weiblichen eingeschrieben.« (Klinger, »Feministische Theorie«, S. 338.) Es geht an dieser Stelle *nicht* darum, einer vermeintlich ›weiblichen‹ oder ›männlichen‹ Ästhetik das Wort zu reden. Vielmehr lassen die gängigen Konnotationen häufig dahingehend Schlussfolgerungen zu, dass etwas – z.B. eine Ästhetik – unterschwellig als ›männlich‹ oder ›weiblich‹ *wahrgenommen* wurde.

[64] Vgl. hierzu auch Nina Noeske, »Sozialistischer Realismus als Männerphantasie? ›Gender‹ als Kategorie der DDR-Musikgeschichte«, in: *Musikwissenschaft und Kalter Krieg. Das Beispiel DDR*, hrsg. von ders. und Matthias Tischer (= Klang-Zeiten 7), Köln u.a. 2010, S. 143–157.

Der Einwand, dass im vorliegenden Beitrag Äpfel (genuin künstlerische Zugänge in Westdeutschland) mit Birnen (von langer Hand vorbereitete Proklamationen der offiziellen ostdeutschen Musikwissenschaft) verglichen werden, liegt nahe. Rechtfertigen lässt sich die Vorgehensweise einzig dadurch, dass die beiden Sphären – direkt oder indirekt – aufeinander Bezug nahmen: Kagel dekonstruiert den ›männlichen‹ Beethoven, während der ostdeutsche Beethoven-Kongress just diesen (teilweise explizit) gegen Kagel und Stockhausen ins Feld führt.

Allerdings: Auch im (nicht minder patriarchalisch geprägten) Westen Deutschlands beschworen die weitaus meisten Stimmen den ›männlichen‹ Beethoven. Der hochangesehene Musikkritiker Hans Heinz Stuckenschmidt etwa bezeichnete den Komponisten in seinem Bonner Beethoven-Festvortrag von 1970 mit dem Titel »Beethoven – Höhepunkt und Fortschritt« nicht nur als »ein Stück Weltgeist« im Hegelschen Sinne,[65] sondern betonte zudem, dass sich Beethoven stets deutlich gegenüber einem »Gefühlskult« distanziert habe und immer wieder »seiner Achtung und Bevorzugung der Verstandeskräfte Ausdruck lieh.«[66] Das Gefühl aber ist seit dem 19. Jahrhundert weiblich konnotiert. Doch auch die westdeutsch-positivistische Tendenz der Beethoven-Forschung, jedwede Biografik um der ›Reinheit der Erkenntnis‹ willen auszuklammern[67] und sich damit, selber ideologisch, gegen die (aus dieser Perspektive) Ideologie jenseits des Eisernen Vorhangs zu wenden, ist als vermeintlich ›neutrale Wissenschaft‹ tendenziell ›männlich‹ markiert. Umgekehrt wiederum lag es innerhalb der DDR für viele mittelbar oder unmittelbar Beteiligte nahe, die auf dem Ostberliner Kongress ostentativ forcierte ›Männlichkeit‹ Beethovens zu hinterfragen. Dies war allerdings auch hier – neben vereinzelten kritischen Ansätzen wie jenem Harry Goldschmidts, dem zufolge »wir es uns auf marxistisch engagierter Seite bisher mit Beethoven manchmal etwas zu einfach gemacht haben«[68] – eher Aufgabe der Kunst beziehungsweise Musik, die ihre Kritik verschlüsselt zu äußern vermag: So lieferte der damals 41-jährige ostdeutsche Komponist Reiner Bredemeyer, der Kagel in Bonn persönlich kennengelernt hatte, mit seinen (in der DDR überaus erfolgreichen) *Bagatellen*

---

[65] Vgl. Hans Heinz Stuckenschmidt, »Beethoven – Höhepunkt und Fortschritt«, in: *Beethoven im Mittelpunkt. Beiträge und Anmerkungen. Festschrift*, hrsg. von Gert Schroers, Bonn 1970, S. 13–40, hier S. 25.

[66] Ebd., S. 30. Den »Gefühlskult« lokalisierte Stuckenschmidt bezeichnenderweise »in Deutschland und Italien [!]« (ebd.).

[67] Vgl. z. B. das Kapitel »Die biographische Methode«, in: Carl Dahlhaus, *Beethoven und seine Zeit*, 2. Aufl. Laaber 1988, S. 29–37.

[68] Goldschmidt, »Der späte Beethoven«, S. 44. Der Autor kritisiert hier vor allem die Verdrängung des ›späten Beethoven‹.

für B. (1970) einen klingenden Beweis dafür, dass der kämpferisch-männliche Beethoven für ihn (wie für viele andere) nicht weniger als für seine westdeutschen Kollegen ad acta gelegt war.[69]

Bereits wenige Jahre später, im Beethoven-Jahr 1977, kann von einer Apotheose des ›männlichen‹ Beethoven in der DDR keine Rede mehr sein. Zudem war es nunmehr eher die Bundesrepublik, die »der DDR das Recht auf den Komponisten absprach«, als umgekehrt.[70] Ob sich in der westdeutschen Rhetorik zu Beethovens 150. Todestag ebenfalls – wie sieben Jahre zuvor in der DDR – eindeutige Gender-Konnotationen nachweisen lassen, muss vorerst offen bleiben; zu vermuten ist jedoch, dass der ›Abschied vom Mythos‹ selbst in einer Zeit des Kalten Krieges nicht mehr rückgängig zu machen war.

---

[69] Vgl. zu dieser Komposition Nina Noeske, *Musikalische Dekonstruktion. Neue Instrumentalmusik in der DDR*, Köln/Weimar/Wien 2007, S. 147–167.

[70] Stahl, *Was die Mode streng geteilt?*, S. 155. »Die feindlichen Bemerkungen gingen in diesem Jahr ausschließlich von der westdeutschen Presse aus.« (ebd., S. 158).

Monika Bloss
Männlichkeit / en in populärer Musik – Artikulationsmuster in den Deutschlands der 1950er- und 1960er-Jahre

Für die *gender studies* ebenso wie für die Popmusikforschung ist es eine methodische Herausforderung, die Komplexität der jeweiligen Forschungsfelder adäquat zu erfassen. Um die Spezifik im Zusammenwirken von Männlichkeit und populärer Musik aufzuzeigen, möchte ich meinen Ausführungen folgende Vorbemerkungen voranstellen. Zunächst: Männlichkeit ist nicht allein als Differenz zu Weiblichkeit zu verstehen, sondern selbst ein ausdifferenziertes Phänomen. Zur Diskussion steht dabei die Frage, wie einerseits durch bestimmte populäre Musikpraktiken Männlichkeitsbedeutungen aufgebrochen und destabilisiert werden, andererseits aber populäre Musik insgesamt ein dominant maskulines Artikulationsfeld bleibt. Unter Artikulation verstehe ich das theoretische Konzept, wie es in seiner Doppeldeutigkeit von Stuart Hall aufgegriffen und weiter entwickelt wurde.[1] In diesem Zusammenhang wird eine differenziertere Betrachtung von marginalisierter beziehungsweise subordinierter und hegemonialer Männlichkeit notwendig.

Zum Zweiten möchte ich daran erinnern, dass sich populäre Musik aus einem weiten Spektrum an stilistischen, ästhetischen und funktionalen Klanggebilden konstituiert, deren eigentlicher Sinn erst im kulturellen Gebrauch entsteht und deren Bedeutungspotential in entscheidendem Maße sowohl von (massen-)medialen Vermittlungen als auch von Vermarktungszwängen vorgeprägt wird. Im Kontext der Untersuchungen von Geschlechterbedeutungen gilt es zu klären, wie ein Bedeutungstransfer zwischen diesen einzelnen Wirkungsfeldern stattfindet oder stattfinden kann. Dass dabei die klanglich-ästhetische Gestaltung (oft) nachrangig ist, deutet weniger auf deren Irrelevanz als vielmehr auf die Schwierigkeit, das Klangmusikalische und das Musikkulturelle

---

[1] Am Schluss meiner Ausführungen gehe ich kurz auf das Konzept von Stuart Hall ein. Für eine detaillierte Auseinandersetzung mit Artikulation siehe Jennifer Daryl Slack, »The theory and method of articulation in cultural studies«, in: *Stuart Hall: critical dialogues in cultural studies*, hrsg. von David Morley und Kuan-Hsing Chen, London 1996, S. 112–127.

zusammen zu denken. Ich konzentriere mich in meinem Beitrag auf den zeitgeschichtlichen Rahmen der 1950er- und 1960er-Jahre und die jeweiligen gesellschaftspolitischen und musikkulturellen Zusammenhänge in der BRD und der DDR. Vor allem mit dem Blick auf Schlager- und Popmusik möchte ich den Konstellationen für die Langlebigkeit bestimmter Geschlechterbedeutungen im Kontext von Musik und Musikkulturen nachspüren und einige der Gründe für die relative Stabilität konventioneller Männerbilder verständlich machen.

Vom Nachkriegsschlager-Star zum Mutti-Staat-Mann

Betrachtet man das Erscheinungsbild der (männlichen[2]) Interpreten im deutschen Nachkriegsjahrzehnt, präsentieren sie sich fast ausschließlich im normierenden Anzug. Sie bewegen sich gemäßigt, nehmen mit gerade aufgerichtetem Oberkörper und ausgestellter Beinhaltung eine stabile Haltung ein und intonieren ihre Lieder mit tiefer sonorer Stimme. Die bekanntesten Vertreter aus der damaligen Zeit wie Freddy Quinn, Peter Alexander, Ralf Bendix oder Fred Bertelmann offenbaren ein Männlichkeitsbild, das besonders im Schlager- und Unterhaltungsmetier eine ungetrübte heile bürgerliche Welt offerierte. Das uniforme Outfit der Orchester oder der Gesangsgruppen erinnerte noch an die Zeiten des Krieges und repräsentierte gleichzeitig die solidarische Gemeinschaft der Männer. Es ging überwiegend um das Zelebrieren einer friedlichen Idylle, die häufig mit Fernweh und Sehnsucht emotionalisiert wurde. Die im Schlager der 1950er-Jahre vermittelten Werte lassen sich mit den Begriffen »Heimat, Liebe, Treue, Sehnsucht nach fernen Ländern« umschreiben, aber vor allem einer Sehnsucht nach einer »sauberen und wohlgeordneten, kurz: nach einer heilen Welt«.[3] Durchaus verständlich, bedenkt man die mentale Situation einer durch Krieg und Nachkriegsbürden ramponierten Nation. Emotionale Defizite und sentimentale Grundbedürfnisse konnten mit Schlagern dieser Art ausgeglichen und befriedigt werden, im Westen wie im Osten gleichermaßen. Die beliebtesten Songs waren oft Adaptionen der populären Crooner[4] aus den USA. Zwei repräsentative Beispiele aus der Mitte der 1950er-

---

[2] Im Folgenden wird die zusätzliche geschlechtliche Adjektivierung weggelassen und nur die geschlechtsrelevante Form des Substantives verwendet.

[3] Christoph Klessmann, *Zwei Staaten, eine Nation: deutsche Geschichte 1955–1970*, Bonn 1988, 2., überarb. u. erw. Aufl. 1997, S. 48–49.

[4] Als Crooning wurde in den USA ein bis Mitte der 1950er-Jahre sehr beliebter Gesangstil bezeichnet, der sich durch Intimität, Emotionalität und eine gewisse Nonchalance charakterisierte. Sogar in seiner Glanzzeit blieb das Crooning mit einigen negativen Konnotationen behaftet. So wurde die Gesangstechnik von Kritikern als unmännlich, jaulend oder exzessiv sentimental empfunden. Der Sound

Jahre sind »Heimweh« von Freddy Quinn, der zu seinem ersten Nr. 1-Hit aufstieg. Der zweite, »Sie hieß Mary Anne«, ebenfalls von Freddy Quinn interpretiert und sogar als A-Seite auf derselben Single veröffentlicht. »Heimweh« war die Interpretation von Dean Martins »Memories Are Made of This«. »Sie hieß Mary Anne« ist die eingedeutschte Version von »Sixteen Tons« in der Interpretation von Tennessee Ernie Ford.[5] In beiden Songs lassen sich markante Unterschiede zu den jeweiligen US-amerikanischen Vorbildern erkennen, die auf das im Nachkriegsdeutschland vorherrschende Männerbild verweisen. Beim Vergleich der Interpretationen von Quinn und Martin ist festzustellen, dass der Gesangsstil von Quinn wesentlich schwülstiger und das Arrangement voluminöser ausfällt. Ersteres ist neben dem sonoren Klang seiner Stimme vor allem der von seiner Plattenfirma[6] unterstützten Gesangsausbildung Quinns geschuldet, wodurch seine Interpretation einen *kunst*volleren Eindruck macht. Martins Stimme hingegen klingt eher unprätentiös, er interpretiert seine »Memories« mit einem verschmitzten Lächeln, die die ironischen Worte dennoch glaubwürdig machen. Martin wird nur von drei Gitarristen begleitet, die ebenfalls den vokalen Background liefern. Quinns »Heimweh« hingegen ist mit aufwendigem orchestralen Arrangement versehen, in dem neben zeitgemäßen Elektrogitarren- und Schlagzeugklängen ein halliger Streichersound, ein voller Backgroundchor und eine dramatisierende Trompete zu hören sind. Mit einem Vergleich der Texte ließen sich die Unterschiede weiter vertiefen, denn in »Heimweh« fehlt jene Distanz, die die »Memories« trotz der unwirklichen Be-

des Croonings wurde wegen der Notwendigkeit der elektrischen Verstärkung mitunter als unnatürlich und unaufrichtig empfunden. Technische Unehrlichkeit war in diesem Zusammenhang für die Kritiker gleichbedeutend mit emotionaler Unehrlichkeit. Trotz negativer Medienresonanz waren Crooning-Songs in den Vereinigten Staaten bis Mitte der 1950er-Jahre die dominierende Form der Unterhaltungsmusik. Siehe auch Simon Frith, »Arts vs Technology: The Strange Case of Popular Music«, in: *Popular Music. 2. The Rock Era*, hrsg. von dems., London 2004, S. 101–122, hier S. 107ff.

[5] »Sixteen Tons« wurde 1947 von Merle Travis komponiert und hielt sich in der Interpretation von T. E. Ford 1955/56 mehrere Wochen sowohl in den Country Charts als auch in den Billboard Pop-Charts auf Platz 1. Siehe u. a. www.examiner.com/article/sixteen-tons-heads-the-list-of-best-country-crossover-hits-of-the-1950s, 20.05.2013.

[6] Freddy Quinn gilt als einer der ersten Sänger in Deutschland, für den gezielt ein Medienimage aufgebaut wurde, mit Ausbildung, fiktiver Biografie und einer dezidierten Songauswahl, die der mit dem Seemannsbild verknüpften Fernweh- und Heimatideologie entsprach. Siehe dazu auch Elmar Kraushaar, »Hafen-Barde«, in: *Der Tagesspiegel*, 25.09.2006, www.tagesspiegel.de/zeitung/hafen-barde/755570.html, 30.04.2013.

schreibung annehmbar machen. Im deutschen Schlager wird ein Heimatland besungen, das »Fern, so fern« liegt, in dem »die Blumen blüh'n, ... die Täler grün« sind und »die Liebste« wohnt, während der Protagonist »viele Jahre schwere Fron, harte Arbeit (und) kargen Lohn«[7] ertragen muss. In »Memories Are Made of This« wird das, was eine glückliche Erinnerung ausmacht, als eine Art Rezept für persönliches Glück beschrieben: »Nimm einen kecken, zärtlichen Kuss ... füge noch Hochzeitsglocken hinzu, ein Haus wo Liebende wohnen, drei kleine Kinder als Gewürz, rühre sorgfältig und ununterbrochen, sieh' zu, dass das Aroma nicht verloren geht. Das sind die Träume, die du genießen wirst.«[8] Mit klarer Ironie beschönigt und harmonisiert hier die Erinnerung, aber dennoch lässt sie hoffen und hält den Traum auf ein solch erfülltes Leben wach. Während in der US-amerikanischen Version mit der Interpretation durchaus eine Distanz – sowohl zum sogenannten realen Leben wie auch zum Genre – impliziert ist, wird in der deutschen Version der nationale Kontext verstärkt, indem Quinn bewusst an ein Nationalbewusstsein appelliert, das es nach dem verlorenen Krieg wieder aufzubauen gilt. Das Persönliche ist somit national verklärt und die nationale Erinnerung auf persönliche Erfahrungen respektive Erinnerungen reduziert.

Bei der Eindeutschung des Titels »Sixteen Tons«[9] verzichtete der deutsche Textautor Peter Moesser auf den sozialkritischen Impetus des Originals, das das karge Leben der Minenarbeiter, ihre persönlichen wie familiären Entbehrungen und ihr Ausgeliefertsein an die Minenbesitzer thematisiert. Im deutschen Schlager reduziert sich der Inhalt auf eine Art Liebeserklärung im Seemanns-Jargon. Mit dem Titel »Sie hieß Mary Ann«[10] wird nahegelegt, es handle sich um eine Frau. Im Text geht es aber um ein Schiff, auf dem der Protagonist sein Leben verbringt und mit dem er schließlich untergeht. Als übergreifender positiver Wert des Dreiminutendramas erscheint die Treue des Matrosen. Kein noch so komfortables Schiff konnte ihn von seiner »Mary Ann« weg locken, auch keine Frau, die ihn letztlich nur enttäuschte. Lediglich die Treue zu »Mary Ann« blieb. Solch ein Übermaß an arbeitsethischer Hingabe und der Verzicht auf ein normales Familienleben fordern geradezu

[7] Zum vollständigen Text siehe www.golyr.de/freddy-quinn/songtext-heimweh-19357.html, 30.04.2013.
[8] Originaltext siehe www.metrolyrics.com/memories-are-made-of-this-lyrics-dean-martin.html, 30.04.2013 und Übersetzung siehe www.songtexte.com/uebersetzung/dean-martin/memories-are-made-of-this-deutsch-63d69a73.html, 30.04.2013.
[9] Originaltext siehe www.metrolyrics.com/sixteen-tons-tennessee-ernie-ford-lyrics-classic-country.html, 12.12.2012.
[10] Text siehe www.golyr.de/freddy-quinn/songtext-sie-hiess-mary-ann-658507.html, 12.12.2012.

Identifikation mit dem Songhelden. Was auf den ersten Blick als Verzicht auf eine problematisierende Darstellung sozialer Realität im Falle des originalen Vorlage erscheint, kann durchaus als angemessene Übertragung in die kulturelle Stimmung des Nachkriegsdeutschlands verstanden werden. Einerseits entspricht dieser Schlager einem Grundprinzip des Genres, der Verklärung. Andererseits werden mit der Songgeschichte Werte offeriert, mit denen sich die Männer der Kriegsgeneration identifizieren können. Im Refrain wird mehrfach wiederholt: »Sie hieß Mary Ann und war sein Schiff. Er hielt ihr die Treue, was keiner begriff.« Einer Sache treu gewesen zu sein, die letztlich zum Untergang führte, mit voller Hingabe seine Pflicht erfüllt zu haben, das waren Gefühle und Stimmungslagen, die vielen Männern vertraut waren.

Typisch für viele Schlager bis weit in die 1960er-Jahre hinein waren Adaptionen aus anderen Kulturen und exotisch angehauchte Klänge. Man sprach unter anderem von einer Italien-Periode des deutschen Schlagers. Doch diese Referenzen beschränkten sich inhaltlich lediglich auf Schlüsselbilder und Wortklischees. Musikalische Bezüge nutzte man allenfalls als formale Accessoires oder musikalisches Ornament. Eine Auseinandersetzung oder ein Austausch mit der jeweiligen Kultur und Musik fand nicht statt. Auch das Männerbild wirkte kaum als Orientierung für die kulturelle Repräsentation des deutschen Mannes. Denn im Lebensalltag und Lebensstil unterschied sich der ›deutsche Mann‹ deutlich von seinen europäischen Nachbarn. Selbst der konservative Journalist und Autor Hans-Georg von Studnitz porträtiert kritisch den für den »Mutti-Staat« Deutschland typischen Mann. Er beschreibt den Lebensstil der Deutschen im Vergleich zu anderen Europäern in überzogener, aber doch treffender Weise wie folgt:

> »Der Deutsche entläuft Mutti auf Geschäftsreisen, Betriebsfeste, ins Stadion und an den Stammtisch. Selten in ›Dirnenwohnheime‹, wie Freudenquartiere in der Bundesrepublik amtlich bezeichnet werden. Viele verheiratete Südländer suchen täglich ein Bordell auf, viele Nordländer besuchen zwischen Büro und Wohnung eine Kneipe. Der Durchschnittsdeutsche fürchtet Huren mehr als die Russen. Er spricht Dirnen die Ehre ab, die er sich selbst verliehen hat, und scheut sich, die leichten Mädchen anzufassen, weil er es nicht über sein Herz bringt, dies Mutti anzutun. Der Deutsche stellt ein sauberes über ein komfortables Haus.«[11]

---

[11] Hans-Georg von Studnitz, »Die Bundesrepublik – ein Mutti-Staat?«, in: *Der Spiegel* 19 (39/1965) vom 22.09.1965, S. 55, www.spiegel.de/spiegel/print/d-46274213.html, 14.12.2012.

In erster Linie hat Studnitz mit diesen anschaulichen Bildern die Angst vor sinnlich-emotionalem Ausdruck und sexueller Lust eingefangen. Das, was den Älteren als Zucht und Ordnung gut vertraut war, stand weit über Vergnügen und Nonchalance. Solche konservative Moral findet sich anschaulich im bundesdeutschen Schlager der unmittelbaren Nachkriegszeit.

Dieses vermittelte Männerbild und Männlichkeitsverständnis entsprach immer weniger den jugendlichen Vorstellungen. Dies belegt die zunehmende Beliebtheit von Rock'n Roll und später der Beatmusik. Hier artikulierte sich der eigentliche Protest gegen die Schlagerwelt. Das zeigte sich beispielsweise in den Hitparaden der ersten Jahre seit dem Erscheinen der Jugendzeitschrift *Bravo*. Bis etwa 1960 – die erste *Bravo* erschien im August 1956 – waren noch einige deutsche Interpreten aus dem Schlager und Unterhaltungsmusikbereich vertreten wie Ralf Bendix, Freddy Quinn, Peter Alexander, Fred Bertelmann, Peter Kraus und Ted Herold. Allerdings entsprachen allein Kraus und Herold dem neuen jugendgemäßen Männlichkeitsbild, das der Rock'n Roll transportierte. Im Laufe der Jahre erreichten deutsche Interpreten immer seltener die begehrten Charts-Plätze. Zu den wenigen deutschen Interpreten gehörten neben Udo Jürgens vor allem Roy Black, Rex Gildo und Peter Alexander. Den Großteil der Charts-Positionen besetzten jedoch internationale, englischsprachige Lieder.

Zu Beginn der 1970er-Jahre reagierte die *Bravo*-Redaktion darauf, indem sie ihre wöchentliche Hitparade zweiteilte: in *Die 20 Renner in deutscher Sprache* und *Die 20 Renner aus dem Ausland* (später: *deutsche Hits* und *internationale Hits*). Unterstützt durch die regelmäßige Ausstrahlung der Hits auch im Fernsehen, insbesondere der *ZDF-Hitparade* (seit 1969) und der Sendung *Disco* mit Ilja Richter (seit 1971) nahm die Attraktivität des Schlagers unter Jugendlichen wieder zu und erweiterte das Spektrum des deutschen Schlagers in den 1970er-Jahren.

Doch insgesamt veränderten diese Aktivitäten kaum das negative Image von Schlagern. Männliche Jugendliche waren durch Schlager mit einem Männerbild konfrontiert, das vor allem eine immer größere Distanz zu ihrem gelebten Alltag zeigte. Nicht nur in Rock'n Roll und Beat, auch im Schlager offenbarte sich ein Widerspruch zwischen kulturell intelligiblen Werten und den präferierten popmusikalischen Erscheinungen. Cornelia Jacobsen beschreibt 1968 in einer ZEIT-Kolumne einen Aspekt jenes Dilemmas, in dem das Schlager-Metier steckte, mit folgendem Vergleich: »Bill Ramsey, der wohlbeleibte Lausbub aus Amerika, um Vierzig, darf komisch sein ... Aber wehe, wenn Roy Black oder Freddy ihrem Publikum mit blankem Witz oder gar Ironie kämen. Mit dem

Gemüt darf man nicht spaßen, schon gar nicht mit deutschem Gemüt«.[12] Wenn im deutschen Schlager etwas mit ironischer Distanz und Humor vorgetragen wurde, dann überwiegend von ausländischen Interpretinnen und Interpreten. Die deutschen Sänger hatten Seriosität zu verkörpern. Sie wollten und sollten ernst genommen werden, in ihren Schwüren, Träumen, Sehnsüchten, Liebesbekundungen und Erinnerungen. Ob die flehende Bitte »Schenk mir ein Bild von dir« (Peter Alexander), die angebetete Traumfrau »Ganz in Weiß« (Roy Black) oder der Blick in zwei Augen, so schön wie »Zwei blaue Vergissmeinnicht« (Rex Gildo) – das konventionelle Terrain, in dem der Schlager operierte, war eng abgesteckt. Das von deutschen Schlagerstars in der Bundesrepublik vermittelte Männlichkeitsbild repräsentierte streng konservative Werte und untermauerte damit tendenziell oder offen patriarchale Strukturen, die in den meisten gesellschaftlichen Bereichen vorherrschten. In der DDR dagegen sollte derselbe musikalische Bereich den Anspruch umsetzen, eine neue Gesellschaft ideologisch zu repräsentieren.

Zwischen Anspruch, Unterhaltung und Jugendlichkeit
Zum Männerbild im Schlager in der DDR

Obwohl man sich bereits seit Beginn der 1950er-Jahre auf verschiedenen institutionellen und politischen Ebenen mit massenkulturellen Formen der musikalischen Unterhaltung auseinandersetzte[13], blieben die musikalische Praxis und das Medienangebot davon weitestgehend unberührt. Schon in den ersten Jahren wurde Ernst Busch für seine Schlagerveröffentlichungen auf *Amiga* gemahnt. Die Kritik an der Veröffentlichungspolitik von *Amiga* verschärfte sich im Lauf des Jahrzehnts, obwohl es seit 1953 unter staatlicher Kontrolle arbeitete. Aber bereits Busch machte klar, dass die Existenz seines gesamten Verlages *Lied der Zeit* von diesen Produktionen abhänge: »Wir gehen pleite, wenn wir auf die Schlager verzichten.«[14] Es gab zwar die ideologische Prämis-

[12] Cornelia Jacobsen, »Der Roy und der Freddy und Bill. Worauf kommt es an im Schlagergeschäft?«, in: *Die Zeit* 23 (45/1968) vom 8.11.1968, www.zeit.de/1968/45/der-roy-und-der-freddy-und-bill, 17.12.2012.

[13] Beispielsweise sei daran erinnert, dass sich bereits von 1951 bis 1953 die Staatliche Kommission für Kunstangelegenheiten auch mit den Schlagerveröffentlichungen von *Amiga* auseinander setzte, dem Popmusiklabel in der DDR, das damals noch in der Verantwortung von Ernst Busch und seinem Verlag *Lied der Zeit* lag. Später übernahm diese Aufgaben die Abteilung Musik beim Ministerium für Kultur. Im Komponistenverband der DDR gab es ebenfalls bald nach seiner Gründung ab 1952 eine Arbeitsgruppe Tanzmusik, die folgenreiche Entscheidungen veranlasste.

[14] »Hans-Georg Uszkoreit über Musik und Politik in der frühen DDR und die Que-

se, ein Menschenbild gemäß den sozialistischen Werten in der Kunst respektive Kultur zu propagieren. Aber was den Schlagerbereich betraf (oder in der damaligen Begrifflichkeit: die heitere Muse beziehungsweise Unterhaltungs- und Tanzmusik), unterschieden sich Angebot und Repräsentanten kaum von jenen im Westen Deutschlands. Vereinzelt gab es sogar Interpreten und Autorenteams, die sowohl in der DDR als auch in der BRD produzierten.[15]

Die Abgrenzung vom ›Serienschlager‹ der westdeutschen Vergnügungsindustrie sollte auf inhaltlicher Ebene der Texte sichtbar werden und gleichzeitig die musikalische Wirksamkeit beibehalten. Die im Laufe der 1950er-Jahre immer deutlicher werdenden diesbezüglichen Defizite wurden Ende des Jahrzehnts aus mehreren Gründen propagandistisch und per Gesetzgebung auf die politische Tagesordnung gesetzt. Auf die 1958 in Kraft getretene Verordnung über die sogenannte 60:40-Klausel sei nur am Rande verwiesen.[16] Die Ursachen hierfür lagen vor allem im Ökonomischen, da die DDR Millionen in DM-Währung für Tantiemen an die Urheber in der Bundesrepublik zahlen musste.

Der Jugend, die auch in der DDR einen »Hauptabnehmer der Tanzmusik« ausmachte, wurde unterstellt, dass sie »auch einmal schwärmen und träumen (will) von den Schönheiten unseres Lebens und auch unserer deutschen Landschaft – aber nicht nur wie bisher von der untergehenden Sonne auf Capri, von dem whiskysaufenden Cowboy Jim, der nachts durch die Prärie reitet, oder davon, wie lustig es in Mexiko zugeht.«[17] Anders als in diesen Schlagern sollte es Aufgabe des DDR-Textautors sein, »bessere Schlagertexte zu komponieren, die uns angehen«, die »(i)m Leben, im sozialistischen Alltag verwurzelte Tex-

---

relen um den Musikverlag ›Lied der Zeit‹«, in: *Erinnerungsort.de*, www.erinnerungsort.de/hans-georg-uszkoreit-_504.html, 12.12.2012.

[15] Gemeinsam produziert wurde beispielsweise das Autorenteam Gerd Natschinski und Günter Loose auf östlicher mit dem Produzenten Franz Schmidt-Norden auf westlicher Seite. Es gab diesbezüglich Koproduktionen zwischen dem VEB Deutsche Schallplatten und seinem Label *Amiga* und dem Schallplattenunternehmen Philips und seinem Label *Fontana* (damals West-Berlin). Auch die Schlagersänger Ralf Paulsen und Bully Buhlan produzierten anfangs für *Amiga* wie für Plattenfirmen in Westdeutschland.

[16] In der »Anordnung über die Programmgestaltung bei der Unterhaltungs- und Tanzmusik vom 2. Januar 1958«, veröffentlicht in: *GBl. DDR*, Teil I, Berlin 1958, S. 38, wurde festgelegt, dass in den Medien wie im Veranstaltungsalltag der Anteil der devisenrelevanten Musik höchstens 40 Prozent betragen durfte. Der größere Anteil musste aus DDR-eigenen Produktionen oder solchen aus sozialistischen Ländern bestehen.

[17] Anonym:»Ost-Schlager. Volkslieder in der Bar«, in: *Der Spiegel* 12 (20/1958) vom 14.05.1958, S. 54, www.spiegel.de/spiegel/print/d-41761425.html, 30.04.2013.

te« liefern, »die selbstredend frei von (bürgerlicher) Dekadenz und sentimentalem Kitsch sein sollten.«[18]

Welche Qualitäten dabei die Gestaltung der Geschlechterverhältnisse im »sozialistischen Alltag« ausmachen sollten, dazu gab es nicht einmal vage Vorgaben. Partielle Informationen über das Männlichkeitsbild der damaligen Zeit liefern, wenngleich nur mittelbar, die Art und Weisen der Portraits der Schlagerstars oder die ideologische Auseinandersetzung mit den westlichen Schlagern. Exemplarisch diente das Lied »Tom Dooley« als Beleg für die Verrohung und Dekadenz kapitalistischer Unkultur. In der 1957 erstmals erschienenen Fachzeitschrift *Melodie und Rhythmus* wurde es einer vernichtenden Kritik unterzogen, weil dort ein Mord verharmlost wird.[19] Zum anderen diente es als Anlass, junge Musiker, die dieses Lied zu ihren Auftritten nachspielten, zu kriminalisieren und zu verurteilen. »Zum Schutze der Jugend«, wie es in dem betreffenden Artikel in der Zeitschrift heißt, vertrat ein Gericht den »völlig richtigen Standpunkt, daß die Noten Schund- und Schmutzerzeugnisse im Sinne des §3 der Verordnung zum Schutze der Jugend vom 15. September 1955 darstellen, d. h. geeignet sind, Neigungen zu Grausamkeit, Menschenverachtung, Mord, Gewalttätigkeit und andere Verbrechen zu wecken.«[20]

Zu den bekannten Schlagersängern im ersten Jahrzehnt der DDR gehörten Fred Frohberg, Peter Wieland, Armin Kämpf und Günter Geißler. Ein Porträt Geißlers fasst zusammen, wie das ideale Männerbild im Schlager auszusehen hatte:

> »Das erste, was an diesem jungen sympathischen Künstler auffällt, ist die weiche, gut ausgebildete Stimme. Man spürt sofort, dass hier ein ausgiebiges Gesangsstudium zugrunde liegt. Günter Geißlers lyrischer Tenor verlangt natürlich die seiner Stimme entsprechende Auswahl von Schlagern. Ist doch gerade bei dieser Stimmgattung die Gefahr vorhanden, von der künstlerischen Linie abzukommen und der Schnulze zu verfallen. Diese Gefahr konnte Günter Geißler durch seine Gestaltungskraft größtenteils bannen, nur auf solche [Vico, d. A.] Toriani-Publikumsreißer wie *Du bist mein Traum* oder *Wenn im Tal die Glocken läuten* brauchte er nicht gerade zurückzugreifen. Auch vor allzu breiten Vokalbildungen in der Höhe sollte er sich hüten. Angenehm berührt, daß Günter Geißler in seinem Vortrag auf jegliche ›körperliche‹ Effekte verzichtet.«[21]

[18] Ebd.
[19] Siehe Peter Czerny, »Tanzmusik als Spiegel der Zeit«, in: *Melodie und Rhythmus*, 3 (4/1959) S. 67.
[20] Anonym, »Zum Schutz der Jugend«, in: *Melodie und Rhythmus*, 3 (24/1959) S. 12.
[21] Anonym, »Günter Geißler«, in: *Melodie und Rhythmus* 2 (8/1958), S. 29.

Hier finden sich auf engstem Raum die immer wieder formulierten Kriterien, wie eine »sympathische« Erscheinung und eine »ausgebildete Stimme«. Auch erhebt sich die Zeitschrift, die hinter dem anonymen Autor steht, durch die kritischen Hinweise zum Interpretationsstil selbst zum Experten in Sachen musikalischer Urteilsfähigkeit. Gleichzeitig wird – unausgesprochen – vor einer Feminisierung der Stimme des Schlagersängers gewarnt, die mit »allzu breiten Vokalbildungen in der Höhe« die Folge wäre. Am offenkundigsten ist allerdings die Gefahr einer Feminisierung auf der körperlichen Darstellungsebene. Hier lobt der Kritiker besonders den Verzicht auf ›körperliche‹ Effekte und damit auf die Vermeidung der Konnotation zu Weiblichkeit.

Im Laufe der 1960er-Jahre bekam die DDR mit Frank Schöbel ihren eigenen Schlagerstar, der jugendliche Frische ausstrahlte, noch dazu keiner der bald umstrittenen Beatgruppen angehörte und damit als Musiker ideologisch vertretbar blieb, und der mit seiner Duettpartnerin und späteren Ehefrau Chris Doerk das Idealbild heterosexueller Maskulinität verkörperte. Letzteres untermauerten in fast schon mit westlichen Standards vergleichbarer Vermarktungsmanier mehrere Musikfilme der DEFA, wie *Reise ins Ehebett* (1966), *Hochzeitsnacht im Regen* (1967) und *Heißer Sommer* (1968), in denen Schöbel und später auch Doerk eine Hauptrolle übernahmen und über die ihre Schlager popularisiert wurden. Zu dem Film *Heißer Sommer* veröffentlichte *Amiga* sogar eine Langspielplatte unter gleichem Titel, auf der die beiden Schlagerstars zwölf der dreizehn Schlager interpretierten. Kaum ein anderer Star passte in den 1960er-Jahren so gut und problemlos in das Männerbild, das dem Lebensstil in der DDR und den ideologischen Vorgaben gleichermaßen entsprach. Mit seinem Hit »Wie ein Stern« schaffte es Schöbel 1971 sogar in die Charts und Hitparaden der Bundesrepublik. Damit konnte von der DDR zum einen – in wirtschaftlicher Hinsicht betrachtet, durch den Austausch von Lizenzen auf dem Popmusiksektor zwischen *Amiga* und westdeutschen Schallplattenunternehmen, also von Ost nach West – ein enormer Erfolg verbucht werden. Jedoch blieben die kulturellen Konsequenzen sowohl für das Geschlechterverständnis wie das über den Schlager vermittelte Männerbild weiterhin unhinterfragt.

Marginalisierte oder hegemoniale Männlichkeit/en?
Ein theoretischer Erklärungsversuch

Abschließend möchte ich die Frage aufwerfen, ob und wie das im Schlager vermittelte Männerbild den Formen hegemonialer oder marginalisierter Männlichkeit zuzuschreiben wäre. Mit diesen beiden Männlichkeitsbeschreibungen charakterisiert Robert W. Connell[22] unterschiedliche Positionen, die Männer innerhalb patriarchaler Geschlechterverhältnisse einnehmen können. Stark verknappt versteht Connell unter hegemonialer Männlichkeit dominante und mit Macht verknüpfte Positionen innerhalb patriarchaler Strukturen sowie jene konfigurierende geschlechtsbezogene Praxis, die »die Unterordnung der Frauen gewährleistet (oder gewährleisten sollen)«[23]. Mit marginalisierten Männlichkeiten spricht Connell untergeordnete und divergente Männlichkeiten an, die er vor allem auf sozialer Ebene ansiedelt und die er auf ethnische Herkunft und homosexuelle Disposition bezieht.[24] Meines Erachtens müssen diese Männlichkeitsformen ebenso differenziert in ihren (musik-)kulturellen Bezugsfeldern betrachtet werden.

Auf den ersten Blick scheint die Antwort einfach, denn die im Schlager generell vermittelten Geschlechterbilder stehen kaum am Rande der gesellschaftlichen Konventionen und Normen, sondern bewahren tradierte und konservative Aspekte der Gefühls- und Lebenswelten, stehen quasi auf der Seite hegemonial wirksamer Männlichkeit. Gerade in (den) Deutschland(s) sind in diesem musikalischen Bereich Randgruppenthemen und sozialkritische Beispiele selten. Aber gleichzeitig erscheint das im Schlager vermittelte Männerbild doch problematisch. Zumindest lässt sich das hier repräsentierte Bild von Männlichkeit nicht ohne weiteres den Bezugsfeldern hegemonialer Männlichkeit zuordnen, obwohl auf ideologischer und ökonomischer Ebenen durchaus von herrschaftsstabilisierenden Kräften im Interesse patriarchaler Strukturen ausgegangen werden kann. Die immer wieder unternommenen Bemühungen, das Image des Schlagers, speziell auch als Identitätsangebot für Männlichkeit, aufzuwerten und jene Bedeutungen zu artikulieren, die das Männerbild positiv ergänzen, bestätigen eher das Gegenteil. Solche Bemühungen, die Schlagerstars oder ihre Songs mit positiv aufgeladenen Männlichkeitsbedeutungen zu kontextualisieren, lassen die Männlichkeitsbilder im Schlagermetier vielmehr als Abweichungen vom Idealbild erscheinen. In welchem Wertekontext das jeweilige Männlichkeitsbild im Schlager erscheint oder in welchen es gestellt wird, lässt sich meines Erachtens mit dem einleitend bereits erwähnten theoretischen Konzept der Artikulation erklären, speziell wie es von Stuart Hall für die Kulturwissenschaften weiter entwickelt wurde.

---

[22] Die heutige Soziologin Raewyn Connell veröffentlichte als Robert W. Connell 1995 seine Studien zu *Masculinities*, in Deutschland: *Der gemachte Mann. Konstruktion und Krise von Männlichkeiten*, Opladen 1999.
[23] Connell, *Der gemachte Mann*, S. 198.
[24] Siehe ebd., besonders S. 97–105.

Artikulation beziehungsweise ›articulation‹ versteht Hall in der doppelten Bedeutung, die der Terminus im Englischen mehr noch als im Deutschen besitzt, nämlich nicht nur in dem Sinne, etwas deutlich auszudrücken oder zu formulieren. Im Englischen bezieht sich die Bedeutung, ähnlich wie in der Musik, auf die Verbindung, die zwischen zwei Teilen respektive Elementen hergestellt wird.

»›[A]rticulate‹ means to utter, to speak forth, to be articulate. It carries that sense of language-ing, of expressing, etc. But we also speak of an ›articulated‹ lorry (truck): a lorry where the front (cab) and back (trailer) can, but need not necessarily, be connected to one another. The two parts are connected to each other, but through a specific linkage, that can be broken. An articulation is thus the form of the connection that *can* [sic] make a unity of two different elements, under certain conditions.«[25]

Artikulation bezeichnet in Halls Verständnis eine zunächst einfach erscheinende strukturelle Verbindung, aus der eine neue Einheit entsteht. Um bei dem Beispiel von Hall zu bleiben, aus der Kopplung eines LKW-Fahrerhauses und einem Anhänger entsteht ein Truck. Selbstredend sind diese Prozesse in sozialen, politischen und ethnischen Kontexten, wie sie Hall in seinen Arbeiten als Artikulationen konzeptualisiert, wesentlich komplexer. Verallgemeinert gesagt, entsteht mit Artikulation eine relationale oder Beziehungsqualität, die aus der Verbindung verschiedener Teile oder Elemente erwächst. Die durch solch eine Verbindung hergestellte »Einheit« ist allerdings nicht fix, sondern abhängig sowohl von der Art der Verbindung als auch der Qualität der Bedingungen, unter denen die Verbindung zustande kommt. Besonderes Augenmerk legt Hall auf die Verbindungen zwischen artikulierten Diskursen und bestimmten gesellschaftlichen Kräften.[26] Er grenzt sich damit von realitäts- und praxisfernen Debatten etwa in der Diskurstheorie ab und plädiert für eine engagierte Theorie, die nicht dem Selbstzweck verfällt. »The only theory worth having is that which you have to fight off, not that which you speak with profound fluency.«[27]

[25] Lawrence Grossberg, »On Postmodernism and Articulation: An Interview with Stuart Hall«, in: *Journal of Communication Inquiry* 10 (1986), S. 45–60, zit. n. Morley/Chen, *Stuart Hall*, S. 141.
[26] In Halls Worten: »The ›unity‹ which matters is a linkage between that articulated discourse and the social forces«, ebd.
[27] Stuart Hall, »Cultural studies and its theoretical legacy«, in: Lawrence Grossberg, Cary Nelson, Paula Treichler (Hrsg.), *Cultural Studies*, New York/London 1992, S. 277–294, hier S. 280.

Artikulation wird so für Hall zu einer wichtigen bedeutungsstiftenden Instanz, sowohl für kulturelle Artefakte als auch kulturelle Praktiken. Gerade mit Bezug auf die Genderforschung scheint mir dieser Aspekt besonders wichtig. Auch wenn die exemplarische Anwendung theoretischer Konzepte in ganz praxisnahen Bereichen ein schwieriges Unterfangen ist, möchte ich abschließend dennoch auf das gewählte Beispiel Schlager zurückkommen.

Ein Blick in die Schlagerwelt eröffnet auf symbolischer Ebene, in den oberflächlichen Metaphern der Songtexte, den stereotypen Klangmustern oder aalglatt konstruierten Images der Stars eine beschauliche Welt, die konservative Werte immer wieder bestätigt. Die patriarchalen Strukturen dieses Musikgeschäftes stehen stellvertretend für die typischen gesellschaftlichen Bereiche männlicher Dominanz. Ihre Produkte sind nicht nur ein wichtiger wirtschaftlicher Machtfaktor – den nicht zuletzt kauffreudige Rezipientinnen unterstützen – sondern positionieren Frauen in klassische soziale Rollen wie die der Geliebten.[28] Sie schaffen in weiten Teilen gleichzeitig ein Männerbild, das nicht den gesellschaftlich akzeptierten, intelligiblen Werten entspricht. Vor allem die mit Weiblichkeit verbundenen Bedeutungen von Romantik, sentimentalen Gefühlsausdrücken oder Verträumtheit sind verantwortlich für das Negativimage, das der Schlager beziehungsweise das Genre bis heute nicht ablegen konnte, trotz zahlreicher und wiederholter Bestrebungen auch prominenter Repräsentanten.[29]

---

[28] Dieter Baacke hat zum Beispiel in einer Befragung Jugendlicher zur Beatrezeption im Sommer 1966 festgestellt, dass gerade die älteren Mädchen (ab 17 Jahre) sich von ihrem Beatkonsum wieder abwenden, da sie möglichst schnell die »Verhaltensweisen der Erwachsenen übernehmen« wollen und das im Bevorzugen »gemütvoller Musik und meist wieder den Schlager [...] schnell den Anschluß an die Normen und Ordnungen, die in der Gesellschaft gelten« suchen; siehe Dieter Baacke, *Beat die sprachlose Opposition*, München 1968, S. 183f.

[29] Als jüngeres Beispiel sei auf die Ausstellung zum Thema *Melodien für Millionen – das Jahrhundert des Schlagers* verwiesen, die 2008 fünf Monate lang im Bonner *Haus der Geschichte der Bundesrepublik Deutschland* zu sehen war und zu der u. a. der prominente Entertainer und Musikwissenschaftler Götz Alsmann ein Interview zum Thema gibt, um den Klischees entgegenzuwirken; siehe http://einestages.spiegel.de/static/authoralbumbackground/1936/_der_schlager_hat_sich_selbst_entmannt.html, 30.04.2013.

Diese Hypersentimentalisierung des Schlagers und ihre Konsequenzen für das Männlichkeitsbild zeigen sich in den 1960er-Jahren am deutlichsten in der Erscheinung Roy Black. Dass das von ihm repräsentierte Männlichkeitsbild auch als marginalisierte Männlichkeit verstanden werden kann, zeigt sich sowohl in den artikulierten Weiblichkeitsbedeutungen als auch in den Artikulationen zu Männlichkeit. Er selbst haderte offenkundig mit dem Widerspruch seines Images als Schlagersänger und den anerkannten Männlichkeitswerten, die ihm dadurch vorenthalten waren, und versuchte zeitlebens, den Konflikt zwischen seinem Image und seinem Selbstverständnis beziehungsweise seiner Identität als Mann zu mildern. Bis heute ist auf seiner Fanseite in einem seiner letzten Interviews auf die Frage, ob der Privatmensch Gerhard Höllerich auch so ein »romantischer Schmusekater« wie der Sänger Roy Black sei, zu lesen:

> »Ich bin romantisch, aber kein Schmusekater. Romantisch im Sinne von gemeinsamen Waldspazierengängen [sic], abends am Kaminfeuer sitzen und Tee trinken. Aber der Schmusekater beinhaltet Verniedlichendes, das mir nicht gefällt. Ich bin kein Softie. Im Gegenteil: Ich muß ganz stark gegen mein Macho-Image ankämpfen. In jedem Mann steckt – mehr oder weniger – ein Macho und ein Chauvi. Und ich bemühe mich redlich, das nicht allzu sehr zu zeigen.«[30]

Diesen von Höllerich alias Black selbst betonten männlichen Teil seiner Persönlichkeit versuchte man bereits in den 1960er-Jahren hervorzuheben, um das blütenreine Männerbild, das er verkörperte, und die Pin-up-Qualität, in die er gedrängt wurde (allein in den Jahren 1967 und 1968 erschien er sieben beziehungsweise acht Mal in strahlender Manier auf dem Titelbild der *Bravo*), zu relativieren und ihn möglicherweise auch stärker für ein männliches Publikum oder zumindest als akzeptierten Vertreter des männlichen Geschlechts tragbar zu machen. So werden Marianne Koch, ebenfalls eine Lieblingsfigur der *Bravo* und Moderatorin der seit Mitte der 1960er-Jahre beliebten Fernsehsendung *Meine Melodie*, in einem *Bravo*-Interview folgende Worte zu Roy Black in den Mund gelegt:

> »Es ist unmöglich, ihn nicht zu mögen! Sein Erfolgsgeheimnis? Roy nimmt seine Fans genauso ernst wie seine Gage! Roy erinnert mich merkwürdigerweise immer an ›Blacky‹ Fuchsberger. Er ist das, was man unter einem richtigen Mannsbild versteht. Nie versinkt er in nutzlose Träumereien. Er steht immer fest mit beiden Beinen auf dem Boden der Tatsachen. Offen

---

[30] Zit. n.: http://roy-black-fanseite.npage.de/das-letzte-interview.html, 30.04.2013.

gesagt, Roy gefällt mir von den drei Stars[31], über die ich hier spreche, als Mann am besten.«[32]

Der Konflikt mit dem Männerbild verfolgte Roy Black bis in den Tod. So veröffentlichte der Spiegel einen symptomatischen Nachruf, der mit seinen Artikulationen nicht nur Roy Black, sondern das gesamte Genre mit seiner Fangemeinschaft abwertet: Gerhard Höllerich

> »wurde als Roy Black zur bekanntesten Marionette der deutschen Unterhaltungsindustrie. Er verkörperte Sauberkeit, Zuverlässigkeit und pflegeleichten Charme, seine Hits ›Ganz in Weiß‹, ›Wunderbar ist die Welt‹, ›Irgend jemand liebt auch Dich‹ waren verlogene, vorgestanzte Seelentröster für Verlierer. Im Grunde war Höllerich alias Black einer von ihnen. Spätestens sein Karriereknick in den Siebzigern, das Alkoholproblem, die gescheiterte Ehe, eine Herzoperation und Schmähkampagnen der Boulevardpresse nahmen Roy Black die Illusion, mehr zu sein als ›eine Aktie, die steigt und fällt, je nach Marktwert‹. [...] Gerhard Höllerich starb am vergangenen Mittwoch [...] an Herzversagen.«[33]

Vielleicht ist Black auch an dem starren Männerbild gescheitert, das keine Abweichungen von typisch deutschen Werten in der Kultur duldet. Insofern verstehe ich ihn als Repräsentanten marginalisierter Männlichkeit, obwohl er als mustergültiges Produkt der Unterhaltungsindustrie die strukturelle Macht der Männer festigte. Inwieweit marginalisierte Männlichkeit auch in anderen Artikulationsmustern des Schlagers zur Geltung kommt, bedarf allerdings weiterer Untersuchungen.

---

[31] Gemeint waren Thomas Fritsch, Udo Jürgens und eben Roy Black, die Gäste ihrer Sendung waren.
[32] Anonym, »Marianne Koch«, in: *Bravo* 13 (26/1968), S. 72.
[33] Anonym in der Rubrik »Gestorben«, in: *Der Spiegel* 45 (42/1991) vom 14.10.1991, S. 348, zit. n. www.spiegel.de/spiegel/print/d-13491807.html, 30.04.2013.

Irving Wolther
»... und eine junge Dame« – Feminisierung und männliche Dominanz beim Eurovision Song Contest

Der Artikel schlug unter den Mitgliedern der OGAE Germany, der deutschen Sektion des internationalen Eurovision-Song-Contest-Fanclubs ›Organisation Générale des Amateurs de l'Eurovision‹, ein wie eine Bombe: »Grand Prix – Das Fest der Schwulen« titelte die Fernsehzeitschrift *TV Spielfilm* in ihrer Vorberichterstattung zum Eurovision Song Contest 1993[1] und legte damit den Fokus auf einen Aspekt des Musikwettbewerbs, der im Zuge der Fanclubgründungen ab Mitte der 1980er-Jahre und der damit verbundenen Kontakte zu anderen Fans zwar offensichtlich geworden war, in der alltäglichen Beschäftigung mit dem Hobby ›Grand Prix‹ allerdings kaum eine Rolle gespielt hatte. Hatten sich die Fans damit abgefunden, von ihrer Umwelt als sammelwütige und punktebesessene Musik-Nerds mit zweifelhaften ästhetischen Vorlieben wahrgenommen zu werden, sahen sie sich durch die Veröffentlichung in eine zum damaligen Zeitpunkt noch weitaus diskriminierendere Schublade gesteckt. Vor allem Verheiratete und Fans in ländlichen Gebieten fühlten sich durch die plötzliche Gleichsetzung des ›Grand Prix‹ mit einem Wettbewerb für Schwule unter zusätzlichen Rechtfertigungsdruck gesetzt.

Auch wenn der Sturm der Entrüstung nicht lange anhielt und nur wenige Mitglieder aufgrund dieser ›unerhörten Enthüllung‹ einen Austritt aus dem Fanclub erwogen, löste der Artikel ein großes Rätselraten über die Gründe für den hohen Anteil männlicher Mitglieder in den Fanclubs aus. Sollten sie wirklich alle schwul sein? Tatsächlich erlebten nicht wenige ESC-Fans über den Kontakt mit (in zweierlei Hinsicht) Gleichgesinnten im Fanclub ihr Coming-Out. Weitgehend ausgeblendet wurden dagegen die männlichen Fans, die keinerlei Anstalten machten, sich dem gleichen Geschlecht zuzuwenden. Meist wurden sie von Angehörigen der offen schwulen Fangemeinde als so genannte ›Klemmschwestern‹ abgetan, die von ihrer gleichgeschlechtlichen Neigung nur noch nichts ahnten. Entsprechend eindimensional gestaltete sich die Suche nach den Gründen für die vermeintlich schwulenspezifische ESC-Begeisterung.

[1] Anonym, »Grand Prix, das Fest der Schwulen«, in: *TV Spielfilm*, 15.–28.5.1993, S. 24–25.

Sicherlich nicht unschuldig daran war die selbstreferentielle Berichterstattung bekennend schwuler Autoren über den Eurovision Song Contest. Anlass des *TV-Spielfilm*-Artikels war nämlich unter anderem ein Bericht des Schwulenmagazins *MÄNNERaktuell*, in dem Donato Plögert seine sehr subjektive Wahrnehmung des Wettbewerbs in Malmö wiedergab: »Überall, ob bei den Proben oder beim Après, begrüßen sich in den Zuschauerreihen die Schwulen aus allen Ländern Europas mit Küsschen, und ich frage mich unwillkürlich, warum man diesen Wettbewerb nicht längst in ›Eurovision Gay Contest‹ umbenannt hat.«[2] Neben den von Plögert als homosexuell identifizierten Teilnehmern (immerhin 5 von 23) war es laut seinem Artikel vor allem die »große italienische Sängerin« Mia Martini und ihre »anspruchsvolle und poetische Canzone«, die »uns Schwule« ins Schwärmen brachte.[3]

In der Folge wurde das Klischee der schwulen Fans und ihrer vergötterten Eurovisions-Diven so eifrig kolportiert, dass es von kaum jemandem ernsthaft in Frage gestellt worden wäre. So schrieb der Journalist Jan Feddersen, Autor zahlreicher Fanbücher zu dem Wettbewerb:

> »Es muss mittlerweile kein Geheimnis mehr sein, dass der Eurovision Song Contest seine glühendsten Anhänger in der schwulen Gemeinde hat. Die Gründe sind einfach zu erzählen. Dieser Abend aller Abende ist endlich einmal keine Musiksendung, in der Rockbands den Ton angeben […]. Beim Grand Prix Eurovision […] dominieren Sängerinnen mit großen (und manchmal sehr kleinen) Stimmen.«[4]

Und der Journalist Elmar Kraushaar argumentierte:

> »Für die Schwulen Europas ist der alljährliche Grand-Prix-Musikwettbewerb ein Feiertag, fast so wichtig wie der Christopher Street Day und viel sehnlicher erwartet als das Weihnachtsfest. Der Abend selbst gehört der Familie, der schwulen Familie. […] Und zur Identifikation stehen unsterbliche Ladies bereit wie Lys Assia, Isabelle Aubret, Mia Martini oder Céline Dion […].«[5]

---

[2] Donato Plögert, »Alle Jahre wieder – Huch schon wieder 'nen Punkt«, in: *MÄNNERaktuell*, 7 (1992), S. 26–27.
[3] Plögert, »Alle Jahre wieder«, S. 27.
[4] Jan Feddersen, *Merci Jury! Die Geschichte des Grand Prix Eurovision de la Chanson*, Berlin 2000, S. 9.
[5] Elmar Kraushaar, »Showtreppe in Schwarz-Rot-Gold. Nationalgefühl und schwule Identität beim Grand Prix«, in: *L'Allemagne Deux Points. Ein Kniefall vor dem Grand Prix*, hrsg. von Milena Fessmann, Kerstin Topp und Wolfgang Nikolaus Kriegs, Berlin 1998, S. 126–133, hier S. 130ff.

Die Argumentationslinie ist klar: Der (vermeintlich) schwule Fan interessiert sich im Allgemeinen nicht für Rockmusik, sondern für die Lieder der beim ESC dominierenden Sängerinnen, die ihm zudem als Identifikationsfigur dienen. Das Phänomen, dass bestimmte Künstlerinnen von Teilen der schwulen Community als Diven – also wie Göttinnen – verehrt werden, ist bekannt. Doch genügt es als Erklärungsmechanismus für den offenbar recht hohen Anteil schwuler Männer unter den ESC-Fans? Tatsache ist: Die Mehrheit der Teilnehmerinnen am Eurovision Song Contest besitzt schon alleine aufgrund ihres geringen Bekanntheitsgrads und des fehlenden Wissens um ihre Person nur ein geringes Identifikationspotenzial als Diva.

Dennoch wurde gerade die Rolle der Diva und ihre Bedeutung für die ESC-Fans im Zuge der recht überschaubaren akademischen Auseinandersetzung mit dem Musikwettbewerb immer wieder beleuchtet. So stellte die Medienwissenschaftlerin Dafna Lemish im Rahmen ihrer qualitativen Interviewstudie über israelische ESC-Fans fest:

> »The attraction to women ›bigger than life‹, divas, and the struggle over the nature of femininity made up a central theme in the interviews. Connecting with the ESC seems to offer an opportunity to connect with the feminine parts of the soul and with the struggle for self-definition«.[6]

Auch der britische Theaterwissenschaftler Brian Singleton führte gegenüber der österreichischen Presseagentur APA die Begeisterung der schwulen Fans auf den »Kitsch, das glamouröse Spektakel oder die oftmals auftretenden ›Diven‹«[7] zurück.

Den schweizerischen Sozialwissenschaftler Heinz Moser bewog das Klischee von der Diva als Projektionsfläche homosexueller Fan-Emotionen in seiner wissenschaftlichen Untersuchung über den Schweizer Fanclub, die Parodienshows im Rahmen der internationalen Fanclubtreffen als Mittel zu interpretieren, schwule Bedürfnisse nach dem Spiel mit den Geschlechtern auszuleben:

> »Schwule, als Personengruppe, die im binären Code nicht verankert sind, versuchen diesen über Parodie-Shows und Aktivitäten wie Crossdressing zu unterlaufen. Das spezifische Setting des Grand Prix und die ihn imitie-

---

[6] Dafna Lemish, »›My kind of campfire‹. The Eurovision Song Contest and Israeli homosexuals«, in: *Popular Communication*, 2 (1) 2004, S. 41–63, hier S. 49.
[7] apa/red (2007), *Das Outing des Song Contests: Wettbewerb ein Treffpunkt für Schwule aus ganz Europa*, www.news.at/articles/0719/42/172578/das-outing-song-contests-wettbewerb-treffpunkt-schwule-europa, 15.06.2012.

renden Treffen der Fanclubs vermitteln ›pleasures‹, die für die Betroffenen im ›normalen‹ Alltag nicht offen stehen beziehungsweise tabuisiert sind.«[8]

Der Zusammenhang zwischen dem Eurovision Song Contest und schwulen Fans liegt also anscheinend auf der Hand: Die große Anzahl divenhafter Interpretinnen bietet der homosexuellen Zielgruppe die geeignete Projektionsfläche, um ihre weiblichen Emotionen auszuleben. Ähnlich verallgemeinernd ließe sich argumentieren, dass lesbische Frauen sich für den ESC nicht interessierten, weil diese emotional ja eher den Männern zuzuordnen seien. Doch das Stereotyp vom ›femininen Schwulen‹ hält sich auch beim Eurovision Song Contest so hartnäckig, dass seit Ende der 1990er-Jahre gehäuft Acts in den Wettbewerb entsandt werden, die durch offensichtlich ›queere‹ Performances das vermeintlich mehrheitlich schwule Publikum erobern wollen – exemplarisch die israelische Transsexuelle Dana International mit ihrem Siegertitel »Diva« 1998.

Brian Singleton, Karen Fricker und Elena Moreo identifizieren »Diva« als Wendepunkt auf dem Weg zu einer ›queeren‹ Deutungshoheit des ESC:

»Dana International's performance pointed out, to the point of excess, the constructedness of gender. And from that point on, the secret was out: Eurovision had been queered. Now that Eurovision has outed itself, the political power of its covert queerness is being slowly transformed into part of its commodity value, in a process familiar from all aspects of contemporary Western culture. Now, a song or act being perceived as ›gay‹ in the context of Eurovision is seen as adding to its value and possible success.«[9]

Will man das Crossdressing der beiden Siegerinnen Marie N. (Lettland 2002) und Marija Šerifović (Serbien 2007) als lesbisches ›Queering‹ deuten, erscheint die Sichtweise, dass als ›gay‹ wahrgenommene Beiträge beim ESC besonders Erfolg versprechend sind, durchaus schlüssig. Allerdings erwiesen sich ESC-Beiträge, die z.B. durch Drag-Queens gezielt die schwule Zielgruppe ansprachen, als ausnehmend erfolglos.[10] Auch Künstler, die in der Öffentlichkeit

---

[8] Heinz Moser, *Twelve Points. Grand Prix Eurovision – Analyse einer Fankultur*, Zürich 1999, S. 104.

[9] Brian Singleton u.a., *Performing the queer network. Fans and families at the Eurovision Song Contest*, www.helsinki.fi/jarj/sqs/sqs2_07/sqs22007singletonetal.pdf, 11.08.2010, S. 19.

[10] So beispielsweise die Drag-Acts »Samo ljubezen« von Sestre (Slowenien 2002, Platz 13) und »Drama Queen« von DQ (Dänemark 2007, nicht für das Finale qualifiziert) oder der Anti-Aids-Song »Get a Life – Get Alive« von Eric Papilaya (Österreich 2007, nicht für das Finale qualifiziert).

besonders offensiv mit ihrer Homosexualität umgingen, konnten trotz Televoting keine nennenswerten Erfolge verzeichnen.[11] Sollte die schwule Klientel etwa doch nicht so groß sein, dass entsprechend auf sie zugeschnittene Beiträge zwangsläufig zu Erfolg gelangen? Oder lässt sich eine spezifisch schwule Ästhetik womöglich gar nicht über die vermeintlich in jedem homosexuellen Mann schlummernde ›feminine Seite‹ definieren?

Die Einordnung einzelner Performances in ›queer‹ oder ›nicht-queer‹ gestaltet sich ohnehin nicht ganz einfach, wie das Beispiel Verka Serduchka zeigt. Die Kunstfigur des russischen Schauspielers Andrej Danilko nahm 2007 mit dem Titel »Dancing – Lasha Tumbai« für die Ukraine am Eurovision Song Contest teil. Was im Westen als (›queerer‹) Drag-Act wahrgenommen wurde, war für Osteuropa ein subtiler Protest gegen die russische Einmischung in innenpolitische Angelegenheiten der Ukraine, denn die als singende ukrainische Hausfrau bekannte Verka Serduchka durfte als Kunstfigur ungestraft »Lasha Tumbai« singen, was sich dann auf der Bühne immer wieder nach »Russia Goodbye« anhörte. Das eigentliche ›queere‹ Element – die im harmlosen Glitzerkostüm getarnte politische Botschaft – richtete sich also gar nicht an ein schwules Publikum, sondern wurde nur einer gewissen Erwartungshaltung zufolge als Drag-Act interpretiert.[12]

Wie unterschiedlich die Erwartungshaltungen gegenüber dem Eurovision Song Contest in Europa tatsächlich sind, bringt der Wiki *tvtropes.org* sehr anschaulich auf den Punkt:

> »These days, Eurovision is split into two main camps. The first is the Eastern and Central European countries, who generally take it fairly seriously, seeing it as an important marker of new-found independence. [...] The second major group is the Western countries that made up the ›traditional‹ entrants to Eurovision before Communism fell in the early 1990s. They tend to view the contest as all rather silly, camp fun, and enter either no-

---

[11] Weder Thomas Thordarson (Dänemark 2004) noch die Toppers (Niederlande 2008) – deren bekennend schwules Mitglied Gordon in einer Pressekonferenz drohte, den Wettbewerb zu boykottieren, falls die für den Tag des ESC-Finales angesetzte Gay-Parade in Moskau mit Gewalt aufgelöst werden sollte – konnten sich für das Finale qualifizieren. Die Fanseite eurovisionary.com distanzierte sich sogar öffentlich von einer Verknüpfung des ESC mit schwulenpolitischen Forderungen in Russland, vgl. Charlotte Jensen (2009), *Editorial: Eurovision Song Contest and gay rights issue should not be connected*, www.eurovisionary.com/eurovision-news/editorial-eurovision-song-contest-and-gay-rights-issue-should-not-be-connected, 24.04.2013.
[12] Vgl. den Begriff »Glitzer-Transe« bei Daniel Haas (2007), *Den Westen ins Gebet nehmen*, www.spiegel.de/kultur/musik/eurovision-song-contest-2007-den-westen-ins-gebet-nehmen-a-482571.html, 15.06.2012.

velty acts, drag queens or camp pop (or sometimes both together) – then grouse about political voting when they don't win.«[13]

Diesen Wahrnehmungsdualismus stellt auch der Sozialwissenschaftler Paul Thomas Jordan in seiner kürzlich erschienenen Doktorarbeit über »Nation Branding« und »Nation Building« in Estland und der Ukraine fest:

> »[...] different nation states attribute different meanings to the ESC and as such there is a need to go beyond the dominant (western) view of the contest in order to explore the diversity of issues that this event illuminates in wider socio-political debates in Europe today.«[14]

Dass sich die Bedeutung des Eurovision Song Contest in den einzelnen Teilnehmerländern in Abhängigkeit von ihrem national-kulturellen Darstellungsbedürfnis deutlich unterscheidet, wurde bereits umfänglich untersucht.[15] Vor allem im angelsächsischen Raum sieht man den ESC nicht als ernst zu nehmenden Musikwettbewerb, sondern mokiert sich über die vergeblichen Versuche Kontinentaleuropas, eigene popmusikalische Ausdrucksformen hervorzubringen.[16] So urteilt der Brite Anthony Lane im renommierten amerikanischen Kulturmagazin *The New Yorker*:

> »European pop sounds like Eurovision pop even when it's not from the Eurovision Song Contest. The stuff you hear in the back of Belgian taxis, on German radio, in Sicilian bars, and in the lobbies of Danish hotels: it was all created by the great god of dreck, and Eurovision is his temple. [...] Without Eurovision's gay following, the contest – with its reliable deployment of camp, whether sly or unwitting – would be nothing.«[17]

Es ist ein weit verbreitetes Missverständnis, dass der Begriff ›Camp‹ immer wieder gleichbedeutend mit ›Trash‹ und ›Kitsch‹ verwendet wird, um vermeintlich werkinhärente ästhetische Defizite zu beschreiben. Laut der von Susan Sontag in ihren »Notes on ›Camp‹« (1964) formulierten Definition handelt es sich um

---

[13] Anonym, *Eurovision Song Contest*, http://tvtropes.org/pmwiki/pmwiki.php/Main/EurovisionSongContest, 19.06.2012.

[14] Paul Thomas Jordan, *The Eurovision Song Contest: Nation Branding and Nation Building in Estonia and Ukraine*, unveröffentlichte PhD thesis, University of Glasgow 2011, Abstract online unter http://theses.gla.ac.uk/2972/, 15.06.2012.

[15] Vgl. Irving Wolther, *»Kampf der Kulturen«. Der Eurovision Song Contest als Mittel national-kultureller Repräsentation*, Würzburg 2006.

[16] Vgl. Wolther, *»Kampf der Kulturen«*, S. 81f.

[17] Anthony Lane, »Only Mr. God Knows Why«, in: *The New Yorker*, Nr. 86, vom 28.06.2010, S. 39ff.

eine Deutungsstrategie einer »vorwiegend homosexuellen selbsternannten Geschmackselite« (»an improvised self-elected class, mainly homosexuals, who constitute themselves as aristocrats of taste«), die »im Scheitern den Erfolg zu entdecken sucht« (»find the success in certain passionate failures«).[18] Dass Fans (und zwar nicht nur schwule) solche Deutungsstrategien entwickeln und die Produkte der Massenkultur in ihrer eigenen, fanspezifischen Weise rezipieren und deuten, wurde von Henry Jenkins in seiner wegweisenden Studie *Textual Poachers*[19] ausführlich dargelegt. Aus dieser Sicht ließe sich ›Camp‹ durchaus als ein möglicher Grund für das gehäufte schwule Interesse am Eurovision Song Contest in Betracht ziehen. Wie Lane den Begriff jedoch gebraucht, nimmt er fast homophobe Züge an, da er impliziert, dass der (seiner Meinung nach) Trash der heteronormativen Mehrheitsgesellschaft bevorzugtes ästhetisches Objekt der schwulen Fans sei.

Tatsächlich schließen Eurovison Song Contest und Homophobie einander nicht aus, handelt es sich doch um einen Wettbewerb, bei dem sich (populär-) kulturelle Erzeugnisse einzelner Nationen beziehungsweise Kulturräume miteinander messen. Der schleichende Wandel vom Komponisten- zum Länderwettstreit hat im Laufe der Jahre kulturelle Gegensätze, nationale Vorurteile, Chauvinismus und Rassismus offen zutage gefördert und deutlich gemacht, dass der ESC auch als vermeintlich triviale Unterhaltungssendung sehr wohl dazu dient, eine Hierarchie unter den Teilnehmerstaaten herzustellen. Besonders deutlich wurde dies nach dem Eurovision Song Contest 2007, als sich kein einziges der westeuropäischen Traditionsländer für das Wettbewerbsfinale qualifizieren konnte. Neben Vorwürfen osteuropäischer Punkteschieberei, die statistisch haltlos waren, wurden in Westeuropa die Teilnehmer_innen der osteuropäischen Länder massiv verunglimpft, u.a. in der nach dem Wettbewerb im deutschen Fernsehen ausgestrahlten Grand Prix Party, in der Moderator Thomas Hermanns den drittplatzierten Titel »Song Number 1« der Gruppe Serebro als »russischen Nuttenpop« abqualifizierte.

Auch gibt es immer wieder Diskussionen, ob die Vertreter_innen bestimmter Volksgruppen dafür geeignet seien, ein bestimmtes Land zu repräsentieren, zuletzt in der Ukraine 2012, als der rechtskonservative Abgeordnete Jurij Syrutyok öffentlich in Frage stellte, ob die aus dem Kongo stammende Sängerin Gaitana in der Lage sei, ukrainische Werte zu verkörpern, da sie nicht der

---

[18] Susan Sontag (1964), *Notes On »Camp«*, http://interglacial.com/~sburke/pub/prose/Susan_Sontag_-_Notes_on_Camp.html, 15.06.2010.
[19] Henry Jenkins, *»Textual Poachers«. Television Fans & Participatory Culture*, New York/London 1992.

ukrainischen Rasse angehöre.[20] Interessanterweise wurde der Name Gaitana, der wegen eines Transkriptionsfehlers zunächst Gaytana lautete, von einigen Fans gleich zum Anlass genommen, den offensichtlich als Hymne zur Fußball-Europameisterschaft vorgesehenen Titel »Be My Guest« als Act für die schwule Zielgruppe zu identifizieren.[21]

Im Spannungsfeld nationaler Repräsentationsbedürfnisse werden nicht selten auch ›queere‹ Acts als unangemessen für den Eurovision Song Contest empfunden. Als das slowenische Fernsehen beispielsweise das Transvestiten-Trio Sestre zum ESC 2002 nach Tallinn schickte, kam es zu einer Welle homophober Äußerungen in Slowenien:

> »[R]eaders and viewers expressed their outrage at the choice in the press and vowed they would lynch ›those faggots‹. Questions were also raised in the national Parliament about the participation of [Sestre] at the Eurovision Song Contest. Some people questioned the fairness of the voting system [...], while others argued that the issue was not fairness as such, but the fact that some people did not like the idea that Slovenia would be represented abroad by transvestites.«[22]

Ähnliche Äußerungen waren 1998 auch gegen die Transsexuelle Dana International laut geworden, vor allem seitens orthodoxer religiöser Gruppierungen. Angesichts der Tatsache, dass Homosexualität im national-kulturellen Wertekanon der meisten Teilnehmerstaaten negativ besetzt ist, war es daher nur eine Frage der Zeit, bis es zum Kampf um die Deutungshoheit über diese Plattform der nationalen Eitelkeiten kommen würde. Schon die Teilnahme Guildo Horns 1998 war von einigen Kommentatoren als Angriff auf die schwulen Fans gedeutet worden. So empörte sich Elmar Kraushaar in der *Berliner Zeitung*:

> »Er [Guildo Horn] hat den Männern vom anderen Ufer den Grand Prix Eurovision de la Chanson geraubt, der ihr schönstes Fest im Jahr, noch vor Weihnachten und weit vor dem Muttertag war. Es ist eine kurze, aber heftige Tradition, die Horn bedroht: dass Schwule den alljährlichen Musikwettbewerb mit feierlichem Ernst und überdrehter Freude ganz unter sich begehen können. Damit ist jetzt Schluss.«[23]

---

[20] Vgl. Oleg Karpyak (23.5.2012), *Ukraine's Eurovision entry Gaitana ›ashamed‹ by racism*, www.bbc.co.uk/news/world-europe-18162443, 21.6.2012.

[21] Vgl. aufrechtgehn (18.2.2012), *Let's get happy and let's be gay! (UA 2012)*, www.aufrechtgehn.de/index.php/2012/02/lets-be-gay-ua-2012/, 21.6.2012.

[22] Andrej Skolkaj (2002), *Xenophobia: A catalyst of hate speech in Slovakia and Slovenia*, www.ceu.hu/cps/eve/eve_xenophobia_skolkay.pdf, 14.10.2004, S. 26.

[23] Elmar Kraushaar (9.5.1998), *Was Guildo Horn zerstört*, www.berliner-zeitung.

Jan Feddersen dagegen beruft sich in einem jüngeren Abgesang auf die schwule ESC-Fankultur auf den Kulturwissenschaftler Johannes Arens, dessen Zitat keiner Originalquelle zugeordnet werden kann:

> »Der Kulturwissenschaftler Johannes Arens sprach voriges Jahr nach Lenas erstem Platz in Oslo von einer ›Entschwulung‹ des ESC durch den Meister des ESC hierzulande, Stefan Raab, Mentor der Siegerin [Lena Meyer-Landrut]. In Lena, so Arens, sei nichts mehr, in das sich Männer, die nicht heterosexuell sind, hineinversetzen können. Es seien fahle Mädchenträume, die sie serviert, keine Geschichten von Triumph und Scheitern.«[24]

Sollten diese Urteile zutreffen und wäre ›Camp‹ tatsächlich die bevorzugte Lesart der homosexuellen ESC-Fans, könnte die Popularisierungsoffensive der Europäischen Rundfunkunion EBU dem schwulen Fanpublikum allmählich die Daseinsgrundlage entziehen, zumal immer häufiger gezielt ›campige‹ Beiträge ins Rennen geschickt werden, die nicht etwa einem schwulen Publikum gefallen sollen, sondern diese Aspekte des Wettbewerbs gezielt überbetonen und ins Lächerliche ziehen.[25] Singleton u. a. sehen dadurch das ›queere‹ Potenzial des Wettbewerbs in Frage gestellt: »[...] allowing Eurovision to become wholly an ironic phenomenon will erode its signifying power and turn it into both a commodity and a simulacrum of itself.«[26] Im Gegenzug ist es wohl auch blauäugig zu erwarten, dass die heterosexuelle Mehrheitsgesellschaft den Wettbewerb mit vielen Millionen Euro in unveränderter Form am Leben erhält, damit sich eine homosexuelle Fangemeinde an der ›gescheiterten Ernsthaftigkeit‹ (»seriousness that fails«[27]) vorwiegend heteronormativer Darbietungen ergötzt.

Wie es tatsächlich um die scheinbar symbiotische Verbindung zwischen dem Eurovision Song Contest und seiner (vermeintlich) mehrheitlich schwulen Gefolgschaft bestellt ist, zeigt der Umgang der Organisatoren mit dem Thema Homosexualität. Der EBU ist zwar bewusst, dass viele der anwesenden Fans und Jour-

---

de/archiv/sein-auftritt-wird-ein-schwarzer-tag-fuer-die-wahren-anhaenger-des-grand-prix-was-guildo-horn-zerstoert,10810590,9429020.html, 21.06.2012.
[24] Jan Feddersen, *Inflation der Liebenden*, www.taz.de/!70067, 21.06.2012.
[25] So die vorsätzlich trashig gehaltenen Beiträge »Flying the Flag« von Scooch (Vereinigtes Königreich 2007), »Baila el Chicki-chicki« von Rodolfo Chiciliquatre (Spanien 2008) oder »Leto svet« von Kreisiraadio (Estland 2008). Interessant in diesem Zusammenhang ist, dass Rodolfo Chiciliquatre sich in der nationalen spanischen Vorentscheidung gegen die an ein schwules Publikum gerichteten Beiträge »Piensa Gay« von Lorena C und »La revolución sexual« von La Casa Azul deutlich durchsetzte.
[26] Singleton u. a., *Performing the queer network*, S. 23.
[27] Sontag, *Notes On »Camp«*.

nalisten vor Ort schwul sind, sich offen dazu zu bekennen, liegt der Organisation allerdings fern. Als am 17. Mai 2012 – dem internationalen Tag gegen Homophobie – eine der beliebtesten Online-Informationsseiten zum Eurovision Song Contest, esctoday.com, von Hackern zerstört und durch ein schwulenfeindliches Propagandabild ersetzt wurde, auf dem die Urheber des Angriffs vor einer Gay Parade in Aserbaidschan warnten, drückte die EBU zwar ihr Bedauern aus, verwies aber als Grund für die Tat auf »unkorrekte Informationen«, da sie ja den Eurovision Song Contest ausrichte und keine Gay Parade. Empört schrieb der bekennend schwule Medienjournalist Stefan Niggemeier daraufhin in seinem Blog:

> »Das Problem besteht nach Ansicht der EBU nicht darin, dass Leute etwas gegen Schwule haben und tun, sondern dass sie den Eurovision Song Contest mit einer schwulen Veranstaltung verwechseln? Die EBU verurteilt nicht die Homophobie, sondern bedauert das (nur bedingte) Missverständnis, den Grand-Prix für schwul zu halten? Die EBU ruft nicht: ›Lasst uns gemeinsam gegen Schwulenfeinde und für Toleranz und Akzeptanz kämpfen‹, sondern: ›Wir sind gar nicht schwul‹?«[28]

Niggemeiers Enttäuschung über eine mangelnde Positionierung der EBU zu diesem Thema (wie auch zu Menschenrechtsfragen) drückt eine Erwartungshaltung aus, die wohl durch das ›Outing‹ des Eurovision Song Contests bei vielen schwulen Fans und Medienvertretern entstanden ist: Dass der Wettbewerb beziehungsweise die ihn ausrichtende Organisation die Liebe und Zuneigung seiner schwulen Fans erwidern müsse. Doch warum, wenn selbst der bekennend schwule Publizist und Gender-Forscher Peter Rehberg in einem Vortrag anlässlich einer Tagung des Eurovision Research Networks in Düsseldorf einräumen muss, »there are no queer representatives at the EBU or on the level of national delegation, or if so, only by chance and not as queer spokesperson«?[29] Somit stellt sich die Frage, ob das Image des Wettbewerbs als ›queeres‹, ›campiges‹ oder einfach ›schwules‹ Fernsehereignis nicht vielleicht das Produkt einer – frei nach Susan Sontag – ›selbsternannten schwulen Journalisten- und Fanelite‹ ist, die durch ihre selbstreferenzielle Berichterstattung diese einseitige Wahrnehmung verstärkt und am Leben erhält.

Wenn der Eurovision Song Contest nun also seitens der Veranstalter gar

[28] Stefan Niggemeier, *Wie die Eurovision Schwulenfeinden nicht entgegentritt*, www.stefan-niggemeier.de/blog/wie-die-eurovision-schwulenfeinden-nicht-entgegentritt, 21.06.2012.
[29] Peter Rehberg, »*Lena – Lolita – Lulu. Or Eurovision's Queer Comeback. Feeling European*«. Unveröffentl. Manuskript/Vortrag im Rahmen des Workshops *The Eurovision Song Contest and the European Public Sphere*, Fachhochschule Düsseldorf, 14.5.2011.

nicht als ›schwules‹ Event gedacht ist, wo liegt dann das schwule Identifikationspotenzial? Doch bei den viel beschworenen Diven? Die von Feddersen postulierte Dominanz der Sängerinnen lässt sich zumindest statistisch nicht belegen. In den 57 Jahren seines Bestehens wurde der Wettbewerb 35 Mal[30] von Frauen[31] gewonnen, 8 Mal von Männern, 10 Mal von Gruppen und 7 Mal von Duos. Die Zahl der Siegerinnen ist also verhältnismäßig hoch, was umso mehr verwundert, als das Argument »Frauen verkaufen sich schlecht« über viele Jahre als ungeschriebenes Gesetz der Schallplattenindustrie galt.[32] Wirft man jedoch einen Blick auf die Gesamtzahl der Teilnehmer_innen, bietet sich ein ganz anderes Bild: Der Anteil der Interpretinnen hat seit dem ersten Wettbewerb 1956 zusehends abgenommen (Abb. 1).

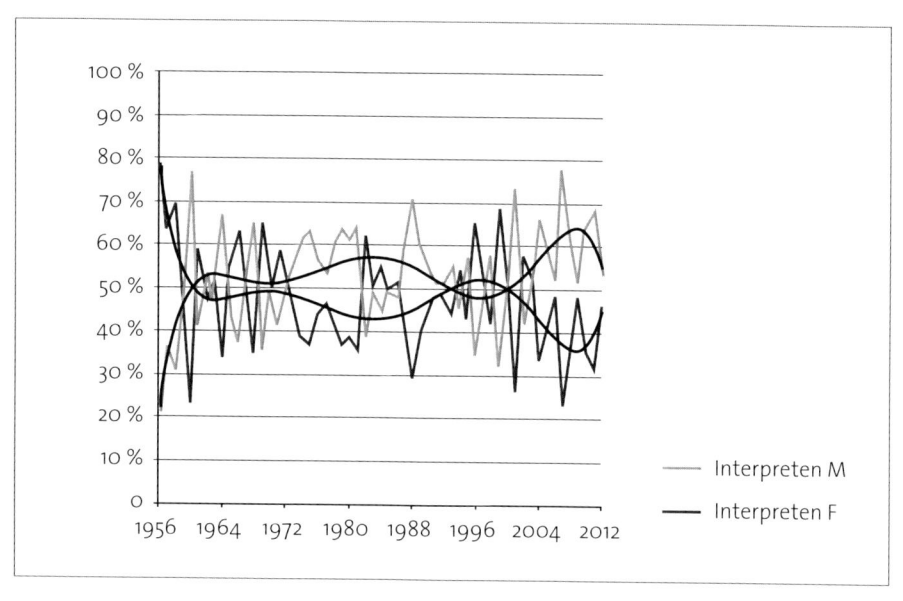

Abb. 1: Anteil der Interpreten bzw. Interpretinnen beim Eurovision Song Contest in Prozenten

Dieses Ergebnis überrascht zunächst. Auf den zweiten Blick erkennt man, dass die Anzahl der Männer seit der Zulassung von Musikgruppen (1972) beim

---

[30] 1969 gab es vier Sieger, allesamt Frauen.
[31] Die Transsexuelle Dana International wird hier zu den Frauen gezählt, da sie für diejenigen, die nichts von ihrer Transsexualität wussten, als Frau zu erkennen war.
[32] Siegfried Schmidt-Joos, *Geschäfte mit Schlagern*, Bremen 1960, S. 40.

Eurovision Song Contest deutlich zugenommen hat. Häufig ist die Mehrheit der Gruppenmitglieder männlich (meist die Instrumentalisten), während der Gesangspart von einer Frau übernommen wird. Insgesamt hat sich das Verhältnis Männer zu Frauen auf der Bühne zwischen 1956 und 2007 umgekehrt: Waren 1956 76% der Interpreten auf der Bühne Frauen, standen 2007 77% Männer vor der Kamera.[33]

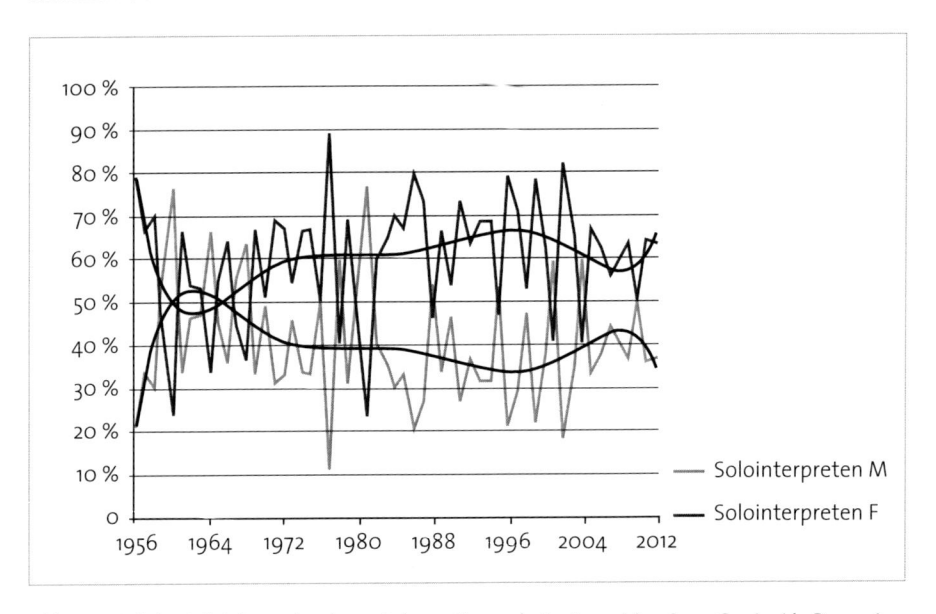

Abb. 2: Anteil der Solointerpreten bzw. -interpretinnen beim Eurovision Song Contest in Prozenten

Betrachtet man allerdings nur die Solointerpreten beziehungsweise -interpretinnen, so ergibt sich ein deutlicher Vorsprung der Künstlerinnen (Abb. 2). Ein ›Divenpotenzial‹ beim Eurovision Song Contest gibt es also durchaus,[34] das Verhältnis Solistinnen zu Solisten fällt mit etwa 60:40 jedoch nicht so extrem aus wie das Verhältnis ESC-Siegerinnen zu ESC-Siegern, das mit etwa 80:20 deutlich zugunsten der Interpretinnen verschoben ist. Wie lässt sich dieses Ungleichgewicht erklären?

[33] Interessanterweise war dies das Jahr mit dem höchsten Anteil Delegationsleiterinnen. Allerdings haben die Delegationsleiter_innen in den wenigsten Ländern Einfluss auf die Auswahl der Künstler_innen.
[34] Wobei nicht alle Solistinnen automatisch als Diva in Frage kommen und Solisten wie beispielsweise der Russe Philipp Kirkorow durchaus divenhafte Züge aufweisen können.

Der Eurovision Song Contest wurde 1956 als Kompositionswettbewerb ins Leben gerufen. Es war von Anfang an geplant, die Zuschauer_innen in die Abstimmung einzubeziehen, doch die technischen Möglichkeiten erlaubten es viele Jahre nicht, dieses Vorhaben in die Praxis umzusetzen. Somit war es bis 1996 ausschließlich Aufgabe der nationalen Jurys, die Sieger_innen des Eurovision Song Contests zu küren. Bestanden die nationalen Jurys 1956 noch aus jeweils zwei Vertretern[35] der teilnehmenden Fernsehanstalten, wurde die Zahl der Jurymitglieder schon 1957 auf jeweils zehn aufgestockt. Zwar gab das Reglement schon 1960 vor, dass es sich bei den Jurymitgliedern um »ordinary members of the public«[36] handeln sollte, doch erst 1974 wurde die Empfehlung in das Regelwerk aufgenommen, die Jury vorzugsweise mit der gleichen Anzahl von Frauen und Männern zu besetzen[37]. Da die European Broadcasting Union das Regelwerk meist erst dann erweiterte, wenn es in der Praxis zu Unstimmigkeiten zwischen den teilnehmenden Fernsehanstalten gekommen war, dürfte eine nach Geschlechtern ausgewogene Zusammensetzung der Jurys vorher nicht die Regel gewesen sein – schon gar nicht auf nationaler Ebene. Noch bei der nationalen deutschen Vorentscheidung 1975 wurde den vorwiegend aus Männern zusammengesetzten Jurys der einzelnen Rundfunkanstalten jeweils eine Jurorin zur Seite gestellt, die von Moderatorin Karin Tietze-Ludwig bezeichnenderweise mit den Worten »... und eine junge Dame«[38] vorgestellt wurde, ohne – im Unterschied zu den Männern – ihre Qualifikation näher zu erläutern. Es ist also zu vermuten, dass Frauen in den Jurys bis Mitte der 1970er-Jahre unterrepräsentiert waren und nur wenig Einfluss auf den Ausgang der Abstimmung hatten.

Leider sind seitens der EBU gegenwärtig keine Informationen zur genauen Zusammensetzung der Jurys vor 1974 erhältlich. Ein Blick auf das Geschlecht der Juryvorsitzenden, die das Ergebnis der nationalen Jury verkünden durften, zeigt bis Ende der 1970er-Jahre allerdings eine deutliche männliche Übermacht (Abb. 3)[39].

[35] Es ist davon auszugehen, dass in den Anfangsjahren nur Männer in den Jurys zu finden waren.
[36] European Broadcasting Union, *Rules of the Grand Prix of the 1960 Eurovision Song Contest*, Genf 1960, S. 5.
[37] European Broadcasting Union, *Rules of the 1974 Eurovision Song Contest*, Genf 1974, S. 8.
[38] Georg Martin Lange (Regie), *Ein Lied für Stockholm. Deutsche Vorentscheidung zum Grand Prix Eurovision de la Chanson 1975* [TV Show 03.02.1975], Frankfurt/M.: Hessischer Rundfunk (ARD).
[39] Dass die Zahl der Jurysprecherinnen in den letzten 20 Jahren so dramatisch zugenommen hat, ist vermutlich darauf zurückzuführen, dass die Jurysprecher_innen seit 1994 zu sehen sind und häufig bekannte Fernsehmoderatorinnen für diese Aufgabe gewählt werden.

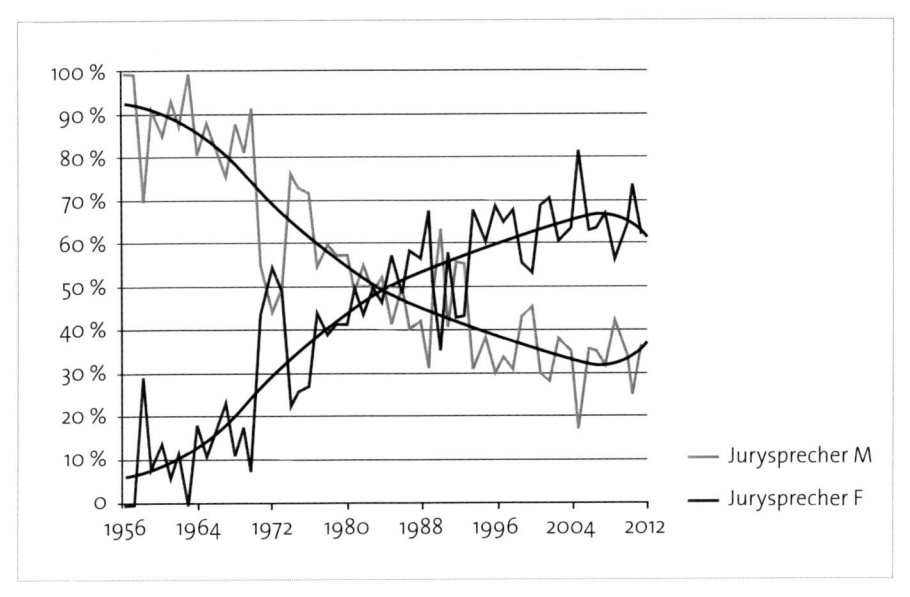

Abb. 3: Anteil der Jurysprecher bzw. -sprecherinnen beim Eurovision Song Contest in Prozenten

Sollte es also so sein, dass vorwiegend aus Männern zusammengesetzte Jurys bis Mitte der 1970er-Jahre bevorzugt Künstlerinnen zum Sieg verholfen haben? Immerhin wurden 14 der insgesamt 18 Wettbewerbe (77,8%) zwischen 1956 und 1974 von Frauen gewonnen. Dagegen wurden in den 11 Wettbewerben zwischen 1998 und 2008, als in den meisten Teilnehmerländern alleine das Publikum abstimmen durfte, nur 6 Frauen (54,5%) und eine Transsexuelle zur Siegerin gekürt.

Den Beweggründen der Jurymitglieder für ihren Hang zur Solistin wird man wohl kaum noch auf die Spur kommen. Sollten es etwa überwiegend Schwule gewesen sein, die in starken Frauen den Spiegel ihrer weiblichen Seele suchten? Oder waren es doch ganz einfach heterosexuelle Männer, die sich weniger von musikalischen Erwägungen leiten ließen als vom Charme der jungen Interpretinnen? Eines lässt sich zumindest mit ziemlicher Sicherheit sagen: Die männliche Dominanz beim Eurovision Song Contest ist nach wie vor erdrückend, ob bei den Komponisten (92,5%), Textdichtern (84%), Dirigenten (99,5%), Regisseuren (96,4%) oder Delegationsleitern (68%). Frauen dringen nur langsam in diese von Männern besetzten Domänen vor – interessanterweise vermehrt seit der Erweiterung der Eurovisionsfamilie um den osteuropäischen Raum, wo deutlich mehr Komponistinnen, Textdichterinnen und Delegationsleiterinnen beim Eurovision Song Contest aktiv werden.

Nun aber zu den Fans: Dass vorwiegend Männer dem Eurovisions-Hobby frönen, lässt sich nicht von der Hand weisen. Der Anteil weiblicher Mitglieder in den Fanclubs war und ist verschwindend gering, auch wenn unter den Fans, die für Fanzines und Webseiten vor Ort über den Eurovision Song Contest berichten, zunehmend Frauen zu finden sind. Quantitative Untersuchungen[40] haben gezeigt, dass es vor allem der Wettbewerbscharakter des Eurovision Song Contests ist, der die Fans fasziniert. 65% der befragten Mitglieder des Fanclubs OGAE Germany nannten die Punktewertung als besonders faszinierendes Element des Eurovision Song Contests, gefolgt von dem internationalen Charakter der Veranstaltung und den verschiedenen Sprachen, die auf die befragten Personen mit 55% beziehungsweise 53% einen ähnlich starken Reiz ausübten. Die dargebotene Musik folgte mit 40% erst auf dem vierten Rang. Relativ weit abgeschlagen lagen die Faktoren Kult mit 18% und Künstler mit 12%, während die Bühnenshow und der Glamour von nur 10 beziehungsweise 6% der Befragten als Gründe für die Faszination der Sendung angeführt wurden.

Auch schwule Autoren wie Feddersen lassen mittlerweile Zweifel erkennen, ob die Sache mit dem Eurovisions-Fantum vielleicht doch mehr mit dem Geschlecht beziehungsweise der geschlechterspezifischen Sozialisation als mit der sexuellen Orientierung zu tun haben könnte. So räumt er ein, dass »Männer, ob aus biologischen, erworbenen und oktroyierten Gründen, wie Männer funktionieren, nämlich mit ausgeprägtem Sinn für Wettbewerbe und Rangordnungen«[41] und dies ein möglicher Grund für die Liebe der Fans zum Eurovision Song Contest sein könnte.

Welchen Grund auch immer es für den hohen Männeranteil unter den ESC-Fans geben mag, man tut gut daran, sich bei der Analyse der Fangemeinde weniger von klischeehaften und stereotypen Vorannahmen leiten zu lassen und stattdessen die schwulen Fans einfach als Subgruppe des normalen Fernsehpublikums zu betrachten, die den Medieninhalt Eurovision Song Contest auf ebenso unterschiedliche Art rezipieren und deuten kann wie die Gesamt-

---

[40] Irving Wolther, *Auf der Suche nach dem Phänomen Grand-Prix-Fantum. Eine Untersuchung zwischen Medientheorie und Fanwirklichkeit,* unveröffentlichte Diplomarbeit, Hochschule für Musik und Theater, Hannover 2001; ders., »The Eurovision Song Contest. A study on a music-focused fan culture«, in: *Proceedings of the 5th triennial conference of the European Society for the Cognitive Sciences of Music (ESCOM5),* Hochschule für Musik und Theater Hannover, 8.–13. September 2003, hrsg. von Reinhard Kopiez u. a., 2003, S. 494–496, hier S. 430.

[41] Jan Feddersen, »*Wunder gibt es immer wieder*«. *Das große Buch zum Eurovision Song Contest,* Berlin 2010, S. 63.

heit der Zuschauer_innen. Nicht zuletzt gibt es genügend männliche Homosexuelle, die mit den ESC überhaupt nichts anfangen können.

Wer die Frage nach den Gründen für die ESC-Begeisterung der schwulen Fans stellt, sollte sich zunächst mit den Sozialisationseinflüssen beschäftigen, unter denen junge Männer in unserer heteronormativen Gesellschaft aufwachsen – ungeachtet ihrer sexuellen Orientierung. Denn der ESC und seine national-kulturellen, kompetitorischen und zugleich völkerverbindenden Komponenten bieten mehr als eine Möglichkeit zur Identifikation. Und wen es nach dem Narrativ der Diva und ihres tragischen Schicksals verlangt, der muss es nicht in irgendwelchen Sängerinnen suchen. Er findet es in der wechselvollen Geschichte des Wettbewerbs: Die Diva ist der Eurovision Song Contest selbst!

Martin Loeser
»Wann ist ein Mann ein Mann?«
Männlichkeitsinszenierungen in westdeutscher Rock- und Popmusik am Beispiel von Marius Müller-Westernhagen und Herbert Grönemeyer

Rock- und Popmusik, hier verwendet als nicht trennscharfer Sammelbegriff, zählt bereits seit ihren Anfängen in der zweiten Hälfte des 20. Jahrhunderts zu den musikalischen Gattungen mit einer besonders großen und vielschichtigen Verbreitung. Gestützt auf eine Rezipientengruppe, die mittlerweile vom Kindes- bis ins Rentenalter reicht, und bedingt durch ihre nahezu flächendeckende Präsenz in unterschiedlichen Medien, im öffentlichen und im privaten Raum, hat diese Musik zwangsläufig auch eine beträchtliche Bedeutung für die gesellschaftliche Ausprägung von Frauen- und Männerbildern:[1] Bestehende Geschlechterentwürfe werden weiter transportiert, befestigt oder in Frage gestellt, neue womöglich entworfen und eingefordert. Wie Gabriele Klein und Malte Friedrich mit Blick auf HipHop ausführen, spielt der Körper dabei eine zentrale Rolle: »Über Verleiblichung und Habitualisierung wird ein globalisierter Pop-Diskurs zur körperlich-sinnlichen Erfahrung. In der Verkörperung der habitualisierten Muster wird der Normenkodex immer wieder aktualisiert und performativ bestätigt.«[2]

Eine solche Akzentuierung des Körpers ist bemerkenswert und erscheint auf den ersten Blick sogar widersprüchlich, weil von anderer Seite die Loslösung von der körperlichen Präsenz der Musiker als eines der wichtigsten Charakteristika der Rock- und Popmusik im Zeitalter der technischen Reproduzierbarkeit hervorgehoben wird. So betont Peter Wicke, dass neue Technologien wie Grammophon, Rundfunk und Film eine »Lösung der Klangform vom Vorgang des Musizierens« zur Folge gehabt hätten, eine »Trennung von Stimme

---

[1] Zur Vorbildfunktion von Männlichkeitsbildern vgl. Stefan Horlacher, [Art.], »Männlichkeitsbilder. 1. Männlichkeitsbilder«, in: *Lexikon Musik und Gender*, hrsg. von Annette Kreutziger-Herr und Melanie Unseld, Kassel u. a. 2010, S. 351–352, hier S. 351.

[2] Gabriele Klein/Malte Friedrich, *Is this real? Die Kultur des HipHop*, Frankfurt/M. 2003, 4. Aufl. 2011, S. 11.

und Körper, von Aufführung und Aneignung, von Hören und Sehen«,[3] mit dem Resultat, dass schon bloßer »Klang als Musik wahrgenommen wird.«[4]

Aus dieser Distanz zwischen Musiker_in und Publikum erwachsen neue Gestaltungsmöglichkeiten. Die als technisches Medium entkörperlichte und vergegenständlichte Musik ist nicht nur überall verfügbar, sondern offeriert gerade durch ihre Leerstellen neuen Raum für gesellschaftliche Repräsentationen und Imagekonstruktionen. An den Klang beziehungsweise Sound gebundene, durch Texte, Musik und Bilder geschaffene Projektionen lassen in der Imagination von Hörer_innen und Betrachter_innen ästhetisch aufgeladene und emotional wirkungsvolle Klang- und Bilderwelten entstehen.[5] Und genau an dieser Stelle greift die von Klein und Friedrich beschriebene »Verleiblichung« und »Habitualisierung«.

Wie eine solche Inszenierung mit Blick auf Männlichkeit(en) aussehen kann, soll im Folgenden am Beispiel der Musik von Marius Müller-Westernhagen und Herbert Grönemeyer untersucht werden. Diese bildet hierfür einen besonders geeigneten Untersuchungsgegenstand, da beide bereits seit der Mitte der 1980er-Jahre zu den erfolgreichsten Künstlern im Bereich der deutschsprachigen Rock- und Popmusik zählen und ihre Musik angesichts hoher Verkaufszahlen und ihrer enormen Radiopräsenz eine beträchtliche Wirkung auf unterschiedliche Altersgruppen entfaltet haben dürfte.[6] Angesichts der notwendigen Begrenzung der Darstellung wird zunächst ausschnittweise gezeigt, inwieweit und inwiefern Bildwelten unterschiedlicher Männlichkeitskonzeptionen in der Musik Müller-Westernhagens und Grönemeyers eine Rolle spielen. In einem zweiten Schritt werden dann mehrere Fallbeispiele genauer untersucht, wobei die Frage nach der Inszenierung von Männlichkeit im Mittelpunkt steht: Wie und durch welche Mittel und Strategien lässt sich Männlichkeit in Szene setzen? Auf welchen medialen Ebenen spielt sich dies ab, und wie greifen die verwendeten Mittel ineinander? Zumindest ausblickweise soll schließlich nach der Wirkung gefragt werden, die von den in der Musik Müller-Westernhagens und Grönemeyers inszenierten Männlichkeitsentwürfen ausgeht.

---

3   Peter Wicke, »Sound-Technologien und Körper-Metamorphosen. Das Populäre in der Musik des 20. Jahrhunderts«, in: *Rock- und Popmusik*, hrsg. von Peter Wicke (= Handbuch der Musik im 20. Jahrhundert 8), Laaber 2001, S. 11–60, hier S. 22.
4   Ebd., S. 24.
5   Vgl. ebd., S. 22ff.
6   Marius Müller-Westernhagen verkaufte bislang über 11 Millionen, Herbert Grönemeyer sogar über 13 Millionen Schallplatten. Vgl. hierzu http://de.wikipedia.org/wiki/Marius_Müller-Westernhagen sowie http://de.wikipedia.org/wiki/Herbert_Grönemeyer, 25.9.2012.

1 Bildwelten

Vor allem in den Liedern von Müller-Westernhagen findet sich eine Fülle an Männlichkeitsentwürfen. Holzschnittartige Bilder, wie die des »harten Mannes« auf der einen und des »weichen Mannes« auf der anderen Seite, fehlen dabei weitestgehend.[7] Um auf knappem Raum einen ersten Einblick in die Vielfalt und unterschiedlichen Ausprägungen von Männlichkeit zu erhalten, eignen sich die Alben, mit denen beiden Sängern jeweils der künstlerische Durchbruch gelang – Müller-Westernhagens *Mit Pfefferminz bin ich Dein Prinz* aus dem Jahr 1978 und Grönemeyers *4630 Bochum* aus dem Jahr 1984. Ersteres verkaufte sich bislang mehr als 1,5 Millionen Mal, letzteres sogar mehr als 2,5 Millionen Mal.[8] Die hohen Verkaufszahlen unterstreichen die gesellschaftliche Relevanz dieser Musik. Zu fragen wäre daher umso nachdrücklicher, welche Rolle die über sie transportierten Männlichkeitsbilder spielen?

Mit Pfefferminz bin ich Dein Prinz lässt sich als Konzeptalbum lesen, auf dem unterschiedliche Ausprägungen oder Aspekte von Männlichkeit seziert und vorgeführt werden. Dies geht soweit, dass sich etliche der in den insgesamt zehn Liedern anklingenden Themen mit den auf dem Cover im Rahmen einer Kneipenszene dargestellten Personen assoziieren lassen:[9]

Das Eröffnungsstück »Mit 18« gestattet Einblicke in die Seelenlage eines mittlerweile arrivierten, finanziell und sexuell erfolgreichen, emotional aber frustrierten Rockmusikers. Unternommen wird aus der Perspektive des Ich-Erzählers ein Rückblick auf die eigene Jugend in Düsseldorf. Im Mittelpunkt steht die Sehnsucht nach einem authentischen, wenn auch einfachen Leben: besser »geil und laut« als öder Luxus.

»Zieh dir bloß die Schuhe aus« setzt diesen roten Faden fort: Auktorial erzählt wird nun die Geschichte eines Durchschnittsbürgers, der es angesichts gesellschaftlicher Zwänge und Erwartungshaltungen nicht schafft, das Leben zu leben, das er eigentlich leben will.

---

[7] Vgl. Elisabeth Badinter, *XY. Die Identität des Mannes*, München 1993, S. 157ff. Siehe zusammenfassend und weiterführend hierzu auch Stefan Horlacher, *Masculinities. Konzeptionen von Männlichkeit im Werk von Thomas Hardy und D. H. Lawrence* (= Mannheimer Beiträge zur Sprach- und Literaturwissenschaft 64), Tübingen 2006, S. 29ff.
[8] Für die Verkaufszahlen siehe http://de.wikipedia.org/wiki/Marius_Müller-Westernhagen und http://de.wikipedia.org/wiki/4630_Bochum, 25.9.2012.
[9] Leicht zugänglich sind die Songtexte auf der Homepage von Marius Müller-Westernhagen: www.westernhagen.de/songtexte, 19.9.2012.

»Willi Wucher« handelt hingegen von einer Randexistenz. Beleuchtet werden am Beispiel eines Hehlers der Typus des anfänglich Kleinkriminellen und die verlogene (Männer-) Gesellschaft, die ein solches Milieu und daraus erwachsende kriminelle Karrieren überhaupt erst zulässt. Willkommen ist Willi manchen Notabeln, weil er ihre abnormen Bedürfnisse – Drogen und »Exoten« – diskret befriedigen kann. Er selbst bewegt sich mit seiner sexuellen Vorliebe für »Knaben« ebenfalls außerhalb der Norm.

»Oh Margarete« lenkt den gesellschaftskritischen Blick weiter auf das Rotlichtmilieu. Aus der Perspektive des lyrischen Ichs erhält man Einblick in die Gedankenwelt eines Zuhälters.

»Alles in den Wind« wiederum beschreibt aus der Perspektive eines Alkoholabhängigen die beklemmenden Folgen seiner Sucht. Alkoholkonsum erscheint dabei als zum Scheitern verurteilter Versuch männlicher Identitätsbildung: »Dann geht's mir gut, der Schnaps macht mich zum starken Mann/Ich habe Mut, wer will, der kann«.

In »Mit Pfefferminz bin ich Dein Prinz« dient der alkoholisierte Zustand des Ich-Erzählers als Ausgangspunkt (»ich sitz mit dir hier, blau«), um sich über Themen lustig zu machen, an denen Kritik normalerweise gesellschaftlich weitgehend tabuisiert ist: Juden, Neger und mächtige Weiße, Religion und Kapital. Gestreift werden damit unter Hinweis auf gesellschaftliche Vorbehalte auf knappstem Raum bemerkenswerterweise diejenigen sozial- und geschichtswissenschaftlichen Kategorien, die gemeinhin als zentral gelten – neben Gender nämlich Ethnizität, Religion, Klassenzugehörigkeit und ökonomische Potenz.[10]

Das Stück »Dicke« behandelt in zugespitzter Weise das Tabuthema Übergewicht. Wirtschaftlicher Erfolg erscheint dabei für dicke Männer im Umgang mit Frauen als notwendiges Kompensationsmittel für mangelnden Sexappeal.

»Giselher« wiederum ist ein einfühlsames Lied über männliche Homosexualität, in dem aus der Perspektive des Ich-Erzählers vom Scheitern einer Beziehung berichtet wird. Der künstlerische Aufgriff der Thematik ist insofern bemerkenswert, als Homosexualität in der Bundesrepublik Deutschland bis 1969 strafbar war und die Polizei noch in den 1970er-Jahren Homosexuellenkarteien – sogenannte Rosa Listen – führte.[11]

»Grüß mir die Genossen« ist ebenfalls dem aktuellen Zeitgeschehen gewidmet. Geschildert werden vor dem Hintergrund des RAF-Terrors im Herbst

---

[10] Vgl. zu letzteren beispielsweise Nina Noeske, »Gender Studies. 2. Musikwissenschaftliche Gender Studies«, in: *Lexikon Musik und Gender*, S. 234–236, hier S. 236.

[11] Vgl. hierzu beispielsweise http://de.wikipedia.org/wiki/Homosexualität_in_ Deutschland, 25.9.2012.

1977 die Gefahren eines heraufziehenden Polizeistaates, der von Denunziation und willkürlicher Gewaltanwendung geprägt ist.

Das Album schließt mit »Johnny W.«, einem ironischen Lied über den gleichnamigen Whisky als bestem Freund und Zuhörer des lyrischen Ich.

Festzuhalten ist bei diesem Album Müller-Westernhagens die insgesamt starke Imprägnierung der Texte mit ganz unterschiedlichen Aspekten von Männlichkeit. Präsentiert werden allerdings keine Siegertypen, sondern durchweg gesellschaftlich eher als ambivalent und brüchig angesehene Konzeptionen von Männlichkeit. Diese sind vielfach am Rande der Gesellschaft angesiedelt (wie in »Willi Wucher«, »Oh Margarete«, »Dicke«, »Giselher«) und werden hier durch ihren künstlerischen Aufgriff sichtbar gemacht. Manche der vorgeführten Existenzen stammen aber auch aus der vermeintlichen bürgerlichen Mitte der Gesellschaft, deren Schwächen (»Alles in den Wind«, »Johnny W.«) und an erstarrte Verhaltenskonventionen und Hierarchien gebundenes Duckmäusertum (»Zieh dir bloß die Schuhe aus«) angeprangert werden. Die mehrheitlich eingenommene Perspektive des lyrischen Ich und die Performance des männlichen Interpreten Müller-Westernhagen laden dabei vor allem männliche Rezipienten unmittelbar zur Identifikation ein, was der Intensität der Auseinandersetzung auch mit Unbequemem zu Gute kommt.

Die Musik unterstützt die inhaltlichen Botschaften wirkungsvoll. Wesentlich im Blues mit seinen unterschiedlichen, langsamen wie schnelleren Spielarten verankert, verleiht sie jedem Stück einen dem Inhalt adäquaten und abwechslungsreichen Sound. Das Klangspektrum reicht – sehr häufig unter Verwendung des Call-and-Response-Prinzips – vom mit rauher Stimme, Mundharmonika, Anklängen an den Scat-Gesang und verzerrten E-Gitarren vorgetragenen Blues (»Mit 18«), einer munter swingenden Ballade (»Zieh dir bloß die Schuhe aus«) über Funk (»Willi Wucher«), Rock'n Roll (»Mit Pfefferminz«) bis zum schlichten Folk-Song (»Johnny W.«). Ihre Aufgabe besteht im Einkleiden der Liedtexte mit einem entsprechenden Habitus aus Durchschlagskraft, Energie, Intensität und Unmittelbarkeit, gegebenenfalls auch mit dem notwendigen Maß an Distanz und Ironie. Erst mit Hilfe der Musik erhält ein Song letztlich so etwas wie einen seinem Inhalt angemessenen Korpus, eine Klanggestalt. Und genau diese ist keinesfalls bloße Zutat, sondern wesentlicher Teil des kreierten Klangproduktes, oder, wie es der Medientheoretiker Marshall McLuhan formulierte: »Das Medium ist die Botschaft.«[12]

---

[12] Marshall Mc Luhan, zit. n. Wolfgang Braungart, »Irgendwie dazwischen. Authentizität, Medialität, Ästhetizität: ein kurzer Kommentar«, in: *Sprachen des Politischen: Medien und Medialität in der Geschichte*, hrsg. von Ute Frevert und Wolfgang Braungart, Göttingen 2004, S. 356–368, hier S. 367.

Im Unterschied zu Müller-Westernhagens *Mit Pfefferminz bin ich Dein Prinz* spielt das Thema Männlichkeit in Grönemeyers Album *4630 Bochum* eine deutlich geringere, jedoch in der öffentlichen Wahrnehmung weitaus prominentere Rolle. Diese Diskrepanz zwischen Schein und Sein hat ihre Ursachen wohl vor allem im Song »Männer«, der von Beginn an einen Großteil der öffentlichen Aufmerksamkeit auf sich gezogen hat.

Von den zehn Liedern des Albums ist »Männer« das einzige aus einer auktorialen Perspektive und nur ein Lied – zum Thema Eifersucht (»Fangfragen«) – ist dezidiert aus der Sicht eines Mannes gestaltet. Bei allen übrigen bleibt das Geschlecht des lyrischen Ich offen oder es wird die Position einer Gruppenperspektive – eines identifikatorischen Wir – eingenommen. Themen sind gescheiterte beziehungsweise unverbrüchliche Liebe (»Flugzeuge im Bauch«, »Für dich da«), erneutes Verliebtsein (»Erwischt«), Alkoholmissbrauch (»Alkohol«), aber auch gesellschaftlicher Protest. So engagiert sich Grönemeyer gegen die atomare – sogenannte – »Nachrüstung« mit Pershing II-Raketen im Gefolge des Nato-Doppelbeschlusses von 1979 (»Amerika«) und gegen Überwachung und Unterdrückung der Meinungsfreiheit (»Jetzt oder nie«).[13] Eröffnet wird das Album mit einer Liebeserklärung an seine Heimatstadt (»Bochum«), beschlossen mit einer heiter-ironischen Parkplatzsuche im Dschungel der Großstadt (»Mambo«).

Musikalisch angelegt sind die Texte in der Regel als eingängige Chorus-Refrain-Lieder. Für den Gesamtklang spielt neben E-Gitarren, E-Bass, Drums und Saxophon vor allem das Keyboard eine zentrale Rolle. Der Sound ist dadurch synthetischer, weicher und weniger direkt als bei Müller-Westernhagen, auch wenn der rauhe Gesang in seiner Intensität vergleichbar kraftvoll gestaltet ist.

Insgesamt eröffnet die vorwiegend geschlechterneutrale Gestaltung der Liedtexte Grönemeyers ein gutes Identifikationsangebot für beiderlei Geschlechter. Dass die Performance durch einen Mann dabei weiblicher Identifikation nicht unbedingt im Wege stehen muss, zeigen beispielsweise die im Internetportal YouTube vorhandenen Cover-Versionen des Songs »Flugzeuge im Bauch« durch gleich mehrere Interpretinnen.[14]

---

[13] Politisch-gesellschaftliches Engagement scheint insgesamt typisch für das »Neue Deutsche Lied« der 1970er- und 1980er-Jahre zu sein. Vgl. Jens Reisloh, *Deutschsprachige Popmusik: Zwischen Morgenrot und Hundekot. Von den Anfängen um 1970 bis ins 21. Jahrhundert. Grundlagenwerk – Neues Deutsches Lied (NDL)*, Münster 2011, S. 324f.

[14] Vgl. beispielsweise die Interpretinnen Annielicious (www.youtube.com/watch?v=DqYo5xQINIA, 5.3.2013), Sarah Christie (www.youtube.com/watch?v=Oqe9RlLLXvY, 5.3.2013) und Lisa Bund (www.youtube.com/watch?v=SVH-hvspt40, 5.3.2013).

Insbesondere die Fülle der in der Musik Marius Müller-Westernhagens offerierten Männerbilder sowie die Bezugnahme beider Künstler auch auf regionale Aspekte und spezifische Milieus verdeutlichen nachdrücklich, dass Männlichkeit kein rein biologisches Phänomen ist, sondern als kulturelles Konstrukt verstanden werden muss. Männlichkeit wird durch performative Akte, durch »Übernahme und im wiederholten Vollzug geschlechtlich codierter Erscheinungen und Verhaltensweisen« hervorgebracht.[15] Sie ist damit an den jeweiligen historischen Kontext mit all seinen Veränderungen geknüpft. Dies bringt es mit sich, dass dasjenige, was einer spezifischen Gruppe – oder im größeren Maßstab einer Gesellschaft – zu einem bestimmten Zeitpunkt als männlich gilt, immer wieder neu ausgehandelt werden muss. Männlichkeit erscheint somit »als eine sich jeweils historisch anders formierende narrative Struktur«.[16]

2 Fallbeispiele – Inszenierungen von Männlichkeit

Insbesondere angesichts der Bedeutung des Narrativen ist nach den konkreten Mitteln zu fragen, mit deren Hilfe unterschiedliche Entwürfe von Männlichkeit inszeniert werden. Dass hierauf keine einfache Antwort möglich ist, zeigt schon eine erste Annäherung an den Fragenkomplex. Wie der Medienhistoriker Wolfgang Braungart ausführt, ist Kommunikation – und somit auch Inszenierung als zugespitzte Form von Kommunikation – immer auf Medien angewiesen, vom Händedruck, über Gestik und Mimik bis hin zu Text, Bild und Musik. Dabei kommt Braungart zufolge den Medien ein besonderer Status zu:

> »Es gibt keinen unmittelbaren Ausdruck, keine unmittelbare Mitteilung und keine unmittelbare Erfahrung, die sich in ihrer Unmittelbarkeit teilen, mitteilen ließe. Das Medium ist immer irgendwie dazwischen. Jede kulturelle Äußerung, jeder kulturelle Ausdruck ist darauf angewiesen, sich *als etwas* und *in etwas* zu realisieren. Es gibt keinen Sinn und keine Bedeutung ›pur‹.«[17]

Das ›Was‹ und das ›Wie‹ der Mitteilung bilden damit die zentralen Elemente von Mitteilung. Dabei sind sie nicht für sich, sondern untrennbar miteinander verbunden: Das Eine ist Seinsbedingung auch für das Andere. Im Verlauf eines Kommunikationsprozesses kommt es dabei nahezu zwangsläufig zu einer Akkumulation von Bedeutung, die hervorgebracht wird durch das Zusammen-

---

[15] Stefan Horlacher, [Art.] »Gender Studies. 4. Männerforschung«, in: *Lexikon Musik und Gender*, S. 237–239, hier S. 238.
[16] Ebd., S. 239.
[17] Braungart, »Irgendwie dazwischen«, S. 357f.

treffen unterschiedlicher Medien und unterschiedlicher Bedeutungsschichten. Insbesondere diese Aufladung eines Gegenstandes oder Komplexes mit Bedeutung(en) und seine spezifische Beschaffenheit, diese zu kommunizieren, sind dasjenige, was als Medialität bestimmt werden kann.

Mit Blick auf Rock- und Popmusik sind als Medien – und Mittel der Inszenierung – neben Text und Musik unterschiedliche Formen der Visualisierung sowie eine ganze Bandbreite von Performance-Möglichkeiten mit ihren jeweiligen atmosphärischen, künstlerischen und technischen Ausdrucksspektren – vom Live-Akt bis zur Studioaufnahme – in Betracht zu ziehen. Innerhalb der genannten Bereiche sind wiederum zahlreiche weitere Differenzierungen möglich. So lassen sich beispielsweise Liedtexte aus unterschiedlichen Perspektiven (Ich-Erzähler_in, Auktoriale_r Erzähler_in, Gruppenperspektive) gestalten, wobei der Inhalt und seine jeweilige Inszenierung ein breites darstellerisches Spektrum haben können: von expliziter und impliziter männlicher Selbstdarstellung in ganz unterschiedlichen Kontexten bis hin zur Konstruktion von Männlichkeit beim Sprechen von Männern über Frauen. Die Musik wiederum kann sowohl affirmativ als auch distanzierend eingesetzt werden. Treten zu ihr noch Formen der Visualisierung hinzu, eröffnen sich zahlreiche weitere Gestaltungsmöglichkeiten. Diese lassen sich beispielsweise im Falle eines Musikvideos annäherungsweise mit den Schlagworten Synästhesie und Polysemantik charakterisieren, wobei Aspekte wie Translokation (Verlagerung des Schauplatzes an einen fiktiven Ort), Simultaneität und aus ihr erwachsende Multidiskursivität sowie der besondere performative Charakter von Musikvideos von Bedeutung sind.[18]

Im Folgenden sollen nun unterschiedliche Möglichkeiten der Inszenierung von Männlichkeit anhand dreier Fallbeispiele gezeigt werden. Ausgewählt wurden hierfür aufgrund seiner Prominenz Grönemeyers Erfolgsstück »Männer« (1984), ebenso Müller-Westernhagens relativ frühes Lied »karikatur« (1977) aus dem Album *Ganz allein krieg ich's nicht hin* und sein Hit »SeXy« (1989) aus dem Album *Halleluja*. Mit letzterem avancierte Müller-Westernhagen endgültig zu einem gewissermaßen per Abonnement die Charts stürmenden Star.[19] In allen drei Stücken wird das Thema Männlichkeit zudem aus unterschiedlichen Perspektiven aufgegriffen.

---

[18] Zum Musikvideo vgl. die prägnante Darstellung von Monika Bloss, »Musik(fern) sehen und Geschlecht hören? Zu möglichen (und unmöglichen) Verhältnissen von Musik und Geschlecht. Oder: Geschlechterkonstruktionen im Videoclip«, in: *Rock- und Popmusik*, S. 187–225, hier S. 199–202.

[19] Vgl. zur Platzierung in den Charts http://de.wikipedia.org/wiki/Marius_Müller-Westernhagen/Diskografie, 6.3.2013.

Fallbeispiel 1: Marius Müller-Westernhagen, »karikatur« (1977)

die haare gepflegt lang, stets braungebrannt
ich nenn mich jeff, weil ich karl-heinz nicht schick genug fand
ein bißchen hippie auf ibiza, im winter bräune aus der tube
meine zähne sind lückenlos, die figur auch nicht ohne

mein wohnen ist schöner, meine meinung modern
morgens hundert liegenstütze, ich diskutier auch sehr gern
meine mädchen sind schön, meinem chef steh ich nah
ich hab mich ganz schön gemacht, seit ich aus wuppertal kam
ja, ich kann mich benehmen, was auch immer mir passiert
und ich lächel auch fair, wenn ich beim backgammon verlier
halbjährlich zum arzt, ich bin ganz gesund
nur für meine Zigaretten, lauf ich die Füße mir wund
es stimmt wirklich alles, ich les' nun auch kant
und ich verschweig ganz diskret, daß ich mal jerry cotton gut fand
ja, ich hab erfolg, der abendkursus hat sich gelohnt
und ich bin stets bemüht, daß der karl-heinz nicht durchkommt
jetzt hab ich auch 'nen porsche, zweiter hand, metallic-blau
mit dem reiß ich jeden Samstag in der stadt die große schau
doch neulich sprach ein mädchen
ich mach sie an auf meine altbewährte tour
»ich steh nich' auf dich, du bist doch bloß 'ne karikatur«
»karikatur, karikatur, du bist von klügeren gezeichnet,
eine karikatur«

Im Mittelpunkt des Textes steht ein sozialer Aufsteiger, der für seinen gesellschaftlichen Erfolg alles tut. Er verbiegt sich dabei soweit, dass er nur noch als Karikatur wahrgenommen wird – als überzeichnetes Kunstprodukt, das aus den Idealvorstellungen vermeintlicher Eliten gestaltet ist. Im Text wird dies deutlich durch die Orientierung des Protagonisten an symbolischem und ökonomischem Kapital von Männern einer höheren Gesellschaftsschicht, deren Statussymbole er – wenn auch »zweiter Hand« – zu erwerben sucht: das Lesen von Immanuel Kant anstelle der Groschenromane über den FBI-Agenten Jerry Cotton, das Fahren eines (gebrauchten) Porsche, Körperkult, Bräune (aus der Tube) und schöne Frauen – alles erfolgt unter dem funktionalen Gesichtspunkt »Dazugehören-zu-wollen«. Typisch für die Texte Müller-Westernhagens der 1970er-Jahre ist die regionale Verortung des Protagonisten, sein Aufstieg vom provinziellen Wuppertal in die – hier nicht explizit genannte – Landeshauptstadt Düsseldorf, zugleich Müller-Westernhagens Heimatstadt. Insgesamt werden hier die wesentlichen Attribute hegemonialer Männlichkeit akkumuliert und deren kulturelle Konstruktion damit desavouiert – bezeichnenderweise von einer Frau.

Die Musik trägt in mehrfacher Weise zur Dekonstruktion bei: Gestaltet ist das Stück als Ballade in nahezu typischer Chorusform, in der jeweils vier Verse einen Formteil ergeben (AAABAA). Da der Text durchläuft, sogar in der nur wenig kontrastierenden Bridge (B), ist die Gesamtanlage recht monoton. Diese relative Eintönigkeit setzt sich auch in der Gestaltung der Gesangsstimme fort, die dem weichen – und hier als künstlich herausgestellten – Ideal eines Crooners folgt und nur gegen Ende, bei den entlarvenden Worten des Mädchens, einem raureren – und damit im Kontext von Rockmusik als authentisch angesehenen – Tonfall weicht.

Auch der Gesamtklang von »karikatur« ist deutlich abgesetzt vom gitarrenbetonten, rockigen Sound der übrigen Stücke des Albums: Besetzt ist hier ein Klavierquintett, das in seiner Konstellation aus Streichquartett und Klavier vor dem Hintergrund einer elitären bürgerlichen Musik- und Bildungskultur seit dem frühen 19. Jahrhundert eingeordnet werden kann und gewissermaßen den Aufstiegswillen des lyrischen Ich verkörpert. Zugleich verfügt dieser Klangkörper über genügend Klangfarben, um durch unterschiedliche Figurationen und Patterns, durch Auf- und Aborchestrieren, pointiert rhythmische und flächig angelegte Passagen der monotonen Gesamtanlage Leben einzuhauchen. Insgesamt entsteht dadurch der Gestus eines variierten Strophenliedes, dessen motivisch gearbeitetes Klanggerüst in Analogie zur Arbeit des Protagonisten an sich selbst gesehen werden kann. Der Sound des Stückes ist in seinem Ergebnis weich und wattig und bietet der weichen Singstimme dadurch ein tragfähiges Fundament. Vor allem aber hat er keinerlei Ecken und Kanten – genau wie das hier ironisch in Szene gesetzte Produkt Mann.

Fallbeispiel 2: Marius Müller-Westernhagen, »SeXy« (1989)

SeXy – was hast Du bloß aus diesem Mann gemacht
SeXy – was hat der alte Mann Dir denn getan
SeXy – wo warst Du bloß, als er nachts aufgewacht
SeXy – das tut dem alten Mann doch weh

Du bist 'ne Waffe für die es keinen Waffenschein gibt

SeXy – er hat sein altes Weib für Dich vom Hof gejagt
SeXy – für ihn ist jeder Tag der jüngste Tag

SeXy – Du läßt ihn Deine hohen Stiefel lecken
SeXy – Du wirst reich, stirbt er am Herzinfarkt

Du bist 'ne Waffe für die es keinen Waffenschein gibt

Sexy – ich würde alles für Dich tun

Sexy – für Dich haben Gott und Teufel 'nen Vertrag geschlossen
Sexy – ich will und will und will und will nur Dich
Sexy – ich bin gefangen zwischen Deinen langen Beinen
Sexy – es ist mir scheißegal, mach' ich mich lächerlich

Du bist 'ne Waffe, für die es keinen Waffenschein gibt

Sexy – ich würde alles für Dich tun!

Der Text von »SeXy« ist bereits dadurch interessant, dass Männlichkeit hier im Sprechen über eine Frau hergestellt wird. Männlichkeit und Weiblichkeit verhalten sich als relationale Kategorien; sie verweisen untrennbar aufeinander, auch wenn – wie dies der Titel des Songs ausweist – zunächst einmal die Frau im Mittelpunkt zu stehen scheint:

Inhaltlich bemüht wird das im 19. Jahrhundert wurzelnde Bild der Femme fatale, die aus männlicher Perspektive himmlisches und teuflisches Wesen zugleich ist.[20] Ihr sind gleich zwei Männer bedingungslos verfallen – ein älterer und ein jüngerer. Aus der Perspektive des jüngeren Mannes erzählt, eröffnet dies gute Identifikationsmöglichkeiten insbesondere für männliche Zuhörer. Obwohl oder gerade weil beide Männer der Frau hörig sind, agieren sie in gewisser Weise extrem männlich: In ihrem Fixiert-sein handeln sie konsequent und entschlossen; sie sind unerbittlich auch gegen sich selbst, kein Preis ist ihnen zu hoch. Die Ehefrau wird fortgejagt, das bisherige Leben über den Haufen geworfen; Schmerzen und sogar Demütigung werden in Kauf genommen.[21]

[20] Zum Typus der Femme fatale vgl. Carola Hilmes, *Die Femme fatale: ein Weiblichkeitstypus in der nachromantischen Literatur*, Stuttgart 1990; zur weiteren Differenzierung unterschiedlicher Weiblichkeitstypen siehe Melanie Unseld, *»Man töte dieses Weib!« Weiblichkeit und Tod in der Musik der Jahrhundertwende*, Stuttgart, Weimar 2001, S. 70–72.

[21] Zu sadomasochistischen Zügen als einem männlichen Habitus, bei dem der Kampf zwischen feminin und maskulin in das Subjekt verlagert wird, äußert sich mit Blick auf Heavy Metal beispielsweise Dietmar Elflein, »What is this that stands before me? Männerbilder im Heavy Metal«, in: *Thema Nr. 1. Sex und populäre*

Der Sprachduktus des Songs kann ebenfalls als ›männlich‹ gelten: Genutzt werden sehr kurze Sätze, die überdies zahlreiche männlich konnotierte Bilder enthalten. Die Frau mit ihrer sexuellen Ausstrahlung wird als Waffe beschrieben und damit mit einem genuin männlichen Attribut der Macht ausgestattet. Sie sei eine Waffe, die eigentlich unbeherrschbar ist. Dennoch – oder vielleicht gerade angesichts dieser Potenz – übt sie auf den Mann eine magische Anziehungskraft aus. Zugleich birgt gerade das Bild der Waffe eine Ambivalenz, die auf männliche Dominanz verweist. Eine Waffe wird benutzt – und zwar traditionell von Männern. Der Mann ist gefangen zwischen den langen Beinen der Frau, durch ihre sexuelle Ausstrahlung, doch letzten Endes benutzt er die Frau zur Befriedigung seiner Triebe. Damit aber ist und bleibt er der aktive und letztlich dominierende Part, auch wenn er seinem (Un-) Glück beziehungsweise Schicksal nicht entrinnen kann. Wie sehr dieses Verhältnis von Frau und Mann hier als naturgegeben erscheint, darauf könnte nicht zuletzt die – allerdings uneinheitlich gehandhabte – Schreibweise des Titels hindeuten, in der womöglich eine Anspielung auf den genetischen Code von Männern, X- und Y-Chromosom, gesehen werden kann. Auffällig ist zudem, dass die Schreibweise von »SeXy« in »Sexy« an der Stelle geändert wird, an der der inhaltliche Fokus nicht mehr mit auf den Nebenbuhler gerichtet ist, sondern nun vollständig auf die Frau als Objekt männlicher Begierde.

Dieses für den bloßen Hörer nicht erkennbare Detail des Textes, einhergehend mit der nun ausschließlichen Fokussierung der Frau, wird musikalisch hervorgehoben durch das viermalige Wiederholen der Aussage »Sexy – ich würde alles für dich tun«. Betont wird die inhaltliche Zäsur zudem durch die anschließende kurze instrumentale Bridge, auf die mit der Schlussstrophe auch der musikalische Höhepunkt des durch E-Gitarren- und Bläserriffs, aber auch durch Einwürfe des Klaviers geprägten Rhythm'n Blues-Songs folgt: Blieb in den beiden ersten Strophen der energetisch vorgetragene Call des »Shouters« Müller-Westernhagen weitgehend un- oder wurde nur sparsam beantwortet, spielt das Saxophon nun intensivierende Kommentare. Der Refrain erhält stets zusätzliche Kraft durch die üppige Bläsersektion aus Trompeten, Posaunen und Saxophon, der Gesang wird dabei durch eine Backgroundsängerin verstärkt.

Insgesamt hat der Song einen sehr energischen und zugleich groovenden Charakter, der in Analogie zur hier freigesetzten sexuellen Energie gesehen werden kann. Auch die Wahl des Bluesgenres erscheint angesichts dessen vielfach sexuell konnotierten Hintergrunds für diese Thematik treffend.[22]

Musik, hrsg. von Dietrich Helms und Thomas Phleps (= Beiträge zur Popularmusikforschung 37), Bielefeld 2011, S. 79–95, hier S. 84–87.

[22] Vgl. Thomas Phleps, »›I'm bound to check your oil‹. Sexualisierte Metaphorik im Pre-War-Blues«, in: *Thema Nr. 1. Sex und populäre Musik*, S. 45–78.

Historisch interessant ist dabei, dass diese Form schwarzer Musik und der Jazz allgemein schon zu Beginn seiner europäischen Rezeption mit Attributen bewertet wurden, die vielfach mit Männlichkeit assoziiert werden: »Jugendfrische, Ursprünglichkeit, Lebenskraft und physische Genussfreudigkeit«.[23]

Gezielt in Szene gesetzt werden derartige Zuschreibungen und die sexuelle Attraktion auch im Videoclip zu »SeXy«.[24] Der Clip beginnt mit den sich lasziv öffnenden knallroten Lippen einer Frau in Großaufnahme. Nach einem kurzen Schwenk auf die E-Gitarre wird ihr tief ausgeschnittenes Dekolleté gezeigt, erst später ist auch ihr Gesicht zu sehen. Bereits diese Reihenfolge stellt unmissverständlich die Sexualität der Frau in den Mittelpunkt. Ein Leberfleck über der Oberlippe und das figurbetonte, signalfarbene rote Kleid der attraktiven Blondine, die zugleich als Backgroundsängerin agiert, lenken die Gedanken zum Sexsymbol Marilyn Monroe. Abweichend von einer realen Konzertsituation steht sie nicht im Hintergrund, sondern wird vom tanzenden, in Jeans und weißes Muskelshirt gekleideten Müller-Westernhagen unmittelbar angesungen. Das so zur Schau gestellte Begehren wird durch weitere Gesten unterstrichen – Müller-Westernhagen zeigt seine Zunge; bei der Stelle »Ich bin gefangen zwischen Deinen langen Beinen« spielt er mit dem Mikrophonständer. Auch die Kameraperspektive trägt bei zu dieser insbesondere für die Musikvideos der 1980er-Jahre typischen Inszenierung von Körperlichkeit.[25] Sänger und Instrumentalisten werden meist von vorn oder schräg unten und nahezu ausschließlich in Großaufnahmen gezeigt. Dadurch ist nur ein Ausschnitt des Körpers zu sehen und die entsprechenden Körperpartien werden zusätzlich betont. Die Bildsequenzen sind sehr kurz, die Kameraführung unruhig. Das hohe Tempo der Bildführung entspricht damit der Energetik des Songs, die ebenso durch den Tanz und die ekstatische Spielfreude der Musiker zum Ausdruck kommt. Diese scheinen im Video einerseits dasjenige zu verkörpern, von dem sie singen; andererseits werden sie ganz im Sinne eines typischen, auf Authentizität zielenden Rockmusikvideos ›nur‹ beim Musizieren gezeigt.[26]

---

[23] Louis Gruenberg, »Der Jazz als Ausgangspunkt«, in: *Musikblätter des Anbruch. Monatsschrift für moderne Musik* 7, Nr. 4 (1925), S. 196–199, hier S. 197.

[24] Das Musikvideo findet sich im Internetportal YouTube: www.youtube.com/watch?v=cRDUlt_f-Lk, 6.3.2013.

[25] Zu dieser Tendenz der Gestaltung von Musikvideoclips vgl. Wicke, »Sound-Technologien«, S. 56.

[26] Zur Rockideologie der Authentizität vgl. Bloss, »Musik(fern)sehen«, S. 195ff.

Fallbeispiel 3: Herbert Grönemeyer, »Männer« (1984)

männer nehmen in den arm
männer geben geborgenheit
männer weinen heimlich
männer brauchen viel zärtlichkeit

männer sind so verletzlich
männer sind auf dieser welt einfach unersetzlich

männer kaufen frauen
männer stehn ständig unter strom
männer baggern wie blöde
männer lügen am telefon

männer sind allzeit bereit
männer bestechen durch ihr geld und ihre lässigkeit

Refrain: männer haben's schwer, nehmen's leicht
außen hart und innen ganz weich
werden als kind schon auf mann geeicht
wann ist ein mann ein mann

männer haben muskeln
männer sind furchtbar stark
männer können alles
männer kriegen 'n herzinfarkt

männer sind einsame streiter
müssen durch jede wand, müssen immer weiter

Refrain: männer ...

männer führen kriege
männer sind schon als baby blau
männer rauchen pfeife
männer sind furchtbar schlau
männer bauen raketen
männer machen alles ganz genau
männer kriegen keine kinder

männer kriegen dünnes haar
männer sind auch menschen
männer sind etwas sonderbar

männer sind so verletzlich
männer sind auf dieser welt einfach unersetzlich

Refrain: männer ...

Im Unterschied zu den beiden Stücken Müller-Westernhagens ist »Männer« aus einer auktorialen Erzählperspektive gestaltet. Aneinandergereiht werden Beobachtungen und Behauptungen über Erwartungen an Männer beziehungsweise über ihr Aussehen und Verhalten. Die Wirkung des Textes resultiert aus der Akkumulation dieser Zuschreibungen und deren ironischer Brechung.

Nicht nur im Hinblick auf diesen beeindruckenden Bausatz von Männlichkeitszutaten und den klaren Hinweis auf den Konstruktcharakter von Männlichkeit im Refrain (»werden als kind schon auf mann geeicht«) stellt Grönemeyers Song eine Ausnahme dar. So vertont Grönemeyer nicht seine Texte, sondern er vertextet gewissermaßen seine Musik:[27] »wenn ich dann den Druck habe, Texte zu schreiben, [...] dann muss ich das auch machen. Ich mache aber immer die Platte komplett fertig, was die Musik angeht, und fange dann an zu texten.«[28] In der Regel entwirft Grönemeyer dabei sogar mehrere Texte pro Song und entscheidet sich schließlich für einen:

> »Ich schreibe für viele Lieder ganz viele Texte, ganz viele verschiedene. Es gibt Lieder, für die hab ich acht verschiedene Texte geschrieben, bis man den Text hat, der gut auf die Musik passt. Ich schreibe dabei auch über ganz verschiedene Themen. Bis ich den Text habe, wo ich sage: Der passt.«[29]

Ein solches Vorgehen läuft gewohnten Denkmustern zuwider, basiert doch das übliche Interpretationsmodell bei Vokalmusik darauf, den Text als vermeintlich sichere Ausgangsbasis zu nehmen, um dann zu sehen, in welcher Relation die Musik zu diesem steht. Hier aber erscheint die Musik als Ausgangspunkt, und gern wüsste man, welche weiteren Texte anstelle von »Männer« für ihre Vertextung zur Auswahl gestanden haben.

---

[27] Vgl. Ulrich Hoffmann, *Grönemeyer. Biografie*, Hamburg, überarbeitete Neuausgabe 2003, S. 9.
[28] Zit. n. ebd., S. 74.
[29] Zit. n. ebd., S. 75.

Was bedeutet diese Arbeitsweise Grönemeyers nun für das Verhältnis von Text und Musik und konkret für die Inszenierung von Männlichkeit? Die Verbindung zwischen Musik und Text ist wahrscheinlich weniger auf die Herausstellung von Details hin konzipiert, als auf das Herstellen einer Grundstimmung und Form, in deren Rahmen und Verlauf dann der Text gestellt wird. Jedenfalls wäre im Rahmen eines Chorus-Refrain-Liedes – dem der Text noch fehlt – eine variierende Gestaltung von Details kaum sinnvoll beziehungsweise eine solche würde die Schwierigkeiten erhöhen, einen passenden Text hierzu zu dichten.

Grundlegend für die Musik von »Männer« ist das im Vor-Technozeitalter mit ca. 120 bpm relativ schnelle Tempo. Der Grundbeat des Schlagzeugs wird dabei noch energetisch intensiviert durch eine in Achtelbewegung durchgängig pulsierende und dadurch das Stück motorisch vorantreibende Basslinie. Gleiches gilt für das Keyboard, dessen schnelle Akkordfigurationen und fanfarenartige Einwürfe das Stück klanglich prägen. Insgesamt entsteht der Eindruck von unbändiger Energie, aber auch – passend zum Text – von Ruhelosigkeit und Getriebensein.

3 Intention und Rezeption: Zur Wirkung von Männlichkeitsinszenierungen

Zumindest kursorisch sollen noch zwei Aspekte berührt werden: Wie ist im Zusammenhang der hier vorgestellten Männlichkeitsinszenierungen das Verhältnis von künstlerischer Intention und deren Rezeption bei einer kaum überschaubaren Zielgruppe? Welche gesellschaftliche Wirkung geht schließlich von derartigen Männlichkeitsentwürfen aus? Als Beispiel mag noch einmal »Männer« dienen, da Grönemeyer sich mehrfach hierzu geäußert hat: »Das ist ein lustiges Stück, aber man muss auch selber dabei lächeln, was man sich da zusammengeschrieben hat.«[30]

> »Ich habe das Lied ja ganz bewusst so konzipiert, dass sich bei der ersten Strophe die Männer auf die Schulter klopfen und denken: Ja, genau, endlich. Dabei ist es ein Lied eher gegen Männer. Die zweite Strophe kippt dann um, jeder fragt, was soll denn das jetzt? Genau den Effekt wollte ich erreichen. Sicher gibt es ganz sture Kerle, die bei den nächsten Strophen weghören und am Schluss wieder einsteigen, damit sie sich bestätigt fühlen.«[31]

Insgesamt beschäftigt sich das Lied »allgemein mit dem sexistischen Gehabe

---

[30] Zit. n. ebd., S. 82.
[31] Zit. n. ebd., S. 82 f.

von Männern. Aber ich wollte das Machohafte auch an mir selber formulieren und damit anprangern.«[32]

Trotz seiner klaren Intention, in humorvoller Weise Kritik an machohaften, männlichen Attitüden üben zu wollen, ist in den Aussagen Grönemeyers die Möglichkeit angelegt, das Lied anders zu rezipieren – im Extremfall gewissermaßen gegen den Strich. Und auch Peter Wicke weist darauf hin, es sei bereits im 19. Jahrhundert ein für Popularmusik typisches Phänomen gewesen, »dass jedes Stück sich tendenziell ein eigenes Rezeptionsfeld schuf und so über seine ursprünglichen Adressaten hinauswuchs.«[33]

Ein derartiges Rezeptionsfeld reicht gerade bei einem Stück wie Grönemeyers »Männer« von einer artifiziellen Rezeption durch Coverbands, A-cappella-Gruppen und ihr Publikum bis hin zur Diskothek oder privaten Party ganz unterschiedlicher Altersgruppen mit ihren jeweiligen Bedürfnissen und Intentionen beim Musikkonsum. Welche gesellschaftliche Wirkung also letztlich von einem eigentlich männerkritischen Song wie Grönemeyers »Männer« ausgeht, ist kaum zu ermessen. So beschreibt Grönemeyer 2008 im Booklet seiner Best-of-Doppel-CD *Was muss muss* an »Männer« geknüpfte Missverständnisse. Zudem betont er die Zeitgebundenheit seines Songs: »Damals habe ich gedacht, das Lied geht so. [...] Und heute singe ich es mehr als Realsatire.«[34]

Angesichts der Ambivalenz von »Männer« ist es umso bemerkenswerter, dass diese im Magazin *Der Spiegel* bereits 1984 klar erkannt wurde. So handele es sich bei dem Song um »halb Satire, halb Eloge, teils Men's Lib, teils Chauvi-Restauration.«[35] Grönemeyer, so *Der Spiegel* weiter, rücke »den Überbleibseln nicht-reformierter Männlichkeit wie verstopften Arterien und emotionaler Verklemmtheit [...] mit harten Rhythmen zuleibe und mit einer hellen, kehligen, sich manchmal überschlagenden Stimme.«[36]

Zur jeweiligen inhaltlichen Rezeption trägt sicherlich auch die Art der Performance bei, ob der Song von Grönemeyer als »Realsatire« oder aber ernsthaft gestaltet wird. In diesem Zusammenhang dürfte auch von Bedeutung sein, dass Grönemeyer Anfang der 1980er-Jahre durchaus als Person wahrgenommen wurde, der man besonders ausgeprägte Formen von Männlichkeit

---

[32] Zit. n. ebd., S. 83.
[33] Peter Wicke, »Sound-Technologien und Körper-Metamorphosen. Das Populäre in der Musik des 20. Jahrhunderts«, in: *Rock- und Popmusik*, S. 11–60, hier S. 17.
[34] Zit. n. der Internetseite www.letzte-version.de/songbuch/4630-bochum/maenner, 5.3.2013.
[35] *Der Spiegel* 35 (27.8.) 1984, S. 168–169, hier zit. n. der Internetseite »de.wikipedia.org/wiki/4630_Bochum«, 5.3.2013.
[36] Ebd.

attestierte. Diese Zuschreibungen treffen mit manchen der im Song »Männer« akkumulierten Attribuierungen zusammen. So äußerte sich etwa Grönemeyers Produzent Edo Zanki rückblickend über ihn:

> »Da war einfach dieses Phänomen Grönemeyer, von dem ja noch keiner wusste, wo es hingehen soll, und ich folgte meinem Instinkt. Mehr hat keiner gewusst. Wir alle spürten diese ungeheure Energie, die von diesem Typen ausging, eine große Faszination. [Der Fotograf Jim] Rakete hat gesagt: ›Der hat die Attraktivität eines Verkehrsunfalls. Du musst einfach hinsehen, ob du willst oder nicht, weil's halt knallt. So ungefähr war das. Herbert war eine faszinierende Person, ein faszinierendes Phänomen, an dem ich eine Zeit lang habe mitbasteln dürfen.«[37]

> »Herbert aber war jemand, der dauernd um die Führung stritt, obwohl er sie hatte. Ich empfinde mich als einen Unterstützer eines Künstlers, ich lasse ihn keine Prüfung ablegen. Mich störte bei dieser Arbeit diese ständige, eigentümliche Härte. Alles musste seltsam erkämpft werden. Aber das macht ihn auch aus; er ist, wie er ist.«[38]

Auch wenn man einen gewissen Grad an Selbststilisierung in Zankis Äußerungen annimmt, wird deutlich, wie sehr das hier als ›Phänomen Grönemeyer‹ Bezeichnete ein Konstrukt kultureller Herstellung ist. Zugleich deutet sich an, dass Grönemeyer das in »Männer« Besungene offenbar selbst zu einem gewissen Teil verkörpert hat. Gerade das Erkämpfen von Sachen erscheint dabei als ein wichtiger Aspekt von Männlichkeitsinszenierung.[39]

Resümee und Ausblick

Bilder von Männlichkeit spielen in den Liedern von Marius Müller-Westernhagen eine schon quantitativ bedeutende Rolle – weitaus mehr als dies bei Herbert Grönemeyer der Fall ist. Wie am Beispiel des Albums *Mit Pfefferminz bin ich Dein Prinz* zu sehen ist, präsentiert Müller-Westernhagen allerdings keine Siegertypen, sondern gesellschaftlich eher als ambivalent und brüchig angesehene Ausprägungen von Männlichkeit. Diese stehen häufig am Rande der Gesellschaft, sind aber auch in der vermeintlichen bürgerlichen Mitte der Gesellschaft zu finden. Sie werden durch den künstlerischen Aufgriff sichtbar gemacht, wobei die in den Liedern mehrheitlich eingenommene Perspektive des

---

[37] Zit. n. Hoffmann, *Grönemeyer*, S. 61.
[38] Zit. n. ebd., S. 65.
[39] Am Beispiel des Sports vgl. hierzu Raewyn W. Connell, *Masculinities*, 2. Aufl., Cambridge 2005, S. 54.

lyrischen Ich insbesondere männliche Rezipienten zu Auseinandersetzung und Selbstreflexion herausfordert. Hingegen eröffnet die vorwiegend geschlechterneutrale Gestaltung der Liedtexte Grönemeyers, wie sie sich beispielsweise auf dem Album *4630 Bochum* präsentiert, ein ausgewogenes Identifikationsangebot für Frauen und Männer. Beiden Künstlern gemeinsam sind namentlich in den frühen Alben regionale Bezugnahmen auf ihre Heimatregion, das Ruhrgebiet.

Der Musik kommt eine erhebliche Rolle für die Inszenierung von Männlichkeit zu. Wie insbesondere die Fallbeispiele »karikatur«, »SeXy« und »Männer« zeigen, trägt sie in vielfältiger Weise zur Dekonstruktion oder auch Affirmation von Männlichkeit bei, sei es durch ihre formale Gestaltung, beispielsweise die Akzentuierung von Text durch das Zusammenfallen mit dem Beginn von Formteilen, sei es durch die klangliche Herstellung von Bezügen zu männlich konnotierten Assoziationsfeldern vermitteln entsprechender Tempowahl, Instrumentation oder aber einfach durch Intensivierung mit Hilfe instrumentaler Einwürfe und Kommentare. Die Bildebene von Musikvideos eröffnet schließlich weitere Gestaltungsmöglichkeiten.

Insgesamt wird deutlich, dass auch vermeintlich eingängig gestaltete Rock- und Popmusik über ein durchaus komplexes Arsenal an Mitteln verfügt, menschliche Grundthemen, Emotionen und Genderkonstellationen zu transportieren und massenwirksam in Szene zu setzen. Ermöglicht wird dies augenscheinlich über zeitweilige Leerstellen einer als technisches Medium vergegenständlichten und entkörperlichten Musik. Diese überbrückt ihre räumliche Distanz zum Publikum dadurch, dass sie neuen Raum für gesellschaftliche Repräsentationen und Imagekonstruktionen schafft. Auf diese Weise lässt Musik bei ihren Hörer_innen an den Klang gebundene, ästhetisch aufgeladene und emotional wirkungsvolle (Bild-) Welten entstehen, die von Bedeutung sind für das Fortschreiben und Infragestellen von Männlichkeitskonzepten. Allerdings ist, wie das Beispiel »Männer« zeigt, deren gesellschaftliche Wirkung schwer einzuschätzen – zu vielschichtig sind die Rezipient_innen und Kontexte.

Mitentscheidend für eine adäquate Rezeption ist nicht zuletzt auch die künstlerische Performance, die Verkörperung der gewünschten Aussage. Dies zeigt sich nicht nur am Beispiel Grönemeyer, sondern kann auch am Imagewandel Müller-Westernhagens im Laufe seiner Karriere nachvollzogen werden. Ein Weg, der vom bodenständigen Kumpeltyp Marius zum arrivierten und versnobten Künstler Westernhagen führt:

So wurde Müller-Westernhagen 1974 vom Plattenlabel Warner Bros. bei seinem Debütalbum *Das erste Mal* als »Der neue deutsche Rock-Poet« beworben, wobei er mit blassem Teint, schlanker Statur und hinter dem Rücken verschränkten Armen in weißem T-Shirt, weißer Jeans und weißen Schuhen im Zentrum eines kaminroten, brusthohen Buchstaben »M« posierte.[40] Im Film *Theo gegen den Rest der Welt* erwarb er sich den »Ruf des wilden, jungen Kerls«[41] und in den 1980er-Jahren feierte ihn die *Süddeutsche Zeitung* als Verkörperung des »Rock'n Roll [...] mit der virtuos falsettierenden, keine Gossen-Pointe verschenkenden Stimme wie mit der unverblümt obszönen Körpersprache.«[42]

Sicherlich spielen in solch einem Entwicklungsprozess auch biografische Umstände eine Rolle, ausschlaggebend für die Image-Bildung aber dürfte der Wunsch sein, bestimmte Erwartungshaltungen zu befriedigen, vom Plattenlabel über das Publikum bis hin zu den eigenen. Letztere dürften mit zunehmendem Erfolg und der daraus erwachsenden größeren wirtschaftlichen Unabhängigkeit an Bedeutung zunehmen.

Dieses Zusammenspiel von Interpret und Umfeld, von künstlerischen und medialen Mitteln in ihren gesellschaftlichen und kulturhistorischen Dimensionen angemessen zu entfalten, bleibt keine geringe Aufgabe für die Musikwissenschaft.

---

[40] Vgl. die Abbildung bei Jürgen Stark, »›Tief im Westen‹: Vom Krautrock bis zur Neuen Deutschen Welle«, in: *Rock! Jugend und Musik in Deutschland*, hrsg. von der Stiftung Haus der Geschichte der Bundesrepublik Deutschland, Bundeszentrale für politische Bildung, Leipzig 2005, S. 63–70, hier S. 65.
[41] Ebd., S. 66.
[42] Zit. n. ebd., S. 67.

Florian Heesch
»Eigentlich so wie 'ne Frau«?
Zur hohen Männerstimme im Heavy Metal der 1980er-Jahre am Beispiel Udo Dirkschneider

In den 1980er-Jahren war Heavy Metal die populärste Spielart der Rockmusik und überhaupt eines der beliebtesten Genres populärer Musik in Westeuropa und den USA. Nachdem der Heavy Metal sich stilistisch seit den späten 1960er-Jahren aus britischer und amerikanischer Rockmusik entwickelt hatte, bildete sich um 1980 – auch in Deutschland – eine eigene Heavy Metal-Szene, zu der seither nicht nur Musiker_innen sowie Fans gehören, sondern auch Musikproduktionsfirmen, Clubs und Magazine.[1] Während sich in diesem Zug manche Subgenres ausprägten, die eher von speziellen Interessengemeinschaften rezipiert wurden, erreichten einige Heavy Metal-Bands ein internationales Massenpublikum, und zwar nicht zuletzt durch das Medium Musikvideo, das durch den Sender MTV zu einem wichtigen Kanal der Distribution populärer Musik geriet. In der Öffentlichkeit verbreitete und verfestigte sich in diesem Zusammenhang das Klischee, dass Heavy Metal sich durch »Aggressivität und ein[en] dumpfe[n] Kult männlicher Macht« auszeichne,[2] insofern dem Ideal des »harten Mannes«[3] anhänge. Durchaus ließen sich zahlreiche Lyrics, visuelle Darstellungen und Live-Performances als nahezu unmittelbare Anknüpfungen an die von Klaus Theweleit analysierten »Männerphantasien« deuten,[4] wie Robert Walser in seiner wegweisenden Studie zum Heavy Metal der 1980er-Jahre bemerkt.[5] Je-

---

[1] Vgl. Bettina Roccor, *Heavy Metal. Kunst, Kommerz, Ketzerei*, Berlin 1998; Holger Schmenk/Christian Krumm, *Kumpels in Kutten. Heavy Metal im Ruhrgebiet*, Bottrop 2010.

[2] Rainer Diaz-Bone, *Kulturwelt, Diskurs und Lebensstil. Eine diskurstheoretische Erweiterung der Bourdieuschen Distinktionstheorie*, 2., erw. Aufl. (= Theorie und Praxis der Diskursforschung), Wiesbaden 2010, S. 397.

[3] Elisabeth Badinther, *XY: Die Identität des Mannes*, München/Zürich 1993, S. 161.

[4] Klaus Theweleit, *Männerphantasien 1 + 2.*, zuerst 1977/1978, unveränd. Taschenbuchausg., erw. durch ein Nachwort, 4. Aufl., München 2009.

[5] Robert Walser, *Running with the devil. Power, Gender, and Madness in Heavy Metal Music* (= Music/Culture), Middletown, Connecticut 1993, S. 116.

doch finden sich auf allen Ebenen Widersprüche. Einige der populärsten Heavy Metal-Sänger der 1980er-Jahre zeichnen sich durch einen besonders hohen Gesangstil aus, mit dem sie die Tonlage übersteigen, die nach den Konventionen unserer westlichen Kultur als männlich gilt, und in die (konventionell) weibliche Tonlage vordringen. Inwiefern ist ein solches hohes Singen mit dem vermeintlichen Männlichkeitskult vereinbar? Was für eine Männlichkeit wird damit performiert? Ein weiterer Widerspruch besteht auf der Ebene der äußeren Aufmachung, da sich viele Heavy Metal-Musiker in den 1980er-Jahren in geradezu plakativer Form bei ›weiblichen‹ Elementen, wie Make-up, toupierten Frisuren etc. bedienen. Dieser visuelle Aspekt, der insbesondere im Glam Metal auftritt, ist von Walser und anderen bereits ausführlich diskutiert worden.[6] Dabei ist aufgrund der Verschiedenheit der Medien zunächst davon auszugehen, dass ›Hoch-Singen‹ im Hinblick auf Gender eine andere Bedeutung impliziert als ›Make-up-Tragen‹. Beobachtungen zu den visuellen Aspekten von Männlichkeitsdarstellungen (und ihren Brüchen) erübrigen nicht die Diskussion der auditiven Aspekte. In diesem Punkt besteht meines Erachtens eine besondere Herausforderung für die musikwissenschaftliche Männlichkeitsforschung, beziehungsweise für die musikwissenschaftliche Gender-Forschung im Allgemeinen. Der vorliegende Beitrag ist ein Versuch, dem Rechnung zu tragen, indem er sich dem Phänomen des hohen Gesangs im Heavy Metal (nicht nur) der 1980er-Jahre widmet.

Da es sich bei Heavy Metal um ein komplexes Phänomen handelt, ist eine genaue Eingrenzung des Untersuchungsbereichs unbedingt notwendig. Wie problematisch allgemeine Zuordnungen von populären Musikgenres und Gender sein können, hat sich bereits anhand der von Simon Frith und Angela McRobbie etablierten Kategorie des ›Cock Rock‹ (mit bewusst vulgärem Anklang) gezeigt, die die männlich dominierte Geschlechtlichkeit (sexuality) der härteren Rockmusik beschreiben sollte.[7] So wichtig der Aufsatz von Frith und McRobbie als früher kritischer Hinweis auf die Dominanz von Männlichkeit in der Rockmusik war, erweist sich das Label ›Cock Rock‹ im besten

---

[6] Walser, *Running with the devil*, S. 108–136; Stan Denski/David Sholle, »Metal Men and Glamour Boys: Gender Performance in Heavy Metal«, in: *Men, Masculinity and the Media*, hrsg. von Steve Craig (= Research on Men and Masculinities), Newbury Park u. a. 1992, S. 41–60.

[7] Simon Frith/Angela McRobbie, »Rock and Sexuality« (zuerst in *Screen Education* 29, 1978), in: *On Record. Rock, Pop and the Written Word*, hrsg. von Simon Frith und Andrew Goodwin, London u. a. 1990, S. 371–390, auszugsweise in deutscher Übersetzung und mit einleitendem Kommentar als »Rockmusik und Geschlechtlichkeit«, in: *Musik und Gender. Ein Reader*, hrsg. von Florian Heesch und Katrin Losleben (= Musik – Kultur – Gender 10), Köln u. a. 2012, S. 144–155.

Fall als eine Verallgemeinerung von begrenzter Aussagekraft, im schlechtesten Fall als ein weiteres Klischee. Wie Sheila Whiteley herausgearbeitet hat, lassen sich selbst bei klassischen Vertretern des ›Cock Rock‹, wie Mick Jagger, Brüche in der Darstellung aggressiver heterosexueller Männlichkeit beobachten.[8] Walser betont zurecht, dass sich der kritische Impuls selbst nivelliert, wenn nicht die Widersprüche und Abweichungen zu beziehungsweise von der männlichen Dominanz gesehen werden: »An analysis of metal that understands it only as a reproduction of male hegemony runs the risk of duplicating the exscription it describes.«[9] An einem anderen typischen ›Cock Rock‹-Beispiel, der für den frühen Heavy Metal prägenden Band Led Zeppelin, hat Susan Fast nachgewiesen, dass weibliche Rock-Fans Männlichkeitsperformanzen zum Teil in einer Weise rezipieren, die sie in ihrer Weiblichkeit und ihrer weiblichen Sexualität bestärkt.[10] Folglich scheint Vorsicht angezeigt, wenn es darum geht, das Verhältnis von Heavy Metal und Männlichkeit zu bestimmen. Das Stereotyp vom Heavy Metal als Affirmation des ›harten Mannes‹ kann gewiss keine Allgemeingültigkeit beanspruchen. Um stichhaltige Aussagen zu erhalten, bedarf es der präzisen Analyse konkreter Einzelphänomene. Dabei ist zunächst zu bestimmen, welcher Aspekt von Heavy Metal untersucht werden sollt, denn Heavy Metal steht – wie Rockmusik im Allgemeinen – nicht einfach für einen bestimmten Musikstil, sondern für komplexe multimediale und soziale Zusammenhänge, zu denen Sounds ebenso gehören wie Lyrics, Albumcover, Kleidung, Bühnenshows, Organisationen sowie ein Fandom, das verschiedene soziale und kulturelle Praktiken beinhaltet. Das Beispiel der von Fast befragten weiblichen Led Zeppelin-Fans verdeutlicht den Unterschied zwischen Männlichkeitsperformanzen im Bereich der Bühnenshow auf der einen Seite und Performanzen von Gender und Sexualität in der Fankultur auf der anderen Seite.

Im Zug des musikwissenschaftlichen Ansatzes, der dem vorliegenden Beitrag zugrundeliegt, begreife ich Heavy Metal in erster Linie als musikalisches Genre. In diesem Sinn werde ich das Phänomen des hohen männlichen Gesangs in einem knappen historischen Abriss in die Entwicklung der Stimme in der Rockmusik einordnen. Konkret fassbar werden Gesang und Männlichkeit dabei erst im Blick auf den einzelnen Sänger, der sowohl das eine als auch das

[8] Sheila Whiteley, »Little Red Rooster v. The Honky Tonk Woman. Mick Jagger, Sexuality, Style and Image«, in: *Sexing the Groove. Popular Music and Gender*, hrsg. von Sheila Whiteley, London u.a. 1997, S. 67–99.
[9] Walser, *Running with the devil*, S. 130–131.
[10] Susan Fast, *In the Houses of the Holy. Led Zeppelin and the Power of Rock Music*, Oxford, New York 2001; siehe auch Fasts ausführliche Kritik an der ›Cock Rock‹-Debatte, S. 159–201.

andere performativ erzeugt. Als Beispiel dient in diesem Fall Udo Dirkschneider, langjähriger Sänger der Band Accept. Um zu veranschaulichen, inwiefern Dirkschneider als exemplarisch für den Heavy Metal in Deutschland sowie international gelten kann, werde ich ihn und seine Band anfangs kurz vorstellen. Im Anschluss an den erwähnten historischen Abriss werde ich dann Dirkschneiders charakteristischen Vokalstil beschreiben. Der musikalische Aspekt steht zwar im Vordergrund dieser Studie, aber im Zusammenhang mit der Frage nach der Männlichkeitsdarstellung muss zumindest kurz darauf eingegangen werden, inwiefern diese auch an die visuelle Erscheinung des Körpers gebunden ist, aus dem die Stimme ertönt.

Nach Studien wie denen von Fast, Walser und Whiteley gibt es gute Gründe, aus einer gewissen männlichen Dominanz im Heavy Metal nicht den trügerischen Schluss zu ziehen, Heavy Metal lasse sich auf Männlichkeit reduzieren. In einem Artikel über die »Empowering Masculinity of British Heavy Metal« versucht Deena Weinstein dennoch die Konstruktion einer dieses Genre umfassenden »cultural masculinity«, die »free standing and not anchored in invidious comparisons based on gender and sexual orientation« sei.[11] Ohne sich explizit auf die Performativität von Geschlecht zu beziehen, wie sie vor allem durch Judith Butler begründet wurde,[12] argumentiert Weinstein durchaus im Einklang mit der Performativitätstheorie, dass diese Männlichkeit im Prinzip unabhängig von biologischen und sozialen Bedingungen von jedem »gespielt« werden kann, also auch von weiblichen Fans oder von Musikerinnen wie denen der britischen Frauenband Girlschool.[13] Einleuchtend ist auch ihr Argument, dass die beschriebene Männlichkeit von Fans – männlichen und weiblichen – als Empowerment erlebt wird und insofern nicht primär als »invidious« im Sinn von misogyn zu verurteilen ist. Abgesehen davon, dass Gender generell eine kulturelle Kategorie ist, verstellt ihre derart affirmative Konstruktion einer »frei stehenden kulturellen Männlichkeit« jedoch von vornherein den Blick auf eventuelle weibliche Anteile. Demgegenüber erfahren wir meines Erachtens mehr über die Heavy Metal-Männlichkeit, wenn wir sie – wie Männlichkeit generell – als relationale Kategorie begreifen, sie also im Verhältnis zu Weiblichkeit sehen. Das zeigt sich im vorliegenden Fall, indem wir Dirkschneider schließlich eine weibliche Stimme, nämlich die Sängerin Doro Pesch gegenüberstellen. Als eine Musikerin, die seit den frühen

[11] Deena Weinstein, »The Empowering Masculinity of British Heavy Metal«, in: *Heavy Metal Music in Britain*, hrsg. von Gerd Bayer (= Ashgate Popular and Folk Music Series), Farnham, Burlington 2009, S. 19, 28.
[12] Judith Butler, *Das Unbehagen der Geschlechter*, Frankfurt/M. 1991; dies., *Körper von Gewicht. Die diskursiven Grenzen des Geschlechts*, Frankfurt/M. 1997.
[13] Weinstein, »The Empowering Masculinity of British Heavy Metal«, S. 19.

1980er-Jahren im Heavy Metal aktiv ist, hat Pesch sich zum einen in aufschlussreicher Weise über den hohen Männergesang geäußert, zum anderen hat sie gemeinsam mit Dirkschneider ein Duett eingesungen. Dieses ermöglicht den unmittelbaren Vergleich beider Stimmen, wobei sich zeigen wird, dass die musikalische Form und das Arrangement der Gesangslinien eine wichtige Rolle spielten. Pesch vertritt hier also im zweifachen Sinn ein weibliches Gegenüber zu Dirkschneider. Dabei geht es in erster Linie darum, Gender als eine Kategorie Ernst zu nehmen, die sowohl Männlichkeit als auch Weiblichkeit beinhaltet. Das muss nicht zwingend zur Kritik an Männlichkeit führen; allerdings muss eine kritische Auseinandersetzung meines Erachtens grundsätzlich möglich sein – allem Empowerment zum Trotz.[14]

Peschs Stimme ist im vorliegen Zusammenhang aus einem weiteren Grund von Bedeutung: Sie verkörpert nicht nur eine weibliche Perspektive, sondern auch eine emische, also eine Innensicht aus der Heavy Metal-(Sub-)Kultur. Diese Sicht zu berücksichtigen ist wichtig, weil die Gruppe der Heavy Metal-Fans – Musikerinnen und Musiker eingeschlossen – sich neben bestimmten stilistischen Vorlieben (bezogen auf Musik, Texte, Bilder, Kleidung etc.) durch spezifische Werte und Umgangsformen von der umgebenden Kultur unterscheidet. Es ist davon auszugehen, dass stilistische und Gender-Aspekte, so auch der hohe Männergesang, innerhalb dieser Gruppe möglicherweise anders bewertet werden als von außerhalb. Dabei kann die komplexe Diskussion um den angemessen Begriff – ob Subkultur, Jugendkultur, Szene oder anderes – im vorliegenden Rahmen vernachlässigt werden, zumal der Aspekt der Innensicht hier lediglich angerissen werden kann.

Udo Dirkschneider

Die stilistischen Fundamente der Heavy Metal-Musik wurden um 1970 gelegt. Vor allem Bands aus Großbritannien, wie Deep Purple, Led Zeppelin und Black Sabbath waren daran beteiligt. Um 1980 erlangte das Genre unter Beteiligung jüngerer britischer Bands, der sogenannten New Wave of British Heavy Metal, in den USA und Europa neue Popularität, und es bildete sich eine eigene Heavy Metal-Fankultur mit lokalen Szenen heraus. Im Zuge dessen

---

[14] Inwiefern Genderforschung sich häufig in einem Spannungsverhältnis von Dekonstruktion und Empowerment bewegt, ist anhand verschiedener Forschungsbeiträge zur Biografik gezeigt worden von Sabine Brombach und Bettina Wahrig, »LebensBilder: Vorüberlegungen zu einer notwendigen interdisziplinären Debatte«, in: *LebensBilder. Leben und Subjektivität in neueren Ansätzen der Gender Studies*, hrsg. von Sabine Brombach und Bettina Wahrig (= Gender Studies), Bielefeld 2006, S. 7–22.

konnten sich auch zwei deutsche Bands international profilieren: die Scorpions aus Hannover und die 1971 gegründete Band Accept aus Solingen mit ihrem Sänger Udo Dirkschneider. In den Augen der Kritiker bewiesen Accept 1981 mit ihrem Album *Breaker*[15], dass ihr Stil und ihr Können mit dem Niveau der angesagten britischen Bands, wie Judas Priest oder Iron Maiden, mithalten konnten. Spätestens mit dem kommerziellen Erfolg ihres 1984er Albums *Balls to the Wall* rangierte Accept international unter den populärsten Heavy Metal-Bands; 1986 erreichte die Band mit *Russian Roulette* einen Platz in den deutschen Charts.[16] Im vorliegenden Zusammenhang besonders relevant sind vor allem die frühen Veröffentlichungen, wie das erwähnte Album *Breaker* und das danach erschienene *Restless and Wild*[17]. Darin kommt der neue Stil der Band zum Vorschein, mit dem sie sich die große und anhaltende Anerkennung der Fans erwarb. Um die Bewertung von Alben durch Fans und Kritiker zu verstehen, muss man sich vor Augen halten, dass Fantreue und die kontinuierliche Rezeption von ›Klassikern‹ in der Heavy Metal-Kultur einen hohen Stellenwert besitzen.[18] Viele Fans hören regelmäßig noch jahrzehntealte Alben; die Kenntnis der ›Meilensteine‹ stilistischer Entwicklungen gilt als wichtiger Bestandteil des Fan-Seins, als Mittel der Inklusion in die Fan-Gemeinschaft. So werden nicht nur in der sich allmählich mehrenden wissenschaftlichen und populären Literatur über Heavy Metal immer wieder Listen der ›wichtigsten‹ Metal-Alben veröffentlicht, sondern auch in einschlägigen Print- und Online-Magazinen. Wie Dietmar Elfleins Auswertung solcher Kanons zeigt, zählen Accepts Alben *Restless And Wild* und *Balls to the Wall* international zu den 100 meistgenannten Metal-Alben.[19] Mit der Klassikerpflege steht in Zusammenhang, dass viele Musiker beziehungsweise Bands bei entsprechendem Erfolg über Jahrzehnte hinweg aktiv bleiben. So tritt auch Dirkschneider heute noch auf, wenn auch inzwischen nicht mehr mit Accept, sondern mit seiner 1987 gegründeten Band U.D.O.; und auch Accept ist – nach vorübergehender ›Reunion‹ mit Dirkschneider und mehreren vorläufigen Auflösungen – weiterhin aktiv, seit 2009 mit dem neuen Sänger Mark Tornillo.

[15] Accept, *Breaker*, LP, Brain, Metronome 1981.
[16] Vgl. Gary Sharpe-Young, *Metal. The Definitive Guide*, London 2007, S. 333–334.
[17] Accept, *Restless and Wild* (zuerst 1982), CD, Heavy Metal Records 1996.
[18] Vgl. Dietmar Elflein, »»Immer die gleichen Klassiker!«. Heavy Metal und der Traditionsstrom«, in: *No Time for Losers. Charts, Listen und andere Kanonisierungen in der populären Musik*, hrsg. von Dietrich Helms und Thomas Phleps (= Beiträge zur Popularmusikforschung 36), Bielefeld 2008, S. 127–143.
[19] Dietmar Elflein, *Schwermetallanalysen. Die musikalische Sprache des Heavy Metal* (= Texte zur populären Musik 6), Bielefeld 2010.

Hohe Männerstimmen in der Geschichte der Rockmusik

Die historischen Wurzeln des hohen Singens gehen auf den Blues zurück, der die zentrale Grundlage der Rockmusik bildet. Vereinfacht kann man sagen, dass sowohl der Rock 'n' Roll der 1950er als auch der Beat der 1960er-Jahre wesentlich auf Blueselementen basieren.[20] Afroamerikanische Stile und ihre Vertreter_innen erwarben sich zunächst in den USA, seit dem Blues-Revival der 1960er-Jahre auch in Großbritannien hohe Popularität und wurden von weißen Musiker_innen, wie zum Beispiel Elvis Presley (1935–1977), nachgeahmt. Lag Elvis' Bariton noch relativ dicht am Ideal weißer Balladensänger, orientierten sich andere prägende Vertreter der frühen Rockmusik, wie Mick Jagger (geb. 1943) oder Janis Joplin (1943–1970) deutlich stärker an der ›natürlichen‹, sprich: nicht am westeuropäischen Ideal künstlerischen Gesangs geschulten Stimmgebung afroamerikanischer Bluessänger_innen.[21] Sänger und Sängerinnen wie Jagger und Joplin übernahmen deren Timbre und die brüchigen und rauen, bis ins Schreien übergehenden Färbungen und Akzentuierungen. Dabei verschwamm auch die vokale Geschlechterdifferenz, denn die Männerstimmen bewegten sich häufig in ähnlicher Tonhöhe wie die mit Bruststimme singenden Frauen. Susan Fasts Vermutung, dass der ausgesprochen hoch singende Robert Plant (geb. 1948), Sänger von Led Zeppelin, sich möglicherweise am Vorbild einer Frau wie Janis Joplin orientiert, liegt durchaus nahe.[22] Als sich die britische Rockmusik um 1970 ausdifferenzierte, bewahrte der daraus entstehende Heavy Metal das im Blues verwurzelte Stimmideal. Von anderen Spielarten des Rock unterschied das zunächst noch unter der Kategorie Hard Rock firmierende Genre sich durch die gitarrenorientierte, relativ kleine Besetzung, einen rauen, verzerrten Sound, auf dem Riff basierende, relativ kompakte Songformen sowie durch Themen, die sich weniger um Liebe und Beziehung drehten als häufig um fantastische, mythologische oder surre-

---

[20] Im Einzelnen sind sowohl zwischen Rock'n Roll und Beat als auch zwischen ihren jeweiligen Vertreterinnen und Vertretern Unterschiede hinsichtlich der Bezüge zum Blues beziehungsweise seiner Varianten als Country Blues, urbaner (City) Blues und Rhythm'n'Blues zu beobachten. Siehe dazu Richard Middleton, »Musikalische Dimensionen. Genres, Stile, Aufführungspraktiken«, in: *Rock- und Popmusik*, hrsg. von Peter Wicke (= Handbuch der Musik im 20. Jahrhundert 8), Laaber 2001, S. 61–106; Allan F. Moore, *Rock: The Primary Text. Developing a Musicology of Rock*, 2. Aufl. (= Ashgate Popular and Folk Music Series), Aldershot, Burlington, VT 2001, S. 64–83.
[21] Vgl. Middleton, »Musikalische Dimensionen«.
[22] Fast, *In the Houses of the Holy*, S. 45, 197.

ale Motive.[23] Der Sänger und Gitarrist Jimi Hendrix (1942–1970), ein in London wirkender afroamerikanischer Musiker, war prägend für diese Spielart. In den um 1970 erschienenen Veröffentlichungen der britischen Bands Led Zeppelin, Black Sabbath und Deep Purple, allesamt deutlich erkennbar im Blues Rock verwurzelt, ist das charakteristische Klangbild des Heavy Metal bereits ausgeprägt.[24] Led Zeppelins Robert Plant kann dabei sicher als ein Sänger mit besonders breitem Klangspektrum gelten. Allerdings treten seine häufig brüchigen, klagenden Tongebungen, mit denen er noch stark der Bluestradition anhaftet, in der weiteren Entwicklung des Heavy Metal in den Hintergrund zugunsten eines vorwiegend kraftvollen, energischen Gesangs. Ein solcher ist von Plant selbst durchaus in einigen Songs zu hören, zum Beispiel »Communication Breakdown«[25] aus dem Album *Led Zeppelin* (1969), einem Song, der insgesamt als Beispiel für den Heavy Metal-Anteil im Led Zeppelin-Stil gelten kann. Ein weiteres frühes Beispiel für die sich allmählich entwickelnden Charakteristika des Genres ist Deep Purples Song »Highway Star«[26] aus dem Album *Machine Head* (1971, 1972), in dem Ian Gillan durchweg mit charakteristischem rauen Timbre und kraftvollem Ausdruck singt. Dazu gehören auch geschriene Akzente, wie die (hohen) e^2s auf der mehrmals wiederkehrenden Formel »I love it, I need it, I bleed it«, die aus der übrigen, meist zwischen d^1 und g^1 sich bewegenden Gesangslinie herausstechen.[27]

Der Heavy Metal der 1980er-Jahre wurde stark von einer jüngeren Generation britischer Bands geprägt, die Musikjournalisten unter der Rubrik »New Wave of British Heavy Metal« (abgekürzt NWOBHM) als zusammenhängende »Welle« gedeutet haben, vertreten durch Bands wie Iron Maiden, Def Leppard oder Saxon. Die bereits 1969 gegründete Band Judas Priest war zunächst noch im britischen Blues-Rock verwurzelt, wurde aber mit Alben wie *Stained Class* (1978) und *British Steel* (1980) zu einer der international einflussreichsten Bands der NWOBHM.[28] Ein wesentliches Charakteristikum dieses Heavy

---

[23] Vgl. Edward Macan, *Rocking the Classics. English Progressive Rock and the Counterculture*, New York, Oxford 1997, S. 19–20.
[24] Vgl. Walser, *Running with the devil*, S. 10.
[25] Neuaufl. in: Led Zeppelin, *Mothership*, 2 CDs, Atlantic Records 2007.
[26] Neuaufl. in: Deep Purple, *The Collection*, CD, Disky Communications 2007.
[27] Die Grundtonart der vokalen Passagen ist g-Moll. Als Beispiel für das charakteristische Timbre der Heavy Metal-Stimme beschreibt Walser den Gesang von David Lee Roth, Sänger der Band Van Halen, im Song »Runnin' with the devil« als »typically raucous and flamboyant« sowie »punctuated by screams and other sounds of physical and emotional intensity« (Walser, *Running with the devil*, S. 45).
[28] Judas Priest, *Stained Class* (zuerst 1978), CD, Columbia 2001; Judas Priest, *British Steel* (zuerst 1980), CD, Sony Music 2001.

Metal-Stils ist ein hoher Gesang, wie er in besonderer Weise von Sängern wie Rob Halford (geb. 1951) von Judas Priest oder Bruce Dickinson (geb. 1958) von Iron Maiden praktiziert wurde. Diese Sänger betonten den kraftvollen Ausdruck ihres hohen Singens durch Melodiepassagen aus langgezogenen Tönen (vorzugsweise in Refrains) und den Einsatz von starkem Vibrato. Damit erinnert ihr Gesang bisweilen an Operntenöre. Anders als diese erreichen die Heavy Metal-Sänger jedoch die hohe Lage nicht mittels der Belcanto-Technik, sondern durch Belting oder den Einsatz der Kopfstimme. Ein Beispiel dafür ist Judas Priests Song »Exciter« aus *Stained Class*, in dem Halford die Refrainzeile »Stand by for exciter« auf der Tonfolge $a^1 - d^2 - cis^2$ singt. Der Vollständigkeit halber ist zu ergänzen, dass Halford, der über einen großen Stimmumfang verfügt, solche Spitzentonpassagen zwar durchaus häufig einsetzt, jedoch nicht durchgängig, sondern als besonderes Ausdrucksmittel. Ebenso bedient er sich tieferer Tonlagen, so zum Beispiel im Song »Breaking the Law« aus *British Steel*, in dessen Refrain die Melodie auf einem repetierenden a verbleibt.

Für die deutsche Band Accept und ihren Sänger Dirkschneider stellte die NWOBHM eine hörbar wichtige Anregung dar, wobei Dirkschneider sich ein unverkennbar eigenes Profil schuf. Die Entwicklung zu seinem ausgeprägten Individualstil lässt sich gut anhand der ersten vier Accept-Alben nachvollziehen. In der Debüt-Veröffentlichung, *Accept*,[29] singt Dirkschneider noch vorwiegend in einer Lage etwa zwischen d^1 und g^1-a^1, manchmal auch tiefer. Spitzentöne kommen durchaus vor, aber dabei handelt es sich entweder um Nebenstimmen im Hintergrund, wie im Eröffnungssong »Lady Lou«, oder um punktuelle Einsprengsel, wie beim einleitenden Schrei (ohne Worte) am Anfang von »Tired of Me«. Letztere verweisen noch ebenso auf die Blues Rock-Tradition wie Gillans Schreie in »Highway Star«. Als Parallele zum eher punktuellen Einsatz hoher Schreie lässt sich die Verwendung eines rauen Timbres beschreiben. Dirkschneider bedient sich hier zwar durchgehend einer Rockmusik-typischen Rauheit, mit besonderer Schärfe setzt er diese jedoch nur in den schnellen, besonders energiegeladenen Songs ein, wie »Tired of Me« und »That's Rock 'n' Roll«.

Auch im zweiten Album, *I'm a Rebel*[30], ist der Heavy Metal-Sound noch nicht konsequent ausgeprägt; zum Beispiel enthalten Songs wie »I Wanna Be No Hero« und »Save Us« deutliche Disco-Anklänge in Schlagzeug- und Bassstimme. Allerdings hat sich Dirkschneiders Einsatz von besonders hohen und rauen Tönen gegenüber dem ersten Album gesteigert. Das zeigt sich gerade in »Save Us«, einem Song, der mit circa 138 Grundschlägen pro Minute nicht

---

[29] Accept, *Accept* (zuerst 1979), CD, SPV 2005.
[30] Accept, *I'm a Rebel* (zuerst 1980), CD, Nuclear Blast 2000.

besonders schnell ist, sondern in einem mittleren Tempobereich liegt. Gesanglich handelt es sich um die ausdrucksstärkste Nummer des Albums, in der Dirkschneider über weite Strecken in relativ hoher Lage um den Ton a^1 kreist, gelegentlich bis zum e^2 ansteigt und sich dabei rauer, teils kreischender Tongebungen und akzentuierender keuchender Anlaute bedient.

Mit der folgenden Veröffentlichung *Breaker* (1981) prägen Accept ihren charakteristischen Sound aus, für den sie sowohl in der sich gerade formierenden deutschen Heavy Metal-Szene als auch international bekannt wurden. Die hohen und rauen Töne dominieren jetzt Dirkschneiders Gesang; weite Passagen lassen sich als melodisches Kreischen beschreiben. Ähnlich wie Halford oder Dickinson bringt Dirkschneider seine hohe Stimme vermehrt auf langgezogenen Tönen als Ausdruck von Kraft zur Geltung. Allerdings pflegt er spätestens seit *Breaker* ein deutlich raueres Timbre, was zu einem wichtigen Element seines individuellen Stils wird. Die hohe Lage präsentiert er gleich im Eröffnungssong »Starlight«, den er fast durchweg zwischen d^2 und f^2 singt; tiefster Ton ist hier das g^1. Auf dem refrainartig wiederholten Wort »Starlight« steigert er sich zu den Spitzentönen e^2 und fis^2. Nach dem zweiten Refrain akzentuiert er die Riff-Passage, die ins Gitarrensolo überleitet, mit zwei besonders hohen, Juchzer-artigen Schreien auf h^2 und sogar einem kurz angerissenem d^3. Auf andere Weise setzt er die hohe Lage in »Son of a Bitch« ein. Wie der Titel erahnen lässt, inszeniert der Song eine aggressive Beschimpfung, gerichtet an einen imaginären Adressaten. In der Rolle des lyrischen Ich ahmt Dirkschneider an einigen Stellen durch abrupten Wechsel zwischen Kopf- und Bruststimme über melodische Sprünge (von es^2 zu g^1, wieder zu es^2 und von dort zu es^1) ein expressives, keifendes Schimpfen nach. Insgesamt, auch hinsichtlich der Arrangements und des Sounds, entspricht *Breaker* vollständig der um 1980 ausgeprägten Heavy Metal-Ästhetik. Die Verzerrung des Gitarrenklangs und, analog dazu, die Rauheit des zum Schreien tendierenden Gesangs sind die fundamentalen Bestandteile des unmittelbar und unverwechselbar erkennbaren Heavy Metal-Sounds.[31] Diese Kombination wird in *Breaker* – anders als noch in den beiden ersten Alben – auch durch die elektronische Abmischung des Bandsounds hervorgehoben. Sowohl die Gitarren als auch Dirkschneiders kreischende Stimme sind so abgemischt, dass sie bildlich gesprochen gleich einer Säge ins Gehör dringen. Diesen Stil haben Accept in *Restless and Wild* (1982) und den folgenden Veröffentlichungen konsequent weiterverfolgt. Charakteristisch ist der Titelsong »Restless and Wild«, in dem Dirkschneider nach einem halb gesprochenen Anfangsteil völlig unvorbereitet und zugleich mit hohem Druck in einen kreischen Gesang auf das hohe

---

[31] Vgl. Walser, *Running with the devil*, S. 41–46.

e^2 springt. Diese Plötzlichkeit lässt sich zum einen sinnvoll als Ausdruck von Aggressivität deuten; zum anderen zeigt das Beispiel, inwiefern solches Kreischen, ein besonders hohes Singen mit rauem Timbre, inzwischen zu einem Kernbestandteil des dirkschneiderschen Stils geworden ist, der nicht mehr nur in besonderen Momenten zum Einsatz kommt.

Stimme und Gender

Mit der Höhe seines Gesangs überschreitet Dirkschneider den Bereich dessen, was konventionell als ›männliche‹ Stimmlage gilt und dringt in ein ›weibliches‹ Register vor. Wie Rebecca Grotjahn gezeigt hat, steht hinter der Zuordnung »Frauen haben hohe, Männer tiefe Stimmen« weniger ein Naturgesetz als eine kulturelle Konvention, die allerdings so etabliert ist, »dass sich bisher kaum ein Stimmphysiologe die Mühe gemacht hat, sie mit Daten zu untermauern«.[32] Laut Grotjahns Studie hat sich die heute selbstverständlich erscheinende Unterscheidung in Frauen- und Männerstimme erst zu Beginn des 20. Jahrhunderts voll ausgeprägt und in der Gesangspädagogik verfestigt. Die Unterscheidung ist das Ergebnis eines längeren kulturhistorischen Prozesses, der unter anderem parallel zur Polarisierung der »Geschlechtscharaktere« im 18. Jahrhundert verlief, die von der Historikerin Karin Hausen beschrieben worden ist. Die Vorstellung von der vokalen Geschlechterdifferenz relativiert sich im Blick auf das Stimmideal früherer Epochen, zum Beispiel das der Barockoper, aber auch, wenn man sich konkrete vokale Phänomene des 20. Jahrhunderts vor Augen hält. »Zahlreiche Frauen erreichen Töne zwischen A und e, und viele Männerstimmen – ob professionell ausgebildet oder nicht – können im Falsett mühelos in der zweigestrichenen Oktave singen«;[33] letzteres haben wir am Beispiel von Dirkschneider und seinen Vorgängern in der Rockmusik gesehen. Es ist aufschlussreich zu beobachten, wie Verfasser_innen von Gesangschulen im 20. Jahrhundert dennoch an der vermeintlich natürlichen Trennung von Männer- und Frauenstimmen festhalten – unter anderem indem sie jegliche Abweichung davon in geschlechtlichen Begriffen erklären, also zum Beispiel das Falsett als ›unmännlich‹ darstellen.[34]

---

[32] Rebecca Grotjahn, »›Die Singstimmen scheiden sich ihrer Natur nach in zwei große Kategorien.‹ Die Konstruktion des Stimmgeschlechts als historischer Prozess«, in: *Puppen – Huren – Roboter. Körper der Moderne in der Musik zwischen 1900 und 1930*, hrsg. von Sabine Meine und Katharina Hottmann, Schliengen 2005, S. 34–56, hier S. 36.
[33] Ebd., S. 37.
[34] Ebd., S. 51.

Angesichts dessen ist es durchaus erstaunlich, dass der hohe Gesang von Heavy Metal-Sängern wie Dirkschneider in den 1980er-Jahren kaum als Bruch in ihrer Männlichkeitsdarstellung wahrgenommen wird. Wesentlich provokanter scheinen visuelle Aspekte gewirkt zu haben, wenn nämlich Männer in einer ›weiblichen‹ Aufmachung mit Make-Up, toupierten Frisuren, Leggings oder Dessous auftraten. Dieses Phänomen war in den 1980er-Jahren ähnlich weit verbreitet wie das hohe Singen, ohne das zwischen beidem ein unmittelbarer Zusammenhang bestand. Unter der Bezeichnung Glam Metal formte sich ein eigenes Subgenre, zu dessen erfolgreichsten Vertretern die US-amerikanischen Bands Mötley Crüe, Poison und Twisted Sister zählen. Wie Walser gezeigt hat, stieß deren Überschreitung visueller Geschlechterkonventionen bei einem Teil der Heavy Metal-Fans durchaus auf Ablehnung.[35] Anders als zum Beispiel bei David Bowie, der den Glam Rock in den frühen 1970ern geprägt hatte, stand bei den Vertretern des Glam Metal weniger das ironische Spiel mit Identitäten im Vordergrund. Walsers Interpretation zufolge weiten Glam Metal-Musiker durch ihre ›weibliche‹ Aufmachung ihre Männlichkeit auf einen Bereich des Weiblichen aus und bekräftigen dadurch ihre Machtposition – eine Strategie, die sich angesichts der Ablehnung seitens einiger Fans allerdings als ambivalent erweist.

Dass die hohen Stimmen weniger als Überschreitung der Geschlechtergrenzen gesehen werden als die visuellen ›Glam‹-Elemente, hat vermutlich mehrere Gründe. Sicherlich hat es damit zu tun, dass in der Rockmusik hohes Singen bei Männern schlichtweg etabliert war, wie wir im obigen historischen Abriss gesehen haben. Außerdem gibt es gute Gründe zur Annahme, dass visuelle Grenzüberschreitungen, wie diejenigen des Glam Metal, in unserer westlichen Kultur, die generell auf den visuellen Sinn fixiert ist, stärker provozieren als akustische, in diesem Fall vokale. Für das Feld der weiblichen Opernstimme hat Carolyn Abbate plausibel gemacht, dass Gender-Aspekte von Auge und Ohr unterschiedlich wahrgenommen werden.[36] Zum einen scheinen wir im Allgemeinen vom Anblick einer Person mehr als vom Hören ihrer Stimme einen eindeutigen Hinweis auf ihr Geschlecht zu erwarten. Wenn dies so ist, dann wirkt eine Unklarheit oder Mehrdeutigkeit der Geschlechtsidentität bei einem visuellen Eindruck verstörender als bei einem akustischen Eindruck. Zum anderen lässt sich bei Opernfans eine verbreitete Affinität zu weiblichen Stimmen beobachten, die, gemessen an der üblichen Erfahrung in vielen anderen kulturellen Bereichen, auffällig wenig mit der äußeren Erscheinung der

---

[35] Walser, *Running with the devil*, S. 128–136.
[36] Carolyn Abbate, »Opera; or, the Envoicing of Women«, in: *Musicology and Difference. Gender and Sexuality in Music Scholarship*, hrsg. von Ruth A. Solie, Berkeley u. a. 1993, S. 254–255.

Sängerinnen zu tun hat: »As for the tyranny of the visual: despite directorial claims that today's audiences demand attractive singers, opera remains the one spectacle in which conventional physical beauty counts for next to nothing«.[37] Wenn wir daraus eine Analogie zu hoch singenden Heavy Metal-Sängern ableiten können, geht es weder darum, die Bedeutung von äußerer Attraktivität in Oper und Heavy Metal gleichzusetzen, noch die verschiedenen Wahrnehmungsweisen von Weiblichkeit und Männlichkeit zu verwechseln. Dabei ließe sich die Frage, ob Heavy Metal-Sängerinnen stärker der »tyranny of the visual« unterliegen als Opernsängerinnen, gar nicht so einfach beantworten, sind doch die visuellen Stilmittel, die ihnen in der Heavy Metal-Kultur zur Verfügung stehen, nicht unbedingt mit denen anderer kultureller Bereiche vergleichbar.[38] Es ist jedoch das Prinzip, das diesen beiden – möglicherweise auch weiteren – Musikbereichen gemeinsam ist, dass nämlich die akustische Wahrnehmung der Singstimme eine gewisse Toleranz gegenüber Aspekten von Gender und Sexualität erlaubt, denn »looking and listening are not simply equivalent activities in different sensory realms«.[39]

Um auf das konkrete Phänomen Dirkschneider zurückzukommen: Abgesehen vom visuellen Aspekt ist zunächst festzuhalten, dass sich zwar die Lage seiner Stimme als Überschreitung einer konventionellen Männlichkeit deuten lässt, nicht jedoch das Timbre. Mit der charakteristischen Rauheit seines Vokalstils performiert Dirkschneider eher einen Aspekt, der konventionell mit Männlichkeit assoziiert wird. Suzanne Cusick hat sich grundlegend mit der

---

[37] Ebd., S. 255.
[38] Siehe dazu Sarah Chaker, »›Eiserne Ladies‹. Frauen(-Bilder) im Black und Death Metal«, in: *Krasse Töchter. Mädchen in Jugendkulturen*, hrsg. von Gabriele Rohmann, Berlin 2007, S. 123–144; Florian Heesch, »Black Metal-Sirenen. Mythenrezeption und Weiblichkeitsbilder bei Astarte«, in: *History/Herstory. Alternative Musikgeschichten*, hrsg. von Annette Kreutziger-Herr und Katrin Losleben (= Musik – Kultur – Gender 5), Köln u.a. 2009, S. 389–404; eine besonders differenzierte Analyse »modische[r] Kommunikationsdimensionen der Black Metal Szene« findet sich bei Anna-Katharina Höpflinger, »›Praying for the Death of Mankind‹. Ein religionswissenschaftlicher Blick auf die Schweizerische Black Metal Szene«, in: *Fluide Religion. Neue religiöse Bewegungen im Wandel. Theoretische und empirische Systematisierungen*, hrsg. von Dorothea Lüddeckensz und Rafael Walthert. (= Sozialtheorie), Bielefeld 2010, S. 227–234. Im Bereich der Subkulturforschung wird seit langem auf die eigensinnigen Dresscodes musikalischer Subkulturen verwiesen; als eine jüngere Studie zu Gender-Aspekten der äußeren Aufmachung (wenn auch bezogen auf die Goth-Kultur) verweise ich auf Dunja Brill, *Goth Culture. Gender, Sexuality and Style* (= Dress, body, culture), Oxford 2008.
[39] Abbate, »Opera; or, the Envoicing of Women«, S. 254.

Frage auseinandergesetzt, inwiefern Musik, insbesondere Gesang, als Performanz geschlechtlicher Identität im Sinn Judith Butlers verstanden werden kann.[40] Als ein populäres Beispiel (zur Zeit des Erscheinens ihrer Studie) bezieht Cusick sich auf Eddie Vedder, den Sänger der (Grunge-)Rock-Band Pearl Jam. Unter Hinzuziehung musikpsychologischer und musiksoziologischer Beobachtungen argumentiert sie, dass Vedder durch seinen rauen Vokalstil eine Haltung des Nicht-Singen-Könnens performiert, die unter Männern deutlich stärker verbreitet ist und insofern als kulturelles Männlichkeitsmerkmal gelten kann. Von dieser Argumentation ausgehend lässt sich auch Dirkschneiders raues Timbre als Performanz von Männlichkeit deuten. Dabei muss man sich allerdings bewusst machen (was Cusick in ihrem Aufsatz nicht berücksichtigt), dass die Zuordnung von rauer Stimme und Männlichkeit in der populären Musik nur bedingt gültig ist, wie man leicht an herausragenden weiblichen Stimmen mit rauem Timbre sehen kann. Als Beispiele wären Marlene Dietrich und Bessie Smith für das Chanson und den Blues der ersten Hälfte des 20. Jahrhunderts sowie Janis Joplin und Tina Turner für die Rockmusik seit den 1960er-Jahren zu nennen. An der Tradition, auf der Sänger wie Vedder und Dirkschneider aufbauen, haben diese Frauen wesentlichen Anteil. Man mag hier wiederum argumentieren, dass Sängerinnen wie diese eine Erweiterung der weiblichen Stimme durch Einbeziehung konventionell männlicher Ausdrucksmittel erwirkt haben. Jedenfalls lässt sich Dirkschneiders hoher rauer Gesang mit gebotener Vorsicht als eine Kombination aus konventionell weiblicher Stimmlage und konventionell männlichem Timbre beschreiben.

Um Dirkschneiders Performanz einer Heavy Metal-Männlichkeit umfassend zu untersuchen, müssten im Prinzip neben der Musik auch alle andere medialen Aspekte berücksichtigt werden, also nicht nur seine visuelle Darstellung in Form von Bewegungen, äußerer Aufmachung und Inszenierungen bei Auftritten und auf Fotos, sondern auch seine Songtexte, seine Äußerungen in Interviews, seine soziale Position innerhalb der Heavy Metal-Szene und so weiter. Rockmusik ist generell ein multimediales Phänomen, das neben musikalischen zahlreiche andere Elemente beinhaltet; der Glam Metal, der sich – wie schon sein Vorgänger Glam Rock – wesentlich über äußere Aufmachung definiert, ist ein illustratives Beispiel für die Bedeutung des Visuellen. Angesichts dessen, dass das Forschungsfeld Musik und Männlichkeit erst noch zu erschließen ist, scheint mir eine Konzentration auf den musikalischen, hier insbesondere

---

[40] Suzanne G. Cusick, »On Musical Performances of Gender and Sex«, in: *Audible Traces. Gender, Identity, and Music*, hrsg. von Elaine Hamessley und Lydia Barkin, Zürich 1999, S. 25–48.

den vokalen Aspekt sinnvoll zu sein. Wichtig ist dabei sicherlich, sich klarzumachen, dass dieser nur ein Teil einer multimedialen Gesamtheit ist. Um das zumindest in knapper Form zu verdeutlichen, eignet sich ein kurzer Blick auf Dirkschneiders äußere Aufmachung. Seine Kleidung und Frisur zeichnen sich nicht nur durch die Abwesenheit ›weiblicher‹ Glam Metal-Elemente aus, sondern durch einen betont ›männlichen‹ Stil. So trug er zwar in der Frühphase von Accept noch langes Haar, bediente sich aber keiner Toupierfrisuren oder ähnlichem. Vielmehr ließ er sich nach der Veröffentlichung des Albums *Breaker* (1981) eine Kurzhaarfrisur schneiden. An seiner Kleidung fallen keinerlei Elemente auf, die sich einem eher weiblichen Stil zuweisen ließen, eher noch lassen sich die pseudo-militärischen Camouflage-Anzüge, in denen er häufig auftritt, als Bestätigung oder Betonung einer traditionell verstandenen kriegerischen Männlichkeit deuten.[41] Für Dirkschneiders Gesamterscheinung lässt sich jedenfalls festhalten, dass sie eine Reihe von Merkmalen aufweist, die im Rahmen unserer mitteleuropäischen Kultur die Konventionen von Männlichkeit eher bestätigen. Sofern seine hohe Stimmlage konventionelle Vorstellungen von Männlichkeit hinterfragt, steht sie in einem dialektischen Verhältnis zu anderen Eigenschaften, wie dem rauen Timbre und der äußeren Aufmachung, die solche Gender-Konventionen eher bestätigen.

Männer und Frauen

Wie zu sehen war, stellt Dirkschneiders hoher Gesang in den frühen 1980er-Jahren keine Ausnahme dar, sondern ein unter männlichen Heavy Metal-Sängern verbreitetes Stilmittel. Die hohen Stimmen gehörten zu der Zeit zu einer kaum hinterfragten Norm. Im Lauf des Jahrzehnts geriet diese Norm jedoch ins Wanken. Das geschah erstens dadurch, dass andere Vokalstile in den Vordergrund rückten. Zunächst durch den Punk inspiriert praktizierten Sänger im aufkommenden Thrash Metal ein sogenanntes Shouting, wobei die Rauheit noch stärker in den Vordergrund trat, jedoch weniger im hohen Register gesungen wurde. Beim Growling, das insbesondere im Death Metal zu hören ist, finden sich sogar extrem tiefe Stimmen, die unter Verwendung der Taschenfalten auf unbestimmter Tonhöhe singen. Demgegenüber wurde das hohe Singen vom Normalfall allmählich zum Spezialfall.

[41] Mit dem durchaus komplexen Verhältnis von Männlichkeit und Kriegertum im Heavy Metal habe ich mich an anderer Stelle auseinandergesetzt: Florian Heesch, »Performing Aggression. Männlichkeit und Krieg im Heavy Metal«, in: *Gender Performances. Wissen und Geschlecht in Musik, Theater, Film*, hrsg. von Andrea Ellmeier, Doris Ingrisch und Claudia Walkensteiner-Preschl (= Mdw Gender Wissen 2), Wien 2011, S. 49–74.

Zweitens stellte sich die Frage nach dem Verhältnis von Stimme und Gender in gesteigertem Maß durch die allmählich zunehmende Sichtbarkeit von Sängerinnen im Heavy Metal. Durch die Beteiligung von Frauen werden Männer und Frauen vergleichbar und damit treten Gender-Aspekte deutlicher hervor. Dieser Zusammenhang, der in verschiedenen Bereichen gesellschaftlicher Veränderungen zu beobachten ist, zum Beispiel im allmählich zunehmenden Anteil von Frauen in öffentlichen Ämtern und Führungspositionen, lässt sich im Heavy Metal verstärkt seit den 1980er-Jahren beobachten. Bereits Ende der 1970er-Jahre wurden einzelne Frauen oder Frauenbands bekannt, zum Beispiel die aus London stammende Sängerin und Gitarristin Lita Ford, die zunächst in der US-amerikanischen Frauenband The Runaways gespielt hatte, oder die britische Band Girlschool. Seit Anfang der 1980er-Jahre erarbeitete sich die deutsche Sängerin Doro Pesch einen Namen in der Heavy Metal-Szene. Mit ihrer Band Warlock, ab 1989 als Soloprojekt unter dem Namen Doro, wurde sie zu einem internationalen Heavy Metal-Star. Während sich also einige Frauen im Heavy Metal etablieren konnten – wenn auch zunächst als Ausnahmeerscheinungen –, traten gerade im Bereich der Stimme neue Geschlechtergrenzen hervor. So galt die tiefe Stimmgebung des Growling noch bis vor wenigen Jahren als männliche Norm, obwohl sie bereits spätestens seit den 1990er-Jahren auch von Frauen praktiziert wurde.[42] Erst seit wenigen Jahren werden growlende Frauen allmählich von einer Mehrheit der Metal-Fans akzeptiert. Die stereotype Zuordnung »Frauen haben hohe, Männer tiefe Stimmen« hat hier offenbar neue Wirkung entfaltet. Es kann daher nicht erstaunen, wenn sich dies im Rückblick auf die Bewertung hoher Männerstimmen auswirkt.

In diesem Zusammenhang ist es aufschlussreich, den bisherigen Beobachtungen zu Dirkschneiders Stimme die Stimme einer Frau, nämlich von Doro Pesch, gegenüberzustellen. Insofern Männlichkeit und Weiblichkeit ein relationales Kategorienpaar bilden, eignet sich Pesch besonders, um die spezifische Heavy Metal-Männlichkeit Dirkschneiders zu erhellen. Pesch trat nur wenig später als Dirkschneider in der deutschen Heavy Metal-Szene auf und ist ebenso wie dieser seitdem international im Heavy Metal aktiv.[43] Von Interesse sind hier zwei jüngere Äußerungen von ihr: Erstens hat sie kürzlich eine eigene Beschreibung des in den 1980er-Jahren verbreiteten hohen Männergesangs und damit eine Bewertung dieses Vokalstils aus einer emischen und zugleich weiblichen

---

[42] Vgl. Florian Heesch, »Extreme Metal und Gender. Zur Stimme der Death-Metal-Vokalistin Angela Gossow«, in: *Musik und Popularität. Aspekte zu einer Kulturgeschichte zwischen 1500 und heute*, hrsg. von Sabine Meine und Nina Noeske (= Populäre Kultur und Musik 2), Münster 2011, S. 167–186.

[43] Vgl. Sharpe-Young, *Metal*, S. 353–354.

Perspektive geliefert. Zweitens hat sie in einem Duett mit Dirkschneider ihre Singstimme mit seiner im direkten Zusammenklang performiert.

Ihren Rückblick auf die 1980er-Jahre gab sie bei einer Podiumsdiskussion mit Heavy Metal-Sängerinnen 2009 in Köln. Dass es hierbei um Gender-Fragen ging, wurde zwar durch den Rahmen der Veranstaltung als Teil des internationalen Kongresses *Heavy Metal and Gender* vorgegeben. Allerdings kam der Impuls, über die typischen hohen Männerstimmen der 1980er-Jahre zu sprechen, von Pesch selbst.

> »Wie wir angefangen haben, das war so Anfang 80er, und da war zum Beispiel, da war das ganz große Mode, dass halt die Männer so singen wie 'ne Frau, dass man total hoch singt. Und also, Rob Halford von Judas Priest, das war halt der Gott, und alle wollten immer ganz hoch singen und wollten sich dann halt die … die Eier halb zuschnüren, damit sie ganz hoch da singen können – eigentlich so wie 'ne Frau. […] Eigentlich waren alle Männer irgendwie so [darauf] bedacht, so eher wie 'ne Frau zu klingen und sich dann eigentlich auch die Haare anzumalen. Also, das war zum Beispiel in den 80ern ganz anders. Da hat auch keiner irgendwie so richtig tief gesungen, so wie das jetzt heute irgendwie so gang und gebe ist. Also das war ganz selten. Auf jeden Fall, ja diese ganz hohen Stimmen, die waren da, ja die waren da ›in‹.«[44]

Mit der zwar sachlich unsinnigen, aber illustrativen Vorstellung vom Wunsch nach Selbst-Kastration bei jenen Sängern spielt Pesch auf die hohen Kastratenstimmen der Operngeschichte an oder eher: auf die im 19. Jahrhundert etablierte Assoziation von Kastratentum mit Weiblichkeit.

Im Rückblick beurteilt Pesch das ›weibliche‹ Singen ihrer Kollegen in den 1980er-Jahren als eher günstig für ihre eigenen Möglichkeiten, als Frau in dieser männlich dominierten Musikszene Fuß zu fassen. Ihre Stimme lag im selben Register und ließ sich daher problemlos mit hohen Männerstimmen wie derjenigen von Geddy Lee, Sänger und Bassist der kanadischen Rockband Rush, vergleichen: »Ja, und wie ich dann angefangen hab, das war irgendwie gar kein Thema. Und viele meinten dann so: Ah, die singt doch so wie der von Rush.«

---

[44] Transkription des Autors nach einer Audioaufnahme der Podiumsdiskussion am 8. Oktober 2009 in der Hochschule für Musik und Tanz Köln. Außer Pesch waren Sabina Classen, Britta Görtz und Angela Gossow an der Diskussion beteiligt; es moderierten Sarah Chaker und Florian Heesch.

Lange nachdem sowohl Pesch als auch Dirkschneider sich im internationalen Heavy Metal etabliert hatten, führten beide diese Aufhebung der Geschlechterdifferenz im Stimmregister gemeinsam vor. Unter dem Titel »Dancing with an Angel« nahmen sie ein Duett auf, das im Album *Man and Machine* von Dirkschneiders Band U.D.O enthalten ist.[45] Der Form nach handelt es sich bei dem Song um eine traditionelle Rockballade aus Strophen und Refrain, denen sich in der zweiten Hälfte eine Bridge anschließt, gefolgt von Gitarrensolo und erneutem Refrain mit Fade-Out. Dass die Tonlage für Mann und Frau dieselbe ist, wird deutlich, indem Pesch und Dirkschneider meistens auf gleicher Tonhöhe (zwischen c^1 und g^1) singen, in den Strophen abwechselnd, im Refrain unisono. Abweichend davon gibt es zwei kurze Teile, in denen sich eine Stimme jeweils im Umfang einer Terz oberhalb der anderen bewegt, wobei einmal Dirkschneider und ein anderes Mal Pesch die Oberstimme übernimmt. In der Bridge erklingt eine kurze Passage mit der hinsichtlich der Geschlechterrollen konventionellen Duettkonstellation, in der nämlich Pesch eine Terz höher singt. Viel auffälliger aber sind die Schlusszeilen der beiden Strophen, in denen beide zugleich singen: Hier erhebt sich Dirkschneiders Stimme über Peschs in die Höhe und erwirkt damit eine den Refrain vorbereitende gesteigerte Klangdichte, wobei Dirkschneider auf dem Spitzenton h^1 landend in sein charakteristisches raues Kreischen übergeht.

Obwohl die weibliche und die männliche Stimme hier in Bezug auf die Tonhöhe vollkommen gleichgestellt, sogar vertauschbar auftreten, bleibt die Differenz durch die Rauheit der Männerstimme deutlich bestehen. Dabei ist es meines Erachtens gerade Dirkschneiders raues Timbre, was nicht nur der Zweistimmigkeit der Strophe, sondern dem Song überhaupt seinen besonderen klanglichen Reiz verleiht, durch den er sich aus der Menge ähnlich aufgebauter Rockballaden heraushebt. Sein Kreischen steht in einem auffälligen Kontrast zum konventionell ›schönen‹ Charakter des Balladengenres. Zwar finden sich zahlreiche Beispiele für Balladensänger mit rauen Rockstimmen, wobei sich Klaus Meine von den Scorpions (erinnert sei an die Ballade »Wind of Change«) weniger zum Vergleich eignet als Rod Stewart oder – als Beispiel für eine Frau – Gianna Nannini, die beide zwar keinen Heavy Metal singen, aber einen Rockstil mit enorm rauer Stimme pflegen. Im Grad der Rauheit steht Dirkschneider jedoch an extremer Stelle. Wenn wir hier über Genres sprechen, muss daran erinnert werden, dass es sich bei der vokalen Rauheit in einer Rockballade um etwas anderes handelt als einen langsamen Blues. Hinsichtlich der Rauheit ließen sich zum Beispiel langsame Stücke von Janis Joplin durchaus mit Dirkschneiders Ballade vergleichen, aber der entscheidende Unterschied ist der

---

[45] U.D.O., *Man and Machine*, CD, SPV 2002.

zwischen der Blues-Brüchigkeit einerseits und der Kraft-Expression im Rock, zumindest im Heavy Metal, andererseits. Der resultierende Effekt von Dirkschneiders Kreischen wird in »Dancing with an Angel« durch den Kontrast zu Peschs Stimme noch gesteigert. So muss man konstatieren, dass die beiden mit ihrem Duett trotz gleicher Tonhöhe zumindest durch das unterschiedliche Timbre das geschlechtlich codierte Stereotyp von ›The Beauty and the Beast‹ bestätigen. Damit zeigt sich erneut, dass Dirkschneiders Stimme nicht über die Tonhöhe, durchaus aber über das Timbre als Performanz von Männlichkeit fungiert.

Zum Zeitpunkt der Entstehung von »Dancing with an Angel« ist Dirkschneiders hohe raue Stimme zwar immer noch ein Charakteristikum, stellt innerhalb des gesamten Genres Heavy Metal jedoch nunmehr eine von vielen Möglichkeit rauen Singens dar. Die Konnotationen von Stimme und Gender haben sich seit den 1980er-Jahren offenbar verändert. Zwar wird der Stil der 1980er-Jahre in Teilbereichen des Heavy Metal bis heute mit relativ geringen Veränderungen fortgeführt, aber die Bewertungen hinsichtlich des Gender-Aspekts sind heute andere als noch vor drei Jahrzehnten. Die heutige Heterogenität des Heavy Metal, die sich durch die Gleichzeitigkeit ungleichzeitig entstandener Stile auszeichnet, erweist sich als Spannungsfeld verschiedener Vorstellungen von Männlichkeit und Weiblichkeit. Meines Erachtens ist Heavy Metal daher ein besonders interessantes Feld, um Zusammenhänge von musikalischer Performanz und Gender im späten 20. und frühen 21. Jahrhundert zu studieren.

Malte Friedrich
Der Klang des Männlichen.
Sexismus und Affirmation im HipHop

Der berühmte Radio-DJ John Peel erklärte Mitte der 1990er-Jahre einmal in einer Radiosendung des British Forces Broadcasting System (BFBS), warum er keine Rap-Musik mehr spiele. In den Texten, so Peel, würden Frauen beleidigt und herabgewürdigt. Er könne, auch weil er Frau und Tochter habe, diese Darstellungen nicht länger unterstützen. Ein für Peel erstaunlicher und vielleicht auch übertriebener Schritt, denn gerade seine eklektische und oft auch exzentrische Musikauswahl schien ansonsten von solchen Überlegungen und Einschränkungen völlig unberührt zu sein. Seine Entscheidung zeigt deutlich, dass ein Musikstil wie Rap, mit seinen oft heftigen und drastischen Texten, selbst für einen liberalen Geist eine Herausforderung darstellt.

Das Thema ist alles andere als neu: Wird über populäre Musik gesprochen, dann oft auch über Geschlechterverhältnisse und die Darstellung und Präsentation von Sexualität. Der Standardvorwurf lautet, dass die Inszenierungen oder Praktiken sexistisch seien. Besonders afroamerikanische Musik steht unter einer Art Generalverdacht, die Moral zu untergraben, die Jugend und den Anstand zu gefährden und Frauen zu beleidigen oder herabzuwürdigen. Waren es früher Jazz oder Rock 'n' Roll, so konzentriert sich die Kritik an populären Musikstilen auf Heavy Metal und noch mehr auf Rap-Musik und HipHop.

Obwohl die Debatte nicht neu ist und zahlreiche Beiträge provoziert, bleibt sie in vielen Fällen oberflächlich. Hauptproblem ist, dass sich zu stark auf die Musik und Musiker konzentriert und aus der Interpretation der Texte oder Performances direkt auf ihre Wirkung geschlossen wird. Stattdessen gilt es, die Musik und ihre Einbindung in Szenepraktiken mit zu berücksichtigen. Erst daraus lassen sich ihr Stellenwert und ihre Wirkung ableiten, anhand derer eine kritische Beurteilung erfolgen kann.

Im Folgenden soll dies anhand der Rap-Musik und der HipHop-Kultur erfolgen. Vorbereitend werden die Bedingungen und Elemente zur Konstruktion von Männlichkeit in der populären Musik thematisiert (1) und Probleme im Zugang zu Sexismus und Männlichkeit im Popdiskurs aufgezeigt (2). Mit diesen Überlegungen kann genauer auf den Vorwurf des Sexismus von Rap-Texten eingegangen (3) und nach den Gründen ihres Erfolgs gesucht werden (4). Anhand dieser Überlegungen werden sexistische Textinhalte und Inszenierungen in der HipHop-Kultur neu verortet: HipHop erweist sich weniger von Sexismus und mehr von Affirmation geprägt (5).

1 Männlichkeit und populäre Musik

Musik, speziell populäre Musik, mit der Konstruktion von Gender in Verbindung zu setzen, ist naheliegend, weil sich Musikinszenierungen und Texte häufig auf Geschlecht und Geschlechterverhältnisse beziehen.[1] Mehr noch, diese Inszenierungen sind mit an der Erschaffung und Perpetuierung von Gender beteiligt, indem sie Geschlechtervorstellungen präsentieren und einem mehr oder weniger großen Publikum zugänglich machen.[2] Musik repräsentiert nicht nur Körperlichkeit, sondern spricht sie auch direkt an.[3] Ein Sachverhalt der Kritiker und Kritikerinnen der Popmusik immer wieder dazu verleitet, einen direkten Zusammenhang zwischen Musik und Sexualität herzustellen und zu behaupten, die Musik verführe zu sexuellen Praktiken oder stelle diese in unschicklicher Weise dar.[4]

Wenn aber die Rolle der Musik als ein organisiertes Klangereignis für die Konstruktion von Geschlechtlichkeit bestimmt werden soll, dann verliert sich die offensichtliche Verbindung von Musik und Gender. Musik als organisiertes Klangereignis von Tönen und Geräuschen repräsentiert nämlich nicht ohne weiteres Geschlecht, denn sie ist weitgehend nicht denotativ:[5] Die Tonfolgen, Rhythmen

---

[1] Zum Diskurs von Genderkonstruktionen vgl. *Sexing the Groove. Popular Music and Gender*, hrsg. von Sheila Whiteley, London/New York 1997 und die Beiträge in diesem Band.

[2] Gute Übersichten über die diversen popkulturellen Spielarten bieten Iain Chambers, *Urban Rhythms. Pop Music and Popular Culture*, Houndmills u. a. 1985; ders., *Popular Culture. The Metropolitan Experience*, London/New York 1986; Martin Büsser, *Popmusik*, Hamburg 2007; Peter Wicke, *Rock und Pop. Von Elvis Presley bis Lady Gaga*, München 2011.

[3] Vgl. Gabriele Klein, *Electronic Vibration. Pop Kultur Theorie*, Hamburg 1999; Richard Middleton, *Studying Popular Music*, Milton Keynes/Philadelphia, 1990, S. 258–267.

[4] Für eine Geschichte der populären Musik, die auch auf Aspekte der Schicklichkeit und Auseinandersetzungen um die populäre Kultur eingeht, siehe Peter Wicke, *Von Mozart zu Madonna. Eine Kulturgeschichte der Popmusik*, Frankfurt/M. 2001. Eine Geschichte der Aufregungen und Skandale im Pop findet sich bei Gary Herman, *Rock 'n' Roll Babylon. Skandale der Popmusik*, München 1996.

[5] Für eine radikale Ausarbeitung dieser Thesen siehe Peter J. Martin, *Sounds and Society. Themes in the Sociologie of Music*, Manchester/New York 1995.

oder Klangfarben eines Musikstückes sind nicht ohne weiteres in der Lage, Weiblichkeit oder Männlichkeit darzustellen oder zur Existenz zu bringen.[6]

Musik ist kein einfaches Repräsentationsmedium, das direkt auf etwas verweist. Die Bezüge zu außermusikalischen Ereignissen oder Dingen werden, wenn überhaupt, ›nur‹ über Ähnlichkeiten zwischen Musik und Außermusikalischem hergestellt. Dass zum Beispiel in Wagners *Ring* das zentrale musikalische Prinzip des Leitmotivs sich auf einzelne Personen bezieht, erschließt sich erst bei einer Aufführung, bei dem das Erscheinen einzelner Personen mit dem Erklingen der speziellen Tonfolge des Leitmotivs erfolgt.[7] Damit die Hörer und Hörerinnen die Verbindung zwischen den beiden Bereichen herstellen können, bedarf es meistens weiterer Informationen wie Bilder, Texte oder Praktiken, die mit der Musik assoziiert sind. Unter solchen Bedingungen kann die Musik als Medium der Imagination dienen und die Hörenden in eine Stimmung oder Haltung versetzen, die die Musik transportiert.[8]

Für die musikalische Darstellung von Männlichkeit müsste es Attribute, Gestalten oder Inhalte geben, die Männlichkeit ausmachen, um sie mit Hilfe der Musik klanglich darzustellen. Aber dies ist schwierig, da Männlichkeit selber eine soziale Konstruktion darstellt.

Für eine Hörerin oder einen Hörer mag es möglich sein, aus der Musik etwas typisch ›Männliches‹ herauszuhören, aber bei der Analyse der Musik nur diese variablen und heterogenen Konnotationen zu berücksichtigen, beinhaltet die Gefahr der Reproduktion von Geschlechterklischees und der Tradierung von willkürlichen Setzungen, die weder Musik noch Genderkonstruktionen gerecht werden. Wenn zum Beispiel aggressive Musik als eine Ausdrucksform des Männlichen gilt, dann muss zunächst Aggressivität als männliches Attribut gesetzt werden.[9] Die Gefahr besteht, dass fast jede Art von Musik als Beleg

---

[6] Unklar ist auch ob Gender Einfluss auf die Art der Komposition hat. Vgl. die Versuche in diese Richtung bei Eva Rieger, »›Ich recycle Töne‹. Schreiben Frauen anders?«, in: *Die Philosophin*, 3 (1995), S. 20–29; dies., »›Gender Studies‹ und Musikwissenschaft – ein Forschungsbericht‹‹, in: *Die Musikforschung* 48/3 (1995), S. 235–250.

[7] Vgl. Melanie Wald und Wolfgang Fuhrmann, *Ahnung und Erinnerung. Die Dramaturgie der Leitmotive bei Richard Wagner*, Kassel 2013.

[8] Vgl. Peter Kivy, *Sound and Semblance. Reflections on Musical Representation*, Ithaca/London 1984.

[9] Eine Verbindung von Männlichkeit, Aggression und Musik gehört zu einer der am häufigsten geäußerten Verbindung, wenn es um Geschlechterkonstruktion und Musik geht. Zum Beispiel zu finden in der berühmten Studie von Simon Frith und Angela McRobbie, »Rock and Sexuality« (1978), in: *On Record. Rock, Pop, and the Written Word*, hrsg. von Simon Frith und Andrew Goodwin, Abingdon/New York 1990, S. 371–389 oder mit einem musikwissenschaftlichen Zugang John Shepherd, *Music as Social Text*, Cambridge 1991, S. 164–171.

für jede Art von Männlichkeit aufgefasst werden könnte, was zu Fehlschlüssen und beliebigen Urteilen einlädt. Was genau Männlichkeit ausmacht, ist äußerst variabel. Die Vorstellungen und Anforderungen an Männlichkeit unterliegen geschichtlichen Veränderungen und haben sich seit der Nachkriegszeit aufgefächert, so dass Männlichkeit heute ein extrem heterogenes Konzept geworden ist.[10] Daraus folgt auch, dass es relativ einfach ist, in Musik Formen, Gestalten oder Klangfarben zu finden, die jeweils einer der vielfältigen Möglichkeiten, Männlichkeit zu definieren, entsprechen. Das läuft darauf hinaus, dass es so etwas wie männliche Musik jenseits ihrer Setzung als solche nicht gibt.

Von der Regel, dass in der Musik nur qua Konnotation eine Verbindung zum Männlichen herzustellen ist, gibt es aber eine wichtige Ausnahme: Bei vokaler Musik – in der populären Musik der Normalfall – lässt sich der vertonte Text auf Genderkonnotationen hin interpretieren und verweist die Stimme auf das Geschlecht der singenden Person. Genauer gesagt, werden die Hörenden in den meisten Fällen, willkürlich oder unwillkürlich, die Stimme einem Geschlecht zuordnen.[11]

Mit der Zuordnung einer Stimme zu einem Geschlecht erfolgt eine grundsätzliche Bewertung und Verortung der Musik, die wiederum beeinflusst wird vom geschlechtlichen Selbstverständnis der Hörenden. Dies ist wichtig, wie Simon Frith zeigt, weil in der populären Musik die Stimme als Medium der Identifizierung mit dem Singenden eine zentrale Rolle spielt. Sie erlaubt den Hörenden, die Gefühle und Stimmungen der Singenden mitzuerleben, sie sich selbst anzueignen und performativ umzusetzen. Für Frith stellt damit die Stimme den Schlüssel für das Vergnügen am Pop dar.[12]

Die Musik kann genutzt werden, um das eigene Verhältnis zur Geschlechterordnung zu erleben, zu bestätigen oder auch in Frage zu stellen. Was die Hörenden mit der Musik machen, wie sie sie verwenden oder zur Identitätskonstruktion nutzen, ist aber nicht durch die Musik determiniert. Aus diesem Grund lässt sich nicht direkt von der Stimme auf die Konstruktion von Geschlecht schließen. Zum einen, weil dies dazu verleitet, nur die Texte zu beachten, nicht

---

[10] Vgl. Wolfgang Schmale, *Geschichte der Männlichkeit in Europa (1450–2000)*, Wien/Köln/Weimar 2003.
[11] Vgl. Simon Frith, *Performing Rites. On the Value of Popular Music*, Oxford 1996, S. 187–195. Dabei können die Zuhörerinnen und Zuhörer sich sehr wohl irren, genauso wie der Interpret oder Interpretin gängige Zuweisungen von Sprechweisen, Timbre oder Intonation zu einem bestimmten Geschlecht unterwandern können. Mit der Möglichkeit einer Zuweisung ist nur gemeint, dass es in den meisten Fällen zu einer Zuordnung kommt.
[12] Vgl. ebd., S. 201.

aber das gesamte Zusammenspiel aller Elemente, aus denen das Klangerlebnis besteht. Zum anderen kann die Wirkung nur dann einsetzen, wenn die Stimme bewusst oder unbewusst auch als Artikulation von Geschlechterverhältnissen erfahren und nicht nur einem Geschlecht zugeordnet wird. Ein solches Hören ist aber voraussetzungsvoll, kann doch der Textinhalt oder die Intonation beim Hören in den Hintergrund gedrängt werden oder die Stimme beim Hören eine nur untergeordnete Rolle spielen. Diese Einschränkungen ändern aber nichts am Sachverhalt, dass die Stimme das zentrale Medium darstellt, um Geschlechtsidentitäten zu entwickeln, auszuleben oder zu bestätigen.[13] Es handelt sich um eine Stimme, die durch und über Musik funktioniert, und so Musik, Stimme und die Konstruktion von Geschlecht miteinander verbindet.

2 Popsexismus

Die Genderforschung hat sich bei der Beschäftigung mit populärer Musik lange auf die Analyse der Genderkonstruktion durch und von Frauen in der populären Musik (beliebte Forschungsobjekte dabei: Madonna und Riot-Grrls) konzentriert,[14] ohne auf die spezifische Konstruktion von Männlichkeit einzugehen.[15] Wichtig war diese Auseinandersetzung, weil sie einer geschlechtslosen Forschungspraxis, die weibliche Ansätze der Produktion und des Konsums populärer Musik negierte oder missachtete, die Relevanz von Gender im Pop entgegensetzte und die Qualität der Produktion und Aneignung von Frauen hervorhob. Dadurch hat sich eine Vorstellung entwickelt, dass es weibliche, männliche oder dazwischenliegende Formen populärer Musik gibt. Gleichzeitig blieb die Diskussion über Männlichkeit und Pop argumentativ unterentwickelt. In der lange Zeit dominanten Subkulturtheorie war bei der politisch künstlerischen Auseinandersetzung mit Konsumkulturen wenig Platz für eine dezidierte Auseinandersetzung mit Geschlechtskonstruktionen des Männlichen. Dafür stand zu sehr der Nachweis von subversiven Taktiken im Pop im Mittelpunkt.[16] Wenn das Thema aber verhandelt wurde, dann meistens

---

[13] Dies muss nicht unbedingt affirmativ geschehen. Es ist genauso möglich, Musik als negative Kontrastfolie der eigenen Identität zu verwenden.
[14] Zu Madonna siehe z. B. Diedrich Diedrichsen u. a., *Das Madonna Phänomen*, Hamburg 1993. Zur Riot Grrls Bewegung siehe *Riot Grrrl Revisited! Die Geschichte einer feministischen Bewegung*, hrsg. von Katja Peglow und Jonas Engelmann, Mainz 2011.
[15] Vgl. Monika Bloss, »Musikwissenschaft«, in: *Gender Studien. Eine Einführung*, 2. Aufl., hrsg. von Christina Braun und Inge Stephan, Stuttgart 2006, S. 307–321.
[16] Und das seit Beginn der Subkulturtheorie. Vgl. dazu beispielsweise die berühmte Studie von Dick Hebdige, *Subculture. The Meaning of Style*, London/New York 1979.

als Negativfolie: Die Popmusik, speziell Spielarten des Rock und später des HipHop, werden als Bastionen männlicher Dominanz und des Auslebens stereotyper Männlichkeitsvorstellungen präsentiert. Die Gitarre oder das Mikrophon gelten dann als Phallussymbole, die Texte als frauenverachtend und die Performanz prahlerisch, aggressiv und Dominanz suggerierend.[17]

Nicht alle Ansätze zu Männlichkeit sind so einseitig, aber meistens ist das Thema Männlichkeit mit Sexismus eng verbunden. Überzeichnet besteht in einer solchen Betrachtung die Gefahr einer Umkehr der Zuschreibungen zur Dichotomie Mann/Frau, in der jetzt die weibliche Seite positiv und die männliche Seite ausschließlich negativ konnotiert wird. So entsteht zudem ein reduktionistisches und einseitiges Bild populärer Musikpraxis, weil es zu einer Verkürzung der Spielarten oder Herangehensweisen in (positiv) weiblich und (negativ) männlich kommt, obwohl gerade die populäre Kultur ein zentrales Feld der Infragestellung dieser Dichotomie ist. Im Pop gibt es eine fast unübersehbare Vielfalt an Angeboten zur Konstruktion von Männlichkeit (und Weiblichkeit oder einem dritten Geschlecht). Das Spektrum reicht von eindeutigen Inszenierungen des Betörers, Gangsters, Surfers, Zuhälters, Arbeiters, Rockers, Teufelanbeters, Träumers, Außenseiters, Athleten, Geschäftsmanns, Nerds, Hippies, Situationisten bis zu komplexen und vielschichtigen Inszenierungen als Transsexueller, Clown, Kind, Roboter, Tier oder ähnlichem. Oft werden zudem die Inszenierungen gemischt, verändert, überlagert und verfremdet (z. B. der träumende Athlet, transsexuelle Rocker, hippieske Teufelanbeter). Pop ist wie ein Baukasten, in dem sich für fast alle Identitäten, Stimmungslagen oder Vorstellungen etwas finden lässt. Diese Vielschichtigkeit findet sich auch in Stilen, denen besonders häufig vorgeworfen wird, sexistische Inhalte und Vorstellungen zu kolportieren oder zu unterstützen, zum Beispiel im HipHop. Dazu gehören nicht nur Rapper, die in den 1990er-Jahren mit einer Hippie-Ikonografie spielten wie De La Soul oder Arrest Development, sondern aktuell auch der aus dem erweiterten Rap-Umfeld stammende Sänger Frank Ocean oder Rapper wie Mykki Blanco, die offen auf ihre Homosexualität und ihre Ablehnung einer Zuordnung zu männlich oder weiblich hinweisen.[18]

Selbst die vermeintlich eindeutigen Beispiele sexistischer männlicher Musik-

---

[17] Vgl. die Ausführungen zu »Cock Rock« bei Frith/McRobbie, »Rock and Sexuality«, S. 373–376; ausführlich zu HipHop Miles White, *From Jim Crow to Jay-Z. Race, Rap, and the Performance of Masculinity*, Champain 2011 und generell siehe Sheila Whiteley, »Introduction«, in: *Sexing the Groove. Popular Music and Gender*, hrsg. von Sheila Whiteley, London/New York 1997, S. XIII–XXXVI, hier S. XVII–XVIII.

[18] Vgl. Johanna Grabsch, »Mykki Blanco. Das 5. Element«, in: *De Bug* 10 (2012), S. 8–11.

praxis sind oft durch Ironie in Frage gestellt und verändern so die Botschaft expliziter Textinhalte. Und das kann selbst für Musiker aus dem Rock oder HipHop gelten, deren männliche Darstellung auf den ersten Blick eindeutig sexistisch zu sein scheint.[19]

Hinzu kommt, dass Musik, selbst mit eindeutig sexistischen Texten, eine besondere Kunstform darstellt, bei der die musikalischen Elemente und ihre Wirkung mitberücksichtigt werden müssen. Auch hier ist die Wirkung von Musik oder die Wirkung von Musiktexten alles andere als eindeutig zu bestimmen. Man sollte daher nicht vorschnell von Text und Inszenierung auf die Aneignung schließen. Die Texte oder das Verhalten von Musikern auf der Bühne oder in Musikvideos müssen nicht von den Hörenden übernommen werden. Bei der Umsetzung der Musik in Bewegung, zum Beispiel beim Tanz, kann sich eng an die Vorgaben der Performances gehalten werden, aber genauso gut etwas völlig anderes entstehen. Der Schluss von Text und Performance auf die Wirkung der Musik ist unzulässig.

Daher ist es falsch, populäre Musik insgesamt oder einzelne Stilrichtungen unter den Generalverdacht eines männlichen Sexismus zu stellen, selbst wenn in ihnen Textinhalte oder Verhaltensweisen zu beobachten sind, die als sexistisch gelten können. Es müssen stattdessen die jeweiligen Praktiken, die Gründe für den Erfolg beim Publikum und die daraus sich ableitende Wirkung Mitberücksichtigung finden.

3 Sexismus im HipHop

Rap-Musik ist die Musikrichtung, die in den letzten Jahren die größte Aufmerksamkeit zu den Themen Sexismus und Homophobie erhalten hat.[20] Als Kampfspiel ist HipHop in erster Linie selbstreflexiv und die Adressaten und Adressatinnen der Botschaften sind die Mitglieder der HipHop-Szene selber.[21]

---

[19] Vgl. zum Beispiel die Analyse des Bühnenverhaltens von Mick Jagger in Sheila Whitley, »Little Red Rooster v. The Honky Tonk Woman. Mick Jagger, Sexuality, Style and Image«, in: *Sexing the Groove. Popular Music and Gender*, hrsg. von Sheila Whiteley, London/New York 1997, S. 67–99. Zu den ironischen Musikvideos des Rappers Eminem siehe Malte Friedrich, »Skandalsuperstar. Die inszenierten Grenzüberschreitungen des Rappers Eminem«, in: *TV-Skandale*, hrsg. von Claudia Gerhards, Stephan Borg und Bettina Lambert, Konstanz 2005, S. 225–239.

[20] Vgl. White, *From Jim Crow to Jay-Z* und *Deutscher Gangsta-Rap: Sozial- und kulturwissenschaftliche Beiträge zu einem Pop-Phänomen*, hrsg. von Marc Dietrich und Martin Seeliger, Bielefeld 2012.

[21] Vgl. Gabriele Klein/Malte Friedrich, *Is this real? Die Kultur des HipHop*, Frankfurt/M. 2003.

Die »Botschaften« der Rap-Texte müssten eigentlich zunächst im Rahmen des Selbstverständnisses dieser Szene erklärt werden. Der kommerzielle Erfolg der Rap-Musik hat aber zu einer breiten Konsumentenschicht geführt, die nicht als produzierende Mitglieder in Erscheinung treten. Die Kritik an Subgenres wie Gangsta- oder Pimprap basierte auf den darin oft vorkommenden expliziten Beschreibungen von Gewalttaten und sexuellen Akten und der Herabwürdigung von Frauen und Homosexuellen. In vielen Fällen – nicht nur in Rap-Texten, sondern auch in Interviews von Szenemitgliedern – lässt sich generell eine relativ starke binäre Trennung der Geschlechter beobachten, die einem reaktionären Muster folgt, bei dem zwischen einem aktiven, dominanten Männlichen und einem passiven, devoten Weiblichen unterschieden wird.

Um eine Vorstellung zu bekommen, um welche Art von Texten es geht, sollen zwei Beispiele angeführt werden. Bei dem US-amerikansichen Pimp Rapper Too $hort, einem der Pioniere des West Coast Rap, im Stück »Blowjob Betty« heißt es:

> »Pimp is my game/I do it the best/Ho fuck with me, she don't get no rest/Well after that, I g'd the freak/I used to stop by and fuck about twice a week/And from the very first time I went to her house/Walked in the door and stuck my dick in her mouth/$hort Dollar get bitches anytime I wanna/Got a big dick and lay it right on her tonsils/
> I only stick it in about half way back/'Cause if I put it all in, it bust straight through her neck/Niggas always sayin how they fucked that bitch/But I'm the only nigga that the bitch made rich.«[22]

Der Rapper preist im Text seine Qualität als Zuhälter, prahlt mit der Größe seines Geschlechts, seiner sexuellen Potenz und der generellen Bereitschaft von Frauen, seinen sexuellen Wünschen zu folgen und sich für ihn zu prostituieren. Die Frau erscheint im Text als devot und abhängig, der männliche Rapper als dominant und bestimmend. Es handelt sich um einen typischen Rap, bei dem der Rapper seine sexuellen Qualitäten lobt und beschreibt.[23]

Vergleichbare deutsche Texte gibt es, seit Anfang der 2000er-Jahre, eng verbunden mit dem damals unabhängigen Label Aggro Berlin, das durch geschicktes Marketing auf sich und seine Rapper aufmerksam machen konnte und kommerziell für einige Jahre sehr erfolgreich war.[24] Rapper wie Sido, Bushido

---

[22] Too $hort, »Blowjob Betty«, 1993, Jive Records, zit. n.: www.elyrics.net/read/t/too-short-lyrics/blowjob-betty-lyrics.html, 5.11.2012.
[23] Vgl. Adam Krims, *Rap Music and the Poetics of Identity*, Cambridge 2000, S. 46–92.
[24] Vgl. Kirstin Wilke, »›Ich fühl mich dann einfach cool!‹ Inszenierung von Männlichkeit durch Gangsta Rap«, in: *Pop und Männlichkeit. Zwei Phänomene in*

oder B-Tight gelang es weit über die HipHop-Kultur hinaus, durch drastische und provokative Texte Aufmerksamkeit zu erzeugen. Auch in vielen Raps, die Aggro Berlin veröffentlichte, spielen sexuelle Überpotenz und Allmachtsphantasien eine zentrale Rolle. So lautet es zum Beispiel bei dem für seine obszönen Texte oft kritisierten Berliner Rapper B-Tight im Stück »Neger bums mich«[25]:

> B-Tight: »Ich bums dich so wie du's brauchst wenn der Neger kommt mach den Mund auf/Pornostyles 69, aber nur wenn deine Muschi fresh is/Riecht gut/Schmeckt gut/Ich steck ihn rein und fick zum Groove/Mal hart/Mal soft/Zwischendurch ziehen wir ne Nase und nen Kopf, nimm deine Drogen mach dich glücklich, ich mach Party ohne Rücksicht, heute wird sich totgefickt.
> Refrain: Neger bums mich/Neger bums mich/Neger bums mich bums mich hart!/Neger bums mich/Neger bums mich/Neger bums mich bums mich hart!!!«

Auch hier preist der Rapper seine sexuellen Qualitäten an. Die Frau wird als Sexualpartnerin beschrieben, die den Wünschen des Rappers folgt und ihn gleichzeitig ermutigt, den Sexakt fortzusetzen. In beiden Fällen wird die Darstellung bis ins Groteske übertrieben, weil entweder die Potenz und Größe des Geschlechts des Rappers massiv übertrieben wird oder im Falle von B-Tight der Refrain (»Neger bums mich«) von einer Art Mädchen-Chor intoniert wird, der eher niedlich und kindisch wirkt, als devot, frech oder sexuell erregt. Klar wird in beiden Fällen, dass es sich keineswegs um eine realistische Darstellung eines sexuellen Aktes handelt.

Genauso wie schon Jahre zuvor in den Vereinigten Staaten wurde die Debatte über sexistische Textinhalte in Deutschland im Zusammenhang mit Gangsta-Rap geführt. Im Zentrum der Diskussion stand dort die Frage, ob Gangsta-Rap entweder schlicht als gewaltverherrlichend, homophob und sexistisch anzusehen ist, was gefährlich für Kinder und Jugendliche sei und beleidigend für Frauen und Minderheiten, oder ob es sich stattdessen um eine originär afro-amerikanische Kunstform handle, die auf Sprachspielen basiere, die durch bewusste Übertreibungen, Prahlereien, Wortspiele und Ironie auf die tatsächliche soziale und räumliche Ausgrenzung einer Minorität aufmerksam mache.[26] Der oben zitierte Rap von Too $hort wäre in erster Lesart eine Her-

---

prekärer Wechselwirkung?, hrsg. von Katja Kauer, Berlin 2009, S. 165–180, hier S. 168–170.

[25] B-Tight, »Neger bums mich«, vom Kompilationsalbum *Aggro Ansage Nr. 3*, Aggro Berlin 2003, zit. n.: www.leoslyrics.com/b-tight/bums-mich-lyrics/#1sUI57QOWlT8yUJf.99; 6.11.2012, eigene Korrekturen.

[26] Zu den Sprachspielen im Rap siehe Russell A. Potter, *Spectacular Vernaculars*.

abwürdigung von Frauen, in der zweiten ein Beispiel für die klassische Darbietung eines Sprachspiels, in der sich der afroamerikanische Mann als potent und sexuell überlegen darstellt, in Kontrast zu seiner deprivierten sozialen Situation, der historischen Aberkennung seiner Sexualität und seiner Degradierung zur Arbeitsmaschine.

Die Debatte in Deutschland wiederholt die Argumente aus den USA, mit dem Unterschied, dass hier die ethnische Zugehörigkeit der Rapper nur eine untergeordnete Rolle spielt, sie aber in den USA im Zentrum stand.[27] Die Diskussion über Gangsta-Rap mag sinnvoll sein, um sich über Grenzen künstlerischer Ausdrucksweisen oder über den erwünschten Inhalt von Kunst auseinanderzusetzen. Es sind die stets aufs Neue gestellten Fragen, die so verhandelt werden: Was darf die Kunst? Was darf sie nicht mehr? Welche Aufgabe hat sie? Wie tolerant muss man gegenüber beleidigenden oder skandalösen Aussagen sein?

In der Kritik, in den USA genauso wie in Deutschland, werden Werturteile mit Spekulationen über die Wirkung der Musik vermischt, die sich alleine aus Textinhalten ableiten. Problematisch ist, wie bereits erwähnt, der direkte Schluss von interpretierten Textinhalten auf ihre Wirkung ohne Berücksichtigung der Musik, der Kontexte, in denen die Musik konsumiert wird, und des Umgangs der Konsumenten und Konsumentinnen mit der Musik, der auch durch soziale und kulturelle Variablen beeinflusst wird. Was mit dem Amalgam aus Text und Musik geschieht, wie sie in Szenepraktiken eingebunden sind und welche Bedeutungstransformationen dadurch erfolgen, bleibt zumeist unberücksichtigt.

In empirischen Untersuchungen zur Wirkung von Rap-Musik mit vornehmlich sexuellen Inhalten bei Jugendlichen zeigt sich, wie schwierig es ist, eine eindeutige Wirkung aus den Texten alleine abzuleiten. Es kommt zwar vor,

---

Hip-Hop and the Politics of Postmodernism, Albany 1995 und Wolfgang Karrer, »Rap als Jugendkultur zwischen Widerstand und Kommerzialisierung«, in: *Rap. Gulliver 38*, hrsg. von Wolfgang Karrer und Ingrid Kerkhoff, Hamburg/Berlin 1995, S. 21–44.

[27] In einem Gerichtsurteil der Kölner Verwaltungsgerichtes zur »Indizierung eines den Drogenkonsum verherrlichenden Musiktitels« (in: *Zeitschrift für Urheber- und Medienrecht*, 6 (2006), S. 501–507), heißt es zum Beispiel, dass ein »Haus der Kinder-Jugendhilfe« die Indizierung einer CD mit deutschen Rap-Texten beantragt hätte, »da die Texte auf übelste Art Mord, Totschlag, Überfall, Missbrauch, Vergewaltigung verherrlichten und zudem sexual-ethisch desorientierend seien, indem sie Menschen auf entwürdigende Art zu sexuell willfährigen Objekten degradierten und bisweilen zusätzlich frauenfeindlich und/oder rassistisch seien.« (S. 501).

dass sich einzelne Befragte in ihren Vorstellungen über Sexualkontakte oder akzeptablen Verhaltensweisen an den Textinhalten orientieren, aber nur wenn sie schon mit bestimmten Voraussetzungen an die Musik herantreten. So zählt zum Beispiel Michael Herschelmann, ohne dies im Einzelnen nachzuweisen, diverse Bedingungen auf, die dazu führen könnten, dass die Aussagen der Texte übernommen werden und »Gewalttaten mit auslösen oder zumindest unterstützen oder bagatellisieren«[28]. Demnach müsste der männliche Hörer ein biografisches Bedürfnis haben, Macht zu demonstrieren oder auszuleben und zusätzlich ein »besonders Interesse an Sexualität [...], aber noch keine oder wenig tatsächliche Erfahrungen gemacht [haben]« und zudem müsste gelten, dass »Fähigkeiten zur sozialen Perspektivübernahme und Empathie wenig ausgeprägt sind, Kompetenzen zur Kommunikations- und Beziehungsgestaltung gerade mit dem anderen Geschlecht fehlen und eine Orientierung an traditioneller Männlichkeit mit allen (Vergewaltigungs-)Mythen etc. existiert.«[29] Mit anderen Worten ist eine Übernahme der Textinhalte stark voraussetzungsvoll und nur unter bestimmten Bedingungen zu erwarten. Zu einem ähnlichen Ergebnis kommt Nadine Jünger, die in ihrer Aneignungsstudie von Porno-Rap durch Jugendliche zusammenfassend darauf hinweist, dass

> »der Porno-Rap hauptsächlich nur dann zur Orientierung genutzt wird, wenn die Orientierung bereits ausgeprägt ist, sodass zumeist ein verstärkender Effekt auszumachen ist. In der Regel steuert demnach die individuelle Biografie die Aneignung und andersherum oder mit anderen Worten: sie sehen, was sie sehen wollen. Diese Herangehensweise trifft im Speziellen auf die Aneignung geschlechtsspezifischer Verhaltensweisen zu.«[30]

Ein Grund für die seltene direkte Übernahme von Textinhalten ist ihre Einbindung in Musik und Inszenierung, die sie trotz des mitlaufenden Authentizitätsdiskurses als spielerische, künstlerische Aussagen ausweisen. Um den Text als direkte Aussage zu betrachten, der ohne weiteres übernommen werden

---

[28] Michael Herschelmann, »›Als ob man dabei die ganze Zeit denkt: Oh, ich bin ein Gangsta‹« – was Jungen zu sexistischem deutschen Gangsta-Rap sagen«, Kinderschutz-Zentrum Oldenburg, www.ajs-bw.de/media/files/medien/.../info_sexistischergangsta_rap.pdf, S. 8, zuerst erschienen in: *KindJugendGesellschaft. Zeitschrift für Jugendschutz* 51 (4/2006), S. 124–129.
[29] Ebd., S. 7–8.
[30] Nadine Jünger, *Die Bedeutung des Porno-Rap für die sexuelle Sozialisation seiner Hörerschaft. Eine qualitative Studie zur Aneignung des deutschen Porno-Rap durch 10- bis 19-Jährige*, Magisterarbeit zur Erlangung des akademischen Grades Magister Artium (M.A.) Kommunikations- und Medienwissenschaft, Institut für Kommunikations- und Medienwissenschaft der Universität Leipzig, 2010, S. 164.

kann, muss dieser Kontext dem Hörenden unbekannt sein oder er muss ihn bewusst missachten. Weil aber die HipHop-Kultur in vielfältiger Weise implizit und explizit auf diesen Kontext hinweist, ist eine solche Missachtung nicht ohne weiteres möglich. Es genügt anderseits aber auch nicht, jeweils auf diese Kontextualisierung zu verweisen, um das Argument sexistischer oder gewaltverherrlichender Fantasien vollkommen zu entkräften, wenn diese doch so ostentativ und häufig vorgetragen werden. Mit dem Argument einer rein ironischen Sprechweise, die noch dazu aus den sozialen Bedingungen ihrer Entstehungsorte resultiere, ließe sich jede Sprechweise und sei sie noch so diffamierend oder herabsetzend, rechtfertigen, mit dem Hinweis, sie sei Reaktion auf soziale Verhältnisse, die künstlerisch bearbeitet werden und dadurch eine kritische Auseinandersetzung ermöglichen. Nur weil gewaltverherrlichende oder sexistische Fantasien in Sprachspiele oder Szenepraktiken eingebunden sind, bleiben sie doch als reine Aussagen nicht minder problematisch. So wird der Frage aus dem Weg gegangen, warum gerade diese Form der Auseinandersetzung mit sozialer Realität gewählt wird und warum sie so ungemein erfolgreich ist.

Um dies beantworten zu können, bedarf es einer Argumentation, die sich nicht in die politischen Bewertungen verstrickt und vorschnell Partei für oder gegen diese Kunstform ergreift und stattdessen nach den Gründen für den Erfolg von Gangsta-Rap und sexistischen Textinhalten fragt.

4 Der Erfolg Gewalt verherrlichender oder sexistischer Textinhalte

Es ist eine klassische Regel des Marketings, dass die Darstellung nackter Frauenkörper verkaufsfördernd sei. Und weil dies als erfolgsversprechend gilt, durchzieht die Werbung die Präsentation des weiblichen Körpers.[31] Dieses Verkaufsargument ist auch einer der Gründe, warum in Pop-Texten explizite Hinweise auf Sexualpraktiken gemacht werden und warum spärlich bekleidete Frauen auf Plattencovern oder in Musikvideos auftauchen. Aber dies alleine verkennt die speziellen Gründe, warum sie in einer Szene wie HipHop zur Anwendung kommen und wie sie dort wirken.

Rapper begehen mit gewaltverherrlichenden, homophoben oder sexistischen Textinhalten ostentative Normbrüche. Dem Konsens eines erstrebenswerten friedlichen Miteinanders, der Ablehnung von Gewalt, Unterdrückung oder Herabwürdigung von Anderen wird bewusst nicht gefolgt. Solche für die Pop-

---

[31] Eine Übersicht sexualisierter Werbung bietet Juliann Sivulka, »Historical and Psychological Perspectives of Erotic Appeal in Advertising«, in: *Sex in Advertising. Perspectives on the Erotic Appeal*, hrsg. von Tom Reichert und Jacqueline Lambiase, Mahwah 2003, S. 39–64.

musik nicht untypische Normverletzung (z. B. im Punk oder Heavy Metal)[32] erzeugt Aufmerksamkeit und erlaubt den Konsumierenden, sich diesen egalitären und anti-egozentrischen gesellschaftlichen Forderungen spielerisch zu widersetzen.[33] Sie ermöglicht den Hörern eine temporäre, virtuelle Außerkraftsetzung von sozialen Normen und Vorschriften – eine imaginäre Befreiung von sozialen Bedingungen und Abhängigkeiten. Daraus erklärt sich auch der Erfolg von HipHop in den Vorstädten der Vereinigten Staaten oder bei Hörern und Hörerinnnen, die der autochthonen oder sozialen Mehrheit angehören. Die Darstellung eines normbefreiten, gleichzeitig von Solidarität zur eigenen Gruppe und von Ehre bestimmten Lebens ist auch für individualisierte Hörer und Hörerinnen, die von sozialem Elend weit entfernt sind, reizvoll: eine Welt der Befreiung von internalisierten Zwängen und gleichzeitig die Opposition zu Grundsätzen, die von der Mehrheit geteilt werden.

Wichtiger als die Texteinhalte, die von Gewalt, Sex und Drogen handeln, erscheint es daher, etwas auszusprechen oder zu hören, das den allgemeinen Normen und Werten nicht entspricht. So entsteht eine Form von gespielter asozialer Männlichkeit, die nicht an Konventionen oder Vorschriften gebunden ist, es sei denn, diesen wird von sich aus zugestimmt. Das relativiert aber auch den Sexismusvorwurf, denn es geht dabei nicht so sehr um die Herabsetzung anderer, sondern primär um die Freiheit, etwas zu denken oder sich vorzustellen, was nicht erlaubt oder gewünscht ist.

Normbrüche sind nur ein Stilmittel und finden keineswegs in allen Rap-Texten Verwendung. Fast immer weisen sie aber Bezüge zu den Lebenswelten ihrer Hörer und Hörerinnen auf. Sie beziehen sich auf lokale Orte, Alltagserlebnisse und Begebenheiten, die von ihren Hörern und Hörerinnen entweder durch eigene Erfahrungen oder über Medienberichte gekannt werden. Raps können so relativ gut als Basis von Tagträumen dienen, in die sich die Hörenden in der Rolle eines Gangstas, Großstadtkämpfers oder generell als jemand, der mit den Widrigkeiten und Schwierigkeiten des Alltags umzugehen weiß, hineinbegeben können.[34]

[32] Vgl. Jon Savage, *England's Dreaming. Sex Pistols and Punk Rock*, London 1991; Markus Greil, *Lipstick Traces. Von Dada bis Punk – kulturelle Avantgarden und ihre Wege aus dem 20. Jahrhundert*, Hamburg 1992 sowie Robert Walser, *Running with the Devil. Power, Gender, and Madness in Heavy Metal Music*, Middletown 1993, S. 137–171.
[33] Wie erfolgreich eine solche Strategie ist, zeigt sich am schon erwähnten Label Aggro Berlin, das nicht nur Gangsta-Rapper wie Sido, Bushido oder B-Tight unter Vertrag hatte, sondern auch Fler, der mit nationalistischen Raps vermarktet wurde, eine Themenwahl, die zuvor im HipHop als unmöglich galt.
[34] Vgl. Malte Friedrich, *Urbane Klänge. Popmusik und Imagination der Stadt*, Bielefeld 2010, S. 265–300.

Für Simon Frith ist zur Erzeugung eines solchen Tagtraums die Stimme von entscheidender Bedeutung:

> »In taking on a singer's vocal personality we are, in a sense, putting on a vocal costume, enacting the role that they are playing for ourselves. But a singer's act in this respect is complex. There is, first of all, the character presented as the protagonist of the song, its singer and narrator, the implied person controlling the plot, with an attitude and tone of voice; but there may also be a ›quoted‹ character, the person whom the song is about (and singers, like lectures, have their own mannered ways of indicating quote marks).«[35]

Eine besondere Qualität des HipHop ist die enge Verbindung aus der Rolle, die jemand in Rap-Texten verkörpert, sowie dem Rapper als inszeniertem und inszenierendem Star und dem Rapper als Person. So kommt es zu einer speziellen Art der Inszenierung von Authentizität, bei der es darauf ankommt, zugleich glaubhaft Bezüge zur eigenen Lebenssituation und -erfahrung mit HipHop typischen Inszenierungsformen und der daraus abgeleiteten Rolle zu verbinden. Dies führt zu einer Fusion aus Text, Performance und Verortung, die es besonders leicht macht, sich in die Person eines Rap-Textes hineinzudenken oder wie Frith es ausdrückt, ein vokales Kostüm anzulegen. Dabei spielt es keine Rolle, ob die Hörer und Hörerinnen tatsächlich genau die gleichen Erfahrungen gemacht haben, wie die in den Raps dargestellten Ereignisse. Die idealisierten Figuren lassen sich mit eigenen Erfahrungen kombinieren und ausschmücken. Raps sind Angebote, sich mit den fiktionalen Figuren, die sie erschaffen, zu identifizieren oder sie zumindest mit der eigenen Lebenswirklichkeit abzugleichen.

Auf die Bedeutung der Stimme macht auch Murray Forman aufmerksam. Seiner Meinung nach werden im HipHop besonders dunkle Stimmen von Männern bevorzugt, weil sie die Botschaft der Texte am besten verkörperten:

> »Kulturelle und ideologische Prägungen lehren uns, aus dem speziellen Klangbild und der Resonanz der Stimme männliche Autorität herauszuhören, und verknüpfen so bestimmte Musiker und Genres mit der Vorstellung von Macht. Auf diese Weise wird der männlichen Bariton-Stimme die Dominanz innerhalb eines vorherrschenden Wertesystems zugesprochen, das unauflöslich mit einer Vielzahl patriarchalischer Herrschaftsformen verquickt ist.«[36]

---

[35] Frith, *Performing Rites*, S. 198–199.
[36] Murray Forman, »Machtvolle Konstruktionen. Stimme und Autorität im HipHop«,

Richtig ist daran, dass mit einer speziellen Stimme bestimmte Vorstellungen abgerufen werden können, die zu den Textinhalten und dem Rapper passen. Aber das Argument überzeugt aus mehreren Gründen nicht. Zum einen fehlt die ansonsten für die Kulturpraxis immer in Stellung gebrachte Ironie. Dass gerade bei der Darstellung von Macht die spielerischen Elemente wegfallen sollen, die ansonsten von so hoher Bedeutung sind, ist unplausibel. Es ist auch nicht einsichtig, dass eine machtvolle Stimme aggressiv oder dunkel gefärbt sein müsste. Wichtiger erscheint, was wie gesagt wird und wie glaubwürdig diese Aussagen sind. Des Weiteren wären im Rap genauso Stimmen zu erwarten, die nicht aggressiv sind, sondern cool, das heißt, die zeigen, dass sie sich durch die Widrigkeiten des Lebens nicht aus der Ruhe bringen lassen. Dass Stimmen, die als besonders männlich erlebt werden, besonders erfolgreich sind, lässt sich also nicht ohne weiteres auf die Autorität zurückführen, die mit ihnen konnotiert sein soll. Es muss einen anderen Grund geben, warum »männliche« Stimmen erfolgversprechend im Rap sind.

Es sind auch nicht nur die Stimme und die Rap-Texte, die die Identifizierung mit den Figuren des Rap ermöglichen. Genauso wichtig ist die Musik, in die der Rap eingebunden ist. Charakteristisch für Rap-Musik ist die starke Betonung des Rhythmus. Dieser erlaubt es, sich leicht zur Musik zu bewegen und sie körperlich alleine oder mit anderen zusammen zu spüren. Sie bindet die Hörenden in das gemeinschaftliche Erlebnis des Tanzes. Verstärkt wird die Erzeugung eines gemeinschaftlichen Erlebens bei Konzerten durch die Rapper, die zum Tanzen und Feiern animieren und dazu auffordern, an der Gemeinschaft teilzunehmen. Zudem unterstützt und bestätigt die Musik die Textinhalte. Genauso wie sich die Texte auf ein urbanes Umfeld beziehen, verweist die Musik über strukturelle Ähnlichkeiten auf den Stadtraum. Dies resultiert aus der Einbindung von Geräuschen, Tonaufnahmen aus dem Stadtraum (z. B. Polizeisirenen) und der hybriden Überlagerung von Klangschichten, die aus dem Fundus städtischer Kulturen und Klangwelten zusammengesetzt werden. So erzeugt die Musik, genauso wie die Texte, eine urbane Atmosphäre.[37]

Wenn Klangfarbe und Artikulation der Stimme nicht alleine die Basis für Tagträume darstellen, bleibt die Frage, warum stereotype, »dunkle« und aggressive Männerstimmen so häufig im Rap Verwendung finden. Es ist genauso trivial wie einleuchtend zu argumentieren, dass dies zur Unterstützung der Geschlechtskonstruktion im Rap dient. Die Raps sollen entsprechend stereotyper Vorstellungen ›männlich‹ klingen, um als Identifikationsfläche für dieje-

---

in: *Die Stimme im HipHop. Untersuchungen eines intermedialen Phänomens*, hrsg. von Fernand Hörner und Oliver Kautny, Bielefeld 2009, S. 23–50, hier S. 32.

[37] Vgl. Friedrich, *Urbane Klänge*, S. 225–263.

nigen zu fungieren, die ›männlich‹ sein wollen oder sich zumindest als Mann inszenieren möchten.[38] Umgekehrt gilt auch: Weil Rap und Inszenierungen so sehr auf Männlichkeit fokussieren, ist Rap-Musik bis heute eine weitgehend auf Männer konzentrierte Praxis geblieben.[39]

In vielen Rap-Texten, nicht nur im Gangsta-Rap, ist die Beherrschung der sozialen Umwelt eines der immer wiederkehrenden Momente. Da sich Rap-Texte vor allem an ein männliches Publikum richten, unabhängig von wem sie letztendlich gehört werden, ist ein Element dieser Allmachtsfantasien die Beherrschung von Frauen, nicht unähnlich der Darstellung von Frauen in der Pornografie, in der sie Objekt zur Befriedigung der männlichen Sexualität sind.[40] Die Dominanz bezieht sich aber nicht nur auf Frauen, sondern erstreckt sich auf alle Personen im Umfeld, die sich dem Willen des Rappers/Mannes fügen müssen. Es ist also nicht alleine eine sexistische binäre Unterscheidung zwischen überlegenen Männern und unterdrückten Frauen, sondern die Unterscheidung zwischen dem (zumeist männlich konstruierten) überlegenen Rapper und seiner Crew im Gegensatz zu allen Anderen.

Es handelt sich dabei wohlgemerkt um eine Imagination. Die Qualität eines Tagtraums besteht ja gerade darin, dass er befriedigend sein kann, ohne dass seine Inhalte in realiter umgesetzt werden müssten. Es geht ›nur‹ darum, die Einschränkungen des eigenen Lebens imaginär zu überwinden. Dies kann besonders für Jugendliche reizvoll sein, weil eine ihrer alltäglichen Erfahrungen ist, dass es trotz des Älterwerdens keineswegs möglich ist, das gesamte soziale Umfeld zu kontrollieren. Rap bietet die perfekte Vorlage für Tagträume, in denen man die Umwelt vollständig kontrolliert, besser als alle anderen mit den Problemen des Alltags umzugehen weiß und Fragen nach dem eigenen Selbstverständnis oder Selbstzweifel ausgeblendet werden. Im Mittelpunkt steht eine ins Absolute übertriebene Fantasie der Allmacht.

---

[38] Genau das ist eines der zentralen Ziele junger Konsumenten von Gangsta-Rap wie Wilke in »Ich fühl mich dann einfach cool!« zeigt.

[39] Und das obwohl die Kulturtechnik des Rap in keiner Weise auf Männer beschränkt wäre und sehr wohl in vielfältigen Formen zur Konstruktion eines neuen Geschlechtsverständnisses eingesetzt wird. Das zeigt sich sowohl an vielen weiblichen Rap-Fans, als auch an einem breiten Spektrum an Raps von Frauen und Männern, die sich dem Männlichkeitskult im Rap widersetzen und eigenständige Entwürfe ihrer Lebenswelt und Geschlechtskonstruktionen entwickeln. Zur Bedeutung von Frauen im Rap und HipHop siehe Tricia Rose, *Black Noise. Rap Music and Black Culture in Contemporary America*, Hanover/London 1994; S. 146–182, Klein/Friedrich, *Is this real?*, S. 205–211; Cheryl L. Keyes: *Rap Music and Street Consciousness*, Champain 2004, S. 186–209.

[40] Zur Debatte um Pornografie siehe Drucilla Cornell, *Die Versuchung der Pornographie*, Frankfurt/M. 1997 und das darin enthaltene Vorwort Barbara Vinken: »Das Gesetz des Begehrens – Männer, Frauen, Pornographie«, S. 7–23.

5 HipHop und Affirmation

Bezüge zum realen Leben, Tabubrüche und Allmachtsfantasien passen gut in das inszeniert authentische Kampfspiel des HipHop, weil die spielerische Dominanz durch die Inszenierung der eigenen Qualitäten und Abwertung der anderen Szenemitglieder zum zentralen Mechanismus gehört, über den HipHop sich konstant reproduziert und erneuert. Dies nur als sexistisch, gewaltverherrlichend oder obszön zu beschreiben, greift zu kurz, weil sie auch in ein performatives Kampfspiel absichtlicher Übertreibungen und möglichst gelungener Inszenierungen eingebunden ist.

Wie jede andere populäre Musik führt HipHop nur in Ausnahmefällen zu Praktiken, die direkt aus Texten ableitbar wären und über die Szenepraktiken hinausgehen, es sei denn, es wird nach einem solchen appellativen Charakter schon von vornherein gesucht. Wer Death Metal-Texte über die Anbetung des Teufels hört, wird dadurch nicht zum Teufelsanhänger, wer Gangsta-Texte produziert oder konsumiert, wird dadurch nicht zu einem Verbrecher, und der Konsum sexistischer Textinhalte führt nicht automatisch zu einem sexistischen Weltbild. HipHop bietet aber auch keine neuen Vorstellungen an, sondern tradiert bestehende Geschlechterkonstruktionen. Das macht HipHop in Bezug auf Gender zu einer konservativen und konservierenden Kulturpraxis. Weil HipHop über ein Kampfspiel abläuft und gefordert wird, sich auf die Realitäten zu beziehen, ist er trotz der Inszenierungen und spielerischer Übertreibungen eine konsequent affirmative Kulturerscheinung. HipHop fördert und fordert Leistung, Disziplin und Akzeptanz von Gruppenregeln. Nicht das Verlassen der Realität steht im Mittelpunkt, sondern ihre Meisterung.

Im US-Diskurs ist die These aufgestellt worden, die Rapper würden die Funktionen von organischen Intellektuellen übernehmen, indem sie auf soziale Missstände aufmerksam machen würden und der afroamerikanischen Minderheit eine Stimme verliehen, die sowohl auf Verbesserung der Situation hinwirke, als auch für die Gemeinschaft zur Identifikation diene.[41] Tatsächlich hat Rap-Musik nicht nur in den USA ethnischen Minderheiten die Möglichkeit zur Artikulation gegeben. Trotzdem liefert HipHop kein Gegenmodell zu den bestehenden Verhältnissen, weil die strukturellen Mechanismen, die zur sozialen, kulturellen und räumlichen Ausgrenzung überhaupt erst führen, nicht in Frage gestellt werden. Stattdessen werden Wertevorstellungen der autoch-

---

[41] Vgl. Jeffrey Louis Decker, »The State of Rap. Time and Place in Hip Hop Nationalism«, in: *Microphone Fiends*, New York/London 1994, S. 99–121; Nathan D. Abrams, »Antonio's B-Boys, Rap, Rappers, and Gramsci's Intellectuals«, in: *Popular Music and Society* 19/5 (1995), S. 1–19.

thonen oder sozialen Mehrheit (Disziplin, Leistung, Wettkampf) reproduziert. In den Raps wird keine neue Welt erfunden, wie sie sein sollte, oder gar ein utopischer Entwurf entwickelt. Im Mittelpunkt steht fast immer die Durchsetzung in einer gegebenen (städtischen) Umgebung. Der Traum des besseren Lebens besteht in der Kontrolle des Gegebenen und nicht im Verlassen oder Ändern der vorhandenen Welt. Diese Welt wird oft als feindlich, asozial und brutal beschrieben. Aber aus dieser Beschreibung der Realität wird nicht abgeleitet, dass sie grundlegend zu ändern sei. HipHop ist affirmativ und vollkommen unromantisch: Unheimliches, Schwärmerisches oder Empfindungen der Überwältigung finden nicht statt, genauso wenig wie Hoffnung auf eine bessere Welt außerhalb des städtischen Raums.

Das Problem dieser affirmativen Haltung ist die Aufgabe des Versuchs der Imagination einer radikalen Veränderung des Alltäglichen oder in Bezug auf Gender die Veränderung von Geschlechterverhältnissen. Genau diese Funktion des Vordenkens oder auch Erlebens anderer Lebensformen ist eine der wichtigsten Aufgaben von Kulturpraktiken wie der Popkultur, die sich nicht vollständig der gesellschaftlich dominanten Kultur oder Handlungsketten unterordnen müssen. Im HipHop ist aber die Imagination ganz auf das Bestehende fixiert. Hier liegt auch die Stärke des HipHop: Er fordert nicht nur lautstark die Möglichkeit der Teilhabe und Artikulation von Benachteiligten im urbanen Raum ein, sondern ist durch die Kombination aus Realitätsbezügen und Allmachtsfantasien daran beteiligt, diesen Raum mitzugestalten und umzucodieren. Aber was vollständig fehlt, ist eine romantische Vorstellung einer anderen Welt. Das macht HipHop, nicht nur in Geschlechterfragen, zu einer konservativen Bewegung.

6 Fazit

Im Rap steht nicht Gewalt (verbale, territoriale, körperliche) oder Sexismus, sondern fantastische Überhöhung der eigenen Möglichkeiten im Mittelpunkt. HipHop bietet zwar keinen alternativen Lebensentwurf an, ermöglicht es aber, auf deprivierte Lebensbedingungen nicht nur hinzuweisen, sondern Minderheiten eine Stimme zu geben, mit der sie ihre Sicht der Dinge darstellen können. Das ändert nichts daran, dass sich darin zugleich zentrale Wertevorstellungen der authochtonen oder sozialen Mehrheit (Disziplin, Leistung, Wettkampf) reproduzieren und HipHop so keine Vorstellungen einer völlig anderen Gesellschaft entwerfen kann.

Männlichkeit wird in diesem Kontext zur Fähigkeit der Verortung und Behauptung im Alltag, gegen eine feindliche Welt, in der nur der Kampf mit Gleichgesinnten erfolgsversprechend ist. Diese Sichtweise beinhaltet die

Gefahr einer reduktionistischen Vorstellung von Sozialität und Geschlechterverhältnissen. Der Gewalt- und Sexismusvorwurf, der aus den Textinhalten nicht zu Unrecht abgeleitet wird, ist trotzdem irreführend. Es geht weniger darum, andere abzuwerten, sondern mehr darum, eine vollständig beherrschbare Welt zu imaginieren – angesichts des weltweiten Erfolgs von Rap-Musik ein offensichtlich weitverbreitetes Bedürfnis von Männern oder solchen, die unbedingt welche sein wollen. Obwohl die Inszenierungsformen des HipHop prädestiniert dafür sind, die Konstruktion von Geschlecht zu hinterfragen und subversiv anzugreifen, tradiert HipHop in seiner aktuellen Ausprägung ein binäres modernes Geschlechtermodell. Aber die Raps dienen in den meisten Fällen nicht direkt als Handlungsanweisung für den Alltag, sondern als Basis eines Tagtraums, der gerade nicht real ist und als solcher auch nicht handlungsleitend wirkt. Das ist zwar das Gegenteil von progressiv, aber zumindest kommunikativ, weil alle Artikulationen im HipHop immer auch eine Aufforderung darstellen, auf diese individualistische Überhöhung zu reagieren und in einen Dialog einzutreten. Was innerhalb des HipHop kommuniziert wird, kann jederzeit mit den gleichen Mitteln angegriffen und umcodiert werden. Diese inszenierten Formen aus Frage und Antwort, Behauptung und Gegenbehauptung sind alles andere als unkritisch. Zur Bewertung der heftigen und drastischen Raps sollte deshalb nicht alleine auf den Aspekt der Gewalt und des Sexismus abgehoben werden, sondern auch auf den Wunsch nach Tagträumen und dem Dialog, in den solche Äußerungen eingebunden sind.

Martin Seeliger
Zwischen Affirmation und Empowerment?
Zur Bedeutung von Gangsta-Rap-Images im gesellschaftlichen Repräsentationsregime

Im November 2011 brachten die Akrobaten des Medienzirkus Deutschland ein Kunststück in die Boulevardmanege, das sich trotz einiger Wiederaufführungen im Laufe der letzten Jahre noch immer einiger Beliebtheit zu erfreuen scheint: Nachdem ein paar findige (und/oder unsensible) Promoter_innen aus dem Umfeld des Verlegers Hubert Burda den deutschen Gangsta-Rapper Bushido als Gewinner des Medienpreises Bambi in der Kategorie ›Integration‹ ausgesucht hatten, zog dies in der deutschen Öffentlichkeit rasch eine Diskussion nach sich, in der es darum ging, ob eine solche Ehrung für den kontroversen Künstler überhaupt angemessen sei: Schließlich werde dieser in seinen Texten nicht müde, sich abfällig gegenüber Frauen und Homosexuellen zu äußern, und stelle daher wohl kein Beispiel für eine gelungene Eingliederung in die deutsche Mehrheitsgesellschaft dar. Dass man sich im Hause Burda nicht scheut, heiße Eisen nicht nur anzufassen, sondern auch medienwirksam in die Kameras des Entertainmentfernsehens zu halten, erscheint wenig überraschend, schließlich hatte man ja den ehemaligen Nazi-Unterhalter Johannes Heesters gleich mit eingeladen. Was allerdings überraschend erscheint, ist der Empörungseffekt, den die kulturindustrielle Inszenierung von Vertretern des Genres Gangsta-Rap immer wieder – und scheinbar ohne besondere Abnutzungseffekte – hervorzurufen vermag. Wie kommt es also, dass (die Glorifizierung von) Gangsta-Rap ein so problematisch aufgefasstes Phänomen darstellt?

Eine kultursoziologische Auseinandersetzung mit dem Thema Gangsta-Rap könnte (mindestens) drei Perspektiven zum Ausgangspunkt nehmen: So ließe sich zum einen innerhalb einer subjektiven Dimension fragen, wie Leute eigentlich zu Gangsta-Rap stehen oder vielleicht sogar selbst zu Gangsta-Rappern[1] werden. Weiterhin wäre es auch möglich, die gesellschaftlichen Rahmen-

---

[1] Es gibt auch einige Gangsta-Rapperinnen, aber um die soll es in diesem Text nicht gehen; siehe hierzu etwa *Female HipHop*, hrsg. von Anjela Schischmanjan und Michaela Wünsch, Mainz 2007.

bedingungen der kulturellen (Re-)Produktion des Genres unter die Lupe zu nehmen. Makro-soziale Tatbestände wie die sozialstrukturellen Rahmenbedingungen, auf die Sprecher des Genres in ihren Texten immer wieder Bezug nehmen, könnten hierbei genauso von Bedeutung sein wie der konkrete kulturindustrielle Produktionszusammenhang mit seinen spezifischen Interessenkonstellationen, Isomorphismen usw. Drittens – und dies ist die Perspektive, die ich hier einnehmen möchte – lässt sich Gangsta-Rap auch im Zusammenhang eines breiteren gesellschaftlichen Repräsentationsregimes betrachten. Dieser Sichtweise entsprechend richtet sich das Interesse dann auf die Bedeutung von Gangsta-Rap-Images als Bezugspunkten für die Selbstverortung sowie Fremdzuschreibung von Sprechern, z. B. im Bezug auf sozialstrukturell verfasste Ungleichheiten. So soll weiter unten argumentiert werden, dass sich Gangsta-Rap-Images entlang zweier semantischer Linien interpretieren lassen: Zum einen als Versuch einer Aktualisierung hegemonialer Männlichkeiten[2] und zum anderen als symbolische Bezugspunkte in einem ›Klassenkampf von oben‹.[3] Um diese Argumentation nachvollziehbar zu machen, soll im Anschluss an eine kurze Darstellung der Entstehung des Genres sowie seiner Bedeutung innerhalb der HipHop-Kultur eine intersektionale Sichtweise auf die Konstitutionsmodi der Bildwelten des Genres entwickelt werden.

Zur Geschichte von Gangsta-Rap

Grundsätzlich lässt sich Gangsta-Rap als Bestandteil des breiten Komplexes HipHop-kultureller Formen begreifen. Der gängigsten Auffassung nach entstand HipHop Ende der 1970er-Jahre in der New Yorker Bronx. Vor dem Hintergrund ihrer recht überschaubaren finanziellen Möglichkeiten sowie einer restriktiven Gesetzgebung, die es Jugendlichen und jungen Erwachsenen verbot, Musikclubs zu besuchen, entwickelte sich das Vortragen selbst ausgedachter Texte über gesampelte Fragmente anderer Musikstücke zu einer eigenen kulturellen Ausdrucksform und verbreitete sich binnen kurzer Zeit erst in den USA und dann im internationalen Rahmen als Teil der HipHop-Kultur.

---

[2] Vgl. hierzu allgemein: Robert W. Connell, *Der gemachte Mann. Konstruktion und Krise von Männlichkeiten*, Wiesbaden 2006, in Bezug auf Gangsta-Rap Malte Goßmann, »Witz schlägt Gewalt. Männlichkeit in Rap-Texten von Bushido und K.I.Z«, in: *Deutscher Gangstarap. Sozial- und kulturwissenschaftliche Beiträge zu einem Pop-Phänomen*, hrsg. von Marc Dietrich und Martin Seeliger, Bielefeld 2012, S. 71–84.

[3] Vgl. Martin Seeliger und Katharina Knüttel, »›Ihr habt alle reiche Eltern, also sagt nicht, Deutschland hat kein Ghetto!‹ Zur symbolischen Konstruktion von Anerkennung im Spannungsfeld zwischen Subkultur und Mehrheitsgesellschaft«, in: *Prokla* 160/3 (2010), S. 395–410.

Als weitere Bestandteile dieser Kultur werden gemeinhin Breakdance, DJ'ing und Graffiti gezählt. Unter den Vertretern der HipHop-Kultur herrscht diesbezüglich allerdings keine Einigkeit: So zählen einige auch Beatboxing oder ganz allgemein ›Knowledge‹ um Geschichte und Praktiken von HipHop hinzu.

Einen wesentlichen Beitrag zur Auseinandersetzung mit der HipHop-Kultur leisten Malte Friedrich und Gabriele Klein mit ihrer Analyse von HipHop als lokale Adaption eines global zirkulierenden Symbolsystems.[4] Indem das beschriebene Ursprungsnarrativ der HipHop-Kultur unter spezifischen (nationalen und regionalen, d. h. Stadt-spezifischen) Rahmenbedingungen wahrgenommen und aktualisiert wird, gewinnen bestimmte lokale HipHop-Kulturen ihre Konturen. Blickt man auf den ›deutschen Weg‹ der Adaption von Hip-Hop-Kultur zu Anfang der 1980er-Jahre, so erscheint hierbei v. a. die Rolle Jugendlicher mit Migrationshintergrund von Bedeutung. Im Anschluss an Rainer Geißler lässt sich diese Epoche auch als »Abwehrphase« der deutschen Migrationsgeschichte bezeichnen.[5] Das öffentliche Bewusstsein über Einwanderung und Inkorporation von Migrant_innen und deren Nachkommen ist hier gekennzeichnet durch Diskurse um ›volle Boote‹ und ›Ausländerfluten‹, die über ›uns‹ hereinbrechen. Diese Ressentiments spiegeln sich auch in der Ausgestaltung konkreter politischer Maßnahmen: Rückführungsprämien in Höhe von 10.000 DM sollten Zugewanderten die Rückkehr in ihr Herkunftsland attraktiver machen (da dies allerdings auch den Verzicht auf Rentenzahlungen und andere Sozialleistungen bedeutete, stellte sie für die Adressat_innen unter wirtschaftlichen Gesichtspunkten häufig kein besonders gutes Geschäft dar). Wie Geißler bemerkt, basiert diese generell wenig aufgeschlossene Haltung innerhalb breiter Bevölkerungsschichten nicht auf einem dichten Erfahrungsfundament: So hatten 1980 lediglich 15% der Westdeutschen regelmäßigen Kontakt mit Ausländer_innen im Freundes- oder Bekanntenkreis (2002 waren es mit 61% mehr als vier Mal so viele).[6] Da gleichzeitig auch die Ressourcenausstattung (post-)migrantischer Haushalte weit unterdurchschnittlich ausfiel, lässt sich aus ihren sozialstrukturellen Umständen eine zweifache Erklärung für die Attraktivität von HipHop für Jugendliche mit Migrationshintergrund ableiten: Zum einen bieten die durch US-amerikanische Genre-Vertreter geäußerten Randständigkeits- und Stigmatisierungserfahrungen migrantischen Rezipient_innen subjektives Identifikationspotenzial.[7] Zum anderen bietet

[4] Malte Friedrich und Gabriele Klein, *Is this real? Die Kultur des HipHop*, Frankfurt/M. 2003.
[5] Rainer Geißler, *Die Sozialstruktur Deutschlands*, Wiesbaden 2006.
[6] Ebd., S. 246.
[7] Vgl. Hannes Loh und Sascha Verlan, *25 Jahre HipHop in Deutschland*, Opladen 2006.

ihnen HipHop-Kultur als wenig voraussetzungsreiche Praxisform alltagsweltliche Gestaltungsmöglichkeiten. Zum Rappen braucht man zur Not nicht mal ein Mikrophon, auch Breakdance kostet nichts und die Graffiti-Dosen kann man im Bedarfsfall auch im Baumarkt stehlen.

Aber was ist nun das Besondere an Gangsta-Rap? In ihrer Darstellung von Rap als Element der HipHop-Kultur differenzieren Klein und Friedrich zwischen vier unterschiedlichen Formen von Rap, welche sie idealtypisch voneinander abgrenzen. Während im Polit-Rap Gemeinwohl-Angelegenheiten von (vermeintlichem) öffentlichen Interesse zum Thema gemacht werden, dienen Party- und Pimp-Rap v. a. der Unterhaltung, wobei der Erstere eine eher harmlosere Variante darstellt, während der Zweite auch explizit sexualisierte Darstellungen, d. h. in aller Regel dominierende Vorstellungen heterosexuell-patriarchalischer Erotik, beinhaltet. Gangsta-Rap bildet schließlich eine vierte Variante,[8] deren Inhalte vordergründig auf die Inszenierung eines spezifischen Lebensstils abheben: »Die charakteristische Formel des Gangstas – ›do or die‹ – steht für eine sozialdarwinistische Gesellschaftsordnung, in der es einzig auf das Überleben des stärkeren und autonomeren Individuums ankommt«.[9]

Die textlichen Motive des Genres sind meist geprägt durch eine gezielte Überhöhung des lyrischen Ich, das von eigenen Errungenschaften oder Besitztümern oder auch von (häufig als positiv dargestellten) Eigenschaften wie Intelligenz, Risikobereitschaft oder Durchsetzungsfähigkeit und Wehrhaftigkeit berichtet. Die eigene Aufwertung findet hierbei häufig (um nicht zu sagen: typischerweise) über die Abwertung anderer Personen(gruppen) statt. Gängige Projektionsflächen erstrecken sich hierbei entlang gesellschaftlich verbreiteter Exklusionslinien wie der Stigmatisierung (männlicher) Homosexualität oder Misogynie sowie der stereotypen Darstellung mittel- und oberschichtsspezifischer Lebensstile und Erwerbsverläufe. Wie anhand der intersektionalen Analyse der Bildwelten zu zeigen sein wird, stellen die Sprecher des Genres diesen stereotypen Feindbildern eine Selbststilisierung entgegen, welche teilweise grundsätzlich abweichende, teilweise aber auch recht ähnliche Werthaltungen und Orientierungen als Gegenmodell formuliert.

Ein weiterer häufig auftretender Gangsta-Rap-Topos ist die Schilderung

---

[8] Prinzipiell ließe sich diese Unterscheidung – vor allem angesichts der weiteren Entwicklungen seit dem Jahr 2003 – auch noch weiter ausdifferenzieren und um Subgenres wie Swagger- oder Horror-Rap erweitern. Da der Fokus der folgenden Ausführungen allerdings auf dem Feld des Gangsta-Raps liegt, erscheint ein solches ›Fine-Tuning‹ der Typologie wenigstens an dieser Stelle nicht unbedingt erforderlich.

[9] Simon Strick, »Rap und Tod. Vom Gangster-Rap zu den amerikanischen Rap-Megastars der 1990er«, in: *testcard* 14 (2005), S. 114–117, hier S. 116.

des Alltags in bestimmten Stadtteilen: So beschreiben Friedrich und Klein den männlichen Rapper im »standardisierte[n] Bildrepertoire des HipHop« als »Kämpfer im feindlichen Dschungel der nachindustriellen Megastadt«.[10] Um diese Darstellung urbaner Wirklichkeiten[11] als zentralen Bestandteil der Symbolwelten des Gangsta-Rap verstehen zu können, eignet sich der Bezug auf die sozialstrukturellen Implikationen des Thematisierten. Erneut scheinen hier vor allem zweierlei Aspekte von Bedeutung: Zum einen werden gesellschaftlich verfasste Ungleichheiten im Stadtbild durch Muster residenzieller Segregation entlang ethnischer Differenzlinien versinnbildlicht. Nach Michael Krummacher konzentrieren sich Haushalte mit hohen Armutsrisiken in sozialräumlich benachteiligten Stadtteilen, bei denen es sich in fast allen Fällen um multiethnische Wohnquartiere handelt.[12] Indem zweitens das Leben in diesen Stadtteilen als wenigstens eigentümlich, häufig aber auch schlichtweg (lebens-)gefährlich beschrieben wird, schaffen sich Gangsta-Rap-Sprecher ihre eigenen narrativen Rahmenbedingungen, unter denen die von ihnen erzählten Geschichten ihre besondere Bedeutung gewinnen. Der Bezug auf den eigenen, als ›hartes Pflaster‹ dargestellten Stadtteil verschafft dem Gangsta-Rap-Sprecher also das, was er braucht, um als Genrevertreter ernst genommen zu werden: Eine authentische Sprecherposition. So lässt sich die glaubhafte Inszenierung als ›Rapper von der Straße‹ als Quelle subkulturellen Kapitals im Sinne Sarah Thorntons verstehen:

> »Subkulturelles Kapital verleiht in den Augen seiner relevanten Besitzer den entsprechenden Status. In vielerlei Weise beeinflusst es das Ansehen [...] ähnlich wie sein Äquivalent in der Erwachsenenwelt. Subkulturelles Kapital kann *objektiviert* sein oder *verkörpert* [Hervorhebung im Orig. M.S.]. So wie Bücher und Gemälde in der Familienwohnung kulturelles Kapital ausstellen, ist subkulturelles Kapital in der Form modischer Haarschnitte und guter Plattensammlungen objektiviert [...]. So wie kulturelles Kapital mit ›guten‹ Manieren und urbaner Kommunikation personifiziert wird, so ist subkulturelles Kapital verkörpert in Form von ›Bescheidwissen‹, der Verwendung (aber nicht Über-Verwendung) der angesagten Sze-

---

[10] Friedrich/Klein, *Is this real?*, S. 22f.
[11] Vgl. Lena Janitzki, »Sozialraumkonzeptionen im Berliner Gangsta-Rap. Eine stadtsoziologische Perspektive«, in: *Deutscher Gangstarap. Sozial- und kulturwissenschaftliche Beiträge zu einem Pop-Phänomen*, hrsg. von Marc Dietrich und Martin Seeliger, Bielefeld 2012, S. 273–296.
[12] Michael Krummacher, »Zum Umgang mit ›Minderheitenghettos‹ – Differenzen in der ›Sozialen Stadt‹«, in: *Was heißt hier Parallelgesellschaft?*, hrsg. von Wolf-Dietrich Bukow u.a., Wiesbaden 2007, S. 109–120.

nesprache und einem Aussehen, das vermuten lässt, man sei für den allerneuesten Tanzstil geradezu geboren.«[13]

Doch birgt die Inszenierung des Rappers im verarmten, migrantisch geprägten Stadtbezirk noch eine dritte Implikation: So findet die positive Selbststilisierung von Genrevertretern häufig unter Verweis auf erwerbsbiografische Erfolge statt (schließlich ist man nun kein Niemand mehr, sondern ein bekannter Rapper, der viel Geld verdient und dem auch sonst die Annehmlichkeiten des Prominenten-Daseins offen stehen). Aufstiegschancen versinnbildlichen die Inszenierung ›vom Ghetto aus‹ deswegen, weil die Zurschaustellung der Verfügbarkeit materialistischer Statussymbole vor dem Hintergrund verarmter Großstadtquartiere als Stilisierung des eigenen biografischen Projekts ein besonders kontrastreiches Gewicht gewinnt. Weiteren Aufschluss über die sozialen Konstitutionsmodi der typischen Images des Genres, welche hier nur skizzenhaft beschrieben werden konnten, gibt im folgenden Abschnitt die Analyse aus intersektionaler Sicht.

Bildwelten des Gangsta-Rap-Genres aus intersektionaler Sicht

Bei der Frage, welcher Ansatz die kultur- und geschichts-, aber auch die rechtswissenschaftlich orientierte Geschlechterforschung im Verlauf des letzten (und teilweise auch des vorletzten) Jahrzehnts besonders geprägt hat, werden sich die meisten Vertreter_innen des Forschungsfeldes mit einiger Wahrscheinlichkeit auf die Etablierung intersektionaler Ansätze einigen können. Trotz einer breiten und unterschiedlichen Nutzung intersektionaler Forschungsperspektiven lässt sich die folgende Definition als ›kleinster gemeinsamer Nenner‹ der unterschiedlichen Ansätze[14] hinzuziehen: Eine intersektionale Sichtweise ist

---

[13] Sarah Thornton, *Club Cultures: Music, Media and Subcultural Capital*, Middletown 1996, S. 11f.

[14] In den letzten Jahren hat sich das Forschungsfeld rapide erweitert. Für den deutschen Raum sind wesentliche Entwicklungen in unterschiedlichen Anthologien zum Thema festgehalten: *Achsen der Differenz. Gesellschaftstheorie und feministische Kritik II*, hrsg. von Gudrun-Axeli Knapp und Angelika Wetterer, Münster 2003; *Achsen der Ungleichheit. Zum Verhältnis von Klasse, Geschlecht und Ethnizität*, hrsg. von Cornelia Klinger, Gudrun-Axeli Knapp, Birgit Sauer, Frankfurt/M./New York 2007; *ÜberKreuzungen. Fremdheit, Ungleichheit, Differenz*, hrsg. von Cornelia Klinger und Gudrun-Axeli Knapp, Münster 2008; Helma Lutz u. a., *Fokus Intersektionalität. Bewegungen und Verortungen eines vielschichtigen Konzeptes*, Wiesbaden 2010; Sandra Smykalla und Dagmar Vinz, *Intersektionalität zwischen Gender und Diversity – Theorien, Methoden und Politiken der Chancengleichheit*, Münster 2011.

der Versuch einer Betrachtung der Wechselwirkungen zwischen unterschiedlichen sozialen Kategorien bei der (inter-)subjektiven Konstitution, kulturellen Repräsentation sowie gesellschaftlichen Positionierung von Individuen und Gruppen. Während hier in den meisten Fällen die drei klassischen Bezugskategorien der neueren Sozialstrukturanalyse Geschlecht, Klasse und Ethnizität hinzugezogen werden,[15] muss die Betrachtung nicht grundsätzlich auf (nur oder überhaupt) diese drei ausgerichtet sein.[16] Wenn im Folgenden die Aufmerksamkeit auf die vier Kategorien Geschlecht, Klasse, Ethnizität und Körper/Sexualität gerichtet werden soll, so folgt dies keiner übergeordneten gesellschaftstheoretischen Orientierung, sondern der weiter unten auszuführenden Einsicht, dass diese eine besondere Bedeutung für die Konstitution der Bildwelten des Genres besitzen. Entsprechend der eingangs explizierten Auswahl eines Zugangs zu den kulturellen Repräsentationen von Gangsta-Rap baut die Argumentation hierbei auf den Arbeiten von Nina Degele und Gabriele Winker[17] auf, die kulturelle Repräsentationen als zwischen Struktur- und Handlungsebene vermittelnde Instanzen verstehen. Um subjektive Wahrnehmungsmuster gesellschaftlich vermittelter Identifikationsangebote und Subjektivierungsstrategien in Zusammenhang mit sozialen Tatbeständen jenseits individueller Einflussbereiche (wie z. B. die ethnische Schichtung der Bevölkerung) verstehen zu können, bietet der Blick auf die kulturelle Repräsentation eben dieser Verhältnisse die Möglichkeit einer vermittelnden Betrachtung.

Geschlecht

Obwohl v. a. in den letzten Jahren auch andere (z. B. queere, feministische oder queer-feministische, anti-homophobe und homophile) Künstler und Künstlerinnen auf die HipHop-kulturelle Bühne getreten sind, um die männliche Do-

---

[15] Reinhardt Kreckel, *Politische Soziologie der sozialen Ungleichheit*, Frankfurt/M. 2004.
[16] So zieht etwa Lesley McCall auch die Kategorie Region als relevante Dimension sozialer Ungleichheit hinzu, siehe Lesley McCall, »The Complexity of Intersectionality«, in: *Signs: Journal of Women in Culture and Society* 30 (3) 2005, S. 1771–1800. Helma Lutz und Norbert Wenning identifizieren in diesem Zusammenhang sogar vierzehn kategoriale Differenzierungslinien von Relevanz, siehe Helma Lutz und Norbert Wenning, »Differenzen über Differenz – Einführung in die Debatten«, in: *Unterschiedlich Verschieden. Differenz in der Erziehungswissenschaft*, hrsg. von dens. Opladen 2001, S. 11–24.
[17] Nina Degele, Gabriele Winker, »Praxeologisch differenzieren. Ein Beitrag zur intersektionalen Gesellschaftsanalyse«, in: *ÜberKreuzungen. Fremdheit, Ungleichheit, Differenz*, hrsg. von Cornelia Klinger und Gudrun-Axeli Knapp, Münster 2008, S. 194–209.

minanz im Genre absichtlich in Frage zu stellen, hat sich an der übermäßig hierarchischen Differenzierung zwischen Männern und Frauen im HipHop wenig geändert. Entsprechend identifizieren Gabriele Klein und Malte Friedrich HipHop als

> »Männerwelt, von Männern – für Männer. [...] HipHop ist nicht nur quantitativ von Männern dominiert, er reproduziert einen Männlichkeitskult und eine traditionelle Geschlechterhierarchie, in der Frauen Männern untergeordnet sind.«[18]

Zum einen wird diese hierarchische Differenzierung über eine (mal mehr und meist eher weniger) subtile Konnotation der HipHop-spezifischen Symbolwelten abgesichert. So erfordert die feindliche Umwelt der verarmten Großstadtquartiere ein Durchsetzungsvermögen, wie es normalerweise von Frauen (und auch vielen Männern) nicht erwartet wird. Zum anderen wird männliche Herrschaft im Gangsta-Rap (und dies gilt auch für viele Vertreter der drei anderen Rap-Formen) über die unmittelbare Inszenierung männlicher Dominanzmotive begründet und aufrechterhalten. Eine Darstellung von »Hypermaskulinität«[19] dient der Ausgrenzung alles Verletzlichen, vermeintlich Weichen in der Selbstdarstellung der Sprecher.[20]

Ethnizität

Der Zusammenhang von HipHop-Kultur und Migration wurde bereits weiter oben vor dem Hintergrund der bundesdeutschen Einwanderungsgeschichte erläutert. Dementsprechend lässt sich im Feld der HipHop-Kultur im Vergleich mit anderen Jugend(musik)kulturen wie Techno, Metal oder Punk eine starke migrantische Präsenz konstatieren. Dies schlägt sich in den genretypischen Äußerungen insofern nieder, dass spezifische Probleme von Jugendlichen mit Migrationshintergrund wie Armut und Stigmatisierungserfahrungen im Laufe ihrer Entwicklung in Deutschland zu zentralen Themenfeldern avanciert sind. Wie angemerkt, fungiert ethnische Segregation in den Städten darüber hinaus als symbolischer Bezugspunkt. Diese ethnische Komponente der Image-Kons-

---

[18] Friedrich/Klein, *Is this real?*, S. 24.
[19] Mechthild Bereswill, »Sich auf eine Seite schlagen. Die Abwehr von Verletzungsoffenheit als gewaltsame Stabilisierung von Männlichkeit«, in: *Dimensionen der Kategorie Geschlecht: Der Fall Männlichkeit*, hrsg. von Mechthild Bereswill, Michael Meuser und Sylka Scholz, Münster 2007, S. 101–118, hier S. 108.
[20] Gleichzeitig lässt sich allerdings auch fragen, ob sich nicht gerade hieran auch die Fragilität männlicher Herrschaft zeigt. Wenn Gewalt- und Dominanzinszenierungen nötig sind, um sie aufrecht zu erhalten, kann sie ja so stabil/legitim nicht sein.

titution korrespondiert außerdem eng mit einem aktuell intensiviert geführten Krisendiskurs um migrantische Männlichkeiten. Hierauf wird weiter unten noch genauer einzugehen sein.

Klasse

Im Hinblick auf die Klassendimension sind Gangsta-Rap-Motive häufig geprägt von Verweisen auf geringe Erwerbschancen der Sprecher. Hieraus werden auch die devianten, häufig gewaltförmigen Verhaltensweisen begründet: So zwängen mangelnde Lebenschancen die Genrevertreter nicht nur zu kriminellen Handlungen, sondern zögen auch Risikohandeln gegen die eigene Person, z.B. in Form übersteigerten Drogenkonsums nach sich. Generell findet die Ursachenbeschreibung in der Klassendimension als externale Attribuierung statt: Reale Aufstiegschancen sehen die Vertreter in konventionellen Bahnen nicht. Die Idee der flexiblen Sozialstruktur in der kapitalistisch-meritokratischen Gesellschaft (›vom Tellerwäscher zum Millionär‹) wird von Gangsta-Rap-Sprechern als Mythos kritisiert.[21] Hier lässt sich bereits eine bedeutsame Verquickung der drei bis hierhin beschriebenen Kategorien in der Darstellung der Sprecher finden: So sind sie zum einen auf Grund ihrer männlichen Sozialisation zur Erreichung vorgegebener Ziele (Wohlstand, Anerkennung) gezwungen und gleichsam ständig unter Druck, entsprechende Ambitionen zur Erreichung dieser Ziele an den Tag zu legen. Gleichzeitig wird ihnen eben dieser Entwicklungsweg durch gesellschaftliche Verhältnisse erschwert, wenn nicht sogar versperrt. Diese erlebte Stigmatisierung und Benachteiligung finden in den Bildwelten des Genres Erscheinung im Assoziationsfeld ›Ghetto, Migrationshintergrund, Bildungsverlierer‹. Gleichzeitig findet sich hierin aber auch die Grundlage einer Selbstinszenierung, die auf die performative Erzielung von Anerkennung ausgerichtet ist (s. u.).

Körper / Sexualität

Als Ort der Zurschaustellung von Symbolen und Artefakten fungiert der Körper im Rahmen kultureller Repräsentationen als physischer Träger der Inszenierung von Identität. Im Feld des Gangsta-Rap bestehen gängige Körpernormen hier zum einen im gepflegten Erscheinungsbild der Sprecher sowie in der Darstellung physischer Durchsetzungsfähigkeit. Statussymbole wie Uhren

---

[21] Vgl. Martin Seeliger, »Kulturelle Repräsentation sozialer Ungleichheiten. Eine vergleichende Betrachtung von Polit- und Gangsta-Rap«, in: *Deutscher Gangstarap. Sozial- und kulturwissenschaftliche Beiträge zu einem Pop-Phänomen*, hrsg. von Marc Dietrich und Martin Seeliger, Bielefeld 2012, S. 153–174.

oder Schmuck werden hier ebenfalls über den Körper zur Schau gestellt. Weiterhin erscheinen die Körper der Sprecher in ihrer Inszenierung als ethnisiert oder vergeschlechtlicht, ersteres durch eine häufig martialische Konnotation nichtweißer Körper mit dargestellten Gewalthandlungen und zweiteres durch den Verweis auf sexuell aufgeladene Motive männlicher Dominanz. Weibliche Körperinszenierungen basieren hierbei fast durchweg auf einer Reduktion auf erotische Komponenten. Frauen treten daher meist als leicht bekleidete Tänzerinnen in Erscheinung, haben auf Grund ihrer (feldspezifisch unprivilegierten) Sprecherinnenposition aber wenig Qualifiziertes zum Gangsta-Rap-Diskurs beizutragen. Darüber hinaus dient ein strikter Bezug auf eine heteronormative Kulturordnung als rigides Orientierungsmuster. Dieser Umstand findet seinen Ausdruck nicht nur durch die explizite Abwertung des Gegenübers über die Zuschreibung homosexueller Attribute. Vielmehr erscheint die ausschließlich(!) heterosexuelle Orientierung der Sprecher als unhinterfragbare Vorbedingung seiner Selbstinszenierung. Selbstaufwertung der Sprecher in der Dimension Körper / Sexualität findet also statt über die Darstellung als potenter, heterosexueller Mann in Abgrenzung zu Frauen und von diesem Idealbild abweichenden Männern. Indem weibliche Sexualität hier als der männlichen untergeordnet dargestellt wird, kommt aber auch ihr eine wichtige symbolische Bedeutung im Komplex männlicher Herrschaft im Gangsta-Rap zu.

Nachdem die vier Kategorien hier in ihrer wechselseitigen Bedingtheit als Bezugspunkte der Imagekonstruktion im Feld des Gangsta-Raps vorgestellt wurden, dient der nächste Abschnitt einer zweifachen Interpretation von Gangsta-Rap-Images. Dort wird gezeigt, inwiefern diese als sinnstiftende Symbolkomplexe im Rahmen eines breiteren gesellschaftlichen Repräsentationsregimes wirken.

Bedeutung von Gangsta-Rap-Images im gesellschaftlichen Repräsentationsregime

Um auf die Bedeutung von Gangsta-Rap-Images als Bezugspunkte für Selbstverortung und Fremdzuschreibung von Sprechern im Bezug auf sozialstrukturell verfasste Ungleichheiten eingehen zu können, sind zunächst einige Ausführungen zur sinnstiftenden Wirkung symbolischer Formen notwendig. Konsultiert man mit Ernst Cassirer einen der wichtigsten Vertreter (westlicher) Kulturanalyse, besteht die Aufgabe gesellschaftswissenschaftlicher Forschung darin, symbolische Formen »in ihrem gestaltenden Grundprinzip zu verstehen und bewusst zu machen«.[22] Diese bestehen Cassirer zufolge »in ei-

---

[22] Ernst Cassirer, *Philosophie der symbolischen Formen*, Bd. 1, Darmstadt 1988, S. 51.

gentümlichen Bildwelten, in denen sich nicht ein empirisch Gegebenes einfach widerspiegelt, sondern die sie vielmehr nach einem selbständigen Prinzip hervorbringen«.[23] Diesen Grundsatz einer sinnstiftenden Kraft symbolischer Formen beschreibt auch Bettina Heintz, wenn sie bemerkt, dass gesellschaftliche Strukturen »zwar nicht als ontologisch eigenständige Gebilde« existieren, jedoch »im alltäglichen Handeln symbolisch sichtbar und dadurch in gewissem Sinne beobachtbar gemacht« werden.[24] Vor diesem Hintergrund erscheinen die Bildwelten des Gangsta-Rap nun als Versinnbildlichung gesellschaftlicher Verhältnisse, durch die diese den Akteur_innen gegenüber erfahrbar gemacht werden. Eine genauere Analyse – so die hier verfolgte Argumentation – legt zwei zentrale Interpretationsweisen nahe.

Zum einen lassen sich Gangsta-Rap-Äußerungen demnach als Versuche der Aktualisierung hegemonialer Männlichkeit lesen:

> »Hegemoniale Männlichkeit kann man als jene Konfiguration geschlechterbezogener Praxis definieren, welche die momentan akzeptierte Antwort auf das Legitimitätsproblem des Patriarchats verkörpert und die Dominanz der Männer sowie die Unterordnung der Frauen gewährleistet (oder gewährleisten soll).«[25]

Dieses Idealbild von Männlichkeit definiert sich hierbei in Abgrenzung von Frauen als Gegenpol eines als dichotom konstruierten Geschlechterverhältnisses. Weiterhin stellen unterschiedliche kategoriale Abgrenzungen *innerhalb* der Dimension Männlichkeit Differenzen zwischen unterschiedlichen Gruppen von Männern her: »Die Männlichkeit weißer Männer ist zum Beispiel nicht nur in Relation zu weißen Frauen konstruiert, sondern auch in Relation zu schwarzen Männern.«[26]

Wie unter Bezug auf die weiter oben etablierte intersektionale Betrachtungsweise herausgestellt werden konnte, besteht die Inszenierung von Gangsta-Rap-Sprechern – zugespitzt formuliert – in einer Selbstdarstellung als männliche Gewalttäter mit Migrations- und ohne Bildungshintergrund. Während gängige gesellschaftliche Lesarten hier eine klare Tendenz zur Pathologisierung entsprechender Männlichkeitsentwürfe nahelegen, lassen sich diese Inszenierungen aber auch anders interpretieren: Je nach Standpunkt lässt sich die Selbstdarstellung von Sprechern als Gangsta-Rapper, der

---

[23] Ebd., S. 9.
[24] Bettina Heintz, »Emergenz und Reduktion. Neue Perspektiven auf das Mikro-Makro-Problem«, in: *Kölner Zeitschrift für Soziologie und Sozialpsychologie*, 56 (1) 2004, S. 1–31, hier S. 16ff.
[25] Connell, *Der gemachte Mann*, S. 96.
[26] Ebd.

trotz ethnischer Stigmatisierung und schlechten Bildungschancen trotzdem nicht nur wirtschaftlichen Erfolg vorzuweisen hat, sondern auch sexuell potent und körperlich durchsetzungsfähig ist, als Verweis auf die eigene Leistungsfähigkeit verstehen. Auf den Punkt bringen ließe sich diese Sichtweise etwa folgendermaßen: Wenn Josef Ackermann als legitimierter Repräsentant einer hegemonialen Männlichkeit, die sich durch Einfluss und Ansehen auszeichnet, anerkannt war, so ließe sich ihm seine Vertreterschaft durch den Gangsta-Rapper berechtigterweise absprechen, da dieser es eben nicht aus der (oberen) Mitte der Gesellschaft, sondern von ganz unten und gegen zahlreiche Widerstände zu ökonomischem Erfolg gelangt ist. Erkennbar wird hier vor allen Dingen eine Bezugnahme auf Leistungsfähigkeit als Kernelement hegemonialer Männlichkeit.

Ein zweiter Interpretationsstrang der skizzierten Gangsta-Rap-Images gewinnt seine Konturen im Rahmen eines aktuellen Krisendiskurses um migrantische Männlichkeiten in der Bundesrepublik, der seit Ende 2007 mit zunehmender Intensität geführt wird. Als ›Sündenfall‹ lässt sich hier der brutale Übergriff zweier Jugendlicher auf einen pensionierten Hauptschuldirektor identifizieren, der die beiden auf das Rauchverbot in den Anlagen der Münchener U-Bahn aufmerksam gemacht hatte. Nachdem die beiden den Mann krankenhausreif geschlagen hatten, ließ die Reaktion der deutschen (Boulevard-)Medien nicht lange auf sich warten. Die allgemeine Hysterie verdeutlicht sich vermutlich am besten am *Spiegel*-Titel der Ausgabe 2/2008 »Migration der Gewalt. Junge Männer, die gefährlichste Spezies der Welt.« Der jugendliche Migrant wird hier zum Sinnbild von (antizipierten) Anomieentwicklungen in der Gesellschaft, die auf ein Fehlverhalten einer spezifischen Gruppe von Übeltätern zurückzuführen seien. Gleichzeitig beschränkte sich der Kreis der an dem entsprechenden Diskurs Beteiligten nicht auf die ›Roland Kochs‹ und ›Thilo Sarrazins‹ der Republik: Als anschlussfähig traten in den Folgejahren immer mehr Sprecher_innen unterschiedlicher politischer Teilspektren hervor. Als Prominenter ›Hardliner‹ aus Berlin erwies sich hier u.a. der Neuköllner Stadtteilbürgermeister Heinz Buschkowsky (SPD), der sich zur Bedrohung der angehenden Bildungsbürger_innen seines Quartiers mit den folgenden Worten äußert: »Studenten, die der billigen Mieten wegen im Bezirk wohnen, berichten, es sei absolut unangemessen, Gruppen von türkischen oder arabischen Jugendlichen nach Einbruch der Dunkelheit mit offenem Blick zu begegnen, man habe den Blick unbedingt zu senken.«[27]

---

[27] Birk Meinhardt, »Mensch ärgere dich«, in: *Süddeutsche Zeitung*, 21./22.11.2009, S. 3.

Nun wäre es allerdings unzureichend, Genrevertreter als einfache Opfer solcher Darstellungen zu identifizieren. Vielmehr dienen eben diese im Wege des beschriebenen Krisendiskurses getroffenen Darstellungen den Sprechern (und ihren kulturindustriellen Multiplikatoren) als kulturelle (und kulturindustrielle) Ressourcen zur Konstruktion der Gangsta-Rap-Images. Die besondere Sprecherposition der Rapper eröffnet hierbei eine interpretatorische Grauzone: »Der Rapper spricht aus der Ich-Perspektive eines Reporters von der Straße, der die Zuhörer über die Geschehnisse informiert.«[28] In dieser Aneignung einer Reporterrolle liegt ein Aspekt, welcher für das Verständnis des Krisendiskurses um das Genre von wesentlicher Bedeutung ist. Indem Gangsta-Rapper einerseits mit (gezielten) Tabubrüchen Aufmerksamkeit generieren, ziehen sie sich andererseits auf ihre (selbst zugeschriebene) Funktion als Beobachter und Berichterstatter zurück. In der öffentlichen Diskussion um das gesellschaftliche Gemeinwohl kommt ihnen hiermit eine Rolle als Platzhalter des Gegenstücks bürgerlicher Lebensentwürfe zu. Indem unliebsame Eigenschaften wie Faulheit, Delinquenz und Amoralität, wie sie z.B. in Form von Misogynie oder Homophobie zu Tage treten, dem ›generalisierten Anderen‹ des Gangsta-Rappers zugeschrieben werden, kann sich die bürgerliche Mehrheitskultur ihrer selbst als legitime Ausdrucksform der Gesellschaft vergewissern.

Fazit

Es konnte gezeigt werden, wie die Symbolproduktion innerhalb der Bildwelten des Gangsta-Rap an der Schnittstelle verschiedener sozialer Kategorien und unter Bezug auf gesellschaftlich verfasste Stigmatisierungsmuster funktioniert. Vor diesem Hintergrund können wir nun zu unserer Ausgangsfrage zurückkehren, wieso (die Glorifizierung von) Gangsta-Rap im Zusammenhang mit der beschriebenen Bambi-Verleihung an den Rapper Bushido ein als so problematisch aufgefasstes Phänomen darstellt. Da dieser als Repräsentant des Genres streitbarer Gegenkultur so gar nicht in das Bild des ehrwürdigen Kulturproduzenten zu passen scheint, zieht seine Honoration grundlegende Dissonanzen im bürgerlichen Wertebewusstsein nach sich. Und genau hier liegt auch die kulturindustrielle Motivlage begründet, eine aufmerksamkeitsökonomische Rendite durch intendierte Tabubrüche zu erzielen. Ausgehend von den hier entwickelten Einsichten muss die soziologische Anschlussfrage

---

[28] Kerstin Wilke, »›Ich fühl mich dann einfach cool!‹ Inszenierungen von Männlichkeit durch Gangsta Rap«, in: *Pop und Männlichkeit. Zwei Phänomene in einer prekären Wechselwirkung?*, hrsg. von Katja Kauer, Berlin 2009, S. 165–180, hier S. 168.

aber in eine andere Richtung zielen: Denn was genau nun das Skandalöse an der Angelegenheit ist, bleibt sicherlich zu diskutieren – kontroverse Kunstformen oder die Gesellschaft, die sie hervorbringt. Wenn die Massenmedien – wie Niklas Luhmann[29] konstatiert – zur Selbstbeobachtung der Gesellschaft beitragen, ist Gangsta-Rap nämlich weit mehr als nur ein anti-humanitäres Ärgernis: Die Auseinandersetzung mit den Bildwelten des Genres und ihren soziokulturellen Implikationen bietet die Chance, reflexives Wissen über problematische soziale Ungleichheiten zu produzieren, die mittelfristig zu ihrer Aufhebung beitragen können.

[29] Niklas Luhmann, *Die Realität der Massenmedien*, Wiesbaden 2004.

Gerlinde Haid (†)[1]
Von Männlichkeiten und vom Umgang mit deren Symbolen in der alpenländischen Volksmusik

Alpenländische Volksmusik nach dem Zweiten Weltkrieg

Ich spreche von traditioneller Volksmusik im Sinne von mündlich tradierter Musik ganz gewöhnlicher Menschen, die für sie im Alltag und in ihrer Festgestaltung wichtig ist. Es ist eine weitgehend schriftlos tradierte Musik, die in charakteristischen Gattungen und Typen existiert. Sie ist – jedenfalls in Mitteleuropa – der klassischen Musik sehr verwandt, ohne deren weit ausladende Melodik und den elaborierten Reichtum ihrer Formen, Kompositionstechniken und Verarbeitungspraktiken zu kennen. Ihre schriftlose Tradition ist die Voraussetzung für eine gewisse strukturelle Einfachheit, die jedoch von begabten Musiker_innen, die man bei Feldforschungen immer wieder antrifft, nicht nur als Beschränkung erlebt wird, sondern auch als schöpferischer Impuls. Die mündliche Überlieferung fördert Improvisation und Variantenreichtum und damit auch die Herausbildung singulärer regionaler und persönlicher Stile. Von solchen Stilen und von den Menschen, die damit umgehen, werde ich also sprechen; nicht vom *Musikantenstadl* oder vom *Grand Prix der Volksmusik*, obgleich die genannten Fernsehshows für das Thema Männlichkeit zweifellos eine ergiebige Quelle darstellen würden. Ich spreche von Österreich, hauptsächlich von der Mitte Österreichs und von einem Zeitraum, den ich großteils persönlich überschaue. Der musikalische Stil, der mit diesem Raum verknüpft ist, wird bei uns landläufig als »alpenländische Volksmusik« bezeichnet. In diesem Beitrag beschränke ich mich auf jene Funktion, die einen Großteil der Volksmusik ausmacht, nämlich auf Tanzmusik. Durchforstet man die alpenländische Volksmusik in dem genannten Raum etwa seit den Fünfzigerjahren des 20. Jahrhunderts nach männlichen und weiblichen Rollenbildern, stößt man auf gravierende Veränderungen zwischen damals und heute. Gestatten Sie mir deshalb zunächst einen Blick zurück.

[1] Gerlinde Haid, die wir auf dem Kongress in Hamburg als eine lebensfrohe, freundliche und kompetente Kollegin erleben durften, ist im November 2012 zu unserer großen Bestürzung unerwartet verstorben. Da das Redigieren des Textes nicht mehr von ihr abgeschlossen werden konnte, haben wir in Absprache mit ihrem Mann, Hans Haid, ihren Aufsatz im Herausgeber_innen-Team vorsichtig überarbeitet. Diese Fassung ist von Herrn Haid freigegeben worden.

Tanzmusikanten im Salzkammergut

Ich beginne in den Fünfzigerjahren im Steirischen Salzkammergut, im Ausseerland, einer Gegend im geografischen Mittelpunkt Österreichs, die bis heute im süddeutsch-österreichischen Raum als Mekka traditioneller Volksmusik gilt. Das liegt nicht zuletzt an der Sozialstruktur, zu der ich kurz etwas sagen muss.[2]

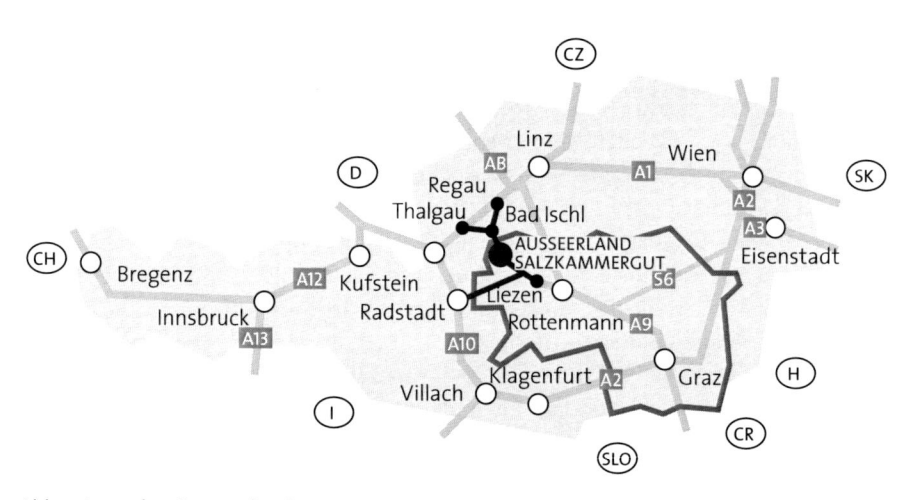

Abb. 1: Lageplan Ausseerland

Das Salzkammergut verdankt seine Entstehung und Entwicklung den Salzvorkommen in Altaussee, Bad Ischl und Hallstatt. Die Region unterstand – weil das Salz, das »weiße Gold«, so wertvoll war – durch Jahrhunderte direkt dem Kaiserhaus und wurde praktisch als Firma geführt. Die Ansiedlung von Auswärtigen wurde blockiert, es entstand eine relativ homogene Bevölkerung mit den drei Hauptberufen »Holzknecht« (Arbeiter bei der Holzschlägerung), »Bergknecht« (Arbeiter im Bergwerk) und »Sudknecht« (Arbeiter in den Salinen, den Salzsiedeanlagen). Jeder Ansässige war direkt oder indirekt für die Saline tätig, die ihre Arbeiter wertschätzten und sie mit Privilegien ausstattete, von denen andere Zeitgenossen nur träumen konnten. »Dies alles führte

---

[2] Vgl. auch Gerlinde Haid, »Geschlechterrollen und Geschlechterrollenspiele. Beispiele aus dem Ausseerland«, in: *Gender Performances. Wissen und Geschlecht in Musik, Theater, Film*, hrsg. von Andrea Ellmeier, Doris Ingrisch und Claudia Walkensteiner-Preschl (= mde Gender Wissen 2), Wien/Köln/Weimar 2011, S. 97–123.

zu einer sehr kleinstrukturierten Region mit hohem Selbstbewusstsein, sehr konservativer und traditioneller Lebensweise, höchst heimatverbunden und sozial ambivalent, quasi ›Arbeiter-Bauern‹, Lohnempfänger, die ihre eigene Wirtschaft unterhielten.«[3] Diese Landwirtschaft jedoch betrieben die Frauen, da die Männer montags bis samstags im Holzwald, im Bergwerk oder im Sudhaus arbeiteten. Die Abgelegenheit ihrer Arbeitsplätze verurteilte sie zu Wochenpendlern. Zu diesen ›Arbeiter-Bauern‹ kommt in den Hauptorten Bad Aussee, Bad Ischl und Gmunden ein traditionsreiches Bürgertum. Heute spielt das Salzwesen wirtschaftlich keine Rolle mehr, die Region lebt vom sanften Tourismus und von der Kaufkraft ihrer vielen Zweitwohnsiedler_innen. Ein naturverbundener, entschleunigter Lebensstil, der vom Stolz auf die gelebten Traditionen wie Dialekt, Volksmusik, Bräuche und Trachten geprägt wird, schöpft aus der Kraft der alten Zeiten. Diese sind zwar unwiederbringlich vergangen, erweisen sich aber in kultureller und – durch den darauf aufbauenden Tourismus – auch in ökonomischer Hinsicht bisher als tragfähig.

Im Hinblick auf die Volksmusik im Ausseerland bedeutet das, dass diese heute zwar nur als *eine* neben vielen anderen Musikrichtungen in der Region gepflegt wird, doch wird ihr allgemein Anerkennung gezollt. Es gibt neben einer Reihe überregional bekannter Gruppen und zahlreicher mehr oder weniger gefragter Gebrauchsmusiker_innen Nachwuchs von jungen Musikant_innen, die ihr Handwerk in den Musikschulen lernen, um sich dann erfolgreich in die regionalen Traditionen einzuklinken. Und es gibt eine allgemein verbreitete Kenntnis und ein Verständnis für die regionale Musiksprache. Die Instrumentalmusik ist vorwiegend Tanzmusik, die in ihrer klassischen Form vom Streichtrio (zwei Geigen und Bassgeige) kommt, aber je nach Möglichkeit und Gelegenheit in zahllosen Varianten existiert, mit Klarinetten, Blechblasinstrumenten und vor allem mit der »Steirischen Harmonika«, einer diatonischen Handharmonika. Die traditionellen Tänze sind neben Walzer und Polka vor allem Steirischer, Landler, Schleuniger, Waldhansl und Schottischer. Alles sind Paartänze, wobei sich der Steirische und der Landler durch spezielle Paardrehungen und Armfiguren sowie durch das Gstanzlsingen und Paschen auszeichnen.

Im Verlauf eines Steirischen oder eines Landlers (Dauer ca. 20 Minuten) bilden das Singen von Gstanzln (von gereimten Zwei- oder Vierzeilern) und das darauffolgende Paschen (rhythmisches Klatschen) der Männer einen charakteristischen Teil. Sie stellen sich zu diesem Zweck zu einem Kreis zusammen, während ihre Partnerinnen zuschauen oder miteinander tanzen beziehungsweise tratschen.

---

[3] Michael Kurz, »Vom Kammergut zum Ausseerland«, in: *Via Alpina – Totes Gebirge. Natur & Kultur im Ausseerland*, hrsg. von Gerlinde und Hans Haid, Bad Aussee 2010, S. 64.

Abb. 2: Paardrehungen und Armfiguren beim Steirischen. Bad Goisern. Foto: Föttinger.

Abb. 3: Paschen in Grundlsee. Foto: Hans Gielge. Ausseer Kammerhofmuseum, AKM 235.

Tanzgelegenheiten bieten heute noch manche Hochzeiten, einige wenige Bälle im Fasching und private Tanzveranstaltungen von Liebhaber_innen dieser Musik, während bis zum 2. Weltkrieg sehr viel und bei jeder Gelegenheit, vor allem in den Wirtshäusern, aber auch in Bauernhäusern und auf Almhütten getanzt wurde. Zwar sind die traditionellen Tanzanlässe weniger geworden, dennoch haben Tanzmusikant_innen auch heute ihre Auftritte, über die oben genannten hinaus z.B. bei den Stadtfesten oder bei privaten Einladungen. Dabei wird zwar selten getanzt, aber immer werden auch Steirische und Landler gespielt, es werden Gstanzln gesungen und es wird gepascht.

Wie lassen sich die Rollenbilder in der traditionellen Tanzmusik beschreiben? In den Fünfzigerjahren, in denen sich nach dem Krieg wieder einige Musikgruppen zusammenfanden, waren die Musikanten männlich, unabhängig von der Formation. So bestand damals auch die Musikkapelle Bad Aussee nur aus Männern und bildete die heranwachsenden Buben auf den Musikinstrumenten aus, die in der Kapelle gebraucht wurden.

Abb. 4: Musikkapelle Bad Aussee 1953. Die beiden Damen in der ersten Reihe dienen der ›Dekoration‹. Bildarchiv des Ausseer Kammerhofmuseums.

Unter den Tanzmusikgruppen, die nach dem Zweiten Weltkrieg entstanden, spielten viele amerikanisch beeinflusste Unterhaltungsmusik und bedienten so den nach und nach aufkommenden Tourismus. Daneben gab es aber immer Musikgruppen, die aus verschiedenen Gründen an die alten Volksmusiktraditionen anknüpften: weil diese ihnen wichtig waren, weil sie sich nicht umstellen wollten, weil sie ein Publikum hatten, das diese Musik hören wollte, weil sie in Bräuche und Feste eingebunden waren, wo nur die traditionelle Musik als passend empfunden wurde. Alle Formationen bestanden ausschließlich aus Männern – und das blieb die folgenden Jahrzehnte so. Musikinstrumente, Hüte, Gamsbärte, Lederhosen: So präsentierte sich damals im Genre Volksmusik eine »schneidige« Männerpartie. »Schneidig« heißt so viel wie »gut schneidend«, »scharf« und ist eine Metapher für präsent, potent – in der ganzen Breite der Bedeutung und unabhängig vom Alter. In der heutigen Jugendsprache würde man »schneidig« vielleicht mit »mega-cool« übersetzen. Die »Schneid« wird in Kleidung und Auftreten durch eine Reihe sichtbarer Symbole vermittelt, die der Eingeweihte deuten kann. Dazu gehören vor allem Hut und Gamsbart, ein

Abb. 5. Die »Altausseer Schützenmusi« – eine »schneidige« Männerpartie. MC-Cover 1986 (Tyrolis Music MC 73986).

Hutschmuck aus den zu einem Bund gefügten Nackenhaaren einer Gämse. Da im Salzkammergut der Wilddiebstahl – und auch das hat historische Gründe – bis heute stattfindet und nach landläufigem Empfinden lediglich zu den Kavaliersdelikten gehört, kann das Tragen eines »selbst geschossenen« Gamsbartes z. B. für einen Jäger, der ihn sich einen Abend lang anschauen muss und nichts dagegen unternehmen kann, eine ziemliche Provokation sein. Insofern eignet sich ein Gamsbart besonders gut dazu, sich »schneidig« zu präsentieren.

Das heißt nicht, dass es in der ersten Hälfte des 20. Jahrhunderts und in den Jahren nach dem 2. Weltkrieg nicht auch Frauen gegeben hätte, die Musikinstrumente spielten. Sehr beliebt bei den Frauen war die Zither, die von Privatpersonen unterrichtet wurde. Daneben erlernten Mädchen autodidaktisch das Spielen auf der Harmonika oder auf der Gitarre und spielten im kleinen Kreis der Familie oder der Nachbarschaft Tänze oder begleiteten Lieder. Aber Musikanten, die öffentlich »auf Tanz« spielten, waren – wie auch schon vor dem Krieg und überhaupt so weit die Quellen zurückreichen – mit wenigen Ausnahmen Männer. Das hatte auch handfeste finanzielle Gründe. Für Musikanten war das Aufspielen bei Festen, bei Bällen, im Fasching, bei Kirchtagen oder bei Hochzeiten eine wichtige Nebenerwerbsquelle. Diesen Nebenerwerb hatten die Männer einzubringen, weil sie damals für das pekuniäre Familieneinkommen zuständig waren. Keine Frau hätte sich in dieses Geschäft hineindrängen können oder wollen, außer sie wäre die Ehefrau oder die Tochter eines dieser Musikanten gewesen und darüber hinaus in einer Weise musikalisch so kompetent, dass ihre Mitwirkung bei einer solchen Formation sachlich gerechtfertigt gewesen wäre.

Von der Lebenswelt zur Szene

Erst in den 1970er-Jahren trat eine grundlegende Veränderung dieser geschlechtsspezifischen musikalischen Praxis in der alpenländischen Volksmusik ein, die eine Reihe gesellschaftspolitischer Voraussetzungen hatte. Seit den Sechzigerjahren waren an österreichischen Musikhochschulen (heute »Musikuniversitäten«) Forschungsinstitute für Volksmusik gegründet worden, deren Lehrtätigkeit für die musikpädagogische Ausbildung und damit auch für die Weitergabe von Volksmusikpraxis im Schulunterricht fruchtbar wurde. Nach und nach gelangten in die Musikschulen daher auch Instrumentallehrer, die in ihrem Studium mit historisch und ethnomusikologisch informierter Volksmusikpraxis in Verbindung gekommen waren und diese an Schülerinnen und Schüler weitergeben konnten. Die Musikschulen selbst wurden in den Siebzigerjahren mit Hilfe der Länder und Gemeinden auf eine professionelle Basis gestellt.[4] An den Konservatorien

[4] Franz-Otto Hofecker, »Die Finanzierung der öffentlichen Musikschulen in Öster-

nahm der Unterricht von Volksmusikinstrumenten einen Aufschwung. Später wurden auch Volksmusiklehrgänge oder Schwerpunktstudien für Volksmusik in musikpädagogischen Studienrichtungen an den Musikuniversitäten eingerichtet. Während sich die tradierte Volksmusik in den ländlichen Gebieten mehr und mehr aus ihren angestammten Lebenszusammenhängen zurückzog, entstanden, ausgehend von den urbanen Zentren, neue junge Volksmusikgruppen, für die nicht mehr galt, was für die alten noch gegolten hatte: Jetzt waren es Männer *und* Frauen, die die überlieferten Sozialstrukturen, die bisher das öffentliche Musizieren von Frauen verhindert hatten, in Frage stellten. Und es begann eine Zeit, in der Volksmusik mehr und mehr von den Wirtshäusern auf die Bühnen wanderte. Viele Musikerinnen und Musiker machten das Spielen von Volksmusik zunächst zu ihrem Hobby, fanden aber bald Gefallen beim Publikum und nutzten neue Auftrittsmöglichkeiten, die wieder zu Verdienstmöglichkeiten wurden. Man muss in diesem Zusammenhang wissen, dass die Bühnen der volkstümlichen Unterhaltungsmusik damals von den sogenannten »Oberkrainer«-Gruppen in der Nachfolge von Slavko Avsenik (in der Besetzung Klarinette, Trompete, Gitarre, Bass, Akkordeon, Gesang) beherrscht wurden, die durch elektrische Verstärkung riesige Räume wie Bierzelte oder Stadien bespielen konnten. Sie waren für die zur Volksmusik neigenden Musikpädagog_innen das Feindbild Nr. 1, was der ganzen Musikszene zusätzliche Dynamik verlieh.

Die erste Bassgeigerin, die ich in diesem Kontext sah, war die Musikerzieherin Elisabeth Paul in der von Rudolf Pietsch geleiteten Gruppe *Heanzen-Quartett*. Rudolf Pietsch war ebenfalls Musikerzieher und später Assistent am Institut für Volksmusikforschung der Musikhochschule in Wien. Das *Heanzen-Quartett* wurde 1976 gegründet[5] und spielte in der traditionellen Tanzmusik-Besetzung mit zwei Geigen, Viola und Bassgeige. Sissi Paul war vielleicht die erste Bassgeigerin in dieser sich neu entfaltenden ›Volksmusikszene‹, aber viele Frauen folgten ihrem Vorbild, auch mit anderen Musikinstrumenten.

Rudolf Pietsch (Jg. 1951) aus Wien ist in erster Linie Geiger. Er wurde kürzlich gemeinsam mit seinem langjährigen Freund Hermann Härtel (Jg. 1949) aus der Steiermark, ebenfalls Geiger, mit dem renommierten Tobi Reiser-Preis für Volksmusik ausgezeichnet. Mit Charisma und Musikalität haben sie und einige andere, wie der Lehrer und begnadete Sänger Norbert Hauer (Jg. 1953), der geschilderten Volksmusikszene seit den Siebzigerjahren ihren Stempel aufgedrückt: Mit vie-

---

reich – Argumentationsmuster der Legitimation im öffentlichen Diskurs«, in: *Musikerziehung* 56 (2003), S. 115–120.

[5] Freundliche Auskunft von Rudolf Pietsch.

Abb. 6: Zwei Frauen, zwei Männer: Listen to Heanzen-Quartett. Postkarte, Siebzigerjahre.

len guten Ideen und Organisationstalent haben sie es geschafft, eine Verbindung zwischen der ›Szene‹ und den traditionellen Lebensbereichen der Volksmusik herzustellen. Diesem Zweck dienten z. B. »Musikantenstammtische« und »Musikantenwochen«, der 1976 ins Leben gerufene »Geigentag«, die Aktion »Wieder aufspielen beim Wirt« und vieles andere.⁶ Wichtig war dabei das Vorbild erfahrener Musikanten, die in der Volksmusikforschung als »Gewährsleute« bekannt waren. Einem von ihnen, dem Bergmeister und Geiger Alois Blamberger aus Bad Ischl (1912–1989) wurde sogar eine eigene Festschrift gewidmet.⁷ Er hatte in

6   Vgl. Rudolf Pietsch, »Der Stammtisch in einem Wiener Wirtshaus als musikalische Heimat«, in: *Ländliche Kulturformen – ein Phänomen in der Stadt*, hrsg. vom Steirischen Volksliedwerk (= Sätze und Gegensätze 2), Graz 1994, S. 25–35; Gerlinde Haid, »Der Steirische Geigentag«, in: *Das Leben zum Klingen bringen ...*, hrsg. vom Steirischen Volksliedwerk (= Sätze und Gegensätze 6), Gnas 1998, S. 26–41; Eva Maria Hois, »Büro für Weihnachtslieder. Weihnachtslieder wieder selber singen«, in: *Das Leben zum Klingen bringen ...*, hrsg. vom Steirischen Volksliedwerk (= Sätze und Gegensätze 6), Gnas 1998, S. 42–50; *A Mensch mecht i sein. Musik und Poesie in österreichischen Justizanstalten*, hrsg. von Norbert Hauer (= Sätze und Gegensätze 9), Graz 2000.
7   *Beiträge zur Volksmusik in Oberösterreich*, hrsg. von Water Deutsch u. a., (= Schriften zur Volksmusik 6), Wien 1982.

Die emanzipierte Baßgeige und das „Heanzenquartett"

VON BRIGITTE KIRCHHOFF

Das erstemal habe ich das burgenländische „Heanzenquartett" beim Folklorefest im niederösterreichischen Eggenburg erlebt. Ich gestehe es offen: Mein Herz schlug bisher mehr für lateinamerikanische und griechische Volksklänge, die neben der Rhythmik zumeist auch noch politische Inhalte vermitteln. Österreichische Volksmusik hielt ich bisher für allzu „braun" und „schwarz" unterwandert. Dieses Vorurteil habe ich aufgegeben, seit ich die vier Musikpädagogen kennengelernt habe, die sich seit mehr als zwei Jahren — bisher fast unbemerkt von der Öffentlichkeit — zu Hütern und vor allem Erneuerern unverfälschter österreichischer Volksmusik profiliert haben.

„Wir fühlen uns politisch frei — und auch sonst", sagt Rudolf Pietsch, der Gründer des Quartetts, das — welche Seltenheit — auch noch dazu partnerschaftlich funktioniert. Mittelschulprofessor Pietsch spielt zwar die erste Geige, und das im wörtlichen Sinn, sein 24jähriger Kollege Walter Burian spielt die zweite, dabei wechseln sie sich auch noch ab, aber die beiden Musikstudentinnen Franziska Starkhammer und Elisabeth Paul aus Pinkafeld stehen ihren männlichen Kollegen in nichts nach. Die Baßgeigerin Elisabeth Paul wird bei den Auftritten des „Heanzenquartetts" — überwiegend in Tanzsälen und bei Hochzeiten — wie ein Weltwunder bestaunt. „Kann denn eine Frau so ein Instrument überhaupt richtig bedienen?" wundern sich männliche „Musikexperten". Keine Angst: sie kann.

„Bei uns beherrscht jeder jedes Instrument", erzählt Franziska, die „klassische" Musik studierte und bevor sie zum Ensemble stieß, Volksmusik mit „Pseudojodler" gleichsetzte.

Diese Verwechslung macht niemand mehr, der das „Heanzenquartett" einmal in Aktion erlebt hat. „Wir spielen keine Kommerzmusik, sondern greifen auf alte Stücke zurück, um damit Menschen von heute zu unterhalten", präzisiert Rudolf Pietsch die Aufgabenstellung.

Das Material finden die vier Musiker einerseits im Zentralarchiv des österreichischen Volksliedwerks, andererseits „recherchieren" sie bei alten Musikanten.

Erst kürzlich wurden sie eingeladen, alte Wiener Walzerweisen anläßlich der Ausstellung „Fasching in Wien" im Historischen Museum der Stadt Wien zu intonieren. „Das haben wir auch recht gern gemacht, aber mindestens genauso gern spielen wir alte Polkas und »Runde« bei Hochzeiten im Burgenland", stellten sie danach einstimmig fest.

Wer sich für das „Heanzenquartett" interessiert, der wendet sich am besten direkt an Rudolf Pietsch, Lehmanngasse 21/11, 1235 Wien, Telephon 86 18 292.

Das „Heanzenquartett" in ungewohnter Umgebung im Museum der Stadt Wien, wo es alte Wiener Walzerweisen spielte

AZ magazin

Abb. 7: Sensationsmeldung der *Arbeiterzeitung* 1979.

musikalisch-stilistischen Fragen ein unbestechliches Urteil und verstand es, sein traditionelles Repertoire mit seinem Spielstil und der dahinter wirkenden Lebenseinstellung an junge Leute weiter zu geben.

Abb. 8: Alois Blamberger zu Besuch bei der musikalischen Bauernfamilie Six in Niederösterreich.

Inzwischen sind die Zuordnungen zu Volksmusik, Volxmusik, Neuer Volksmusik, Cross-Over oder World-Music schwierig geworden. Unter denen, die sich der Volksmusik zuordnen, gibt es sowohl männlich-weiblich gemischte Gruppen, als auch nur männliche oder nur weibliche. Die Lieblingsinstrumente der Musikerinnen scheinen Geigen und Bassgeigen zu sein, aber sie spielen auch alle möglichen anderen Instrumente. Ihr Outfit ist von einer ›Kleiderlust‹ geprägt unter Verwendung aller möglichen Stil-Elemente, auch trachtlicher. Hauptsächlich in der Steiermark ist es Usus geworden, dass nicht nur die Musikanten, sondern auch die Musikantinnen Hüte tragen. Diese sind dann zwar nicht mit Gamsbärten geschmückt, stehen aber für ein ganz bestimmtes Lebensgefühl, bei dem mit einem kleinen koketten Akzent weibliche Emanzipation und Unabhängigkeit inszeniert werden. Mit diesem ›neuen‹ Selbstverständnis wird durchaus geworben. So heißt es im Internet-Auftritt der *Steirischen Streich*: »Überall, wo man Feste zu feiern weiß, wo man es schätzt, dass Frauen die erste Geige spielen und Männer den Takt angeben, da spielt ›Die

Steirische Streich‹ zum Tanz auf. Mit der Musik, die unverfälscht die Lebensfreude unserer Heimat zum Ausdruck bringt.«[8]

Abb. 9: Die Steirische Streich, online unter: www.steirische-streich.at (14.10.2013)

Homo-Erotisches

Die Frage, ob und wie sich die männlichen und weiblichen Rollenbilder und musikbezogenen Tätigkeitsfelder in den Tanzmusikformationen der alpenländischen Volksmusik im Laufe der letzten 50 Jahre verändert haben, ist freilich nur ein Aspekt unseres Themas. Interessant ist zudem die Frage, ob die unterschiedlich besetzen Formationen verschiedene Gruppendynamiken bewirken und beim Publikum verschiedene Emotionen oder Erwartungen auslösen. Ich habe dazu bis jetzt vereinzelte Bemerkungen gesammelt. So hat ein Musikant, der in einer gemischten Gruppe spielt, gesagt, dass er unbedingt einmal in einer reinen »Männerpartie« spielen würde, da Frauen alles verkomplizieren würden. Eindrucksvoll hat die Musikethnologin Caroline Bithell das Spiel gemeinsam musizierender Männer beschrieben – in dem Fall allerdings in Korsika und nicht bei der Tanzmusik, sondern beim Singen. Sie schildert höchst anschaulich, wie diese Männer spät nachts im Wirtshaus mit halbgeschlossenen Augen ihren Gesang zelebrieren, der an die Frauen gerichtet ist, die aber nicht dabei sind. Sie bezeichnet diese Situation als

[8] Die Steirische Streich, www.steirische-streich.at/, 07.03.2013.

»homoerotisch«, weil hier Männer mit ihren Liedern unter sich sein wollen, um Gefühle gegenüber Frauen auszudrücken, die nicht direkt ausgesprochen werden können, aber in der Gemeinschaft der Männer gleichsam aufgehoben sind.[9] Und vielleicht geht es auch bei Tanzmusikgruppen um die Sehnsucht nach der »Männerpartie«, um das Ausleben von Männerträumen, die keine Frau stören sollte.

Die geschlechtliche Zusammensetzung einer Tanzmusikgruppe ist auch für das Publikum von Bedeutung, verändert sie doch die Ausstrahlung einer Gruppe. Es ist sicher nicht ganz falsch, das Aufführen von Tanzmusik als erotischen Akt zu bezeichnen, in den die Auftretenden wie auch das Publikum gleichermaßen einbezogen sind.

Vom Drive marginalisierter Männlichkeit

Ich wende mich abschließend noch einer Facette der alpenländischen Volksmusik zu, die über die Jahre hinweg als reine Männerbastion erhalten geblieben ist. Das ist das Gstanzlsingen und Paschen (rhythmisches Klatschen) im Salzkammergut. Es gehört zu den Besonderheiten der Volksmusik in dieser Region und wird während des Tanzverlaufes beim Steirischen, beim Landler, beim Waldhansl und beim Schleunigen praktiziert. Wenn nach dem Rundtanz der Paare der Sing- und Paschteil kommt, lassen die Männer und Burschen ihre Partnerinnen los und stellen sich zu einem eigenen Kreis zusammen. Die Mädchen und Frauen treten hinter ihre Partner zurück, hören dem Singen und Paschen zu, tanzen eventuell auch miteinander oder unterhalten sich. Die Gstanzln (gereimte Einstropher), auch Gsangln genannt, werden von einem Vorsänger angestimmt, der je nach Laune, Geschick und Stimmung ein passendes frei aus seinem Repertoire wählt (oder erfindet). Nach dem ersten Takt, der solistisch gesungen wird, fallen alle anderen Männer gemeinsam in den Gesang ein und bringen ihn mehrstimmig zu Ende. Das Paschen in komplizierten polyrhythmischen Mustern mit verteilten Rollen führt ebenfalls die Gruppe der Männer aus.[10] Singen und Paschen ist auch ohne Tanz (aber nicht ohne Musik!) eine beliebte Unterhaltung am Wirtshaustisch. Grundsätzlich sind es also die Männer, die singen und paschen. Es kommt schon vor, dass sich – je nach Situation – auch Frauen einbringen,

---

[9] Caroline Bithell, »A Man's Game? Engendered Song and the Changing Dynamics of Musical Activity in Corsica«, in: *Music and Gender. Perspectives from the Mediterranean*, hrsg. von Tullia Magrini (= Chicago Studies in Ethnomusicology), Chicago 2003, S. 33–66, hier S. 39.

[10] Vgl. Walter Deutsch, Franz Eibner, Gerlinde Haid, »Gattungen und Typen der österreichischen Volksmusik – eine Beispielsammlung«, in: *Volksmusik in Österreich*, hrsg. von Walter Deutsch u. a., Wien 1984, S. 127–158, hier S. 13–135.

aber je öffentlicher und strukturierter eine Unterhaltung ist, desto mehr wird die Regel beachtet, dass die Frauen hier zurücktreten und die Männer alleine im Vordergrund stehen. Das Gstanzlsingen und Paschen ist für gewöhnlich der Höhepunkt einer Unterhaltung. Über die Gstanzln lacht man, wenn sie neu oder ungewöhnlich sind, und man schmunzelt, wenn man sie schon kennt. Das darauf folgende Paschen muss »packend« sein; es wird mit höchster Konzentration ausgeführt, damit es »klingelt«, wie die Einheimischen sagen. Aller Wahrscheinlichkeit nach ist das Paschen eine Nachahmung von Arbeitsvorgängen in der Saline, etwa beim gemeinsamen Herstellen oder Ausbessern der Sudpfannen. Auch wenn es heute keine Salinenarbeiter mehr gibt, scheint das Gefühl für diesen Ursprung noch lebendig zu sein.

Abb. 10: Zwei Männer aus der Fraktion Strassen (Bad Aussee) beim Paschen. Bad Aussee, 2008. Foto: Gerlinde Haid

Die Melodien für dieses »Ansingen«, wie es auch genannt wird, sind eher schlicht; sie sind eine Art von Continuo-Stimmen zu den von der Tanzmusik gleichzeitig gespielten, reicher ausgestalteten Tanzmelodien. Die Texte, die gesungen werden, sind gereimte Zwei- oder Vierzeiler. Viele von ihnen mögen einst spontan entstanden sein. Ihre Intention ist es, Erlebnisse, Anschauungen und Gefühle poetisch ›auf den Punkt‹ zu bringen und mit einer witzigen Pointe zu beschließen. Es geht um Übertreibung der eigenen Fähigkeiten, um das Herausstreichen der eigenen Identität, um Verhaltensregeln zur Sexualität, um das Zusammenstehen und Zusammenhalten häufig in Bezug auf Wilddiebstahl. Unter den Gstanzln gibt es auch zarte, lyrische, die an ein Mädchen gerichtet sind (Männerträume!), aber die meisten sind witzig, deftig, grob, derb und selten politisch korrekt. Ich führe im Folgenden einige Texte mit Übersetzung ins Hochdeutsche an, um einen Eindruck zu geben. Es handelt sich um Gstanzln, die heute gerne gesungen werden, aber lediglich einen winzigen Ausschnitt aus einem riesigen Repertoire darstellen.

Aussee is a lustigs Tål,	Aussee ist ein lustiges Tal,
dås såg i ållemål,	das hab' ich immer schon gesagt,
san scheni Mentscher drein,	dort sind schöne Mädchen,
då mecht i sein!	da möchte ich sein!
Jå åwa hopp hopp hopp ho,	Ja aber hopp hopp hopp ho,
es san d'Ausseer då,	es sind die Ausseer da,
es san lustige Leit,	es sind lustige Leute,
jå weil s', s Hoamgehn nit gfreit.	die nicht gerne nach Hause gehen.
Owa Buama stehts zsamm in Kroas	Aber Burschen, stellt Euch im Kreis zusammen,
i såg enk wås i woaß	ich sag Euch, was ich weiß,
zints enk a Pfeiferl an	jeder, der rauchen kann,
ders Rauka kann.	soll sich ein Pfeifchen anzünden.
Bald mia banånd sitzen	Wenn wir zusammen sitzen,
muaß krachen muaß blitzen	muß es krachen, muß es blitzen,
muaß a Zsammhalten sein	muß ein Zusammenhalt sein,
sist geht d'Lustbarkeit ein.	sonst ist es kein Vergnügen.
Jå åwa lauta Kåmarådn	Ja aber wir sind lauter Kameraden
san ma åll banånda,	zusammen,
zwegn da lustigen Weis	wegen des Vergnügens
san mas eina gånga.	sind wir hereingegangen.
Jå åwa Spülleit spülts auf,	Ja aber Musikanten spielt auf,
und es werds schon wås kriagn,	und ihr werdet schon etwas dafür bekommen,
und i låß enk a Hefn	ich werde veranlassen,
voll Erdäpfl siadn.	daß für euch ein Topf Erdäpfel gekocht wird.

Jå owa Diandl du Luada S'g nit alls da Muada sag nit alls dahoam ja was ma bei da Nacht toan.	Aber mein Schätzchen, Du liderliche Person, sag nicht alles der Mutter, sag nicht alles zu Hause, was wir in der Nacht tun.
Jå åwa daß i di går nit måg, dås såg i nid, jå åwa wånnst a weng schena warst, schådn tats da nid.	Ja aber dass ich dich gar nicht mag, das behaupte ich nicht, aber es würde dir nicht schaden, wenn du ein wenig schöner wärst.
Und hiaz schmeiß i mein Huat in Båch und schwimm eahm sölba nåch, weil mi mei ålta Schåtz a neama måg.	Und jetzt werfe ich meinen Hut in den Bach und schwimme ihm selbst nach, weil mich meine Ex-Freundin auch nicht mehr mag.
Jå åwa 's Diandl is jung ån Jåhrn, håt schon går vül erfåhrn, ausghåltn a schon vül, hinta da Hüll.	Ja aber das Mädchen ist jung, sie hat schon sehr viel erfahren, auch schon viel mitgemacht unter der Bettdecke.
Han i a no nia gheat dass a Wüdschitz hat gereart aber d'Jagan allmal bold mas ohi jognt ins Tal.	Das hab ich noch nie gehört, dass ein Wildschütz geweint hat, aber die Jäger weinen jedes Mal, wenn wir sie ins Tal hinunter jagen.
Und wånns koa Ålmhittal gab und koa stoanas Wandtl, jå wo hätt denn da Wüldschitz sei Intastandtl?	Und wenn es kein Almhütterl gäbe und keine Felsenwand, wo könnte sich dann der Wildschütz unterstellen?
Owa oans a zwoan scheich i net drei a vier a no net sechs a nein miassen sein dass mi megn kein.	Vor einem oder zweien fürchte ich mich nicht, vor dreien oder vieren auch noch nicht, sechs oder neun müssen es sein, damit sie mich niederwerfen können.

Warum lachen wir über solche Gstanzln? Komiktheorie ist ein weites Feld, das schon viele Erklärungsansätze hervorgebracht hat. In unserem Fall passt vielleicht, was Immanuel Kant gesagt hat: »Das Lachen ist ein Affect aus der plötzlichen Verwandlung einer gespannten Erwartung in Nichts«.[11] Beim Lesen der Gstanzltexte werden wir mit einer straffen, gereimten Form konfrontiert, die einen adäquaten Inhalt erwarten lässt. In Wirklichkeit geht es dann aber um Belanglosigkeiten oder Intimitäten, die eigentlich niemanden etwas

---

[11] Immanuel Kant, *Kritik der Urteilskraft*, hrsg. von Heiner F. Klemme, mit Sachanmerkungen von Piero Giordanetti (= Philosophische Bibliothek 507), Hamburg 2006, S. 229.

angehen. Jetzt muss man sich dazu aber noch die oben geschilderte Inszenierung vorstellen. Die Germanistin und Komik-Forscherin Beatrix Müller-Kampel hat das Gstanzlsingen kürzlich als »eine der komplexesten und intellektuell anspruchsvollsten Formen gesamttheatraler Improvisation und Kommunikation«[12] bezeichnet.

Man stelle sich vor, welche Wichtigkeit hier aufgebaut wird. Die Männer und Burschen stellen sich – ohne die Partnerinnen – in einem Stirnkreis auf. Sie bilden also sozusagen ein »Consilium«. Dann ergreift einer das Wort, nämlich der Ansänger, und gibt eine Aussage vor, in die alle anderen einstimmen. Es ist wie öffentliche Meinungsbildung. Aber um welche Themen geht es! Die Wichtigkeit wird nur vorgegeben. Wir haben es in Wirklichkeit mit einer Parodie zu tun. Die Komik entsteht vor dem Hintergrund einer vorgespielten Ordnung.

Was hat das jetzt mit Männlichkeiten zu tun? Ich glaube, sehr viel. Denn das, was durch diese Inszenierung parodiert wird, ist männliches Gehabe. Der australischen Forscherin Raewyn Connell verdanken wir die Zusammenschau des Systems hegemonialer Männlichkeit, das für patriarchale Kulturen kennzeichnend ist.[13] Nach ihren Forschungen gibt es nicht nur die »hegemoniale Männlichkeit« mit ihrem privilegierten Zugang zu vielen Bereichen gesellschaftlicher Macht, sondern auch die »marginalisierte Männlichkeit« mit der Zugehörigkeit zu unterprivilegierten Klassen. Bei den Männern, die im Ausseerland zum Gstanzlsingen zusammenkommen, handelt es sich zweifellos traditionellerweise um »marginalisierte Männlichkeit«, die aber ihr eigenes Selbstbewusstsein kreiert hat. Es waren, wenn wir die Entstehung dieser Gstanzln im 19. Jahrhundert annehmen, Bergleute, Holzknechte, Salinenarbeiter, die politisch gar nichts zu sagen hatten. Auf die »hegemoniale Männlichkeit«, auf die Männer, die irgendwo in der Zentrale zusammenkommen, die aktuelle Lage besprechen und Politik machen, reagieren sie mit Parodie. Alles, was »hegemoniale Männlichkeit« charakterisiert, wird in den Gstanzln verarbeitet, aber eben parodistisch: Das Männerbündische als exklusiver Ort der Inklusion und Solidarität »legitimer« Männlichkeiten (»Jå åwa lauta Kåmarådn/san ma åll banånda...«), die wechselseitige Vergewisserung der eigenen Normalität (»Han i a no nia gheat/dass a Wüdschitz hat geneart...«), die Aufrechterhaltung eigener Privilegien (»Und wånns koa Ålmhittal gab/und

---

[12] Beatrix Müller-Kampel, »Gstanzln als Lust-Spiel und Lustspiel. Zur Komik im ›Steyerischen Rasplwerk‹ von Konrad Mautner«, in: *Musikalien des Übergangs. Festschrift für Gerlinde Haid anlässlich ihrer Emeritierung 2011*, hrsg. von Ursula Hemetek, Evelyn Fink-Mennel und Rudolf Pietsch (= Schriften zur Volksmusik 24), Wien/Köln/Weimar 2011. S. 123–149, hier S. 146.

[13] Raewyn (Robert) W. Connell, *Der gemachte Mann. Konstruktion und Krise von Männlichkeit*, Opladen 1999.

koa stoanas Wandtl ...«), der Ausschluss von Frauen (»Ja owa Diandl du Luada/sag nit alls da Muada ...«), die Aggressivität (»Owa oans a zwoa scheich i net/drei a vier a no net ...«) und die Erhaltung und Verteidigung männlicher Machtpositionen (»Bald mia banand sitzen/muaß krachen muaß blitzen ...«).

Vieles spricht dafür, dass das Gstanzlsingen im Ausseerland als parodistischer Ausdruck »marginalisierter Männlichkeit« entstanden ist und heute noch so empfunden wird. Das legt nicht nur die Sozialgeschichte dieser Region nahe, das bezeugen eben auch die Gstanzltexte. Ein Hang zum Subversiven kann den Menschen in dieser Gegend überhaupt nachgesagt werden. Die Obrigkeit war immer weit weg (in Wien), vor Ort konnte man sich arrangieren und hatte seinen Rückhalt in der eigenen Solidargemeinschaft. So wurde der subtile Spott auf alle in den »oberen Rängen«, die sich sehr wichtig nehmen, zu einem beliebten Sport.

Abschließend ist es mir wichtig, darauf hinzuweisen, dass es keine Frage der Emanzipation ist, ob hier Frauen mitsingen oder nicht. So lange hegemoniale Männlichkeit parodiert wird, ist die Inszenierung wahrscheinlich stimmiger, wenn sie von Männern getragen wird. Aber es ist alles im Fluss – was die Zukunft bringen wird, wissen wir nicht.

Verena Barth
»Schade, dass du ein Mädchen bist!« – Männlichkeitsinszenierungen im Umfeld der Trompete

Instrumente einem bestimmten Geschlecht zuzuordnen, hat eine lange Tradition. Ein Blick in die Instrumentengeschichte zeigt jedoch, dass sich die Zuordnungen durchaus wandeln können. Beispielhaft sind hier die Harfe, die bis ins 20. Jahrhundert kaum von Frauen gespielt wurde, heute jedoch trotz einiger männlicher Stars als ›weibliches‹ Instrument par excellence gilt, oder die Geige, die einem ähnlichen Wandel unterlag. Geschlechterstereotype im Bereich der Blasinstrumente dagegen erweisen sich als sehr konsistent: Auch die Trompete gilt traditionell als ›männliches‹ Instrument. Diese Traditionslinie wird in einem kurzen historischen Abriss nachgezeichnet. Im Anschluss daran wird, von Musiker_innen ausgehend, die Performanz von Geschlecht in Klang, Bild, Wort und Handlung dargestellt. Dabei liegt der Schwerpunkt auf Aspekten wie Form und Aussehen, instrumentenbaulichen Besonderheiten, Klang, Volumen und Spieltechnik, denn sie stehen in Wechselwirkung zu Geschlechterkonnotationen eines Instruments. Der beschließende Teil (»Das Instrument als Symbol«) thematisiert das Instrument als Artefakt und dessen geschlechtliche Konnotationen. Diese kommen unter anderem in Darstellungen des Instruments und darin enthaltenen symbolischen Anreicherungen zum Ausdruck. Doch auch im Instrumentenbau sind Wandlungen und Tendenzen auszumachen. Den Anforderungen der Musiker_innen entsprechend modifiziert die Branche das Instrument optisch und klanglich. Veränderungen in der geschlechtsbezogenen Wahrnehmung der Trompete werden dadurch sowohl sichtbar als auch hörbar.

Die Schlussfolgerungen sind gestützt von Ergebnissen aus Interviews, deren Ziel es war, der Frage nachzugehen, inwiefern stereotypen Repräsentationsmustern entsprochen wird, soziale Praktiken und Konventionen übernommen, verhandelt oder widerlegt werden. In den Jahren 2009 und 2010 wurden insgesamt 40 Trompeter_innen (21 Trompeterinnen, 19 Trompeter) im Alter zwischen 20 und 90 Jahren interviewt. Kriterium für ihre Auswahl war, dass sie in professionellem Rahmen tätig sind, sei es im Kulturorchester, an einer Hochschule oder als Solist_innen. Davon arbeiten 15 Trompeterinnen und 14 Trompeter in Deutschland. Es wurden aber auch Trompeter_innen aus Großbritannien und Skandinavien befragt. Sämtliche Interviewten wurden darüber informiert, dass es um Fragen zum Thema Gender geht. Um eine möglichst große Offenheit gegenüber der Thematik zu gewährleisten, wurden sie auch über die Anonymisierung der Interviews informiert. Die Befragung fand in Form von Leitfadeninterviews statt: Es war ein Fragenkatalog vorhanden, den Gesprächspartner_innen wurde jedoch die Freiheit gegeben, davon abzuweichen, um eigene, im Zusammenhang als wichtig erachtete Themen anzusprechen.

*

Beschäftigt man sich mit heutigen Geschlechtskonnotationen im Kontext der Trompete, so bedarf es zunächst eines kurzen Blickes in die lange Geschichte des Instruments. Hierbei wird der Fokus auf den Räumen Militär/Hof, Stadt und Kirche liegen, mit denen die Trompete und ihre geschlechtlichen Konnotationen in Wechselwirkung stehen. In einer Anweisung mit dem vielsagenden Titel *Versuch einer Anleitung zur heroisch-musikalischen Trompeter- und Paukerkunst* von 1795[1] zeichnet der Autor die Geschichte der Trompete in groben Zügen nach: Der griechischen Mythologie zufolge wurde die Trompete von der Kriegsgöttin Athene in Menschenhand übergeben; als andere mögliche Erfinder werden tyrrhenische oder lacedaimonische Könige oder Feldherren ab etwa 1000 v. Chr. genannt, die die Trompete ihrer klanglichen Qualitäten wegen auf Feldzügen nutzten.[2] In allen bekannten Hochkulturen, wie der Kultur der Ägypter, Assyrer, Israeliten, Griechen, Etrusker, Römer, Urgermanen und Kelten diente die Trompete als Kriegsgerät.[3]

Nicht weniger lang ist die kultisch-religiöse Traditionslinie, die in dieselben

---

[1] Johann Ernst Altenburg, *Versuch einer Anleitung zur heroisch-musikalischen Trompeter- und Pauker-Kunst: zu mehrerer Aufnahme derselben historisch, theoretisch und praktisch Beschrieben und mit Exempeln erläutert, gedruckt und verlegt bey Joh. Christ. Hendel*, Halle 1795.

[2] Ebd., S. 3.

[3] Edward H. Tarr, *Die Trompete*, Bern 1977, S. 13ff. Siehe hierzu Margaret Sarkassian, »Lip-vibrated instruments of the ancient and non-western world«, in: *The Cambridge Companion to Brass Instruments* hrsg. von Trevor Herbert und John Wallace, Cambridge 1997, S. 5–18, hier S. 13ff. In ihrem Artikel zeigt Sarkassian außerdem, dass Polsterzungeninstrumente auch in vielen außereuropäischen Kulturen zum männlichen Lebensbereich gehörten. Als Beispiel nennt sie den Ndumbu in Südost Angola, den Buburé des Amazonasgebietes und den Molimo des Bambutivolkes in Zaire. In allen drei Fällen wurde das Trompeteninstrument vor den Augen der Frauen verborgen gehalten. Siehe hierzu auch: Sabine K. Klaus, *Trumpets and other High Brass – A History Inspired by the Joe R. and Joella F. Utley Collection*, Bd. 1, Vermillion 2012, S. 37ff.

Hochkulturen weist. Im Alten Testament ist es Moses, der Trompeten für die Priester Eleasar und Ithamar anfertigen und im Gottesdienst einsetzen ließ. Gleichzeitig setzte er fest, die Trompete solle ein geheiligtes Instrument sein, das ausschließlich von Priestern gespielt werden dürfe. Ziel war, die Gläubigen »feuriger, ehrfurchtsvoller, standhafter und anhänglicher an ihre Religion zu machen«.[4]

Im 16. Jahrhundert wurde durch den Augsburger Reichstag die Zusammenschließung von Trompetern in Gilden ermöglicht. Damit waren sie intern als Solidargemeinschaft mit Rechten und Pflichten organisiert, im gesellschaftlichen Gefüge bedeutete dies einen respektablen Aufstieg für die reisenden Musiker. Sie standen von da an privilegiert im Dienst der Habsburger Herrscher und erfüllten zeremonielle und militärische Aufgaben.[5] Dabei waren die Trompeter hierarchisch über den Trommlern und Pfeifern, und gemeinsam mit ihren Zunftbrüdern, den Paukern, der Kavallerie zugewiesen.[6]

Ab dem frühen 17. Jahrhundert wurden Trompetenchöre auch jenseits militärischer Dienste in Opern (Claudio Monteverdis *Orfeo*) und in vokaler Kirchenmusik (Michael Praetorius, Samuel Scheidt, Giovanni Valentini u. a.) eingesetzt. Letzteres nahm seinen Ausgang bezeichnenderweise im Einflussbereich der Habsburger Residenzen. Trompeten repräsentierten die ecclesia militans einerseits und den kaiserlichen Pomp andererseits,[7] sollten aber zunächst in gebührendem Abstand zur Kirche positioniert werden. So heißt es 1619, dass der »starcke Schall und Hall der Trommeter/die gantze Music nicht vberschreye und vbertäube […]«.[8] Auch für Ludwig XIV. oder die Krönungsfeierlichkeiten in England dienten Trompeten als repräsentatives Instrument, man denke nur an die dem Sonnenkönig direkt unterstellten Trompetenchöre oder an Georg Friedrich Händels *Coronation Anthems* von 1727.

Noch lange wurde die Trompete als kriegerisch-heroisches Instrument verstanden und sowohl mit einem unmodern gewordenen Kompositionsstil als auch mit einer vergangenen Gesellschaftsordnung in Verbindung gebracht. Dementsprechend zurückhaltend war man ihr gegenüber in der Kunstmusik.

---

[4] Johann Ernst Altenburg, *Versuch einer Anleitung*, S. 4.
[5] Vgl. Edward H. Tarr, »The Trumpet before 1800«, in: *The Cambridge Companion to Brass Instruments*, hrsg. von Trevor Herbert und John Wallace, Cambridge 1997, S. 84–102.
[6] Vgl. Peter Moormann und Rebecca Wolf, [Art.] »Militärmusik«, in: *Lexikon Musik und Gender*, hrsg. von Annette Kreutziger-Herr und Melanie Unseld, Kassel 2010, S. 225f.
[7] Vgl. F. W. Riedel, zit. nach Tarr, »The Trumpet before 1800«, S. 87, Fußnote S. 296.
[8] *Syntagma Musicum*, Wolfenbüttel 1619, zit. nach ebd.

Dort fand sie ab Ende des 18. Jahrhunderts in ihrer exponierten Funktion als Soloinstrument kaum mehr Verwendung, sondern wurde vor allem als verstärkendes und Tonart bestätigendes Instrument in Ensemblezusammenhängen verwendet. Erst im 20. Jahrhundert wurde die Trompete mit neuen Inhalten belegt, die sich u. a. aus ihrer Verwendung in der Tanzmusik, im Jazz und in der Popularmusik ergaben und in neuen Klischeebildungen aus Film und Fernsehen Einfluss nahmen. Vor allem ab den 1980er-Jahren wurde sie in verstärktem Maße als Soloinstrument eingesetzt. Wichtige Komponist_innen der zeitgenössischen Kunstmusik wie Peter Maxwell Davies, Sofia Gubaidulina, Hans Werner Henze, György Ligeti, Olga Neuwirth und Karlheinz Stockhausen begannen, vermehrt Konzerte für die Trompete zu schreiben.[9] Angespornt durch die romantische Repertoirelücke des Instruments, unbeschwert von einer verpflichtenden Tradition und im Sinne allgemeiner musikalischer Entwicklungstendenzen des 20. Jahrhunderts, fühlten sich viele Komponist_innen ermutigt, mit neuen Klängen zu experimentieren. Dies verlieh der Trompete ein Repertoire mit zahlreichen avantgardistischen Beiträgen, was wiederum eine Erweiterung ihres Assoziationsfeldes bewirkte.[10]

Der kursorische Überblick greift auf, was ohnehin bekannt ist: Die Trompete wurde traditionell zur Kommunikation auf dem Schlachtfeld, bei Paraden und in Kriegsmusiken eingesetzt und diente der höfischen und kirchlichen Repräsentation oder zur Unterstützung der Jagd, was sich in die Rezeption des Instruments einschrieb. 1953 heißt es in einem Artikel in der *Radio Revue*:

> »Die Trompete: Wenn es bei irgendeinem Musikinstrument klar ist, was es ausdrückt, mit welcher Welt es verbunden ist, so bei der Trompete. Was sie auch blasen mag, immer ist es mit König, Krieg und Rittertum verbunden. Jedes Thema der Trompete erinnert an ein Signal. Immer ›schmettert‹ die Trompete. Dies war zu allen Zeiten so. [...] Im großen und ganzen bleibt es dabei, dass die Trompete klingendes Sinnbild des Ritterlichen, des Kampfes und der irdischen wie der ewigen Majestät ist.«[11]

Alle diese Ereignisse und Gelegenheiten, kirchliche wie weltliche, gehören zu männlich konnotierten Bereichen. Die Stereotypisierung hat allerdings nicht nur mit den Verwendungszwecken des Instruments, sondern auch mit seiner

---

[9] Vgl. Verena Jakobsen Barth, *Die Trompete als Soloinstrument in der Kunstmusik Europas seit 1900 – mit besonderer Berücksichtigung der Entwicklung ab 1980 am Beispiel der Solisten Håkan Hardenberger, Ole Edvard Antonsen und Reinhold Friedrich*, Göteborg 2007, S. 388ff.

[10] Vgl. ebd., S. 141ff.

[11] *Radio Revue* vom 08.02.1953, Serie »Gang durchs Orchester« (XI).

Form und seinem Aussehen, mit instrumentenbaulichen Spezifika, seinem Klang, der potenziellen Lautstärke und der Spieltechnik zu tun.[12] Daraus ergibt sich, dass die Trompete als ›männliches Instrument‹ wahrgenommen wurde: 1783 schrieb Carl Ludwig Junker, dass »gewisse Instrumente nur von Männern gespielt würden, als zum Beyspiel, das Horn, das Violoncell, der Contrabaß, der Fagott, die Trompete«.[13] 1881 heißt es in einer Abhandlung über die Trompete: »Es ist die ungebändigte Naturkraft des Erzes in ihr verkörpert, die ausgeprägte Männlichkeit«.[14] Und noch im 21. Jahrhundert, so zeigen Untersuchungen, nehmen Kinder und Jugendliche die Trompete als ein ›maskulines‹ Instrument wahr.[15]

Der Mann als Norm

»Schade, dass du ein Mädchen bist …«, so die Worte des Wiener Hochschulprofessors Helmut Wobisch an seine Studentin Carole Dawn Reinhart.[16] Sie können als Hinweis darauf gelesen werden, dass eine Trompete spielende jun-

---

[12] Vgl. Melanie Unseld, [Art.] »Instrumente, 1. Einleitung«, in: *Lexikon Musik und Gender*, S. 288f.
[13] Zit. nach Freia Hoffmann, *Instrument und Körper. Die musizierende Frau in der bürgerlichen Kultur*, Frankfurt/M./Leipzig 1991, S. 28.
[14] Hermann Eichborn, *Die Trompete in alter und neuer Zeit*, Leipzig 1881, S. 81.
[15] Nicola Dibben, »Gender Identity and Music«, in: *Musical Identities*, hrsg. von Raymond A.R. Macdonald u.a., Oxford u.a. 2002, S. 117–133. Abeles und Porter kamen in ihrer 1978 durchgeführten Schülerbefragung zur Geschlechtscodierung von Instrumenten zu dem Ergebnis, dass Trompete – neben Schlagzeug und Posaune – als männlichstes Instrument angesehen wird. Harold F. Abeles und Susan Yank Porter, »The Sex-Stereotyping of Musical Instruments«, in: *Journal of Research in Music Education* 26/2 (1978), S. 65–75. Spätere Untersuchungen finden weiterhin gängige Geschlechtscodierungen von Instrumenten vor, und die beiden britischen Artikel bestätigen die Resultate der amerikanischen Studien. In sämtlichen Untersuchungen weist die Trompete eine markant männliche Zuschreibung auf. Siehe hierzu: Patrick M. Fortney, J. David Boyle und Nicholas J. DeCarbo, »A Study of Middle School Band Students' Instrument Choices«, in: *Journal of Research in Music Education* 41/1 (1993), S. 28–39, www.jstor.org/stable/3345477, 01.09.2013; Susan A. O'Neill, »Boys' and Girls' Preferences for Musical Instruments: A Function of Gender«, in: *Psychology of Music* 24/2 (1996), S. 171–183; Anna C. Harrison und Susan A. O'Neill, »Children's Gender-Typed Preferences for Musical Instruments. An Intervention Study«, in: *Psychology of Music* 28 (2000), S. 81–97. Siehe hierzu auch John Wallace und Alexander McGrattan, *The Trumpet*, Yale 2011, S. 278f.
[16] Vgl. Elena Ostleitner und Ursula Siemek, *Carole Dawn Reinhart*, Straßhof 2002, S. 112.

ge Frau mit Schwierigkeiten im Professionalisierungsprozess zu rechnen habe, weil es sich um ein traditionell und zu diesem Zeitpunkt männlich dominiertes Metier handelte. Die gute Nachricht vorab: Carole Dawn Reinhart kann inzwischen auf eine lange internationale Karriere als Solistin und Nachfolgerin ihres eigenen Lehrers zurückblicken.

Zwar stammt obiges Zitat aus den 1960er-Jahren und kann als Beispiel für das Klima im Wien dieser Zeit stehen, dennoch bleibt Geschlechtszugehörigkeit (nicht nur) unter Blechbläser_innen ein wichtiges Thema. Dass sich die normative Stellung des Mannes bis ins 21. Jahrhundert fortsetzt und damit in der aktuellen Musikpraxis eine Rolle spielt, veranschaulichen folgende Zitate eines jungen Interviewpartners, der in einem großen deutschen Kulturorchester tätig ist: »Wenn eine Frau auch Trompete spielen will, warum nicht. Wenn sie den Fleiß dazu hat, kann sie ebenso viel wie ein Mann.«[17] Deutlich wird hier, dass Erfolg für eine Frau bedeutet, so gut spielen zu können wie ein Mann; dazu muss sie Fleiß investieren. Für die Beschreibung der spielerischen Kompetenz von Männern bedarf es dieses Zusatzes bemerkenswerterweise jedoch nicht. Wie das Können von Männern als Norm und zu erreichendes Ziel wahrgenommen wird, kommt im folgenden Beispiel offen zum Ausdruck, wobei auch die passive Syntax im Bezug auf die Spielerin interessant ist: »Wenn man eine Frau unterrichten soll, dann muss man [...] sehen, was die Männer schon können. Sie muss auf das Level gebracht werden wie die Männer.«[18]

Stereotype und Klischees: Alkohol und Intelligenz

Es mag an der langen und ungebrochenen Tradition der Trompete als männlich konnotiertes Instrument liegen, dass sich in ihrem Umfeld zahlreiche, teilweise stark ausgeprägte Stereotype und Klischees finden. Dabei handelt es sich sowohl um deskriptive als auch um präskriptive Stereotype, das heißt, sowohl um Annahmen darüber, wie Trompeter *sind*, als auch darüber, wie sie *sein sollen*.[19] Ein Beispiel ist das Stereotyp des Trompeters als starken Trinkers. Sein Ursprung ist vielfältig. Ein Grund liegt in einer Kombination der spezifischen Arbeitsbedingungen von Trompeter_innen und der noch zu erwähnenden

---

[17] Interview vom 01.12.2009. Da mitunter mehrere Interviews an einem Tag stattgefunden haben, weist das gleiche Datum nicht notgedrungen auf Aussagen derselben Person hin.

[18] Interview vom 01.12.2009.

[19] Vgl. Thomas Eckes, »Geschlechterstereotype: Von Rollen, Identitäten und Vorurteilen«, in: *Handbuch Frauen- und Geschlechterforschung. Theorie, Methoden, Empirie*, hrsg. von Ruth Becker und Beate Kortendieck, 3. Aufl. Wiesbaden 2010, S. 178–189, hier S. 178.

Gruppenbildung: Die sich aus kompositorischen Gründen ergebenden längeren Arbeitspausen innerhalb von Orchesterproben wurden oftmals gemeinsam in der Trompetergruppe verbracht, nicht selten in Bars oder ähnlichen Einrichtungen, wobei der Konsum alkoholischer Getränke naheliegend war. Zwei einschlägige, wenn auch inzwischen ältere Untersuchungen zu Stereotypisierungen bei Orchestermusikern geben zu diesem Thema klare Antworten: In John Davies Befragung gaben die Streicher an, dass sie Blechbläser als starke Trinker sähen. In Jack Liptons Befragung taucht wiederum der Alkohol auf, sogar mit der genaueren Angabe als Bier. Hier sind es die Schlagzeuger, die Blechbläser als »Biertrinker« bezeichnen.[20] Während es früher in manchen Trompetersektionen üblich war, einen Anwärter auf seine Trinkfestigkeit zu testen, ist dies heute wohl kaum mehr der Fall.[21] Hier hat sich die Einstellung deutlich verändert, was der geringeren Toleranz seitens der Arbeitgeber wie auch verstärkten Straßenkontrollen zuzuschreiben ist. Auch die gesteigerte Professionalität der Musiker_innen hat zu einer Veränderung dieses spezifischen Gruppenverhaltens, das nicht selten in Gruppenzwang mündete, beigetragen. Dabei scheint Bier das Getränk erster Wahl zu sein. Diese Vorliebe liegt u.a. in der musikalischen Sozialisation von Trompeter_innen in Musikvereinen, Posaunenchören und Blaskapellen, oft im ländlichen Milieu, begründet.[22]

Wie Lipton nachgewiesen hat, werden Trompeter_innen außerdem häufig als wenig intelligent bezeichnet, was mit der sozialen Herkunft zusammenhängen mag.[23] Diese hat Auswirkungen auf den Status der Musiker_innen und der Instrumentengruppe, was in folgenden Witzen beispielhaft zum Ausdruck

[20] Jack P. Lipton, »Stereotypes Concerning Musicians Within Symphony Orchestras«, in: *The Journal of Psychology* 121/1 (1987), S. 89; John Davies, »Orchestral Discord«, in: *NEWSociety*, 08.01.1976, 35/692, S. 46. Der Überbegriff »Blechbläser« wird im Folgenden bei Phänomenen verwendet, die nicht spezifisch für das Umfeld der Trompete sind, sondern für den gesamten Blechbläserbereich gelten. Vor allem Trompete und Posaune sind in ihrer geschlechtlichen Wahrnehmung eng verwandt, weniger hingegen das Horn.

[21] Ein pensionierter Solotrompeter mit einer langen Karriere in einem großen deutschen Kulturorchester berichtet: »Der Spruch war ja der: ›Wenn wir einen einstellen, den müssen wir erst mal testen. Mit dem müssen wir erst einen getrunken haben.‹ [...] Das ist heute durchs Auto weg. Gott sei Dank eigentlich.« Interview vom 19.01.2010.

[22] Ein sehr pragmatischer, doch wichtiger Grund für die oftmals ländliche Herkunft von Trompeter_innen ist die Tatsache, dass das Instrument sehr laut klingen kann. Als Umgebung hierfür eignet sich ein Einfamilienhaus auf dem Land wesentlich besser als eine Wohnung in der Stadt.

[23] Vgl. Lipton, »Stereotypes Concerning Musicians Within Symphony Orchestras«, S. 89.

kommt: »What do you call a lead trumpet player with a half brain? Answer: ›Gifted.‹« Oder: »What did little John's mother tell him when he said ›I want to be a trumpet player when I grow up‹? ›But Johnny, you can't do both!‹«[24] Ein Interviewpartner mit einer vielseitigen Tätigkeit im Orchester, als Pädagoge und Solist formuliert es so:

> »Trompeter kommen doch sozial gesehen immer wieder aus einfacherem Hintergrund: Blasorchester, Posaunenchor, Dorf. Und Streicher: Akademiker, Arzttochter, Stadt. Das ist eine ganz andere Klientel. Da sehe ich die Wurzel für ganz viel Unverständnis oder etwas schwerfälliges Verständnis liegen. Ich glaube, da wo die Leute mal in einer großen Stadt gewohnt haben und studentisches Leben mitgekriegt haben, da gibt es die Möglichkeit, dass sich das verändert. Aber Blechbläser haben ja auch die Neigung, dass sie sich viel zusammenrotten und dann viel im eigenen Sud kochen, sich selber mit andern zusammen, wie in so einem großen Whirlpool. Und da passiert natürlich nichts an Bewusstseinsveränderung. Da bestätigt man sich nur gegenseitig die Sachen, die man sowieso schon immer gewusst hat.«[25]

Insbesondere die hier angesprochene Gruppenbildung scheint die Tradierung von Stereotypen und Klischees zu begünstigen.

»Blechbläser haben die furchtbare Angewohnheit, sich in Rudeln zu rotten«

Mit diesen Worten beschreibt ein Interviewpartner das Phänomen der Gruppenbildung, das im Trompetermilieu stark ausgeprägt ist.[26] Das Zunftwesen, dessen Geheimnisse die exkludierende Wirkung noch verstärkten, trug hierzu bei.[27] Wie aus obigem Zitat ebenfalls hervorgeht, zieht sich die Gruppenbildung bis heute durch. Dabei handelt es sich um homosoziale Männergruppen. Die Tatsache, dass sowohl Kirchen- als auch Militärmusik seit jeher von Männern gespielt wurde, begünstigt diese Entwicklung.[28] Die starke Verhaftung in der Tradition kommt der Wiederholung tradierter Männlichkeitsbilder entge-

[24] O.J.'s trumpet page, http://abel.hive.no/trumpet/jokes.html, 17.09.2013.
[25] Interview vom 17.01.2010.
[26] Interview vom 17.01.2010.
[27] Vgl. Tarr, *Die Trompete*, S. 45ff.; siehe auch Jakobsen Barth, *Die Trompete als Soloinstrument*, S. 21ff.
[28] Vgl. Helmut Rösing, »Männlichkeitssymbole in der Musik – eine Spurenlese«, in: *Ekkehard Jost. Festschrift zum 65. Geburtstag*, hrsg. von Bernd Hoffmann u.a. (= Jazzforschung – Jazz Research 34), Graz 2002, S. 243–256. hier S. 246.

gen, was sich bis in unsere Zeit hinein deutlich manifestiert.[29] Die Trennung nach Geschlechtern ist eine Problematik, die historisch gesehen den gesamten professionellen Musikbetrieb durchzogen hat. Das Spezifische des Blechbläserbereiches hingegen besteht in der anhaltenden Aktualität der Thematik, was jedoch nicht bedeutet, dass sie in anderen Bereichen musikalischer Praxis nicht mehr vorhanden wäre.[30] Christine Ammer hat für dieses Phänomen den Begriff »Apartheid« geprägt und gibt zu bedenken, dass das Geschlecht im professionellen Musikbetrieb nach wie vor eine wesentliche Rolle spielt.[31]

So ist es bis heute keine Selbstverständlichkeit, dass Frauen in einer Orchestertrompetensektion willkommen sind.[32] Als Gründe werden an dieser Stelle häufig Verlust der Gruppenharmonie oder das Entstehen kontraproduktiver Dynamiken (wie zum Beispiel sexuelle Konkurrenz) genannt, eine in anderen gesellschaftlichen Bereichen schwer vorstellbare Argumentation.[33] Ein Interviewpartner mit langjähriger Erfahrung aus unterschiedlichen britischen Orchestern und Ensembles berichtete, dass Philip Jones (1928–2000), Gründer und Leiter des *Philip Jones Brass Ensembles*, zeitlebens keine Frau einstellte: »I can remember hearing Philip Jones say that the reason he never had a lady in the group was because it would create sexual jealousies […] on tours and in other situations and he didn't want to introduce that dynamic in the group.«[34]

---

[29] Lucy Green zeigt in ihrem Artikel, wie sehr sich Schüler_innen an gängigen Männlichkeits- und Weiblichkeitsbildern orientieren. Ihre Untersuchungen ergaben, dass der Schule eine wichtige Rolle dabei zukommt, die unterschwellig vorhandenen Geschlechterbilder zu tradieren. Diese werden in der Folge zum Ausgangspunkt musikalischer Praxis. Vgl. Lucy Green, »Exposing the Gendered Discourse of Music Education«, in: *Feminism & Psychology* 12/2 (2002), S. 137–144, http://fap.sagepub.com, 17.09.2013.

[30] Die im 19. Jahrhundert einsetzende Gründung von Damenkapellen ist in eben diesem Lichte zu verstehen: Frauen war es dann möglich, ihr Instrument professionell auszuüben, wenn sie dies in einem separaten Bereich taten.

[31] Christine Ammer, »Unsung. Eine Geschichte der Frauen in der amerikanischen Musik (1980/2001)«, in: *Musik und Gender. Ein Reader*, hrsg. von Florian Heesch und Katrin Losleben, Köln 2012, S. 116–129, hier S. 129.

[32] Im Orchester beschäftigt sind beispielsweise die Trompeterinnen Rita Arkenau-Sanden, Anja Brandt, Maja Helmes, Griseldis Lichdi, Laura Vukobratovic.

[33] Anzumerken ist, dass in der Praxis ein deutlicher Unterschied besteht zwischen dem Frauenanteil im Laienbereich und demjenigen im professionellen Bereich. Während im Laienbereich der Frauenanteil unter Umständen recht hoch sein kann, sinkt er mit steigender Professionalisierung. Vgl. Sabrina Paternoga, »Orchestermusikerinnen. Frauenanteile an den Musikhochschulen und in den Kulturorchestern. Geschlechts- und instrumentenspezifische Vollerhebung an deutschen Musikhochschulen und in den Orchestern«, in: *Das Orchester* 53/5 (2005), S. 8–14.

[34] Interview vom 9.12.2009.

Die Verhaftung in der Tradition wird auch daran deutlich, dass reine Blechbläserinnenensembles wie *Women in Brass* oder das Trompetenquartett *Bella Tromba* heute noch durch ihr Erscheinen mit einem gewissen Überraschungseffekt rechnen können. Dorothea Kaufmann beschreibt in ihrer Dissertation über Damenkapellen, wie der Reiz des Neuen und Ungewohnten im Wesentlichen dazu beitrug, das Publikum zu erreichen. Dies führte dazu, dass die Musikerinnen weniger als solche wahrgenommen wurden als vielmehr als Sensation und Kuriosität. Dem visuellen Aspekt, der mitunter erotische Dimensionen bekam, fiel eine wichtige Rolle zu.[35] Die Musikerinnen überraschten mit der Verletzung deskriptiver Geschlechterstereotype, also damit, dass sie nicht dem gängigen Bild Trompete spielender Instrumentalisten entsprachen. Aus Überschreitungen geschlechtsstereotyper Erwartungen, so der Psychologe Thomas Eckes, lassen sich allerdings nur selten Änderungen herleiten.[36] So ist zu erklären, dass trotz der langen Tradition reiner Frauenblechblasensembles der Überraschungseffekt wenig an Aktualität eingebüßt zu haben scheint.

Das Phänomen der Gruppenbildung weist auf den Bedarf einer kontinuierlichen Inszenierung des Geschlechts durch Abgrenzung hin, also darauf, die Exklusivität der Männersphäre zu wahren, damit sie nicht in Gefahr gerät, sich als solche aufzulösen. Der Zusammenschluss in einer Männergruppe zum gemeinsamen Musizieren mag zudem einer Vergewisserung der eigenen Männlichkeit dienen.

Sexualität

Viele Klischees sind sexuell konnotiert. So ist ein in Trompeterkreisen kursierender Begriff der des »Stehers«. Dieser Begriff soll jemanden beschreiben, »der nicht kaputt zu kriegen ist und auch nach fünf Stunden immer noch alles rausballern kann«[37], jemand also, der sehr ausdauernd ist, sehr laut und hoch spielen kann und zwar wann immer und solange wie gewünscht. Das Phänomen der phallozentrischen Terminologie wird von Susan McClary in *Femine Endings* beschrieben. Dort zeigt sie, wie Narrative über Musik von

---

[35] Vgl. Dorothea Kaufmann, »... *routinierte Trommlerin gesucht!« Musikerin in einer Damenkapelle. Zum Bild eines vergessenen Frauenberufes aus der Kaiserzeit* (= Schriften zur Popularmusikforschung 3), Karben 1997, S. 51f. Siehe auch Melanie Unseld, »Ausposaunt! – Wie die Posaune zu einem ›un-weiblichen‹ Instrument wurde«, in: *Gender Studies. Dokumentation einer Annäherung*, hrsg. von Krista Warnke und Berthild Lievenbrück, Berlin 2004, S. 25–36, hier S. 36.

[36] Vgl Eckes, »Geschlechterstereotype: Von Rollen, Identitäten und Vorurteilen«, S. 178.

[37] Interview vom 01.12.2009.

Ausdrucksweisen durchzogen werden, die von männlicher Sexualität aus gedacht sind und durch entsprechende Metaphern männlich sexuelle Aggression vermitteln.[38] Durch ständige Wiederholung hat sich dies tief in unsere westliche Kultur eingegraben und eine »Welt voller phallischer Posen« kreiert, die als solche aber nicht mehr erkannt werden. Darauf lässt sich zurückführen, dass sich die Reaktionen der Interviewpartner_innen von Erstaunen bis Entrüstung spannten, sobald sie auf den sexuellen Gehalt des Ausdrucks angesprochen wurden. Indessen spiegeln derlei Ausdrucksweisen die Denkgewohnheiten nicht nur wider, sondern tragen dazu bei, sie zu schaffen, zu gestalten und zu reproduzieren, »indem sie diese [...] wieder und wieder als lustvoll (und als unausweichlich, allgemein gültig) bestätigen.«[39] Die eigene Rolle in der Tradierung des sexuellen Diskurses wurde von den Interviewpartner_innen nicht erkannt, sondern vielmehr verneint. Ein weiteres Beispiel verdeutlicht, wie selbst die Wissenschaft durch die Wahl der Terminologie einen männlich sexuellen Diskurs tradiert. Der amerikanische Soziologe Krin Gabbard schreibt: »Like Bolden, he [Armstrong] saw the trumpet as a way to enhance his masculinity, asserting his power with volume and showing off his ability to ›get it up‹ with the highest notes. It could win him the attention of women and increase his stature among men.«[40]

Die im Ausdruck »Steher« angedeutete Virilitätskonnotation kann auch in diversen Witzen nachvollzogen werden, in welchen dem Trompeter eine starke sexuelle Ausstrahlung bescheinigt wird. Als Beispiel mag ein Witz dienen, der aus drei Affirmationen besteht, deren Glaubwürdigkeit mit jedem Punkt offensichtlich abnimmt und mit der Pointe endet, die Freundin des Gegenübers nicht zu kennen: »Die drei Lügen eines Trompeters: 1. Ich habe zu Hause geübt. 2. Ich habe mein Instrument gestimmt. 3. Nein, ich kenne deine Freundin nicht.«[41] Der Trompeter wird hier als Mann dargestellt, der seine Männlichkeit durch die Eroberung von Frauen, inklusive tabuisierter Frauen, unter Beweis stellt.

Witze sind insofern wichtige Quellen, um Stereotypen und Klischees nachzuspüren, da sie nur funktionieren, wenn sie spontan von einer großen Allge-

---

[38] Als Bespiele nennt Susan McClary die Ausdrücke »mit voller Kraft« und »mit Stoßkraft«. Susan McClary, »Wie man von der Bohnenranke herunterkommt: Die Stimme einer Frau in Janika Vanderveldes Genesis II«, in: *Musik und Gender. Ein Reader*, S. 37–47, hier S. 47.
[39] Ebd., S. 43.
[40] Krin Gabbard, *Hotter Than That. The Trumpet, Jazz and the American Culture*, New York 2008, S. 75; in diesem Zusammenhang sei auch auf die Diskussion zum Spiel in hohen Lagen (»Hoch und laut«) in diesem Artikel verwiesen.
[41] Homepage von Peter Kohlhaas, www.peter-der-trompeter.de/index8.html, 15.09.2013.

meinheit verstanden werden, also Teil eines konsensuellen, kulturell geteilten Verständnisses sind.[42] Sie bestätigen gängige Stereotype und tragen durch ihre ständige Wiederholung zu deren Reproduktion bei.

Sehr plakativ ist die Verbindung der Trompete zum erotischen Bereich auf der Titelseite des Herrenmagazins *Playboy* vom Juni 1985 dargestellt: Ein spärlich bekleidetes Model (Roxanne Pulitzer) ist hier mit einer Trompete vor ihrem Schoß zu sehen. Anlass dieser Aufnahme war das Gerücht, sie habe die Trompete innerhalb eines Hexenrituals als Dildo verwendet.[43] Eine latente Verbindung zur Erotik ist auch in folgendem Interview mit dem Trompeter Till Brönner in der *FAZ* vom 10.10.2010 vorhanden:

> JOURNALIST: »Wenn die Frau weg ist, knutscht der Trompeter mit seiner Trompete. Es scheint jedenfalls ein sehr körperliches Verhältnis zu sein. Der Mund, die Lippen, das ist ja alles sehr erotisch besetzt.«
>
> BRÖNNER: »Das ist der Mythos des Trompeters. Er hat gut durchblutete Lippen. Er muss das Mundstück manchmal feucht machen. Er weiß, was seine Zunge zu tun hat. Es hält sich hartnäckig das Gerücht, dass Trompeter besser küssen […].«

Die intime Verbindung zwischen Lippen und Instrument bewirkt beim Mann also einen Virilitätszugewinn, während sie für Frauen aufgrund verunstalteter Lippen, wie es das Vorurteil behauptet, als eines der Argumente gegen das Trompetespielen angeführt wird.

Kraft und Männlichkeit

Im Zuge der Recherchen wurden immer wieder Vorstellungen eines trompeterspezifischen Habitus und Charakters geäußert, zu denen Extrovertiertheit, Stärke, Selbstvertrauen, Unkompliziertheit und Kollegialität gehören: Alles Eigenschaften mit stark männlicher Konnotation. Dies deckt sich mit dem Resultat von Liptons Untersuchung, in welcher Blechbläser sich selbst als gesellig, laut, selbstbewusst und jovial beschreiben. Obwohl die erwähnte Untersuchung aus dem Jahr 1987 stammt, scheint der Hauptkonsens konstant geblieben zu sein.[44] Hier sei an Eva Rieger erinnert, die unter anderem Kraft,

---

[42] Siehe hierzu Eckes, »Geschlechterstereotype: Von Rollen, Identitäten und Vorurteilen«, S. 178.

[43] Vgl. Isabel Eisenmann, *Fanfaren, Jazz und Jericho? Die Symbolik der Trompete im 20. Jahrhundert*, Marburg 2007, S. 198.

[44] Vgl. Lipton, »Stereotypes Concerning Musicians Within Symphony Orchestras«, S. 89.

Stärke und Selbstbewusstsein als männlich konnotierte Attribute nennt.[45] Deutlich kommt immer wieder die enorme Wichtigkeit körperlicher Aspekte zum Ausdruck und so wird im Folgenden der Kraftaspekt aus dem Feld der als spezifisch eingeschätzten Charakteristika herausgegriffen. Des Öfteren wird eine Verbindung zum Sport hergestellt. Die Trompete wird als physisch sehr anspruchsvolles Instrument beschrieben, deren Spieler_innen körperlich in Form sein müssen, um das Instrument meistern zu können. Das Ausüben anderer Blasinstrumente, wie beispielsweise der Oboe, fordert zweifelsohne ebenfalls einen großen körperlichen Einsatz. Trotz dieser Tatsache rankt sich kein vergleichbarer Kraftdiskurs um sie. Das Betonen der physischen Seite des Trompetenspiels mag seinen Ursprung in der traditionell homosozialen Männersphäre haben, in welcher Kraft als Bestätigung von Männlichkeit ihren Platz hat und Leistungsfähigkeit ein zentrales Element hegemonialer Männlichkeit darstellt. Christine Ammer sieht die physischen Argumente als Mittel zum Zwecke der Stellensicherung: Würden Frauen als den männlichen Musikern ebenbürtig gelten, dann konkurrierten sie um dieselben Anstellungen.[46]

Die Betonung von Kraft im Umfeld der Trompete und ihre Verbindung zur Männlichkeit kommt sehr deutlich in der Dokumentation *Håkan Hardenberger – Der Mann mit der Trompete* zum Ausdruck.[47] Im unten zitierten Ausschnitt geht es um den Kompositionsprozess von Harrison Birtwistles Trompetenkonzert *Endless Parade*, zu welchem sich sowohl der Solist selbst als auch die Trompeter-Dirigenten Elgar Howarth und Philip Jones äußern:

> ELGAR HOWARTH: »Als Harry das Stück komponierte, sagte er: ›er muss praktisch spielen, ohne abzusetzen.‹ Ich sagte: ›Er ist ein Mann!‹«
>
> HÅKAN HARDENBERGER: »Er hat mir die Notenblätter einzeln geschickt, sobald sie fertig waren, und ich wäre jedes Mal am liebsten ins Bett gegangen [lacht].«
>
> PHILIP JONES: »Hier geht es echt um harte körperliche Arbeit, neben allem anderen. Wie ihm das gelungen ist, bleibt hoffentlich für alle Zeit ein Geheimnis.«
>
> ELGAR HOWARTH: »An der Schmerzgrenze für dich und mich.«

---

[45] Vgl. Eva Rieger, *Frau, Musik und Männerherrschaft*, Frankfurt/M. u. a. 1981, S. 128.
[46] Vgl. Ammer, »Unsung. Eine Geschichte der Frauen in der amerikanischen Musik«, S. 129.
[47] Siehe *Håkan Hardenberger – Der Mann mit der Trompete*, deutsche, synchronisierte Version, Originaltitel: *The man with the horn*, edited and presented by Melwyn Bragg, research: Patrick Bailey, Editor: Fiona Gillespie, A Landser Production for LWT 1992.

Hardenbergers Bemerkung, sich beim Anblick der schwierigen Trompetenpartie am liebsten ins Bett zu begeben, steigert den Wert seiner Leistung zusätzlich, während Jones mit seinem Kommentar zur zusätzlichen Erhöhung der außergewöhnlichen Leistung des Solisten beisteuert und ihn nahezu mystisch verklärt. Folgt man derartigen Äußerungen, liegt es gewissermaßen auf der Hand, warum es so wenig Trompete spielende Frauen gibt, zumal in wichtigen Orchesterpositionen. Das Argument der ›Kraft‹, die ja zweifelsohne eine spielerische Notwendigkeit darstellt, dient – wenn auch unbewusst – zum Aufrechterhalten der homosozialen Männerwelt. Dies verdeutlicht auch das folgende Zitat eines älteren Trompeters:

> »In einem großen Orchester wird extrem laut gespielt, das verlangt eine extreme körperliche Beanspruchung, und da glaube ich, dass bei einer Frau physische Grenzen gesetzt sind. Da gibt es für mich eine ganz typische Grenze, wo ich sage, eine Frau ist da von der Konstruktion nur in Ausnahmen dazu in der Lage, das in Extremfällen bringen zu können. Man muss es so akzeptieren, wie es ist.«[48]

Hier werden Gendernormen mit scheinbar physischen Fakten erklärt. Es stellt sich die Frage, ob die körperliche Überlegenheit als Behauptung aufgestellt wird, im vollen Bewusstsein darüber, dass dies kein objektiver Sachverhalt ist, oder ob es sich hier eher um einen unbewussten, historisch angelernten und unreflektiert weitergegebenen Diskurs handelt, wie es die Aussage eines jüngeren Interviewpartners aus demselben großen deutschen Orchester wiederspiegelt:

> »Mich würde an der ganzen Thematik schon interessieren, ob es [...] natürliche Unterschiede gibt zwischen Mann und Frau [...], ob es tatsächlich wissenschaftlich belegbar ist, dass es [...] extreme Unterschiede gibt, so dass die Frau einfach gar nicht in der Lage ist, die gleiche Leistung zu bringen wie der Mann – was ich nicht glaube – aber was möglicherweise ja belegbar ist.«[49]

Beide Möglichkeiten sind denkbar. Derlei Aussagen zeugen von der Auffassung, dass sich Genderunterschiede durch genetische und hormonelle Gegebenheiten des Körpers ergeben. Dieser Auffassung kann Judith Butlers Überzeugung gegenübergestellt werden, die sich gänzlich gegen eine biologisch determinierte, bipolare Geschlechterordnung wendet und die Meinung vertritt, dass sowohl soziokulturelles als auch biologisches Geschlecht

---

[48] Interview vom 01.12.2009.
[49] Interview vom 01.12.2009.

erst im Diskurs entstehen.[50] Der Körper wird gemäß dieser Sichtweise als neutrale Oberfläche gesehen, in welcher die Sozialisation ihre Spuren hinterlässt, die sich unter anderem in angelernten Geschlechterrollen manifestieren. Äußerungen wie in obigem Zitat könnten in diesem Sinne als wichtige Bausteine im Gestaltungsprozess einer männlichen Identität verstanden werden. Raewyn Connell ist dagegen der Auffassung, dass der Körper zwar unausweichlich an der Konstruktion von Männlichkeit beteiligt ist, deshalb aber noch längst keine unveränderliche Einheit darstellt, sondern ständigen Wandlungen unterliegt. Connell beschreibt Männlichkeitsbilder als Bündel kultureller Normen.[51] Die Unterschiede innerhalb der Geschlechter sind ihr zufolge ungleich größer als diejenigen, die sich zwischen den Geschlechtern feststellen lassen. Der Soziologe Michael A. Messner bestätigt dies: »Differences between male and female bodies tend to be average, not categorical, and there are far greater differences among men's bodies than there are average differences between women and men.«[52] Die oben zitierte biologistische Erklärung des Interviewpartners würde hier kaum noch Sinn ergeben. Ob bewusst oder unbewusst, Äußerungen im Sinne des obigen Zitates helfen, die männlich dominierte Sphäre zu schützen.

Ein zusätzlicher Aspekt zur niedrigen Frauenquote im Blechbläserbereich kann aus Ruth Solies Überlegungen hergeleitet werden. Sie veranschaulicht, wie die Frau als Spiegel des Mannes dient und somit nicht präsent ist, da dieser nur darstellt, was in ihn hineinblickt, nicht aber sich selbst. Somit wären Frauen im Blechbläserbereich die Lücke, die zur Bestätigung des Mannes dient: Sie spiegeln durch ihre scheinbar geringeren körperlichen Möglichkeiten die Überlegenheit des Mannes.[53]

---

[50] Judith Butler, *Gender Trouble, Feminism and the Subversion of Identity*, London/New York 1990.
[51] Vgl. Raewyn Connell, *Masculinities*, 2. Aufl. Cambridge 2005, S. 56.
[52] Michael A. Messner, »Still a Man's World? Studying Masculinities and Sport«, in: *Handbook of Studies on Men & Masculinities*, hrsg. von Michael S. Kimmel, Jeff Hearn und Raewyn W. Connell, London/New Delhi 2004, S. 313–325, hier S. 316.
[53] Vgl. Ruth A. Solie, »Wessen Leben? Geschlechteridentitäten in Schumanns *Frauenliebe*-Liedern«, in: *Musik und Gender. Ein Reader*, S. 201. Passend hierzu soll Simone de Beauvoir zitiert werden: »Nicht nur um es zu besitzen, träumt der Mann von einem Anderen, sondern auch um zugleich von ihm bestätigt zu werden.« Simone de Beauvoir, *Das andere Geschlecht. Sitte und Sexus der Frau*, Reinbek b. Hamburg 1968, S. 191.

Hoch und laut

Der Begriff »Virtuosität« bezeichnet u. a. herausragende künstlerische oder intellektuelle Leistungen. Seine etymologische Herkunft vom lateinischen »virtus« (Mannhaftigkeit, Tüchtigkeit, Tugend) verweist auf die enge Verbindung zum Mann; der Begriff war entsprechend lange männlich konnotiert.[54] Eine trompetenspezifische äußerst ›virtuose‹, schwierige Spielweise ist das so genannte Hochtonblasen, also das Blasen in extrem hoher Lage. Was ab Ende des 19. Jahrhunderts noch musikalisch notwendig schien, wurde im Laufe des 20. Jahrhunderts immer mehr zur Manier, dies gilt für die Kunstmusik wie auch in besonderem Maße für den Jazz. Sicherlich hat auch die Virtuosenkultur mit ihren Wurzeln im 19. Jahrhundert zur Ausprägung dieser Entwicklung beigetragen, die im Orchester gewissermaßen ihre Fortsetzung fand, indem der Trompetensektion eine sich stetig steigernde Virtuosität, vor allem auch im Bereich des Hochtonblasens abverlangt wurde.

So verwundert es auch nicht, dass sich eine ganze Reihe von Lehrbüchern ausschließlich mit dem Hochtonblasen beschäftigt. Eines der ersten Lehrbücher, das sich auf diesen Aspekt des Trompetenspiels konzentrierte, wurde 1926 unter dem Namen *Eby's Complete Scientific Method for Cornet and Trumpet* herausgeben.[55] 1963 erschien *Double High C in 37 Weeks* von Roger Spaulding, 1979 gab Carmine Caruso *Musical Calisthenics for Brass* heraus und schließlich veröffentlichte Rolf Quinque 1982 seine *ASA-Methode*, um nur einige Beispiele zu nennen. Trompetentutoren profilierten sich immer häufiger mit besonderen Qualifikationen für die extreme Höhe, und so entwickelte sich das Hochtonblasen zu einer eigenen Sparte.[56]

Auch Gabbard weist auf die Verbindung von Tonhöhe und Männlichkeit hin:

> »Improvising jazzmen learn a series of musical and physical gestures that connote masculinity. Body language can be as important as hitting high notes. Gillespie used to make pelvic thrusts while conducting his own big

---

[54] Vgl. Camilla Bork, [Art.], »Virtuosität«, in: *Lexikon Musik und Gender*, S. 510f.
[55] Ralph T. Dudgeon u. a., »Playing, learning and teaching brass«, in: *The Cambridge Companion to Brass Instruments*, S. 197: »[...] it found a market among brass players preoccupied with range and stamina to a degree which bordered on the obsessive.«
[56] Zu Spaulding siehe: *Reprints from the International Trompet Guild Journal*, www.trumpetguild.org/_72820_archive/2005journal/200506BookReviews.pdf, 26.3.2013; zu Caruso vgl. www.music.cnbrass.com/sheets/01/Calisthenics_For_Brass.pdf, 26.3.2013; Rolf Quinque: *Atmung, Stütze, Ansatz, Technik*, Bulle 1982.

band in the late 1940s. But he could also hit the high notes and then glissando dramatically into a much higher one. Once the jazz musician learns these gestures of masculinity, he can embrace them unproblematically or have fun with them.«[57]

In seiner Interpretation des Films *Birth of the Blues* geht er sogar so weit, die Unfähigkeit des Trompeters, die hohen Töne zu treffen, als Metapher für dessen sexuelle Unzulänglichkeit zu verstehen.[58] Anhand der Filme *Young Man with a Horn* (1950), *The Five Pennies* (1959) und *Mo' Better Blues* (1990) zeigt Gabbard, wie Hochtonblasen als Metapher für männliche Potenz cineastisch genutzt wird. Wesentlich hierbei, so Gabbard, sei die Gegenwart einer sexuell begehrenswerten Frau. Der Ursprung dieser Metapher liegt ihm zufolge in der Zerbrechlichkeit des Instrumentes wie seines Spielers, womit er vermutlich auf eine innere Sensibilität des Musikers anspielt und sie auf das Instrument projiziert, »hence the cinematic myth of the accomplished trumpet player who suddenly fails to ›get it up‹ when a female love object is nearby.«[59] Hier sei noch einmal an Susan McClarys Diktum erinnert, dass zur Beschreibung von Musik oftmals eine von männlich-sexuellen Mustern geprägte Sprache verwendet werde.

Krin Gabbard sieht eine direkte Verbindung zwischen Lautstärke und Männlichkeitsdemonstrationen. Männer, die eine kraftvolle Männlichkeit demonstrieren wollten, wandten sich seiner Meinung nach dem Instrument Trompete zu.[60] Dass Lautstärke als elementares Charakteristikum der Trompete wahrgenommen wird, bestätigt Liptons Musikerbefragung: Er ließ Streicher, Holzbläser, Blechbläser und Schlagzeuger sowohl sich selbst als auch andere Instrumentengruppen charakterisieren. Bezeichnenderweise ist »laut« als einziges Charakteristikum für Blechbläser in allen Beschreibungen zu finden.[61] In Davies Befragung ist die Lautstärke klar negativ konnotiert, indem Streicher von Blechbläsern behaupten: »[They] play too loud.«[62] Raewyn Connell weist außerdem auf den Zusammenhang zwischen Männlichkeit und den Vorgang des Raum-Einnehmens hin:

[57] Gabbard, *Hotter Than That*, S. 188.
[58] Krin Gabbard, »Signifyin(g) the phallus. Representations of the jazz trumpet«, in: Ders. ›Jammin‹ at the Margins. Jazz and the American Cinema, Chicago 1996, S. 138–159, S. 147.
[59] Ebd., S. 159.
[60] Vgl. Gabbard, *Hotter Than That*, S. 30.
[61] Vgl. Lipton, »Stereotypes Concerning Musicians Within Symphony Orchestras«, S. 89.
[62] Davies, »Orchestral Discord«, S. 46.

»To be an adult male is distinctly to occupy space, to have a physical presence in the world. Walking down the street, I square my shoulders and covertly measure myself against other men. [...] At a demonstration I size up policemen and wonder if I am bigger and stronger than them if it comes to the crunch [...].«[63]

Lautes Spielen kann als akustisches Raum-Einnehmen und damit als Demonstration von Männlichkeit verstanden werden.[64] In den 1950er- und 1960er-Jahren glänzte Adolph Scherbaum mit der Ausführung der Trompetenstimme des extrem hohen und Ausdauer fordernden *Zweiten Brandenburgischen Konzertes*, was bis dahin noch kaum jemandem gelungen war. Dass sich Scherbaum am Ende des 3. Satzes durch Steigern des Volumens in den Vordergrund spielt und auf diese Weise Gehör verschafft, kann als akustische Inbesitznahme des Raumes verstanden werden.[65] Hier mischen sich Männlichkeitsdemonstrationen ins Gefüge von Wettbewerb und Kraftaufwand.[66]

Der Umgang mit Klangfarbe und Lautstärke machte während des letzten Jahrhunderts einen Wandlungsprozess durch, der im Bereich der Kunstmusik vor allem mit Maurice André und im Bereich des Jazz mit Miles Davis (Cool Jazz) verbunden ist.[67] Die veränderte Trompetenrezeption zeugt von dieser

[63] Connell, *Masculinities*, S. 57.
[64] Ebd., S. 57; Lipton, »Stereotypes Concerning Musicians Within Symphony Orchestras«, S. 89; Davies, »Orchestral Discord«, S. 46.
[65] Besonders deutlich ist dies auf einer Aufnahme zu hören, die auf einer Konzertreise des NDR-Symphonieorchesters 1961 in Leningrad heimlich durch die Gastgeber gemacht wurde. Vor allem die Schlusstakte des 3. Satzes strahlen eine Lust an der Demonstration von Kraft und Unbesiegbarkeit aus, indem Adolph Scherbaum die Lautstärke maximal steigert und somit die drei weiteren konzertierenden Solisten übertönt. Mit dem Thema der Lautstärke spielt auch folgender Witz: »Der kürzeste Trompeterwitz: Piano.«, zit. n. Eisenmann, S. 191.
[66] Raewyn Connell weist darauf hin, dass der Aspekt des Wettbewerbs ein wichtiger Teil der Männlichkeitsinszenierung ist und in institutionalisierter Form im Sport ausgeübt wird. Vgl. Connell, *Masculinities*, S. 54. Auch Eva Rieger schreibt, dass dem Mann in erster Linie das Kraftvolle zugeordnet wird. Des Weiteren nennt sie Stärke und Herausforderung als männlich konnotierte Bereiche. Vgl. Rieger, *Frau, Musik und Männerherrschaft*, S. 127f.
[67] Zwar dreht es sich bei Davis um keinen in Europa beheimateten Musiker, gleichwohl war er für das Wahrnehmungsfeld der Trompete in Europa von großer Bedeutung. Dass möglicherweise auch die Ethnie als zusätzlicher Faktor zur veränderten Rezeption beiträgt, muss in diesem Rahmen als Vermutung stehen bleiben. Interessant ist an dieser Stelle ein Zitat Gabbards: »In the first half of the twentieth century, black trumpet masculinity was appropriated by white artists, especially white jazz artists. [...] white musicians discovered that they could boost

Neuorientierung, die sich an Beschreibungen wie *weich, leise* und *fein* festmachen lässt, weiblich konnotierte Adjektive, die sich auch zunehmend in den Spielanweisungen wiederfinden lassen.[68]

Trompetenwelt – Sportwelt

In zentralen Punkten, wie der wichtigen Stellung, die der Kraftdiskurs im Umfeld der Trompete einnimmt, können Parallelen zur Sportwelt gezogen werden. Im Sport wird in institutionalisiertem Rahmen die Überlegenheit des männlichen Körpers über den weiblichen sowohl konstruiert als auch bestätigt. Eine Gleichstellung der Geschlechter in diesem Bereich würde einer direkten Bedrohung dieser Überlegenheit gleichkommen.[69] Gleichzeitig dient Sport dazu, die wichtige Position des Mannes im öffentlichen Leben zur Schau zu stellen – man denke an die zentrale Stellung des Sports in den Medien und die auffallende Unterrepräsentation von Frauen. Sport ist ein so selbstverständlich männlicher Bereich, dass das Geschlecht der Spieler nur erwähnt wird, wenn Frauen spielen.[70] Ähnlich gestaltet sich die Situation im Umfeld der Trompete. So ist beispielsweise ein 1999 in der Fachzeitschrift *Brass Bulletin* erschienener Artikel über die Trompeterin Kelly Ann Parkes mit folgendem Titel überschrieben: »Kelly Ann Parkes. Australierin, Frau, Trompeterin«.[71] Die Tatsache, dass es eine Frau ist, die die Trompete zu ihrer Profession gemacht hat, wird als so außergewöhnlich angesehen, dass es berechtigt scheint, diesen Sachverhalt in die Überschrift aufzunehmen.

Musikalische Performanzen sind ebenfalls körperliche Darstellungen, die – so Suzanne Cusick – in einer Kultur generell verstanden werden.[72] So kann die Fixierung auf starke Dynamik oder das Spielen in oberen Tonlagen, wie durch Scherbaum exemplarisch dargestellt, als Performanz verstanden werden, die – ebenso wie der Sport – durch die Disposition von Männern gestaltet wird. Bezeichnenderweise taucht in Liptons Musikerbefragung der Begriff »jock« als Bezeichnung für Blechbläser auf. Der vor allem im Amerikanischen gängige

---

their masculine presentation by imitating black men, even by having black men close by.« Gabbard, *Hotter Than That*, S. 159.
[68] Vgl. Jakobsen Barth, *Die Trompete als Soloinstrument*, S. 69.
[69] Messner, »Still a Man's World? Studying Masculinities and Sport«, S. 314f.
[70] Vgl. Kenneth MacKinnon, *Representing Men. Maleness and Masculinity in the Media*, London 2003, S. 102ff.
[71] Jean-Pierre Mathez, »Kelly Ann Parkes. Australierin, Frau, Trompeterin« in: *Brass Bulletin* 28/107–3 (1999), S. 65.
[72] Suzanne G. Cusick, »Musikalische Geschlechterperformanzen (1999)«, in: *Musik und Gender. Ein Reader*, S. 290.

Ausdruck meint einen Sportler, der eine Macho-Männlichkeit ausstrahlt.[73] Was durch den Sport deutlich wird, so die amerikanische Soziologin Judith Lorber, ist nicht etwa ein natürlicher, kategorischer Unterschied zwischen den Geschlechtern, sondern die soziale Konstruktion eines solchen. Dies knüpft direkt an die vorhergehende Diskussion bezüglich des Kraftvorteils männlicher Trompeter an: Binäre Geschlechterkategorien werden durch derartige institutionalisierte geschlechtergebundene Performanzen geschaffen, nicht etwa umgekehrt.[74]

Der amerikanische Soziologe Michael Messner bezeichnet Sport als eine »moderne Bastion patriarchaler Macht«, die jedoch ständig von Frauen angefochten werde. Folglich, so Messner, diene Sport als kollektive Praxis zur Konstruktion von Männlichkeit.[75] Entsprechend nannte ein Interviewpartner das Umfeld der Trompete eine »Machobastion« – das heißt, eine Insel mit vorherrschend patriarchalem Verhaltenscodex, die als solche in unsere Zeit hinübergerettet worden ist.[76] Sie zu erhalten bedarf eines starken Begründungsapparates. Hierzu gehört unter anderem der Kraftdiskurs, dessen Zweck es ist, die physische Überlegenheit des männlichen Körpers zu bestätigen.

Zentrale Werte im Sport wie Wettbewerb, Kameradschaft und Kraft verknüpfen diese Lebenswelt mit derjenigen des Militärs, eine Welt, die die Männlichkeitskonnotation der Trompete nachhaltig mitgeformt hat.[77] Eine verblüffende Parallele zwischen dem Sport- und Trompetenumfeld kann in der Verletzungsbereitschaft beider Bereiche gesehen werden. Entsprechend des im Sport geprägten Mottos »No Pain, No Gain«, überschreibt Gabbard ein Kapitel seiner Trompetenmonografie mit dem Satz: »Caution: The Trumpet May Be Hazardous to Your Health«, das er den Verletzungen bekannter Musiker widmet. Seine Ausführungen veranschaulichen die harte Einstellung der Musiker sich selbst beziehungsweise ihrem Schmerz gegenüber.[78] Dementsprechend schreibt Connell bezüglich der Körperbezogenheit der Männerrollentheorie:

---

[73] Vgl. Lipton, »Stereotypes Concerning Musicians Within Symphony Orchestras«, S. 89.
[74] Judith Lorber (1996) zit. n. Messner, »Still a Man's World? Studying Masculinities and Sport«, S. 316.
[75] Vgl. ebd., S. 316.
[76] Interview vom 17.01.2010.
[77] Vgl. MacKinnon, *Representing Men*, S. 102ff.
[78] Vgl. Gabbard, *Hotter Than That*, S. 144–182. Beispielhaft seien hier zwei Passagen wiedergegeben: »In the 1920s, Armstrong was not afraid to go on playing even when his lips were bleeding. Mezz Mezzrow famously observed Armstrong ›holding his horn and panting, his mangled lip oozing blood that he licked away.‹« (S. 145) »Dizzy Gillespie [...] once said that Roy (Eldridge) would rather injure himself than be outplayed.« (S. 146).

»Warning: the male sex role may be dangerous to your health.«[79] Als Folge des harten Umganges mit sich selbst und dem eigenen Körper wurde Louis Armstrong *the iron man* genannt, eine Bezeichnung, die an Robert Blys 1990 erschienenes Buch *Eisenhans* (Iron John) erinnert, das auf der Überzeugung einer natürlichen, in jedem Mann angelegten männlichen Wesenheit aufbaut.[80]

Auffallend ist die starke heterosexuelle Normativität in beiden Bereichen und damit einhergehend die geringe Toleranz gegenüber anderen Männlichkeitskonzepten beziehungsweise sexuellen Neigungen. Der Vorherrschaftsanspruch heterosexueller Männlichkeit scheint wenig Raum für abweichende Männlichkeiten zu lassen.[81] Dies mag mit dem hegemonialen Männlichkeitstyp zusammenhängen, der in den Bezeichnungen »Macho« und »masculine« der Stereotypenbefragung beinhaltet ist und durch den Kraftdiskurs des Trompetenumfeldes untermauert wird.[82]

Interessanterweise scheint es für Trompeterinnen kein größeres Problem darzustellen, sich als lesbisch zu outen. Dies mag damit zusammenhängen, dass Trompete spielende Musikerinnen von ihren Trompeterkollegen oftmals als ›männlich‹ beschrieben werden.[83] Dazu ist anzumerken, dass Frauen, die aus ihren traditionell zugedachten Bereichen ausbrechen, oftmals mit Argu-

---

[79] Connell, *Masculinities*, S. 51. Messner schreibt zu diesem Thema, dass die Akzeptanz männlicher Athleten von Verletzung und Schmerz Phänomene männlichen Verhaltens sind, die sich nicht nur auf das Gebiet des Sports beschränken. Vgl. Messner, »Still a Man's World? Studying Masculinities and Sport«, S. 317.
[80] Ebd., S. 147.
[81] Folglich werden alle Abweichungen von heterosexueller Männlichkeit diskutiert: »Ja, natürlich wird es thematisiert. Es gehört einfach zum Blechbläser, dass sie Männer sind, und alles, was nicht so ist, wird thematisiert«. Interview mit einer Trompeterin vom 15.01.2010. Mannsein wird hier gleichgesetzt mit heterosexuell sein, d. h. sich im normativen Bereich befinden. In einem Interview vom 17.01.2010 mit einem erfahrenen Pädagogen, Orchestermusiker und Solisten heißt es: »[...] bei Männern [...] ist das [Outen] glaube ich ein Problem. So wie bei Fußballern, [da] ist es ja auch wahnsinnig schwierig.«
[82] Vgl. Green, »Exposing the Gendered Discourse of Music Education«, S. 142.
[83] Interview mit einem jungen Orchestermusiker vom 30.11.2009: »Aber ich muss sagen, die Trompeterinnen, die ich kenne, ganz vorsichtig ausgedrückt, sind auch nicht die feinsten Damen [lacht]. Wenn man so durch die Straßen geht und sich das weibliche Volk anguckt, dann sind die ja immer sehr schick und sehr auf sich bedacht, [...] eben das, was das Damenhafte, Edle, Schöne ausmacht [...] also eben alles das, was nicht männlich ist [...]. Die Trompeterinnen, die ich kenne, legen da nicht so viel Wert drauf [...]. Die Feinheit von vielen Streicherinnen, dieses Damenhafte, Elegante, das hab ich bei Blechbläserinnen oder Trompeterinnen im Speziellen noch nicht gesehen.«

mentationsstrategien konfrontiert werden, die ihnen Vermännlichung vorwerfen.[84]

Das Instrument als Symbol

Schließlich sollen einige instrumentenbauliche Kriterien besprochen werden. Zu nennen wäre einmal die Form, die als phallisch aufgefasst werden kann. Dies ist insofern einleuchtend, als die Urformen von Instrumenten oftmals auf Körperanalogien zurückführen.[85] Vor diesem Hintergrund ist auch die Tabuisierung der Trompete für Frauen in vielen älteren und außereuropäischen Kulturen zu verstehen.[86] Und auch heute ist die Analogie zum männlichen Geschlechtsorgan immer noch im Diskurs präsent. So findet sich bei Gabbard folgendes Zitat: »Even a performer with the prowess of Harry James can be emasculinated once his trumpet is taken away.«[87]

Eine Form der Körperanalogie zeigt sich auch in Dizzy Gillespies phallusartig nach oben gebogener Trompete.[88] Gillespie begann Mitte der 1950er-Jahre auf seiner charakteristischen Trompete zu spielen. Doch bereits 100 Jahre zuvor waren von der Firma Antoine Courtois in Paris Kornette mit ähnlich nach oben gerichtetem Schallstück hergestellt worden.[89] Auch heute werden

[84] Stefan Horlacher, »Kulturwissenschaftliche Geschlechterforschung und ihre Notwendigkeit. Historische Entwicklungen und aktuelle Perspektiven«, in: *History | Herstory. Alternative Musikgeschichten*, hrsg. von Annette Kreutziger-Herr und Katrin Losleben, Köln 2009, S. 53–83, hier S. 64.
[85] Vgl. hierzu auch Hoffmann, *Instrument und Körper*, S. 63.
[86] Siehe hierzu Sarkassian, »Lip-vibrated instruments of the ancient and non-western world«, S. 15ff.
[87] Gabbard, *Hotter Than That*, S. 155.
[88] Gillespie bog das Schallstück seine Trompete 1954 nach oben. Es heißt, dass dies zunächst unbeabsichtigt beziehungsweise durch versehentliches Stolpern über das Instrument passiert sei. Ob das Beibehalten dieser Form rein akustische Gründe hatte oder ob auch werbetechnisch-kommerzielle Überlegungen, die auf dem Wiedererkennungswert des Instrumentes gründeten, eine Rolle spielten, sei dahingestellt. Vgl. hierzu auch Friedel Keim, *Das große Buch der Trompete. Instrument, Geschichte, Trompeterlexikon*, Mainz 2005, S. 91. Hier gilt wie bei Davis, dass Gillespie auch als amerikanischem Musiker eine zentrale Bedeutung für die Verwandlung der Trompetenrezeption in Europa zukommt.
[89] Ein gut erhaltenes Exemplar ist im Musikinstrumentenmuseum Markneukirchen unter der Inventarnummer MMM 583 zu sehen. Es ist ein Kornett in B mit 3 Périnet-Pumpventilen und einem abnehmbaren Schallstück, das – anders als bei Gillespie – schräg nach oben gerichtet, jedoch nicht geknickt ist. Ein ähnliches Instrument von Antoine Curtois ist unter der Inventarnummer 34305 im Trompe-

Trompeten mit hochgebogenem Schallstück von verschiedenen Firmen serienmäßig hergestellt, wie beispielsweise die *banana horns* der Firma Holton. Diese sind weniger als Fortsetzung von Courtois' Idee zu sehen, da diese sich seinerzeit nicht durchsetzen konnte und in Vergessenheit geriet, sondern lassen sich eher auf das markante Aussehen von Gillespies Instrument zurückführen.

Eine Parallele kann hier zur Selbstdarstellung der Musiker gezogen werden. Ein häufig wiederkehrendes Motiv ist die betont schräg nach oben gehaltene Trompete, das jedoch keiner natürlichen Spielhaltung entspricht.[90] Dieser Effekt wurde oftmals noch zusätzlich mit dem Schatten des Instrumentes übersteigert. Interessanterweise ließen sich auch Frauen in dieser Position abbilden. Die Inszenierung von Männlichkeit ist also nicht notwendigerweise an das biologische Geschlecht gebunden, sondern verweist in diesem Falle auf die Einbindung in ein stark männlich konnotiertes Umfeld. Wenngleich dieser Pose mitunter grafisch-optische Überlegungen zugrunde liegen mögen, so ist die Körperanalogie doch nicht von der Hand zu weisen. Das Motiv der phallisch nach oben gerichteten Trompete zieht sich bis heute durch und taucht in Musikerpräsentationen immer wieder auf, wie beispielsweise auf den CD Umschlägen *The Art of the Baroque Trumpet I* von Niklas Eklund (1996) oder *Landscapes* von Ole Edvard Antonsen (2007).

Zentral in der Wahrnehmung der Trompete ist der Glanz, der ihren traditionell majestätischen, zur Repräsentation von Macht geeigneten, exklusiven Status unterstreicht. Dies hallt noch heute in CD-Titeln nach.[91] Gabbard deutet die blank geputzten, glänzenden Instrumente und prächtigen Uniformen des militärischen Bereiches als eine Art der Männlichkeitsinszenierung: »And he [Buddy Bolden] must have noticed how the eyes of women lit up when they saw tall, uniformed men gracefully brandishing their polished brass instruments. [...] the uniformed men surely inspired Bolden both as a musician and as a man.«[92]

---

tenmuseum Bad Säckingen zu sehen. Beide Instrumente weisen Ähnlichkeiten mit dem Néocor auf, der in gewisser Weise ein Vorgänger der Saxhörner ist.

[90] Dieses Motiv taucht bereits Anfang des Jahrhunderts auf (z. B. bei Willi Liebe in den 1920er-Jahren) und kann bis in unsere Tage verfolgt werden. Dies bedeutet im Umkehrschluss jedoch nicht, dass es häufiger auftritt als die parallel zum Boden beziehungsweise nach unten gehaltene Trompete.

[91] Als Beispiel kann die CD-Aufnahme *Glanz der Trompete* von Gabor Boldoczki dienen, auf deren Cover eine Trompete mit übersteigertem Glanzeffekt an diese Assoziation erinnert.

[92] Gabbard, *Hotter Than That*, S. 27; in diesem Zitat klingt außerdem wieder die Verbindung von Größe und Männlichkeit an (siehe Abschnitt »Hoch und laut«).

Eigenheiten im Instrumentenbau

In der 2. Hälfte des 20. Jahrhunderts lässt sich eine Tendenz erkennen, Instrumente mit größerem, vollerem Ton zu bauen. Dies sollte durch graduell immer weitere Bohrungen erzielt werden. Experimente in dieser Richtung setzten bereits in den 1950er-Jahren ein. Dies kann im Zusammenhang mit verschiedenen Faktoren gesehen werden: Dem Bau neuer, großer Konzertsäle, den ständig steigenden Anforderungen an die Klangqualität durch Weiterentwicklung der Aufnahmetechnik, der vermehrten Aufführung eines Konzertrepertoires mit großem, kompaktem Streicherklang und dem Auswechseln der Sehnensaiten durch die kräftiger klingenden Stahlsaiten. Das alles stellte an die Blechbläser_innen neue Anforderungen. Die Instrumente, die hierzu gefordert waren, mussten andere Projektionseigenschaften besitzen als Instrumente, die für einen kleinen Club bestimmt waren. So begann eine Experimentierphase mit großen, mittleren und kleinen Bohrungen. In den 1980er-Jahren wurden die Bemühungen um einen größeren Klang intensiviert. Dazu musste der Klang konzentriert werden. Man wollte unnötige Vibrationen durch Ummantelung eindämmen, um auf diese Weise möglichst wenig Energie zu verlieren, sondern diese so gut wie möglich konservieren. Das Ergebnis waren schwere, kompakte, gewichtig aussehende Trompeten, die sogenannten *heavy weight trumpets*, die auch heute noch von einigen Musiker_innen aufgrund ihres dunkleren Klanges geschätzt werden. Sicherlich spielte auch hier wiederum das Konzertrepertoire eine Rolle, das zu dieser Zeit vermehrt Werke enthielt, die einen besonders großen Klangkörper verlangten, wie beispielsweise Werke von Gustav Mahler. Außerdem sind diese Experimente auch im Zusammenhang mit dem männlich konnotierten Bereich des ›Tüftlers‹ zu sehen und dessen Vorliebe, sich mit technischem Schnickschnack und Ausrüstungsdetails zu beschäftigen.

Das schwere, gewichtige Aussehen war sicherlich einerseits ein Nebenprodukt technischer Experimente. Doch ist auffallend, wie sich hieraus ein Trend entwickelte, der außerdem schwere Mundstücke hervorbrachte, Klangbooster und -kompensatoren, Produkte, die dazu dienen sollten, einen möglichst großen, kompakten Klang zu erzeugen.

Interessanterweise wurden Instrumente in Spezial-Editionen mit Edelsteinen besetzt – eine Dekoration, die Gedanken an Exklusivität und Repräsentation vergangener Zeiten und damit männliche Lebensbereiche aufkommen lässt.[93] Der *heavy weight* Trend im Instrumentenbau verlor jedoch bereits in den 1990er-Jahren seine Durchschlagkraft. Ein Grund mag darin liegen, dass

---

[93] Die amerikanische Firma Monette beispielsweise stellt in ihrer *Decorated*-Serie Trompeten mit Edelsteinverzierungen her.

unter anderem durch die Gender-Debatte der *jock*-Trompetertypus an Aktualität eingebüßt hat, was im Umkehrschluss nicht heißen soll, dass Musiker, die ein *heavy weight* Instrument wählen, sich nicht etwa von klanglichen Präferenzen leiten ließen. Auch hier ist die Erweiterung der Ausdrucksskala des Instrumentes zu bedenken, infolge derer der *heavy weight* Trend nur mehr eine von zahlreichen klanglichen Möglichkeiten ausmacht.

Wandlungen im Umfeld der Trompete

Wie anhand der vorangegangenen Ausführungen deutlich geworden ist, wurden und werden auch im Umfeld der Trompete Männlichkeitsbilder immer wieder neu geschrieben, die ihre Spuren in der aktuellen Musikpraxis hinterlassen. Konnte die Trompete noch unlängst ohne näheres Hinterfragen zur Inszenierung hegemonialer Männlichkeit verwendet werden, so hat inzwischen eine Pluralisierung von Männlichkeitsinszenierungen stattgefunden. Spieltechnische Spezialisierungen und instrumentenbauliche Präferenzen, die in der Vergangenheit eher Ausdruck allgemeiner Tendenzen waren, finden heute auf einer individuellen Ebene statt. Beispielhaft zu nennen wäre hier das Hochtonblasen, das von einigen Musiker_innen intensiv gepflegt wird. Die in den 1980er-Jahren entwickelten *heavy weight* Instrumente mit dazugehöriger Ausrüstung werden auch heute noch von einigen Musiker_innen geschätzt, während andere den schlankeren Ton der Naturtrompete bevorzugen und sich auf diesem Gebiet spezialisieren. Eine Pluralisierung ist zudem auf musikalische Entwicklungen innerhalb des Trompetenumfeldes zurückzuführen, in deren Folge eine Erweiterung des Gebrauchs, der Ausdrucksskala und damit des Assoziationsfeldes des Instrumentes stattgefunden hat.

Das Hinterfragen tradierter Weiblichkeitskonzepte, in dessen Folge der Frauenanteil im Trompetenfeld angestiegen ist und weiterhin ansteigt, stellt nicht zuletzt die Selbstverständlichkeit der Männlichkeitsinszenierungen in Frage. Dies macht geschlechtsbezogene Inszenierungen zu einer nach wie vor aktuellen Thematik, deren fortlaufende Entwicklung auch weiterhin zur Forschung anregen wird.

Birgit Kiupel
E=xy? Andere Se / aiten der Männlichkeit.
Drei E-Gitarristen und eine E-Gitarristin erzählen

Ladi Geisler, Hamburg[1]

»Und dann hab ich mich manchmal ganz allein in mein Zimmerchen gesetzt und hab' ein bisschen gespielt – und dann bin ich zur Familie und konnte mich wieder unterhalten.«

Achim Reichel, Hamburg[2]

»Die Mädels guckten einen mit großen Augen an! In unserm Fall war das 'n Jungsding. Wenn man so die Rockmusik betrachtet, war das lange Zeit vornehmlich eine Männerdomäne.«

Carola Kretschmer, Stuttgart-Hohenheim[3]

»Wenn der Hall nicht gewesen wäre, hätte mich das nicht so beeindruckt. Das fand ich fantastisch, die Gitarre bekam dadurch 'ne Weite, dann hob die ab, landschaftlich gesehen, die ging da oben durch die Wolken.«

Carsten Pape, Hamburg[4]

»Du machst einen Ton – und der schwebt und der steht – und der Techniker guckt und sagt: ›Hältst Du den noch 'n Augenblick?‹ Ein Ton – uwa-uwa – ist das eine Gitarre oder ein Delfin? Ey Alter, wie geil ist das denn, e i n Ton!«

Drei E-Gitarristen und eine E-Gitarristin, mit Karrieremittelpunkt Hamburg, sprechen über ihre lebenslange Beziehung zu ihrem Instrument, das ihnen Flügel verliehen und die Existenz gesichert hat: Ladi Geisler, Achim Reichel, Carola (ehemals Thomas) Kretschmer und Carsten Pape. Zunächst beeinflusst vom Jazz, der Rock- und Popmusik aus den USA und Großbritannien spiegeln ihre Lebenswege Normen, Widersprüche und Aufbruchstimmung der

---

[1] Gespräch am 31. Mai 2011.
[2] Gespräch am 10. August 2011.
[3] Gespräch am 04. August 2011.
[4] Gespräch am 10. August 2011.

Nachkriegszeit und der 1960er-Jahre, aber auch den langsamen Wandel der Einstellungen zu Fragen des Geschlechts, der Körperlichkeit und Emotionalität. Rockt die E-Gitarre den wissenschaftlichen Diskurs? Sind Erkundungen möglich abseits von Klischees und Stereotypen etwa von Männlichkeiten, die mit »phallisch« und »macho« beschrieben werden?

Eine der ersten wegweisenden Studien zum Thema legte Robert Walser über Heavy Metal Musik vor. In *Running with the Devil*[5] widmete er der Konstruktion von Männlichkeit ein ganzes Kapitel. Ausgangspunkt ist seine These: »Heavy metal is, inevitably, a discourse shaped by patriarchy.«[6] Schwerstarbeit werde in diesem musikalischen Genre auch im Hinblick auf »identy work« geleistet, denn das unsichere Bild von Männlichkeit müsse immer wieder neu stabilisiert werden, auf sozialer und psychologischer Ebene: »[...] I see sex roles as contradictory, mutable social constructions rather than as normative formations somehow grounded in biology or an ahistorical psychology.«[7] Walser beschreibt bekannte patriarchale Muster wie Männerbünde, latente Homosexualität und die seltene Thematisierung von gegenseitigem Vergnügen an (Hetero-)Sexualität und Liebe. Die Heavy Metal Musik und Erlebniswelt scheine Männer vor Hingabe zu panzern, vor Kontrollverlust zu schützen. Walser[8] bezieht sich dabei auch auf Klaus Theweleits Analysen von »Männerphantasien«, wie sie etwa in faschistischen Männlichkeits- und Gewalt-

---

[5] Robert Walser, *Running with the devil. Power, gender and madness in heavy metal music*, Middletown, Conn. 1993. Chapter IV: Forging masculinity. Heavy Metal Sounds and Images of Gender, S. 108–136. Dank an Florian Heesch für seine Anregungen bei der Literatursuche!
[6] Walser, *Running with the Devil*, S. 109.
[7] Ebd.
[8] Ebd., S. 116.

phantasien der Freikorps-Literatur der 1920er-Jahre zu beobachten sind.[9] So würden in Heavy Metal Songs Frauen in der Regel als verführerisch und gefährlich imaginiert, Walser konstatiert die »exscription«, die Nichterwähnung und Ausmerzung von Frauen und Weiblichkeit. Über das Zusammenwirken sozialer Hintergründe und individueller Musikerlebensläufe im Hinblick auf Geschlechtsidentität erfahren wir jedoch wenig, Walser führte dazu keine Gespräche mit Musikern und erwähnt keine diesbezüglichen Studien. Die gender-spezifische und gender-stabilisierende Rolle der E-Gitarre wird nicht weiter analysiert, stattdessen schreibt er von beeindruckender Bühnentechnik, Lautstärke und »rhetorical feats«, rhetorischen Meisterleistungen auf der elektrischen Gitarre[10], die er auch mit Noten veranschaulicht und mit Bezügen zur klassischen Musik:

> »[...] counterposed with an experience of power and control that is built up through vocal extremes, guitar power chords, distortion, and sheer volume of bass and drums. Visually, metal musicians typically appear as swaggering males, leaping and strutting about the stage, clad in spandex, scarves, leather, and other visually noisy clothing, punctuating their performances with phallic thrusts of guitars and microphone stands. The performers may use hypermasculinity or androgyny as visual enactments of spectacular transgression. Like Opera, heavy metal draws upon many sources of power: mythology, violence, madness, the iconography of horror. But none of these surpasses gender in its potential to inspire anxiety and to ameliorate it.«[11]

Da ist es wieder, das Wort »phallisch«. Auch Mavis Bayton benutzt es in ihrer Studie, für die sie Mitte der 1980er-Jahre rund einhundert Rock-Musi-

---

[9] Klaus Theweleit, *Männerphantasien 1+2*, Unveränd. Taschenbuchausg., erw. durch ein Nachwort, 3. Aufl. München u. a. 2005; 1977/78 erstmals als Dissertation erschienen.
[10] Walser, *Running with the devil*, S. 119. Z. B. zum Song »Heaven Sent« (1987) von Dokken, in dem eine Frau als Engel und Hexe beschrieben wird: »The guitar solo, often the site of virtuosic transcendence of a metal song's constructions of power and control, is in »Heaven Sent«, a veritable catalog of the musical semiotics of doom. As with ›ground bass' patterns in seventeenth-century opera, the harmonic pattern uses cyclicism to suggest fatefulness; as in certain Bach's keyboard pieces, the virtuoso responds to the threat of break down with irrational, frenzied chromatic patterns. The guitar solo is an articulation of frantic terror, made all the more effective by its technical impressiveness and its imitations of vocal sounds such as screams and moans.«
[11] Ebd., S. 108f.

kerinnen befragte, und die sie zwischen 1995 und 1996 aktualisierte.[12] Ausgangspunkte waren ihre Erfahrung als Gitarristin in einer Frauenband und die Frage, warum es so wenige E-Gitarristinnen gibt und die wenigen dann auch noch aus dem Kanon fallen, also z.B. nicht erwähnt werden in best-of-Listen von Musik-Magazinen. Bayton widmet sich der Form, der Spielweise, dem Klangkosmos und der Funktion der E-Gitarre, die phallische Kraft und Macht symbolisieren: »It is not only the shape which is symbolic, but also the sheer volume and attack of the instrument which connotes phallic power.«[13]

»Lead guitars are made, not born. The reasons for women's absence are entirely social.«[14] Bayton untersucht Medien, Gitarren- und Musikmagazine und gesellschaftliche Normen, die eine gender-spezifische Instrumentenwahl forcieren: »Playing the flute, violin and piano is traditionally ›feminine‹, playing electric guitar is ›masculine‹. On TV and in magazines, young women are presented with repeated images of men playing electric guitar; there are few female role models to inspire them.«[15] Für Jungen hingegen gäbe es viele role-models, erfolgreiche Gitarristen als Vorbilder. Auch wenn Eltern und Erzieher_innen Rockmusik nicht immer positiv bewerten, so gehöre es doch zur anerkannten ›Männlichkeit‹, Bands zu gründen, rebellisch Grenzen aller Art auszutesten, wie Verhaltens-Codices, Lautstärke oder ›Wohlklang‹; nicht zu vergessen die selbstvergessene und zuweilen asoziale Technikfaszination. Junge Frauen hingegen müssten Normen traditioneller Weiblichkeit mit großem Aufwand brechen, um sich überhaupt in Probenräumen zusammenzufinden und elektrisch verstärkte Instrumente wie Gitarren zu spielen. Da könnten schon lange, manikürte Fingernägel eine »Girlband« ausbremsen.

Bayton beschreibt konstante Hindernisse und Zuschreibungen, aber auch langsamen Wandel. So habe sich in den 90ern die Werbung für Gitarren und Equipment in Gitarrenfachblättern wie *Total Guitar* im Gegensatz zu den 1980er-Jahren verändert, es fehlten offensichtlich »phallic and naively macho ›cock rock‹-advertisements, such as ›Make it big with an Aphex Aural Exciter‹ or ›Mega-Muscle‹, [...].«[16]

Doch nach wie vor würden Mädchen und junge Frauen abgeschreckt und abgewehrt durch von Männern dominierte Musikläden, Probenräume und

---

[12] Mavis Bayton: »Women and the electric Guitar«, in: *Sexing the Groove. Popular Music and Gender,* hrsg. von Sheila Whiteley, New York 1997, S. 37–50; Vgl. auch Mavis Bayton, »*Frock Rock*«. *Women performing popular Music,* Oxford/New York 1998.
[13] Bayton, »Women and the electric Guitar«, S. 43.
[14] Ebd., S. 39.
[15] Ebd., S. 39.
[16] Ebd., S. 38.

Konzertsituationen, in denen sie mit sexistischen Strukturen und Situationen konfrontiert sind, zu denen auch ein ostentativer Technikkult gehört. Dies sind durchaus Aspekte der Rock-Musik-Szene, die auch von manchen Männern als unangenehm empfunden werden, siehe die Interviews unten.

Inspirierend war die Studie der US-amerikanischen Musikwissenschaftlerin Susan Fast über die englische Rock-Band Led Zeppelin.[17] Fast griff die Frage ihrer Kollegin Sue Wise auf: »Why has male rock music been so unproblematically interpreted as phallic?«[18] Susan Fast referiert die Antwort von Sue Wise, der sie unbedingt zustimmt: Rockmusik ist bisher nur selektiv von Männern interpretiert worden, die ihre Vorstellungen von einer männlichen Musikerkarriere unreflektiert fortschrieben, in journalistischen oder akademischen Zusammenhängen. Eine große Rolle spielte hier die Angst von Männern und vielen Frauen, dass Frauen ebenso machtvoll und sexuell aktiv sein könnten wie männliche Rockstars. Wise betont die Bedeutung von persönlichen Erfahrungen und neuen Fragen für wissenschaftliche Diskurse, um Ideologien und angeblich objektive Realitäten zu entlarven: »[...] it's in the examination of personal experience that the disjuncture between subjective and objective realities

---

[17] Susan Fast, »*In the Houses of the Holy*«. *Led Zeppelin and the Power of Rock Music*, Oxford/New York 2001.

[18] Ebd., S. 201.

is most clearly seen.«[19] Deshalb soll meine Studie neue Frage- und Denkräume eröffnen zur E-Gitarre und ihrer Bedeutung für die individuelle Entwicklung und die Konstruktion von Geschlechterbildern. Welche persönlichen, ja intimen Erfahrungen, Wünsche und Sehnsüchte sind in diesen Klangkosmen hör- und lesbar?

Ein weiterer Wegbegleiter ist Pierre Bourdieu mit seinem Buch *Die männliche Herrschaft*.[20] Zentral ist für mich seine Erkenntnis, dass kultur- und epochenübergreifend sogenannte ›weibliche‹, ›biologischen‹ Frauen zugeschriebene Eigenschaften und Verhaltensweisen mit einem negativen symbolischen Koeffizienten belegt und Frauen unabhängig von ihrer Position im sozialen Raum von den Männern getrennt werden. Auf diese Weise werden männliche Vorherrschaft und Macht tradiert, trotz aller kulturellen Wandlungen. Als produktiv erweist sich auch das Konzept von hegemonialer Männlichkeit.[21] Es bezeichnet die Herstellung von Macht und Abgrenzung bestimmter Männer gegenüber Frauen und Männern durch unterschiedliche Selbstbilder und Identitäten in diversen Ständen und Milieus. Hier werden marginalisierte Männlichkeiten mit als ›weiblich‹ definierten Attributen abgewertet, wie »schwach«, »wankelmütig«, »empfindsam«, »verheult«. Kritisches Wissen über die Konstruktion von Geschlecht und Gender scheint jedoch bisher kaum universitäre Räume und Foren verlassen und in der Alltagswahrnehmung und Berichterstattung angekommen zu sein. Das gilt auch für sich progressiv und rebellisch darstellende Rockmusiker und Journalisten. Gerade die E-Gitarre entzündet Fragen nach Körperlichkeit und Gefühl, nach Klasse, Ethnie und Geschlecht. Doch wird darüber nur selten in Musikfachblättern, auf Websites und in Biografien reflektiert. Offensichtlich ist die Frage nach ›Männlichkeit‹, Verletzlichkeit und Gefühl in Bezug auf die E-Gitarre heikel und intim. Eine weitere Inspirationsquelle war eine Studie der Psychoanalytikerin Karin Nohr,[22] in der sie 41 Autobiografien von Instrumentalisten des 20. Jahrhunderts aus dem sogenannten E-Musik-Bereich untersuchte (nur 3 stammten von Instrumentalistinnen). Mit Methoden der Musikpsychologie und der psychoanalytischen Kreativitätsforschung fragt Nohr nach dem Einfluss von Eltern und Geschwistern bei der Instrumentenwahl, nach der geglückten Suche, dem überraschenden Fund und der gewachsenen Liebe durch musikalische Erfahrungen. Sie konstatiert eine enge Verknüpfung zwischen der

[19] Ebd., S. 201.
[20] Vgl. Pierre Bourdieu, *Die männliche Herrschaft*, Frankfurt/M. 2005, S. 161.
[21] Vgl. Robert W. Connell, *Gender and power. Society, the person and sexual politics*, Cambridge 1987; ders., *Masculinities*, Cambridge 1995, dt: *Der gemachte Mann. Konstruktion und Krise von Männlichkeiten*, Opladen 1999.
[22] Karin Nohr, *Der Musiker und sein Instrument. Studien zu einer besonderen Form der Bezogenheit*, Tübingen 1997.

Liebe zum Instrument und den Liebesbeziehungen zu Menschen. Allerdings ist die Beziehung zum Instrument in den Selbstdarstellungen der Musiker eher ein Nebenthema. Nohr hat verschiedene Erklärungen dafür:

> »Das Spielen auf dem Instrument ist etwas derartig Ich-Synthones, etwas derartig Selbstverständliches, dass möglicherweise der Abstand fehlt, dies zu reflektieren. […] Der andere Grund ist, dass in die Wahl und das Bleiben bei einem Instrument, in die Treue zum Instrument, sehr viel, ich nenne das jetzt mal ›Elternvermächtnis‹ eingeht. D. h. ein Sprechen über ein Instrument und das, was es einem bedeutet, ist immer auch indirekt ein Sprechen über das, was die Eltern einem mitgegeben haben, als die Eltern einem das Instrument gegeben oder vorenthalten haben, einen gefördert oder einen abgehalten haben.«[23]

Wut gegenüber dem Instrument kommt vor, wird aber eher aus Scham verschwiegen. Inspirierend ist Nohrs These: Wer sein Liebesleben, Partnerschaftskrisen in die autobiografische Selbstbesinnung einbezieht, reflektiert auch Aspekte der Beziehung zu seinem Instrument, das z. B. verletzliche, unterdrückte Seiten auszudrücken vermag.

   Die E-Gitarristen, die ich befragt habe, sind ihren Weg abseits von klassischen etablierten Ausbildungsinstitutionen gegangen, was sie rückblickend mit Stolz erfüllt. Sie betonen ihre Suche nach etwas Neuem, Eigenem, Freiem. Doch muss es weiteren Studien vorbehalten bleiben, den Gemeinsamkeiten und Gegensätzen von Musiker_innen im U- und E-Musik-Bereich nachzuforschen. Diesen vier Gitarristen habe ich jeweils vor dem Gespräch einen Fragebogen zugemailt, aber versucht, den Gesprächsverlauf offen zu halten, um Raum zu geben für Assoziationen und neue Erkenntnisse, die womöglich als zu heikel oder zu intim empfunden werden.

> MILOSLAV LADISLAV »Ladi« Geisler[24] (* 27. November 1927 in Prag – 19. November 2011 in Hamburg), Jazz- und Studiomusiker (Gitarrist, Bassgitarrist).
>
> ACHIM REICHEL[25], Jg. 1944; 1961–1966 bei den Rattles, die 1962 den ersten Bandwettbewerb im Starclub gewinnen.

---

[23] Karin Nohr, in: »*Liebe auf den ersten Ton?* Psychische Aspekte der Beziehung *Musik und Instrument*. Musikfeature von Birgit Kiupel, hr2 wissenswert, Sendung am 23. Mai 2001.
[24] www.ladigeisler.de/, 25.6.2013.
[25] www.achimreichel.de/, 25.6.2013.

CAROLA KRETSCHMER[26], Jg. 1948, ab 1972 Kontakt zu Udo Lindenberg, 1974–1980 Mitglied in Lindenbergs Panikorchester, 1999 wurde aus Thomas Carola.

CARSTEN PAPE[27], Jg. 1956, Songwriter, Studiomusiker, eigene Projekte, mit Lotto King Karl Auftritte im HSV Stadion, wie im August 2011 zur Saisoneröffnung: »Hamburg meine Perle.«

Ladi Geisler hat mit E- und Bassgitarre als Jazz- und Studiomusiker gearbeitet, bis er im November 2011 bei einem Konzert im Alter von 83 Jahren starb. Einige Monate zuvor habe ich ihn noch in seinem »Studio 17«in Hamburg besucht. Sein Weg zur E-Gitarre ist geprägt durch das Radio und Erfahrungen in britischer Kriegsgefangenschaft. Hier tauschte er Zigaretten gegen die Gitarre eines Matrosen. Unermüdlich übte er ohne Lehrer und Noten und »friemelte die Akkorde zusammen«.

»In der Gefangenschaft war das schlimmste eigentlich der Hunger und die Langeweile und das Nichtwissen, was wird – das war damals ganz schlimm – da war ich natürlich ganz ganz doll gesegnet, weil ich plötzlich etwas zu tun hatte – und sobald ich zwei Akkorde spielen konnte – kamen die andern und haben gesagt: ›Komm spiel mal!‹ – da haben wir Volkslieder und die alten Soldatenlieder – das war mein Anfangsrepertoire – bei den Soldaten, die sich noch mehr gelangweilt haben als ich, ich war der große Unterhalter. [...] Und dann hab ich zum ersten Mal so im Radio das damalige King Cole Trio von Nat King Cole [gehört], der war ein Gott begnadeter Klavierspieler und hatte ein Trio mit Bass und Gitarre – und diese Gitarre – die hat mich damals irgendwie fasziniert – weil das war das erste Mal, dass ich elektrische Gitarre gehört habe – und ich hab mir damals gedacht: ›Was passiert denn da bloß?‹ Man hört, dass der irgendwann mal Rhythmus spielt – backgrounds und Einwürfe und dann spielt er plötzlich ein Solo und das ist deutlich und klar zu hören, zu unterscheiden, wird nicht vom Klavier untergemogelt, das hat mir gut gefallen.«

Geisler wächst mit Musik und Elektronik auf, der Vater, ein Fabrikbesitzer, lässt den Kleinen schon mit fünf Jahren Geige lernen, ein Instrument, das dieser aber nicht mochte. Geisler schildert sich als Tüftler, der allein Instrumente ausprobiert und sich das Spielen beibringt. Im musikalischen Realgymnasium in Prag war eine gut ausgerüstete musikalische Instrumentenkammer sein Paradies. Hier hat er auf einem Akkordeon Techniken für die linke Hand,

[26] www.carola-kretschmer.de, Zugriff am 25.6.2013.
[27] www.papes-brueder.com/, Zugriff am 25.6.2013.

die Begleitung studiert, Quintenzirkel, verminderte Akkorde – musikalisches Grundwissen, das er später auch auf die Gitarre übertragen konnte:

> »Ich hatte ein ganz großes Glück, weil mein Vater war Direktor in einem Elektrobetrieb, also in einer Fabrik, die im Krieg Radargeräte gebaut haben, und ich sollte sein Nachfolger werden und sollte eigentlich Elektrotechnik studieren – dieses Gebiet mag ich heute noch und ich bin gut bewandert mit Elektronik und mit solchen Dingen. Und nachdem ich einpaar Mal Nat King Cole gehört habe und Oscar Moore – da ist mir dann eingegangen, dass der eine elektrische Verstärkung hatte an der Gitarre dran, die er lautstärkemäßig regeln kann. So bewandert war ich schon mit den elektronischen Dingen, dass ich mir vorstellen konnte, dass Stahlsaiten statt einer Membrane und unter den Stahlsaiten sind eben Selenoide, also Magnetspulen, die man dann an den Verstärker anschließt, und dann funktioniert das. Und dann habe ich nach ein paar Wochen in der Gefangenschaft aus alten Wehrmachtsteilen mir dann selber solche Spulen gemacht und hab das auf die Gitarre drauf gebaut und einen alten Wehrmachtsverstärker von der Flak. Komischerweise hat das funktioniert, da war ich schon was Besonderes, alle haben sich gewundert: ›Wo kommen die Töne her?‹ Damals, vor mir, gab es keine elektrische Gitarre.«

Die E-Gitarre, die aus dem Radio kam, inspirierte Geisler dazu, wohl eine der ersten E-Gitarren im deutschsprachigen Raum zu bauen. Nur nach Gehör, ohne Bilder oder Poster, denn die gab es damals noch nicht. Diese Klänge eröffnen neue Welten, ihre Wegbereiter kommen aus den USA, wie Les Paul, Gitarrist und Erfinder der Mehrspurtechnik, den Geisler später auch persönlich kennen lernte. Nicht zu vergessen Mary Ford, die Gattin von Les Paul, ebenfalls Gitarristin, Sängerin und Erfinderin. Sie sitzt auf Fotos immer engagiert und lächelnd mit im Studio, wird aber von meinen Interviewpartnern nur auf Nachfrage erwähnt. Mary und Les ließen sich 1964 scheiden. Sie starb bereits 1977, mit nicht einmal 50 Jahren.

Nach dem 2. Weltkrieg macht Geisler als Musiker Karriere. Der Musiker Horst Wende nimmt ihn mit nach Hamburg, wo er für den NWDR spielt, Revuen und Sängerinnen wie Evelyn Künneke, Greetje Kauffeld oder Hildegard Knef begleitet. In der NDR Bigband unter der Leitung von Franz Thon wird er als Gitarrist angestellt. Die Plattenfirmen reißen sich um ihn, der freundlich, diszipliniert und wie im Akkord in den Studios Coverversionen der neuesten internationalen Hits einspielt. Weltläufig geht es auch im Hamburger Nachtclub *Tarantella* zu (im ehemaligen Hotel *Esplanade*), in dem er mit Horst Wende auch Freddy Quinn begleitet. Hier beginnt seine legendäre Zusammenarbeit mit Bert Kaempfert, der aus Barmbek stammte und mit seinem Orchester mit »easy listening music« die Welt der Shows und Stars akustisch ausstaffiert: »Ende der 50er Jahre kamen Bassgitarren auf, vorher hat es keine Bassgitarren gegeben, bei Kaempfert. Mit dem hab ich 30 Jahre lang alles gespielt, bei Kaempfert ist dieser Knack-Bass. [Singt]: ›Dudumm dudumm‹, das ist meine Erfindung – das hab ich 30 Jahre gespielt.« Bis auf eine Ausnahme, da war Geisler auf Tournee:

> »Mit Hilde – mit der Knef – die war ja entzückend so mit 29, 30 Jahren, eine sehr hübsche Frau.«
>
> B. K.: »Waren Sie etwas verliebt?«
>
> »Wenn ihr damaliger Mann nicht aufgepasst hätte, weiß ich nicht. Ich war mit ihr auf Tournee und da kam Kaempfert und sagte: ›Du musst Aufnahmen machen mit mir.‹«

Ladi Geisler tourt weiter mit Hildegard Knef, einer seiner Schüler übernimmt die Studioaufnahmen, trifft aber den Sound nicht. Milt Gabler, Jazzproduzent in den USA, der auch mit Billy Holiday und Bill Haley zusammen gearbeitet hat, lässt die Bänder wieder zurückschicken mit der Bemerkung: »Hier stimmt der Kaempfert-Sound nicht«. Also muss Ladi Geisler nach der Tournee wieder ins Studio:

> »Ich komme mir wie ein Prahlhans vor, wenn ich so was erzähle, aber es stimmt. Als wir mit Bert Kaempfert in Amerika waren, kamen die Leute von den großen Orchestern damals von Billy May, die mit Nelson Riddle Frank Sinatra begleitet haben, die kamen hin, wo wir gespielt haben und haben mich gefragt: ›Wie hast Du das gemacht? Wie habt Ihr das gemacht? Wir wollen das auch so machen – und bei uns klingt das anders.‹ Da hab ich natürlich damals gesagt: ›Wenn Ihr genau den Sound haben wollt, dann müsst ihr mich holen.‹ [Lacht] [...] Bei Stücken wie ›Swinging Safari‹ ist eine ganz markante Rhythmusgitarre und die ist von mir, da hab ich den Bass gespielt, Heinz Köster war der Gitarrist meistens. Ich hab dann noch, als diese Aufnahmen fertig waren, noch mal akustische Gitarre gespielt – die Super 400 – in mehreren Stücken noch rund um ›Swinging Safari‹. Es gibt auch eine Platte von Kaempfert *That latin feeling*,[28] da hab ich alle Sologitarren gespielt.«

Damit schloss sich ein Kreis: Klangwelten, die aus den USA kamen, wurden weiterentwickelt – und wirkten wiederum Stil prägend für die USA. Dort erlebt Ladi Geisler Anerkennung und Glamour.

[28] Bert Kaempfert and His Orchestra, *That Latin Feeling*. Decca DL 74490 USA 1963. Polydor 237 633 Germany 1964.

»Doch die Arbeit im Studio war hart, ich bin froh, dass ich das so durch gestanden habe: allein im Studio, vor Leuten im Glaskasten, die nichts anderes zu tun haben als zu kritisieren, da kam ich oft fertig nach Hause. Und dann hab ich mich manchmal ganz allein in mein Zimmerchen gesetzt und hab ein bisschen gespielt und dann bin ich zur Familie und konnte mich wieder unterhalten.«

Die Gitarren werden mit Hingabe gepflegt:

»Wenn ich in den Rundfunk kam, da gab es Orchesterwarte, die haben für uns die Instrumente aufbewahrt und ich kam morgens dann ins Studio, nachdem ich in der *Tarantella* gespielt habe. […] da lag dann meine Gitarre auf einem Tisch – haben die Orchesterwarte dann den Deckel aufgemacht, [lacht] gestreichelt […] etwas ganz besonderes […] ich mag das heute noch gern, dieses Holz in der Hand zu haben – und zu fühlen; ich tue das heute noch, dass ich über das Griffbrett längs gehe.«

Etwas verlegen um Worte ringend streicht Ladi Geisler zärtlich über seine Gibson L-4 CES, die er am liebsten im Sitzen spielt, fest fixiert mit einem Gurt um den Leib. Zeitlebens hat er mit E-Gitarren und Verstärkern experimentiert, Entwicklungen vorangetrieben, neue Modelle und Spielweisen ausprobiert und auch Jimi Hendrix gehört und live erlebt:

> »Ich hab das bewundert, was er gemacht hat, aber mit einem gewissen Abstand. Es ist nicht unbedingt meine Musik, nicht mein Sound, mit den Verzerrungen usw. [...] Ich hab' meine persönlichen ästhetischen Gründe, warum ich spiele, wie ich spiele, dabei werd' ich bleiben. Ich war bei Jimi Hendrix in der Musikhalle, da war mein Sohn, der jetzt Chefarzt ist, war da vierzehn, und wir haben auch Platten gehabt und über die gesprochen und versucht, Griffe herauszufummeln, was er gemacht hat.«

Im Frühjahr 2011 wurde Geislers Enkelin in Goslar bei einem Test für hochmusikalisch befunden, obwohl sie noch kein Instrument spielt. Der Lehrer machte sich auf die Suche nach familiären Prägungen, stieß auf den prominenten Großvater und lud ihn zu einem Vortrag in die Schulaula ein: »Sie werden lachen: Eines von diesen Mädchen in Goslar – die Frage war: ›Haben Sie denn auch schon auf der Bühne Gitarren zerschlagen?‹ [lacht] Hab' ich ihr gesagt: ›Du, das ist nicht so unbedingt meine Art, mit den Dingen umzugehen.‹« Ladi Geisler war ein Gentleman an der E-Gitarre, der noch viel zu erzählen gehabt hätte, etwa über die Entwicklung der Unterhaltungsmusik nach dem Krieg, ihre Funktion für Demokratie und emanzipatorische Einstellungen.

Achim Reichel besuche ich in seinem Studio in Hamburg-Poppenbüttel. Er hat eine neue Konzertform entwickelt, »Solo mit Euch«, in der er Livemusik und autobiografische Erzählung kombiniert. Ich hoffe, an diesem Nachmittag bisher noch nicht veröffentlichte Episoden und Perspektiven zu erfahren. Reichel stammt aus einer Seefahrerfamilie, die Ururgroßeltern waren Artisten und Künstler, in Hamburg-St. Pauli besuchte er die Volksschule und an den Landungsbrücken absolvierte er eine Kellnerlehre:

> »Da war ich ja man noch ein grüner Junge, nicht trocken hinterm Ohr. Als ich das erste Mal Rock'n Roll Musik hörte, da hab ich echt gedacht: ›Was ist das denn? Das geht einem ja unter die Haut!‹ Das kannte ich noch gar nicht, mit 15 oder 16, das war ja noch späte Nachkriegszeit. Was es bedeutet, in dieser Zeit heranzuwachsen, das war mir noch völlig unklar, man kennt es nicht anders, hatte trotzdem das Gefühl: ›Diese Schlagermusik, ich glaub, die meinen mich nicht!‹ [lacht]. Als ich dann merkte, es gibt Sachen, da ist ein ganz anderes Temperament drin und ein anderer Rhythmus und der sprach mich dann an – dass Ansprechen auch eine Art von Verstehen sein kann, war mir auch noch nicht klar. Ich war sehr Instinkt-gelenkt. Als ich das erste Mal Bilder sah von Ventures oder Shadows – wie die da alle mit ihren weißen Fendergitarren – ›boah‹ – so was will ich auch. Und dann merkte ich, das gibt es hier aber gar nicht, es war

unerreichbar teuer. So wurde denn eine Framus Hollywood Electra meine erste E-Gitarre, die ist im Rock und Pop Museum Gronau. So ging das los, ich verstand mich zu der Zeit auch noch keineswegs als Musiker.«

Reichel erzählt von ersten Versuchen, vom alten Radio der technikfernen Mutter, das zum Verstärker umfunktioniert wurde. Vom Übungskeller einer Jugendfreizeitstätte, wo er mit Freunden probieren und tüfteln konnte, ohne Lehrer und Noten. Vom ersten Auftritt auf Anregung der Heimleiterin Frau Ambrosius: ein Tanzabend, auf der Bühne Stühle mit Radios, davor die noch recht scheuen Jungs mit ihren Gitarren. Vom Glück der Anfänger: Im Publikum saß eine Art Agent, der die Jungen für Auftritte in Kneipen vermittelte. Dann gewinnen sie 1962 einen Bandwettbewerb im Hamburger *Starclub*, touren mit den Rolling Stones, Little Richard, Bo Diddley und Joe Cocker durch England und spielen 1966 im Vorprogramm der Deutschland-Tournee der Beatles:

> »Die Mädels guckten einen mit großen Augen an. In unser'm Fall war das'n Jungsding. Wenn man so die Rockmusik betrachtet, das war lange Zeit vornehmlich eine Männerdomäne. Es gab zwar auch so Brenda Lee und Wanda Jackson und Conny Francis und so, aber so diese, wie soll ich das nennen: ›Zornesattitüde‹ passte mehr zu Männern [lacht]. Was heißt Zorn: Pubertät, jugendlicher Druck, das loszuwerden, das kanalisieren zu können, das ist schon mal 'ne Erkenntnis. Die hatten wir nicht wirklich, Instinkt-gelenkt ging es in die Richtung: Auspowern! Über die Lautstärke sagt man: ›Hallo, hier bin ich!‹ Deshalb betone ich, dass wir nicht sonderlich Kopf-gelenkt waren am Anfang. Dadurch war man näher an den eigenen Vorstellungen und nicht an Vorstellungen irgendwelcher Lehrpläne, Lehrer: ›Nee, nee, mein Junge, das geht so!‹ Insofern war das alles schon ganz gut, dass man in die Musik Gemütszustände reinlegen konnte, das war schon wichtig! St. Pauli Ende der 50er, Anfang der 60er – das war eine komplett andere Welt.«

Während Reichel über pubertäre Sensationen und Gefühle erzählt, spielt er unwillkürlich Luftgitarre, beschreibt die E-Gitarre als ein Instrument, mit dem junge Männer Liebe, Leidenschaft und Rebellion auf von ihren Freunden akzeptierte Weise ausdrücken können. Anders als die Mädchen, die Außenseiterinnen waren in dieser von Männern dominierten Musikwelt. Eine der wenigen Ausnahmen waren The Liverbirds aus Liverpool. Sie spielten ab 1964 auch im Hamburger *Starclub*, wurden als »weibliche Beatles« gefeiert und landeten mit einer Coverversion eines Songs von Bo Diddley in den deutschen Charts.

Reichels Vorbilder und Idole kamen zunächst aus den USA: Les Paul, mit seinen Halleffekten und Overdubs (auch hier fällt der Name Mary nicht!), Chuck Berry, der einer seiner »absoluten Heroen« war:

»Wenn das Herz anfängt, ein bisschen wilder zu schlagen, da setzt man
sich nicht hin und denkt darüber nach, wo ich damit abbleibe. Insofern
war man froh über diesen Kanal mit der Musik, dass man sich auch allein
damit beschäftigen konnte, sich versenken konnte. Das war, das ist, heute
noch 'ne ganz wichtige Sache, meine Frau beneidet mich unendlich dafür:
›Wenn ich Dich so seh‹, Du kannst ja echt die Welt vergessen. Wenn Du
da Gitarre spielst!‹ Ja, das ist auch so! Darauf hab ich geachtet, dass das
Gitarrespielen nicht zu einer Berufsauffassung wird, wo man so in sich
reinstöhnt: ›Irgendwo müssen die Brötchen ja herkommen.‹ Da möchte ich
eine Leidenschaft und eine Liebe und 'n Herz für erhalten.«

Diese innig begehrten Gitarren waren jedoch unerschwinglich, und so war seine erste Gitarre eine Framus Hollywood Electric, die ab der Mitte der 1960er-Jahre nicht mehr gebaut wurde. »Firmen in Deutschland waren: Framus, Höfner, Hopf – dann muss ich schon überlegen. Die richtig echten, wo man eigentlich wirklich hinwollte, was man sich aber nicht leisten konnte, waren: Fender, Gibson, Guild – die brachten die echten Klänge hervor, das andere war so ›ähnlich‹.« Nach einiger Zeit werden die einst so geliebten Gitarren zu vernachlässigten Begleiterinnen:

»›Junge, jetzt hast Du über 20 Gitarren und 15 davon sind seit Jahren
im Koffer, die nimmst Du gar nicht zur Hand‹. Und die haben mir, das
klingt bescheuert, die haben mir leid getan: ›Das kannst Du nicht machen!
Du kannst nicht eine Gitarre in den Koffer tun und wie einen Sargdeckel
zuklappen! Du bewahrst die eigentlich auf, weil das alte wertvolle Stücke
sind.‹ Und viele Kollegen haben angefangen, Gitarren zu sammeln aus so
einem Investmentgedanken heraus. Nun bin ich aber Musiker und kein
Investmentberater!«

Gitarren scheinen einen ersehnten Lebensstil zu verkörpern und ermöglichen sowohl individuell befreiende als auch gemeinschaftsstiftende Rituale:

»Am Anfang war das einfach nur ›Wir geben Gas.‹ Wir waren keineswegs
die einzigen, die das so sahen, als die Musik noch jung war, die englischen
Musiker von Deep Purple ebenso. Richie Blackmoore hat in Hamburg eine
Zeitlang gelebt, und als der dann ausstieg, hab ich Jon Lord gefragt: ›Was
macht Ihr denn jetzt? Jetzt ist dieser wahnsinnige Gitarrist nicht mehr bei
Euch, werdet Ihr Euren Stil ändern?‹ Und er schüttelte nur den Kopf und
sagte folgenden Satz: ›People need release!‹ Da muss es knallen, damit die
locker werden, aus sich 'rauskommen können – damit die ihre Verspannungen los werden, das Zusammengerissensein – die Leute müssen befreit

werden – die Musik muss befreiend wirken. Es gibt Musik, die ist mehr für den Kopf bestimmt, da kannste den Körper vergessen, und es gibt Musik, die hat starke körperliche Aspekte, die ist im anderen Sinne geistvoll.«

Wie wurden die Gitarren getragen? Welche Vorbilder und Moden gab es?

»Wir haben die Gitarren immer hier getragen, fanden wir toll ›fast auf der Brust‹, aber Bo Diddley sagte: ›No no no – girls like it better, when you wear the guitar here!‹ [A. R. weist auf die Lendengegend.] ›Huch, das spielt tatsächliche Rolle für Dich? Ich dachte Du bist ein ernst zu nehmender Musiker? Was soll das?‹«

Bleibt die Frage, woher Bo Diddley so genau wusste, dass die Gitarre nicht oben vor der Brust gespielt werden sollte, sondern in der Höhe des Gemächts? Lag hier wirklich das Zentrum weiblicher erotischer Wünsche? Oder ging es auch um Konkurrenz und Gebalze zwischen Männern? (Diese Frage müsste in weiteren Gesprächen vertieft werden). Mavis Bayton spricht hier von einer »silent encoded phallocentric message«,[29] einer nicht deutlich ausgesprochenen Botschaft, »it just looks right«, also »masculine«. Viele Rockgitarristen würden, anders als klassische Gitarristen oder Jazz-Gitarristen, ihr Instrument tief halten, vor ihrem Genital. Doch eigentlich berichten Gitarristen, dass es einfacher sei, die Gitarre höher zu halten, in Brusthöhe oder an der Hüfte.

Was hält Achim Reichel von Gewaltorgien auf der Bühne, bei denen Jimi Hendrix, Pete Townsend und andere Gitarren und Verstärker zertrümmerten?

»Ok, das war Show! Ich hab mich kurz mal gefragt: ›Zerdeppert der wirklich Gitarren, die mal teuer waren oder lässt er sich ein Brett reichen mit Saiten drauf?‹ Man darf nicht vergessen, dass in den 60er Jahren und auch noch in den 70ern, in den 80ern fing es an zu bröckeln, wenn man da den Weltmarkt bedient hat, da hat man so viel Geld verdient, da konnte man ruhig auch mal 'n paar Gitarren zertrümmern, nach denen andere sich die Finger leckten. Die Sensation war um so größer, das war eine Form von Dekadenz, ein Ausdruck von Wildheit – und Wildheit gehört irgendwie zur Rock-Musik dazu – jedenfalls zu der Zeit.

[...] Das alles ist entstanden in einer Zeit, aufkeimendes Wirtschaftswunder, es lag alles so am Boden, und auch die kulturelle Orientierung – es war alles abgepfiffen: Schlager, nur heile Welt – die Leute brauchen nur

---

[29] Bayton, »Women and the electric Guitar«, S. 43f.

> Trost – und merkwürdigerweise haben wir das anders gesehen. Was für uns der rettende Anker war, hat dann Jahrzehnte später so 'n Globalismus-Kulturbeigeschmack bekommen, wo Regionalkulturen verloren gehen, aber die Erkenntnis kam für mich sehr viel später.«

Reichels Weg in die Musik war zunächst durch Einflüsse aus den USA und Großbritannien geprägt. Doch er wollte kein Imitator bleiben und suchte in den 1970er-Jahren nach eigenen Wegen. Er produzierte die Mittelalterband Ougenweide, die Romantiker Novalis, überraschte durch *Dat Shanty-Alb'm*, vertonte Balladenklassiker u. a. von Johann Wolfgang Goethe, Theodor Fontane, Theodor Storm, Heinrich Heine und Eduard Mörike. Außerdem kombiniert er nach wie vor eigene deutsche Texte mit Rockmusik.

Stuttgart-Hohenheim: In einer liebevoll eingerichteten kleinen Wohnung zeigt mir Carola Kretschmer alte DinA4-Hefte mit sorgfältig eingeklebten Ausschnitten aus Musikzeitschriften. Sortiert nach Gitarrentypen hat sie ein »who is who« der E-Gitarristen zusammengetragen: »Man sieht schon, ich war schon immer gitarrenverrückt.« Auch für sie schienen die ersten E-Gitarren-Klänge zunächst aus einer anderen Welt zu stammen:

> »Das müssen Instrumentals in der Art der Shadows, Sputniks gewesen sein, Ventures. Der Hall hat mich so fasziniert, Hall!, wenn der Hall nicht gewesen wäre, das hätte mich nicht so beeindruckt, das fand ich fantastisch. Die Gitarre bekam dadurch 'ne Weite, dann hob die ab, landschaftlich für mich, die ging da oben durch die Wolken! [...] Wenn man diese Höfner und Framus-Teile ausprobieren durfte in so einem Laden: ›Du kaufst doch sowieso nix! [...] Ich will dahin kommen, wie auch immer!‹ Hank Marvin spielt 'ne Stratocaster, die kostet über 1000 DM – jede gute Querflöte kostet das Zehnfache.«

Mit der E-Gitarre fliegen, engen Verhältnissen entkommen, in denen Fragen nach dem Geschlecht und Körper, nach dem »richtigen Junge- und Mannsein« unendlich einsam machten. Carola war als Thomas geboren, fühlte sich aber nie richtig wohl in diesem Körper in einer heterosexuell normierten Welt, in der es keinen Platz gab für andere Gefühle, Zwischenwesen, Irritationen. Die Eltern sorgten sich, schickten Thomas in eine Jugendgruppe zum Gitarrespielen, wo er erste Anerkennung erfuhr:

> »›Du musst in 'ne Jugendgruppe gehen, Du musst mit Gleichaltrigen.‹ Ich konnte nicht Fußball spielen, ich konnte eigentlich gar nix, hab immer gern Nachtwache gemacht, schön mit der Natur in Kontakt, da hatte ich meine

> Ruhe – die andern hatten Angst. Ich wusste schon immer, was mit mir los ist, hab' immer in der Angst gelebt, dass man das merkt, hab' immer das Gegenteil von dem gemacht. Spätestens als man ins Alter kam, als die Andern Freundin[nen] hatten: ›Warum hast Du keine Freundin?‹ Ich war nicht sehr rebellisch, hab' meine Eltern immer anerkannt als Autorität. Ich wusste nicht, was aus mir werden sollte, ich war mehr mit gewissen Problemen beschäftigt, ich hab' mir keine Zukunft gegeben, 1963, 1964 gab es noch keine Erkenntnisse, was da los ist, wir sind nicht aufgeklärt worden. Da denkt man 'ne Zeit lang: ›Ist man jetzt irgendwie homosexuell?‹ Aber ich war jetzt nicht an Jungs interessiert, was das Sexuelle anbetrifft. Freunde hatte ich schon, aber das ging nachher mit der Musik besser, wo man gemeinsame Interessen hatte, Bandkumpanen. Mit der Musik war ich erstmal anerkannt, da war erstmal Ruhe, hab' viel geübt von Anfang an und bin erst in 'ne Band gegangen, als ich schon richtig gut war. Ich hatte eine Eco, eine der ersten Kopien einer Gibson 330 Casino double cut away Halbresonanz, die erinnerte schon 'n bisschen an was besseres, da bereue ich es, dass ich die nicht mehr hab, die war einzigartig.«

Mit 16 Jahren, 1964, wurde mit Bekannten aus der Schule in Hannover eine Band gegründet. Man tourte zu Beatschuppen auf dem Lande, die den Star- oder *Beatclub* imitierten, aber ansonsten eher düsteren Kaschemmen ähnelten. Dann landete Thomas Kretschmer in der sogenannten Hamburger Szene und lernte Udo Lindenberg kennen, über den Saxophonisten, Keyboarder und Komponisten Jean-Jacques Kravetz, der eine Zeitlang bei Frumpy ausgestiegen war. Carola Kretschmer erzählt von einer faszinierenden, längst untergegangenen Musik- und Lebenskultur:

> »Da treffen wir uns im *Gee Bee's* am Pferdemarkt, das war so eine Abhängkneipe für das Rotlichtmilieu, und ab sechs Uhr morgens kamen die Schüler und schrieben ihre Hausarbeiten ab, eine sehr urige Kneipe, Rausschmeißer war der dicke Ole – bekannt und berühmt durch Lemkes Film *Die Rocker* Anfang der 70er. Ein sehr gemischtes Publikum, da fing man um drei Uhr morgens erst an zu spielen – mit dem Nachtbus sind wir von Schenefeld nach Hamburg reingefahren – Hammondorgel [aufgebaut], dann hab ich Udo und Steffi kennen gelernt: ›Hallo!‹ Hatten noch nie zusammen geübt – jetzt mussten sie erstmal drei Stunden spielen: ›Was macht man denn so, wie kommen wir denn klar?‹ Das war damals normal, irgendwie hatte jemand 'n Thema drauf, die andern mussten sich ganz schnell was einfallen lassen, was Udo leicht gefallen ist, als Schlagzeuger findest Du sofort mal den Groove, Changes weiter geben, immer fit und aufpassen – das klappte hervorragend, das war wunderbar – und da haben wir gedacht: ›Das machen wir jetzt mal

weiter!‹ Der Chef vom *Gee Bee's* hat gesagt: ›Jetzt machen wir das Freitag und Samstag jede Woche!‹ Haben geübt, 'n Vierteljahr lang zwölf Auftritte – Jean-Jacques stieg wieder bei Frumpy ein – dann haben wir *Good Life City* aufgenommen, die erste noch englisch gesungene Single, die ich mit Udo aufgenommen habe. Dann kam *Daumen im Wind,* das war 'n nettes Leben.«

Ende der 1970er nahm der Panikorchester-Zug mit Lokführer Lindenberg richtig Fahrt auf, Thomas Kretschmer sorgte zwischen 1974 und 1980 für E-Gitarren-Signale und steuerte eigene Songs bei. In den 1990er-Jahren wurde dann durch Operationen aus Thomas Carola – und erstmals ging sie 2004 als Frau auf die Bühne. Aber da wurde nicht nur das Geschlecht, sondern auch das Alter der Panikorchestermitglieder diskutiert: Wer will solche Rockdinosaurier auf der Bühne sehen? Aber: War es nicht auch eine Befreiung, endlich so auf die Bühne zu gehen – wie mensch sich fühlt?

»Das war 'ne völlig neue Geschichte, dass ich nicht in irgendwelche automatischen – dass es mich übermannt – sozusagen. Ich habe gesagt, ich spiel jetzt ganz anders, im Sitzen ist es viel schlimmer, da muss man die Beine breit machen, das ist nicht weiblich – wenn man es mal so sieht – das ist mehr mit einem Schmunzeln zu registrieren – im Stehen ist es schon richtig. Klar war das ein richtiges Abenteuer. Ich konnte da keine Rücksicht drauf nehmen, ich musste gut spielen, ich musste mich bewegen, ich darf nicht in mein Nachdenkgesicht verfallen. Wenn ich in der Musik bin, da entgleitet mir alles, achte ich auf nichts mehr. Spotlight, Nebel, Dunkel, es blitzt und dann sollst du auch noch geil spielen, das hat geklappt!«

»Nichts haut einen Seemann um«, ein Song über die Fassaden der Männlichkeit, über Sehnsucht, Verlust und Trauer, ein Stück, das Seemänner und Rockmusiker verletzlich zeigt. 2008 macht Udo Lindenberg bei einem Konzert in der Hamburger *Color Line Arena* den Geschlechterwandel offen zum Thema in seiner Ansage:[30]

»In der Anfangszeit des Panikorchesters hatten wir den Tiger von Eschnapur an der Gitarre: Thomas Kretschmer! Der brachte uns die Sounds aus dem Weltall, das war nicht von dieser Welt, da haben die Götter direkt mitgespielt. Doch er sagte: ›Eigentlich bin ich ganz anders – ich bin die Tigerin von Eschnapur!‹ […] Aus der allererstesten Besetzung des Panikorchesters […]: Nichts haut einen Seemann um! (Zu Carola Kretschmer) Ich mach mich noch ein bisschen fein für Dich.«

30 Udo Lindenberg und das Panikorchester: »Nichts haut einen Seemann um«. www.youtube.com/watch?v=hJNQuuFWw4Y, 25.6.2013.

Carola Kretschmer legt ein Solo hin, aus dem Schmerz, Sehnsucht und Überlebenswille tönen. Ob Mann oder Frau, wer weiß es genau – und sind nicht alle Tiger gestreift? Überhaupt scheint im Umfeld von Lindenberg der starre Hetero-Rock-Zirkus zumindest gebrochen, auch wenn er altbekannte Termini und Zuschreibungen benutzt, wie »die femininen Facetten meiner Seele«. Außerdem bekennt sich »Udo« zu Liebesbeziehungen zu jungen Männern.[31]

---

[31] Vgl. das Kapitel: »Na und?!« in: Udo Lindenberg mit Kai Hermann, »*Panikpräsident*«. *Die Autobiografie*, München 2004, S. 248–251. Hier heißt es u.a. »Natürlich habe ich auf der kunterbunten Palette, die jedem Menschen genmäßig geschenkt wird, alle Farben drauf. Die einen kräftiger, die andern blasser. Männliche, weibliche, kindliche, hetero-, bi- und homosexuelle. [...] Songs von David Bowie und Tom Robinson haben mir dabei geholfen, die femininen Facetten meiner Seele zu entdecken. Plötzlich fand ich es unheimlich spannend, vom sturen Pfad der Heterosexualität mal links und rechts ins Unterholz abzuschweifen. Zugegeben, das war auch Protest gegen die Verklemmten und Denkzwerge, für die Schwulsein noch immer krank oder kriminell oder beides war.« (S. 249).

Für Bühneneskapaden mit zerstörten Instrumenten hat Carola Kretschmer kein Verständnis, für sie sind das keine authentischen Zeichen von Trance oder Ekstase. »Die Botschaft für mich, ein Instrument zu zerstören, ist: Wenn ich überhaupt nicht mehr weiter weiß, dann mach ich das Liebste kaputt, was es mir eigentlich sein müsste. Wenn es das nicht mehr ist, was ist mir dann noch lieb oder wichtig – wenn ich Musik mache?«

Carsten Pape, Gitarrist, Songschreiber und Poet hat jahrelang mit Lotto King Karl das HSV-Stadion gerockt, u. a. mit dem Hit zum Mitsingen »Hamburg meine Perle!« und ist mittlerweile mit Formationen wie den Feuerbrüdern unterwegs. Immer dabei ist seine Lieblingsgitarre, eine Fender Telecaster. Welche E-Gitarren-Klänge markieren Carsten Papes Erinnerungsräume?

»Ich glaub, das waren die Beatles, da hab ich nicht unbedingt gedacht: ›Das will ich auch‹, – aber es hört sich heut so seltsam an, das war 1964/65, das klang wie von einem andern Planeten, das klang irgendwie so wie etwas, was man noch nie vorher gehört hatte. Ich hab jetzt nicht gedacht: ›Ich muss jetzt E-Gitarre spielen!‹ Die erste E-Gitarre, die ich wahrgenommen hab', wo ich dachte, das würde ich auch gerne spielen – das ist jemand, der in Gitarrenkreisen nicht besonders populär ist – das ist Marc Bolan von T. Rex damals: »Get it on« und dies ganze Zeug. [...] Marc Bolan war für mich die erste Verkörperung von: Man muss nicht besonders wahnsinnig virtuos sein, aber man muss man Selbst sein – dann geht das auch irgendwie. Ich war 'n ganz großer T. Rex-Fan, ich fand das Wahnsinn – und das als Junge – normalerweise war man ja als Mädchen T. Rex-Fan. Da sah ich die E-Gitarre, eine weiße Stratocaster, zum ersten Mal, da war mir klar, dass das ein Wahnsinnsinstrument sein muss, obwohl Marc Bolan nicht besonders virtuos gespielt hat, ganz bestimmt nicht.«

Marc Bolan verpasste sich einen androgynen Look, mit schwarzem Lockenkopf, geschminkten Augen und rotem Mund. Er starb 1977, mit 29 Jahren, bei einem Autounfall. Musiker wie er experimentierten mit neuen Modellen von Männlichkeit und ermutigten auch Jungen auf der Suche – wie Carsten Pape:

»Dass Du wer sein kannst, ohne Oberarme zu haben, die einen halben Meter sind, ohne kräftig zu sein – sondern Du kannst 'n kleiner blöder Spinner sein – aber wenn Du Deine E-Gitarre richtig spielen kannst! Dieses Ding in der Hand zu haben, Akkorde spielen zu können – da hast Du die Macht, etwas auszudrücken, was Du sonst nicht kannst – nicht könntest. Und wenn Du dieses Instrument dafür wählst, dann verleiht es einem kleinen schmächtigen jungen Mann mit übergroßer Jeanshose und schlecht gekämmten Haaren etwas ganz besonderes.«

Carsten Pape musste sich die erste Gitarre und den ersten Unterricht hart erkämpfen. Auch seine Erzählung weicht ab von den Wunderkindmythen mancher klassischer Musiker:

»Als erste Gitarre eine E-Gitarre ist völlig bescheuert – die musste ich mir, mein Vater war Bauunternehmer, selbst erarbeiten. Meine erste war eine Ibanez, Gibson-Nachbau, die hat 600 DM gekostet, ein Schweinegeld. Mein Vater sagte zu mir: ›Ok, ich leg Dir das Geld aus – und das verdienst Du Dir dann.‹ Und dann bin ich bei ihm auf 'm Bau arbeiten gegangen. Erarbeite das Zeug – es ist wertvoller.«

Pape hat bei einem wesentlich älteren Freund Gitarre gelernt, bei Jochen Schmitz:

»Damals musste ich eine sehr gravierende Entscheidung treffen. Ich hab damals bei Victoria Harburg Fußball gespielt, unser Training war mittwochnachmittags, aber das war der einzige Tag, an dem Jochen Schmitz Gitarrenunterricht geben konnte. Und ich hab mich tatsächlich für die Gitarre entschieden! Schon diese Entscheidung hat meinen Eltern sehr viel Respekt abgerungen, die wussten, wie gern ich Fußball spiele, und die konnten es nicht glauben: ›Was, Du meinst das ernst?‹ ›Ja, ich mein es ernst!‹ Man kauft sich keine E-Gitarre zuerst, sondern eine Wandergitarre – aber die E-Gitarre hat mir damals eins gezeigt: ›Ey, Du wirst ernst genommen – kann das sein?‹ Ich war damals dreizehn, ich hab mit fünfzehn dann mit meiner Schulband in der Aula gespielt. Damals war das nicht so, dass man damals als halbwegs Garer losgerappt hat oder 'n Instrument konnte. Und ich merkte, dass ich dadurch, dass ich auf der Bühne steh' und 'ne E-Gitarre um hab', plötzlich jemand bin – die Mädchen guckten mich ganz anders an – und ich hab immer gedacht, Wunder, was ich anstellen muss.«

Konzentration, Verzicht und Einsatz für die E-Gitarre – sie zahlten sich aus in Anerkennung und Respekt von Eltern, Mitschülern und potentiellen Freundinnen. Zudem erweiterte sich auch der emotionale Horizont, und Karrierewege jenseits von Normen und Hierarchien waren möglich:

»E-Gitarrespielen hat so was Unsachliches wie Liebe oder wie Motorradfahren, man kann das nicht so genau erklären. Jetzt erklär mal jemandem, wenn Du verliebt bist, das Gefühl kennt irgendwie jeder – man bekommt 'n bisschen Flügel von der E-Gitarre – das Gefühl hab ich jedenfalls. Wir fliegen immer zusammen, wenn wir fliegen, ich vergleich das tatsächlich mit Motorradfahren. Irgendwann in einem sehr wichtigen Interview mit einem Musikfachblatt – das danach abgebrochen worden ist – hat man mich gefragt, warum ich E-Gitarre spiele, hab ich gesagt: ›Weil ich ein

Feigling bin, ich trau mich Motorradfahren einfach nicht.‹ Und diese Antwort fanden die so blöde, dass das Interview abgebrochen worden ist: ›Ja, Du redest hier nicht mit der *Bravo*‹. Also wenn ich heute schlechte Laune hab' – ich geb' mir Mühe, wenig schlechte Laune zu haben, aber wenn ich schlechte Laune hab' – und zur E-Gitarre greife, geht's mir 10 Minuten später wieder besser. Sie hat nicht nur was mit Musik, sondern mit Töne-herstellung zu tun – die deinem Gefühl einen Ausdruck verleihen. Ich liebe es, an der E-Gitarre zu sitzen, und da zitier' ich meine Kollegen von Oasis: ›Wir spielen zwar E-Gitarre – aber wir spielen tapfer Wandergitarre weiter‹ – man spielt offene Akkorde weiter und man schafft sich, wie du sagst – so einen Klangraum, der einen – selbst ohne Publikum – fliegen lässt und manchmal auch wieder zurechtrückt – ich seh' das nicht als 'ne Flucht an, sondern ich seh' es als etwas an, worauf ich immer zulauf.‹ Ich bin kein großer Gitarrist – aber einer mit Hingabe, ich überlege nicht mehr beim Spielen – ich spiel einfach, ich bin nicht der große Rock'n Roller – ich fühl' mich der Popmusik sehr nahe – ich hab' mit meinem Partner Lotto in den letzten zehn Jahren über 1000 Auftritte gemacht – dabei sehr viel Menschen kennen gelernt – teilweise meine Freunde geworden – wenn Du nicht ins Publikum gehst – verpasst Du die Hälfte – totaler Eigennutz – mich interessiert einfach, was die Menschen machen. Die da vor der Bühne stehen – warum sie Geld für meine Musik ausgeben – es wäre anmaßend, die nur auf Distanz zu halten. Die Musik ermöglicht Kommunikation mit Leuten, die man vorher gar nicht auf dem Schirm gehabt hat.«

Ein Konzert bietet für Carsten Pape Möglichkeiten, sich und andere Menschen anders, intensiver zu erfahren, auch jenseits der Mechanismen der Kulturindustrie, des Music Business.

»Und wenn Du mich nach dem schönsten Ort fragst: ›Ja, es ist die Bühne – ja, da hab' ich meine Ruhe!‹«

B. K.: »Wovor?«

»Vor dem Kontostand – KFZ-Versicherung – vor meinen ganzen Schwächen – ich kann auf der Bühne meine Schwächen zu meinen Stärken machen – meine peinlichsten Geschichten erzählen – die alle so lustig finden – ein Gitarrensolo spiel'n, wo alle sagen, uihhhh – das ist große Klasse – ich hab dabei nicht im Kopf – wie es um meine Miete steht – die 1 1/2 Stunden, die man sich da nimmt – die man da geschenkt bekommt – die einem das Publikum gewährt – das ist einfach zu schön.«

Die E-Gitarre, oft klischeehaft beschrieben als Symbol phallischer Männlichkeit, Besitz ergreifend und virtuos traktiert bis hin zur Zerstörung – sie erscheint in diesen Gesprächen als viel-saitig und subversiv zugleich. Andere Fragen ermöglichen offensichtlich andere Perspektiven als die der starren Hetero-Geschlechterklischees, wie sie auch die Vorstellungen von Rockmusik dominieren. Stolz erzählt Pape von seiner Tochter, die ihn mit exzellentem E-Gitarrenspiel überraschte.

Kann die E-Gitarre auch als Teil einer männlichen Diva, eines Divo, interpretiert werden, mit der er selbst die höchsten Töne zaubern – also über sich selbst hinauswachsen – die engen Grenzen des Geschlechts vergessen machen kann? Die anderen verführerischen Saiten der Männlichkeit?

»Ich mag gerne Höhen hören, dass unten rum so 'n Bauch ist und Du oben glasklar einzelne Töne hörst, ich liebe das, das gibt mir dieser alte Verstärker.«

Könnte es sein, dass der Gitarrist da auch in eine andere Rolle schlüpft, einer Operndiva vergleichbar, die virtuos die höchsten Töne produziert – Töne, die er selbst mit seiner Stimme gar nicht singen könnte?

»Richtig, ja es ist so, ich mach mir gar nicht so viele Gedanken darüber, ob ich den Ton singen kann. Es ist schon richtig, du machst einen Ton und der schwebt und der steht – und der Techniker guckt und sagt: Hältst Du den noch 'n Augenblick – e i n Ton – uwa-uwa! Ist das eine Gitarre oder ein Delfin? Ey Alter, wie geil ist das denn, ein Ton!!! Und dieser eine Ton hat den Sänger gerade hingebracht zum Refrain, hat ihm bei 'ner Bridge geholfen. So eine E-Gitarre ist so was total Organisches, das kriegst Du nicht mit dem Keyboard hin.«

Resümee

Die E-Gitarre ermöglicht Rückzug, introvertiertes Schaffen, ein »Sich-hinter-der-Gitarre-Verstecken« – aber auch den extrovertierten Auftritt vor Publikum, die Anerkennung von Eltern, Freund_innen, Geliebten. Ihr schier unerschöpfliches Klangspektrum lässt sich in nahezu allen musikalischen Genres einsetzen, ob als Klagelied, rebellisch verzerrte Einsprüche, Avantgarde etc. Dieses Instrument ermöglicht entspanntes Chillen an der Bar, eröffnet künstlerische Freiräume und erlaubt intensive Beziehungen, Körper betontes Agieren und ritualisierten Spannungsabbau à la »People want to release«.

Junge Männer konnten sich hier neu und anders erfahren, körperliche Selbstinszenierung, erotisches Begehren und Emotionalität erproben. Dennoch blieben in vielen sich rebellisch gerierenden Zirkeln des Rock patriarchale Muster der abgelehnten Elterngeneration höchst wirksam – da sie kaum reflektiert wurden. Gender und Geschlecht wurden und werden, trotz aller wissenschaftlichen Studien, kaum als gesellschaftliches Konstrukt gesehen und kritisiert.

Oft wird vom »Bauch« gesprochen, als scheinbar unhinterfragbar »natürliches« und authentisches Zentrum der Person, ohne zu fragen, wie denn diese vermeintliche Unmittelbarkeit vorgeformt sein könnte.

Die E-Gitarre ermöglichte in der Nachkriegszeit und in den 1960er-/1970er-Jahren eine Auseinandersetzung mit musikalischen und gesellschaftlichen Einflüssen aus den USA und Großbritannien – und eine Überwindung alter BRD-Unterhaltungsmusik- und Schlagerwelten.

Obwohl mit der E-Gitarre akustisches Neuland entdeckt wurde, geriet sie auch zum Symbol eines hegemonial männlich dominierten Livestyle. Aber es gab und gibt Gitarristen, die eigene Wege suchten, wie etwa die Gesprächspartner_innen dieser Mikrostudie. Und Musikfans und Musikvermittelnde, die dies zu schätzen wissen – und beharrlich und behutsam zugleich mit Fragen zu den Männer- und Frauenbildern und ihrer Bedeutung nachhaken. Und die persönliche Erfahrung in den gesellschaftlichen und politischen Kontext zu stellen versuchen – jenseits aller Markt-kompatiblen Klischees.

3 Musik- und sozialpädagogische Aspekte

Martina Oster

»Ich bin doch kein Knabe, ich bin ein Junge, ein kräftiger« – Konzepte zu Männlichkeit und Singepraxis von Kindern im Grundschulalter

Empirische Studien der letzten 25 Jahre haben immer wieder gezeigt, dass im europäischen Raum offensichtlich mehr Frauen und Mädchen als Jungen und Männer singen.[1] Dass ein Zusammenhang zwischen Geschlechterkonzepten und Singepraxen besteht, wird daher schon lange vermutet. So führt beispielsweise Walter Scheuer die von ihm an Jungen beobachteten psychischen Hemmungen beim Singen auf die »geschlechtsbezogene Sozialisation im Elternhaus«[2] zurück. Rolf Oerter behauptet, die Geschlechtsrolle von Mädchen bedinge »eine größere Affinität zum Singen«, und vermutet, dass Jungen im Grundschulalter das Singen vermeiden, »da mit dem beginnenden Schuleintritt der Prozess der Geschlechtshomogenisierung und Abgrenzung gegenüber dem anderen Geschlecht einsetzt«[3]. Auch Clare Hall[4] stellt fest, dass Jungen im Grundschulalter das Singen nicht als angemessen empfinden. Eva Rieger und Freia Hoffmann forderten schon in den frühen 1980er-Jahren, »dass wir die oft versteckten und subtilen Mechanismen der geschlechtsspezifischen Sozialisation zutage fördern müssen«[5].

[1] Vgl. z. B. Walter Scheuer, *Zwischen Tradition und Trend. Die Einstellung Jugendlicher zum Instrumentalspiel. Eine empirische Untersuchung*, Mainz 1988; Christof Langenbach, *Musikverhalten und Persönlichkeit 16 bis 18-jähriger Schüler*, Frankfurt/M. 1994; Jürgen Zinnecker/Ralph Hasenberg/Catarina Eickhoff, *Kindheit in Deutschland: aktueller Survey über Kinder und ihre Eltern*, Weinheim/München 1999. Eine genaue Aufschlüsselung nach Solo- und Chorgesang, Musikstil etc. findet sich bei Ilka Siedenburg, *Geschlechtstypisches Musiklernen. Eine empirische Studie zu musikalische Sozialisation von Studierenden des Lehramtes Musik*, Osnabrück 2009, S. 19ff.
[2] Scheuer, *Zwischen Tradition und Trend*, S. 77.
[3] Rolf Oerter, »Warum hören Kinder auf zu singen? Folgen einer einseitigen Enkulturation«, in: *ESTA-Nachrichten: Zeitschrift für Streicher* 34 (1995), S. 23.
[4] Vgl. Clare Hall, »Gender and boy's singing in early childhood«, in: *British Journal of Music Education* 1 (2005), S. 5–20, hier S. 6.
[5] Freia Hoffmann/Eva Rieger, »Mädchen die pfeifen ... Über die Benachteiligung von Schülerinnen im Musikunterricht«, in: *Kongressbericht Bundesmusikschulwoche Berlin, 1982*, Mainz 1983, S. 240–245.

In einer qualitativen Studie[6] konnte ich Zusammenhänge zwischen Geschlechterkonzepten von Kindern und ihren musikbezogenen Konzepten empirisch nachweisen sowie die Bedingungen aufzeigen, unter denen gerade stereotype Konzepte entstehen und wirksam oder weniger wirksam sind. Männlichkeitskonzepte werden ebenso wie Weiblichkeitskonzepte von den Kindern tastend, vorsichtig und nicht immer konsistent formuliert. Sie sind situationsabhängig, unterliegen dem Gruppeneinfluss und sind nicht statisch, sondern befinden sich in stetem Wandel.

Im folgenden Beitrag nehme ich Männlichkeitskonzepte in den Blick, die Kinder im Grundschulalter im Rahmen der o. g. Studie im Kontext Singen benannt haben, und gehe der Frage nach, ob sich Jungen in ihren musikbezogenen Wahlmöglichkeiten einschränken, weil sie bestimmte Singepraxen auf Grund der geschlechtlichen Konnotationen als unpassend oder negativ empfinden.

Die zentralen Begriffe wie »Geschlecht«, »Männlichkeit«, »Weiblichkeit« und »Kindheit« werden in diesem Beitrag aus einer konstruktivistischen Perspektive betrachtet, wobei Konstruktivismus hier nicht als einheitliches Theoriekonzept verstanden wird, sondern als eine Erkenntnistheorie, in der das Verhältnis von Wissen zu einer Wirklichkeit beschrieben wird, die subjektiv ist – denn »dadurch, dass wir unweigerlich von einem ganz bestimmten Ausgangspunkt an die [...] Welt herangehen« nehmen wir vorweg, »was wir zu finden glauben«[7]. Erkenntnis bezieht sich also nicht auf eine absolute Wahrheit, sondern betrifft »ausschließlich die Ordnung und die Organisation von Erfahrungen in der Welt unseres Erlebens«[8].

Werden im Folgenden musikalische Praxen in den Blick genommen, wird also untersucht, welche Erfahrungen die befragten Kinder gemacht haben, wie sie diese verarbeiten, strukturieren und ordnen, und welche Bedeutungen Männlichkeits- oder Weiblichkeitskonstruktionen in diesem Kontext haben. Geschlechterkonstruktionen vor dem Hintergrund des Konstruktivismus zu untersuchen, ist mit einem grundsätzlichen Problem verbunden: Sobald ich diese Konstruktionen suche, entdecke und beschreibe, beteilige ich mich als Wissenschaftlerin an der Reifizierung von polarisierenden Geschlechter-

---

[6] Martina Oster, *Musik und Geschlecht. Eine empirische Studie zu Orientierungsmustern von Grundschulkindern* (= Hildesheimer Schriften zur Sozialpädagogik und Sozialarbeit 21), Hildesheim 2013.
[7] Paul Watzlawick, Frank Kreutzer, *Die Unsicherheit unserer Wirklichkeit. Ein Gespräch über den Konstruktivismus*, München, Zürich 1999, S. 9.
[8] Ernst von Glasersfeld, »Einführung in den radikalen Konstruktivismus«, in: *Die erfundene Wirklichkeit. Wie wir wissen, was wir zu wissen glauben? Beiträge zum Konstruktivismus*, hrsg. von Paul Watzlawick, München/Zürich 2010, S. 23.

konzepten⁹ und trage dazu bei, dass sie sich verstetigen und weitergetragen werden. Karin Knorr-Cetina fasst diesen Vorgang in bildhafte Worte: »Der Konstruktivismus untersucht, wie soziale Gruppierungen sich selbst choreographieren und ihre Choreographien tanzen […]. Konstruktivistische Analysen stellen Choreographien von Choreographien dar.«¹⁰

Eine Wissenschaft, die sich auf das »Wie« von Konstruktionsprozessen beschränkt, bleibt jedoch auf Dauer unzureichend, wenn sie lediglich feststellt: »Die Zweigeschlechtlichkeit wird ständig reproduziert, weil sie dauernd reproduziert wird«¹¹. Um auch die Fragen nach Macht und Herrschaft, nach Ungleichheit in Verbindung mit Hierarchisierungen näher betrachten zu können, ist es aus meiner Sicht notwendig, nicht nur Geschlechterkonstruktionen in den Blick zu nehmen, sondern auch zu hinterfragen, unter welchen Bedingungen Geschlechterzuweisungen vorgenommen werden und welche Bedeutung dies für die individuellen Biografien haben kann. Daher werden im vorliegenden Beitrag die Konzepte der Kinder immer in ihrem Entstehungszusammenhang betrachtet und die Kategorie Geschlecht im Forschungsprozess reflektiert. Da die Kinder ihre Männlichkeitskonzepte oft in Abgrenzung zu oder im Vergleich mit Weiblichkeitskonzepten entwickeln und beschreiben, stelle ich ggf. auch die komplementären Weiblichkeitskonzepte mit dar.

Datengrundlage

Grundlage der folgenden Betrachtungen sind Daten aus der o.g. Studie zu Musik und Geschlecht¹². In 14 Einzelinterviews und 7 Gruppeninterviews wurden 24 Kinder im Alter von 9 bis 11 Jahren nach ihren musikalischen Konzepten sowie ihren Geschlechterkonzepten befragt. Die Einzelinterviews

---

[9] Siehe zu dieser Theoriediskussion den Beitrag von Regine Gildemeister/Angelika Wetterer, »Wie Geschlechter gemacht werden. Die soziale Konstruktion der Zweigeschlechtlichkeit und ihre Reifizierung in der Frauenforschung«, in: *Traditionen Brüche. Entwicklungen feministischer Theorie*, hrsg. von Gudrun-Axeli Knapp und Angelika Wetterer, Freiburg i. Br. 1993, S. 201–254. Sie kritisieren bereits in den 1990er-Jahren, dass das System der Zweigeschlechtlichkeit reifiziert wird, solange unreflektiert davon ausgegangen wird, dass die Unterscheidung nach zwei Geschlechtern ›natürlich‹ sei.

[10] Karin Knorr-Ketina, »Spielarten des Konstruktivismus. Einige Notizen und Anmerkungen«, in: *Soziale Welt* 40 (½/1989), S. 86–96.

[11] Irene Villa, »Postmoderne + Poststrukturalismus = Postfeminismus?«, in: *Handbuch Frauen- und Geschlechterforschung, Theorie, Methoden, Empirie*, hrsg. von Ruth Becker und Beate Kortendiek (= Geschlecht & Gesellschaft 35), Wiesbaden 2004, S. 234–238, hier S. 236.

[12] Vgl. Oster, *Musik und Geschlecht*.

wurden als Episodische Interviews[13] durchgeführt, die sich an den musikalischen Biografien der Kinder orientierten. Die Gruppeninterviews fanden in einem speziell entwickelten Spielesetting[14] statt, in dem die Kinder in geschlechterhomogenen sowie in geschlechtergemischten Gruppen von jeweils drei bis vier Kindern mit polarisierenden Aussagen zu unterschiedlichen musikbezogenen Praxen und Gewohnheiten konfrontiert wurden. Die Spielaufgabe bestand darin, die Kindergruppen entscheiden zu lassen, ob diese Aussagen richtig oder falsch sind und dies zu begründen. Dabei konnte einerseits ein oft spontaner Gruppenkonsens beobachtet werden, der ohne argumentativen Austausch innerhalb weniger Sekunden zu Stande kam, während die Diskussionen darüber oft erst im Anschluss an den Gruppenkonsens stattfanden.[15] Andererseits war es so möglich, den Prozess der Meinungsbildung nachzuverfolgen und zu analysieren, welche Argumentationsmuster die Kinder verwenden, um ihre Sicht der Dinge plausibel darzustellen, sowie die Diskurse herauszuarbeiten, die den kindlichen Argumenten zu Grunde lagen.[16] Im Folgenden werden ausgewählte Ergebnisse der Gruppeninterviews unter den Aspekten von Männlichkeitskonstruktionen und Singen in den Blick genommen.

Das Singen von Gute-Nacht-Liedern

Eine der polarisierenden Aussagen, die von den Kindern in den Gruppensettings bewertet werden sollte, war: »Väter singen ihren Kindern eher Gute-Nacht-Lieder vor als Mütter«. Die Kinder aller Gruppen waren sich spontan und ohne Diskussion darüber einig, dass dies nicht der Wahrheit entspricht. Die an den spontanen Konsens anschließenden Gruppendiskussionen zeigten dann allerdings, dass diese Einschätzungen der Kinder im Widerspruch zu ihren alltäglichen Erfahrungen stehen: Kaum eines der befragten Kinder hat tatsächlich Gute-Nacht-Lieder vorgesungen bekommen, weder von der Mutter, noch vom Vater. Dennoch sind sie sich in ihrem Befund einig.

Betrachten Kinder der Untersuchungsgruppe die musikalische Praxis »Gute-Nacht-Lied-Singen« im familiären Raum, werden Männer und Frauen in ihren Funktionen als Väter und Mütter wahrgenommen. Geschlechterkonstruktionen leiten sie offenbar aus einer Arbeitsteilung ab, wobei sie die Väter der

---

[13] Uwe Flick, *Qualitative Forschung. Theorien, Methoden, Anwendungen in Psychologie und Sozialwissenschaften*, Reinbek b. Hamburg 1989, S. 124ff.
[14] Vgl. Oster, *Musik und Geschlecht*, Kapitel B1 Methodisches Vorgehen, Abschnitt Gruppendiskussionen mit Kindern.
[15] Ebd., Kapitel C1 Orientierungsmuster, Abschnitt Meinungsbildung.
[16] Ebd., Kapitel C3 Musikbezogene Orientierungsmuster und Konzepte.

Erwerbsarbeit und die Mütter der Familienarbeit zuordnen. Das Singen von Gute-Nacht-Liedern wird ebenso wie andere versorgende, kümmernde und planerische Tätigkeiten, eher den Müttern zugeschrieben, denn, so erläutert Anna: »In den meisten Familien ist es ja so, dass die Mutter zu Hause ist und bei den Kindern ist und der Vater halt bei der Arbeit. Das ist nicht bei allen so, aber bei den meisten ist es halt so, und ich finde, da macht die Mutter viel mehr mit den Kindern auch«.[17] Jan und Steffen beschreiben dies ähnlich: Jan: »So, ich glaub eher Mütter machen das eher, weil ... die Väter auch ... entweder arbeiten müssen [...].« Steffen: »Mütter sind ... kümmern sich halt so um den Haushalt [Lachen]. Ja, und die Kinder essen...«.[18]

Die Sinnhaftigkeit dieser Arbeitsteilung begründen einige Kinder soziobiologisch: Mütter »sorgen sich viel mehr um das Kind [...], weil sie ja das Kind gekriegt haben«.[19] Ihr Bild vom Vater entwirft die Jungengruppe *Freunde* als Gegenhorizont zum Mutterbild: Väter »arbeiten einfach mehr«, »lesen mehr Zeitung«, »sitzen vor dem Computer und surfen im Internet«. Die Frage, ob sich die Jungen vorstellen können, später ihren Kindern etwas zur Nacht vorzusingen, beantwortet die Jungengruppe abwehrend. Die Jungen wollen ihren Kindern lieber eine Kassette vorspielen als selber zu singen: »Ich mach ihm 'ne Kassette an [...]. Hier, kriegs du 100 Euro, kauf dir 'nen Kassettenrekorder und mach dir 'ne Kassette rein. Fertig.«[20] Ein Junge der Gruppe *Knabenchor* vermutet: »Später gibt es bestimmt einen Computer, der das selber macht«. In der Jungengruppe *Freunde* kann sich ein Junge zwar vorstellen, für sein Kind zu singen, allerdings nur unter der Voraussetzung, dass er bis dahin ein Opernsänger geworden ist.

Die Aussagen der Jungen zeigen über alle Gruppen hinweg, dass sie große Vorbehalte gegen das Singen im Familienkontext haben. Durch die Verknüpfung der musikalischen Praxis des Gute-Nacht-Lied-Singens mit Konzepten zu einer geschlechterdifferenten Arbeitsteilung ist Singen für sie weiblich konnotiert, es sei denn, es findet ausnahmsweise in einem professionellen Kontext statt. Durch die Interviewfrage werden die Jungen gedrängt, Stellung dazu zu beziehen, ob sie ggf. für ihre eigenen Kinder singen würden. Dies verunsichert sie, und sie ringen nach einem Ausweg. Als Lösung ziehen sie sich auf vermeintlich sicheres Terrain zurück, das für sie der Technikpark ist: Computer, Gameboy und Kassenrecorder geben ihnen Sicherheit und schaffen Distanz zur emotional aufgeladenen Zubettbring-Situation. Weitere Männlichkeits-

---

[17] Transkription Gruppe *Waldorfschule*, S. 1661ff.
[18] Transkription Gruppe *Knabenchor*, S. 1635ff.
[19] Transkription Gruppe *Freundinnen*, S. 1987ff.
[20] Transkription Gruppe *Spielmannszug*, S. 1474ff.

konstruktionen lassen sich herauskristallisieren, wenn man die Diskussionen der Kinder über Mädchen- und Knabenchöre betrachtet.

Mädchenchor und Knabenchor

Im Laufe der Gruppendiskussion werden die Kinder gefragt, ob sie Kinder-, Mädchen- und Knabenchöre kennen, was sie sich darunter vorstellen und warum es eine Unterscheidung zwischen diesen Chören gibt. Neben der Annahme, dass es schon deshalb sinnvoll sei, Jungen und Mädchen zu trennen, weil die sich sonst immer »kloppen« – so die Vermutung der Jungengruppe *Spielmannszug* – bewegen sich die Kinder immer wieder in einem Differenzdiskurs. Die Interviewfragen provozieren bei den Kindern Antworten, in denen sie Unterschiede zwischen Mädchen- und Knabenchören beschreiben: Singen im Mädchenchor verbinden sie mit Spaß, denn »die singen ja total die lustigen Lieder«[21]. Der Knabenchor sei hingegen den besonders Begabten vorbehalten, die das Singen möglicherweise später zum Beruf machen wollen. Diese Assoziationen verweisen wieder auf die bereits oben angesprochenen Geschlechterdiskurse, in denen eine Polarisierung von Männlichkeit und Weiblichkeit stattfindet. Darüber hinaus wird eine weitere Dichotomie deutlich: Während die Mädchen einfach aus Spaß singen dürfen, sieht man die Jungen offenbar mit Leistungsansprüchen konfrontiert, die schon jetzt ihre Rolle als zukünftige erwerbstätige Ernährer antizipieren. Die beiden Pole Dilettantismus – Professionalismus werden in diesem Beispiel mit der Kategorie Geschlecht verschränkt. In weiteren Begründungen für die Unterscheidung zwischen Mädchen- und Knabenchor führen die Kinder aus, dass Mädchen und Jungen unterschiedliche Stimmlagen haben, d.h. in den Knabenchören würden Stücke in tieferer und in den Mädchenchören solche in höherer Stimmlage gesungen, was dem Umstand geschuldet sei, dass Mädchen höhere und Jungen tiefere Stimmen haben. Auch in dieser Argumentation werden Konstruktionsprozesse von Männlichkeit und Weiblichkeit deutlich, denn die Stimmhöhen von Jungen und Mädchen vor dem Stimmbruch unterscheiden sich nicht maßgeblich. Speziell im Knabenchor gilt zudem das Klangideal einer hellen und hohen Stimme. Indem die Kinder nun Jungen eine tiefe und Mädchen eine hohe Stimme zuschreiben, werden Jungen als männlich und Mädchen als weiblich konstruiert.

Die Männlichkeitskonstruktionen der befragten Kinder finden zwar häufig, jedoch nicht ausschließlich im Vergleich mit Weiblichkeitskonstruktionen statt. Bei den Antworten auf die Frage an die Jungen aus dem Spielmannszug, ob sie sich vorstellen können, in einem Knabenchor zu singen, werden Hierar-

[21] Transkription Gruppe *Freundinnen*, S. 2448.

chisierungen innerhalb unterschiedlicher Männlichkeitsbilder offensichtlich: Diskussionsleiterin: »Könnt ihr euch denn vorstellen, in so einen Knabenchor zu gehen?« Jens: »Bäh, nein.« Klaus: »Knaben? Auf keinen Fall.« Sören (stottert): »Ich bin doch kein … ich bin doch kein Knabe.«. Diskussionsleiterin: »Was bist du denn?« Sören: »Ich bin ein Junge, ein kräftiger.«[22]

Als Gegenbild zum singenden Knaben wird hier das Bild eines kräftigen Jungen beschworen, der sich viel eher zur Identifikationsfigur eignet. Der singende Knabe wird damit zum Schwächling degradiert, der durch die weiblich konnotierte musikalische Praxis des Singens in der Hierarchie der Männlichkeitskonstrukte nach unten sinkt. Ein weiteres Thema, das in den Gruppendiskussionen zur Sprache kommt, ist das Phänomen des Brummens beim Singen.

Phänomen Brummen

Das Thema wird durch das Interviewsetting vorgegeben. Die Kinder sollen beurteilen, ob eher Jungen oder eher Mädchen zum Brummen neigen. Alle Gruppen sprechen das Phänomen des Brummens vornehmlich den Jungen zu. Mit dieser Zuweisung sind ebenfalls Konstruktionen von Männlichkeit verbunden.

Wie auch in der Diskussion um Mädchen- und Knabenchöre sprechen die Kinder erneut über hohe und tiefe Stimmlagen, wobei sie den Jungen die tiefe und den Mädchen die hohe Stimme zuordnen. Zudem verschränken sie die Kategorie Geschlechterdifferenz mit der Kategorie Alter, indem sie ihre Begründungen am Beispiel erwachsener Männer und Frauen ausrichten: Die Kinder aus der gemischtgeschlechtlichen Gruppe *Blockflötenensemble* begründen wie folgt, warum Jungen eher als Mädchen brummen: Antje: »Weil Männer eine tiefere Stimme haben.« Tom: »Genau.« Antje: »Und irgendwie … Männer passen auch nicht so zum Singen«. Eva: »Ja, wenn die dann höhere Stücke singen müssen, zum Beispiel ein höheres Lied, dann brummen die manchmal ein bisschen«.[23]

Auch die Jungen aus der Gruppe stellen vielfältige Überlegungen darüber an, warum Jungen mehr brummen. Jan vermutet, dass sich das nur so anhört, weil Jungen eine tiefere Stimmlage als Mädchen hätten und sie nicht so gut intonieren könnten wie Mädchen, so erlebe er dies jedenfalls in seiner Schulklasse. Es höre sich oft »brummelig« an, wenn diese Jungen singen. Nico hat eine andere Theorie: Jungen »haben bestimmt keine Lust zum Singen«.[24] Simon aus der Gruppe *Freunde* vermutet dagegen, dass Jungen absichtlich brummen, weil sie sich nicht

---

[22] Transkription Gruppe *Spielmannszug*, S. 1948ff.
[23] Transkription Gruppe *Blockflötenensemble*, S. 1387ff.
[24] Transkription Gruppe *Knabenchor*, S. 2025.

zu singen trauen: »Jungen können zwar besser singen, aber die Jungen trauen sich nicht so wie die Mädchen. Die wollen, die brummen, weil sie das so ein bisschen unterdrücken wollen [...]. Die brummen deshalb, weil sie das ein bisschen gedämpfter wollen. Sie können schon besser singen, aber sie trauen sich nicht.«[25]

Auch Karsten aus der gemischtgeschlechtlichen Gruppe *Gemischtes Doppel* ist der Meinung, dass Jungen nicht per se schlechter singen. Er vertritt allerdings die Auffassung, dass Jungen nicht mehr brummen als Mädchen. Frustriert ist er darüber, dass Jungen von den Mädchen oft kritisiert werden: »Sie hacken doch immer auf uns herum«.[26]

Auch die Mädchengruppe *Freundinnen* berichtet, dass Jungen in der Schule wenig Lob für ihr Singen erfahren. Marie führt aus: »Also unsere Lehrer, wenn wir jetzt was singen, so wir haben ein so winterlich, abendliches Lied so, ne, zum Schlafen, das singen wir, und das singen eigentlich auch die meisten gerne, auch die Jungs, aber so mehr loben tut er, glaube ich, die Mädchen mehr [...].«[27] Und Anna vermutet, dass die Jungen ihrer Klasse beim Singen verunsichert sind und das Singen daher ins Lächerliche ziehen: »Aber die brummen eher und machen das komisch [...]. Weil die sich toll fühlen wollen [...] und dann dass alle lachen und die toll finden«.[28]

Das Phänomen des Brummens wird von den Kindern also als Ausdruck von Unlust und Verunsicherung der Jungen gedeutet. Es sei die Antwort der Jungen auf einen empfundenen Leistungsdruck einerseits und mangelnder Würdigung andererseits. Die Ursache für das Brummen sei daher weniger ein tatsächliches sängerisches Unvermögen, sondern eher Versagens- und Blamageangst. Die daraus resultierende Verweigerungshaltung hat für die Jungen den Vorteil, dass sie sich damit dem direkten Vergleich mit den – vermeintlich besser singenden und besser beurteilten – Mädchen erfolgreich entziehen können. In der Rolle als »Klassenkasper«, indem sie das Singen ins Alberne ziehen, gelingt es ihnen darüber hinaus, positive Aufmerksamkeit der Mitschüler_innen zu generieren und sowohl das Singen selbst als auch die singenden Mädchen zu deklassieren. Aber auch die Männlichkeit spielt beim Phänomen Brummen eine zentrale Rolle, denn jemand, der brummt, simuliert eine – männlich – tiefe Stimme, mit der er sich älter, reifer und kräftiger (im Sinne von machtvoller) geben kann, als er tatsächlich ist. Mit einer zu hellen Stimme würde er womöglich als weiblich oder reifeverzögert wahrgenommen.

[25] Transkription Gruppe *Freunde*, S. 1687ff.
[26] Transkription Gruppe *Gemischtes Doppel*, S. 2147.
[27] Transkription Gruppe *Freundinnen*, S. 1967.
[28] Ebd., S. 1983.

Fazit

In vielen Bereichen musikalischer Praxis stellen Kinder in den Gruppeninterviews zwar Unterschiede zwischen Jungen und Mädchen fest, entkräften und relativieren diese jedoch, indem sie u. a. viele Gegenbeispiele benennen, den Gültigkeitsbereich einschränken, sich auf ihre persönlichen Erfahrungen in Familie, Bekanntenkreis und Schule berufen und keinen Anspruch auf Verallgemeinerung erheben.[29] Ihre Einschätzungen zum Singen sind jedoch durchwachsen von stereotypen Rollenzuweisungen und Polarisierungen. Dabei greifen die Kinder in ihren Begründungen auf Diskurse zurück, die als originäre Daseinsaufgabe dem Mann die Erwerbstätigkeit und der Frau den häuslichen Bereich zuweisen, und zwar unabhängig von persönlichen und entgegen den überwiegenden medialen Erfahrungen. Auch Kinder, die weder von Mutter noch Vater selbst gesungene Lieder hören, halten Singen eher für eine Aufgabe der Mütter – eben wegen des häuslichen Bezugs. Nach wie vor wird dieser den Frauen zugeordnet, auch wenn Fernsehsendungen wie beispielsweise *Gute Zeiten Schlechte Zeiten* dieses Klischee längst nicht mehr bedienen. Lediglich als professionelle (Erwerbs-)Tätigkeit – beispielsweise als Opernsänger – ist für die Kinder Singen auch für Männer vorstellbar.

Sowohl die Stimme als auch das Singen verbinden Kinder eng mit Konstruktionen von Männlichkeit und Weiblichkeit. Dabei wird den Jungen eine tiefe und den Mädchen eine hohe Stimme zugesprochen. Insbesondere eine tiefe Stimme werten sie als Zeichen von Männlichkeit. Die Wahrnehmungen von Mädchen und Jungen sind dabei weitgehend deckungsgleich.

Jungen führen diese Diskurse in eine tiefe Verunsicherung. Erstens besitzen sie bis zum Zeitpunkt ihres Stimmbruchs noch keine tiefe Stimme, mit der sie auf ihre Männlichkeit verweisen könnten, zweitens fehlt ihnen der im familialen Kontext singende Vater als Identifikationsangebot und drittens müssen sie, wenn sie denn singen, erhöhte Ansprüche an ihre Professionalität erfüllen, die sie einerseits an sich selbst stellen, die andererseits aber auch von außen an sie herangetragen werden.

In diesem Beitrag werden immer wieder Konstruktionen von Männlichkeit und Weiblichkeit einander gegenüber gestellt. Auch wenn durch den Fokus auf Geschlechterdifferenz die Gefahr besteht, genau diese Differenzen erst hervorzubringen, ist es sinnvoll, von Zeit zu Zeit genau dies zu tun. Denn erst dann wird deutlich, dass Kinder ihre (musikalischen) Biografien immer noch in

---

[29] Oster, *Musik und Geschlecht*, Kapitel C1 Orientierungsmuster, Abschnitt Geschlechterdifferenzen in der musikalischen Praxis.

Auseinandersetzung mit stereotypen Konnotationen gestalten und bestimmte musikalische Betätigungen für sich nicht in Betracht ziehen beziehungsweise an der Entfaltung ihrer Interessen und Vorlieben durch Rollenklischees gehindert werden. Solange mit den Zuschreibungen von »männlich« und »weiblich« Hierarchisierungen verbunden sind, solange Jungen und Mädchen sich nicht geschlechtsunabhängig frei gemäß ihrer Begabungen entfalten können, solange müssen Forscher_innen wie Pädagog_innen immer wieder eine Perspektive einnehmen, die es zulässt, die Aufmerksamkeit auf genau diesen Missstand zu lenken.

Ilka Siedenburg
Der Weg zum Guitar Hero
Lernprozesse im Pop und männliche Identität

Technikbeherrschung und phallische Posen, virtueller Erfolgsrausch und muskulöse Körper: Das Computerspiel *guitar hero* bietet Jungen, die sich an stereotypen Männlichkeitsbildern orientieren wollen, attraktive Modelle. Gitarrenhelden aus Fleisch und Blut, deren Bühneninszenierungen den realen Bezugspunkt dieser virtuellen Figuren bilden, eignen sich ebenso als Idole. Die E-Gitarre verkörpert in besonders klischeehafter Weise die Codierung des Rock als maskuline Kultur.[1] Ein Blick ins Internet zeigt, dass diese Zuschreibung nicht an das Instrument Gitarre gebunden sein muss: Während Suchmaschinen beim Stichwort ›Frauenrock‹ auf Websites weiblich besetzter Bands verweisen, werden bei Eingabe von ›Männerrock‹ ausschließlich Seiten über marginalisierte Herrenmode angezeigt. Selbstverständlichkeiten braucht man nicht zu erwähnen. Mit anderen Worten: Männer machen Rock, Frauen tragen Rock, alles andere verdient – ähnlich wie Frauenfußball oder Männerballett – eine zusätzliche Titulierung.

Während Frauen als Sängerinnen durchaus in Erscheinung treten, ist das Instrumentalspiel nach wie vor ein von Männern dominiertes Handlungsfeld. Dies gilt nicht nur für den Rock, sondern auch für andere Sparten des Bereichs Pop.[2] Dass sich daran in den vergangenen Jahrzehnten kaum etwas geändert hat, schlägt sich u. a. in der Statistik des instrumentalpädagogischen Bachelor-Studiengangs an der Hochschule Osnabrück nieder: Hier zeigt sich

---

[1] Vgl. Suzanne Zahnd, »Die Gitarre als Waffe«, in: *Gitarre und Bass, Sonderheft Stromgitarren* (2005), S. 16–19, www.helvetiarockt.ch/page.asp?load=237, 10.04.2013; Mary Ann Clawson, »Masculinity and skill acquisition in the adolescent rock band«, in: *Popular Music*, 18 (1999), S. 99–104.

[2] In Anknüpfung an Helms verwende ich den Begriff ›Pop‹ hier für Populäre Musik seit 1950, die sich durch ihre generationssoziologische Bedeutung und mediale Vermittlung auszeichnet. Anders als der im wissenschaftlichen Diskurs verbreitete Begriff ›Populäre Musik‹ wird der Jazz hier nicht mit einbezogen (vgl. Dietrich Helms, »What's the Difference? Populäre Musik im System Pop«, in: *PopMusicology. Perspektiven der Popmusikwissenschaft*, hrsg. von Christian Bielefeldt, Udo Dahmen und Rolf Grossmann, Bielefeld 2008, S. 75–94).

ein hoher Zusammenhang zwischen dem Geschlecht und den stilistischen Schwerpunkten der Studierenden. Neben den Studienprofilen Klassik und Jazz wird in Osnabrück auch Pop angeboten. Im Wintersemester 2011/12 belegten 2 Frauen und 61 Männer dieses Profil. Damit lag der Frauenanteil bei 3% und bemerkenswerterweise noch niedriger als in technischen Studiengängen wie Maschinenbau oder Elektrotechnik an derselben Hochschule.

Die Ergebnisse einer Studie, in der ich im Jahr 2004 Musik-Lehramtsstudierende hinsichtlich ihrer musikalischen Sozialisation befragt habe,[3] liefern Hinweise auf weitere geschlechtstypische Aspekte in der musikalischen Praxis und in den Lernpräferenzen. Auch hier haben sich weitaus mehr Studenten auf Populäre Musik spezialisiert als Studentinnen. Typisch für diese Studenten ist das Hauptinstrument Gitarre, eine hohe Bedeutung der Musikpraxis in der Peergroup und das autodidaktische Lernen sowie der Einsatz von technischem Musik-Equipment und Audio-Software. Sie haben deutlich mehr Erfahrung mit Komposition und Improvisation als die Studentinnen und können eine höhere Zahl von Ensembletätigkeiten und Auftritten aufweisen. Im Vergleich zu ihren Kommilitoninnen messen sie außerdem Musikern auf der Bühne und in den Medien eine höhere Bedeutung als musikalische Vorbilder bei.

Die Ursachen für geschlechtstypische Verläufe musikalischer Biografien sind komplex und können an dieser Stelle nicht umfassend dargestellt werden. Ich werde daher im Folgenden einen Aspekt herausgreifen und näher beleuchten, der meiner Meinung nach im Pop eine zentrale Rolle spielt: Für Jungen ist es gerade deshalb so attraktiv, ein poptypisches Instrument zu erlernen, weil ihnen dies auf mehreren Ebenen Möglichkeiten für ihre geschlechtliche Selbstdefinition bietet. Das Umfeld des Pop stellt nicht nur geschlechtsbezogene Vorbilder bereit, auch das eigene Handeln im Kontext des Pop kann besonders effektiv dafür genutzt werden, sich seiner Geschlechtsrolle zu versichern. Darüber hinaus bieten sich Gelegenheiten, die eigene Männlichkeit auch vor anderen zu inszenieren.

Um diese Vorgänge näher zu beschreiben, nehme ich zunächst jenen Prozess in den Blick, den Jungen durchlaufen, wenn sie sich in ihrem jeweiligen musikalischen und sozialen Umfeld orientieren und sich dabei hinsichtlich ihrer Geschlechtsrolle positionieren. Danach gehe ich darauf ein, wie der Vorgang des doing masculinity sich beim Erlernen eines Instruments im Detail gestaltet.

---

[3] Vgl. Ilka Siedenburg, *Geschlechtstypisches Musiklernen. Eine empirische Untersuchung zur musikalischen Sozialisation von Studierenden des Lehramts Musik* (= Osnabrücker Beiträge zur Musik und Musikerziehung 7), Osnabrück 2009.

Der Sozialisationsprozess: Driften und Navigieren im gendercodierten Umfeld

Menschen sind von Beginn ihres Lebens an den jeweiligen musikalischen Einflüssen ihrer sozialen Umgebung ausgesetzt. Ihr musikalischer Weg ist jedoch nicht durch die Umwelt vorherbestimmt: Im Sinne einer Selbstsozialisation[4] wird er aktiv vom Individuum gestaltet. Dennoch wird dieser Prozess nur selten durch gezielte Handlungen gesteuert. Wolfgang Martin Stroh beschreibt ähnliche Orientierungsprozesse als »Driften in chaotischen Systemen«[5] und drückt damit aus, dass zahlreiche Einflussfaktoren wie Gelegenheiten, Zeitmanagement, finanzielle Aspekte, Freundschaftsbeziehungen, anderweitige Verpflichtungen usw. bestimmen können, welche Handlungsfelder eine Person für sich auswählt. Bei diesem ›Driften‹ stellt das Geschlecht nur eine von vielen verschiedenen Einflussgrößen dar. Eine zusätzliche Dynamik erhält der Prozess dadurch, dass innerhalb der jeweiligen Möglichkeiten auch Entscheidungen gefällt werden können beziehungsweise müssen. Individuen haben zumindest teilweise die Wahl, sich dem ›Mainstream‹ anzupassen oder aber gegen den Wind zu kreuzen. Um im Bild zu bleiben: Das Driften wird mit mehr oder weniger zielgerichteter Navigation kombiniert.

Wenn ein Handlungsfeld sehr stark geschlechtstypisch besetzt ist, kann man das nach diesem Modell auf zweierlei Weise erklären: Möglicherweise wehen starke Winde in die Richtung dieser ›geschlechtstypischen Ecke‹, so dass eine große Anstrengung erforderlich wäre, wenn man sich den Vorgaben der Umwelt widersetzen wollte. Wird diese Anstrengung vermieden, landet man in der genannten Ecke. Es kann aber auch sein, dass der geschlechtstypische Bereich eine so hohe Attraktivität besitzt, dass er aus eigenem Antrieb aktiv angesteuert wird. Starke Winde aus der sozialen Umwelt sind dann gar nicht notwendig, denn die Eigenmotivation wird zum Motor.

Das Modell der hegemonialen Männlichkeit stellt im geschlechtlichen Orientierungsprozess von Jungen einen solchen Anziehungspunkt dar. Aufgrund der mit ihm verbundenen Privilegien hat es eine Attraktivität inne, die andere Männlichkeitsentwürfe in der Regel nicht entfalten können.

---

[4] Zum Begriff der Selbstsozialisation vgl. Renate Müller/Patrick Glogner/Stefanie Rhein, »Die Theorie musikalischer Selbstsozialisation. Elf Jahre ... und ein bisschen weiser?«, in: *Musikalische Sozialisation im Kindes- und Jugendalter*, hrsg. von Wolfgang Auhagen u. a., Göttingen 2007, S. 11–30.

[5] Wolfgang Martin Stroh, »Geschlechtsstereotype Tendenzen in chaotischen Systemen: Frauen und Männer im Oldenburger Musikstudium«, in: *Geschlechtsspezifische Aspekte des Musiklernens*, hrsg. von Hermann Kaiser (= Musikpädagogische Forschung 17), Essen 1996, S. 110–122, hier S. 116.

Hegemoniale Männlichkeit und Pop

Hegemoniale Männlichkeit bezeichnet ein sozial konstruiertes Geschlechterbild, das die Überlegenheit des männlichen Geschlechts impliziert.[6] Es geht auf historisch gewachsene Ideale zurück, wird gleichzeitig aber immer wieder neu ausgeformt und den jeweiligen Gegebenheiten angepasst. Wesentliche historische Bezugspunkte dieses Konstruktes sind die Ideale der Körper- und Naturbeherrschung.[7] Ersteres ist aus der Militärtradition hervorgegangen und spielt heute besonders im Sport eine wichtige Rolle. Es ist mit dem Bild eines athletischen männlichen Körpers verknüpft. Das Ideal der Naturbeherrschung steht in Verbindung mit der Grenzziehung zwischen Kultur und Natur, die spätestens seit dem Mittelalter gleichzeitig als Grenze zwischen Männlichkeit und Weiblichkeit betrachtet wurde und ein hierarchisches Verhältnis impliziert. Dieses Ideal findet heute u. a. in der männertypischen Begeisterung für Technik – einem Mittel der Naturbeherrschung – seine Umsetzung.[8]

Weitere zentrale Bezugspunkte bei der Konstruktion hegemonialer Männlichkeit sind der Ausschluss von Frauen sowie eine hierarchische Wettbewerbsstruktur unter Männern.[9] Daraus ergeben sich typische Strategien der geschlechtsbezogenen Selbstsozialisation: Jungen grenzen sich oft vom Weiblichen ab, gehen ihren Interessen bevorzugt in homosozialen Beziehungen nach und treten miteinander in Konkurrenz. Jugendliche Praxisfelder wie Sport und Technik haben als Konstruktionsmittel und -orte von Männlichkeit eine besondere Bedeutung.[10] Das Praxisfeld Pop lässt sich hier einreihen: Der Probenraum tritt an die Stelle des Fußballplatzes; Verstärker und Verzerrer erfüllen ähnliche Funktionen wie Traktor oder Sportwagen.

---

[6] Vgl. Michael Meuser, »Ernste Spiele. Zur Konstruktion von Männlichkeit im Wettbewerb der Männer«, in: *Die soziale Konstruktion von Männlichkeit. Hegemoniale und marginalisierte Männlichkeiten in Deutschland*, hrsg. von Nina Baur und Jens Luedtke, Opladen u. a. 2008, S. 33–44; ders., »Männerwelten. Zur kollektiven Konstruktion hegemonialer Männlichkeit«, in: *Schriften des Essener Kollegs für Geschlechterforschung* 1 (2001), S. 5–32, www.uni-due.de/imperia/md/content/ekfg/michael_meuser_maennerwelten.pdf, 10.04.2013.

[7] Vgl. Nina Baur/Jens Luedtke, »Konstruktionsbereiche von Männlichkeit. Zum Stand der Männerforschung«, in: *Die soziale Konstruktion von Männlichkeit*, hrsg. von dens., Opladen u. a. 2008, S. 7–29, hier S. 9ff.

[8] Vgl. ebd.

[9] Vgl. Meuser, »Männerwelten«, S. 5ff.

[10] Vgl. Sabine Jösting, »Männlichkeit und geschlechtshomogene Praxis bei Jungen«, in: *Die soziale Konstruktion von Männlichkeit*, S. 45–60.

Pop bietet jungen Männern somit eine Plattform für die Inszenierung hegemonialer Männlichkeiten und der damit verbundenen Idealbilder. Auch hier werden athletische Körper präsentiert, anders als im Sport allerdings nicht diszipliniert, sondern im Sinne der Rock-Pop-typischen Ideale von Freiheit und Rebellion als unbändig und undisziplinierbar dargestellt.[11] Auch die sexualisierte Performance spielt eine wichtige Rolle. Neben diesen Inszenierungen von ›badboys‹ haben auch ›niceboys‹ einen festen Platz im Pop, also Männlichkeitsinszenierungen, die jungenhafte oder androgyne Züge betonen.[12] Allerdings gilt dies in erster Linie für Sänger und nur selten für Instrumentalisten. Das Ideal der Technikbeherrschung schlägt sich ebenfalls in der Bühnenperformance von Popmusikern nieder. Dies hat für Jungen eine besondere Attraktivität und prägt ihre Vorstellungen vom Instrumentalspiel.[13] Die identitätsstiftende Wirkung, die das Spielen in einer Band für männliche Jugendliche hat, steht in Zusammenhang mit dem Ausschluss von Frauen und Mädchen aus diesem Praxisfeld. Bayton konkretisiert dies in Bezug auf den Rock: »To have, say, a girl on lead guitar would undermine rock's latent function of conferring ›masculine‹ identity on it's male participants.«[14]

Der Aspekt des Wettbewerbs wird besonders in der Battlekultur des Hip-Hop aufgegriffen und ist hier mit plakativ stereotypen Männlichkeitsinszenierungen verknüpft. In anderen Stilbereichen und beim Instrumentalspiel ist er weniger stark ausgeprägt. Es gibt jedoch Hinweise darauf, dass der Erfolg auf der Bühne und die Bestätigung durch das Publikum von Männern mehr gesucht werden als von Frauen.[15] Möglicherweise kann diese Erfahrung ein ähnliches Gefühl erzeugen wie ein Sieg im Wettbewerb. Dabei beschränkt sich das Streben nach Anerkennung nicht auf die homosoziale Gruppe: Instrumentale Fähigkeiten im Pop werden durchaus auch gerne von Männern genutzt, um das Interesse von Frauen zu wecken.

---

[11] Vgl. Simon Reynolds/Joy Press, *The Sex Revolts. Gender, Rebellion and Rock'n'Roll*, London 1995; Ilka Siedenburg/Anja Herold, »Echte Kerle tanzen nicht! Musik, Körper und Geschlecht – inszeniert, erlebt und vermittelt«, in: *Üben und Musizieren* 1 (2005), S. 18–23.

[12] Vgl. Freya Jarman-Ivens, *Oh boy! Masculinities and popular music*, New York, 2007; Susanne Langenohl, *Musikstars im Prozess der Geschlechtsidentitätsentwicklung von Jugendlichen*, Berlin u. a. 2009.

[13] Katharina Herwig, *Das Bild vom Instrument. Instrumentalspiel in der Vorstellungswelt von 8- bis 13-jährigen Kindern*, Berlin 2006, S. 104ff.

[14] Mavis Bayton, »Women and the Electric Guitar«, in: *Sexing the Groove. Popular Music and Gender*, hrsg. von Sheila Whiteley, London u. a. 1997, S. 37–49, hier S. 41.

[15] Siedenburg, *Geschlechtstypisches Musiklernen*, S. 175f.

Der Lernprozess: doing masculinity durch poptypisches Lernen

Hinsichtlich des Lernens im Pop hat es in den vergangenen Jahren einen deutlichen Wissenszuwachs gegeben. Neben einer richtungsweisenden Studie von Lucy Green[16] haben Arbeiten aus dem skandinavischen Raum[17] sowie einige Veröffentlichungen aus Deutschland[18] Wesentliches beigetragen. Dennoch besteht weiterhin großer Forschungsbedarf: Bezüglich nationaler und ethnischer Unterschiede, Differenzen zwischen verschiedenen Sparten innerhalb des Pop, generationstypischer und geschlechtstypischer Aspekte sowie medialer Entwicklungen sind noch viele Fragen offen. Das gilt auch für die Rolle musikpädagogischer Angebote im Lernprozess und die Auswirkungen einer Institutionalisierung der professionellen Ausbildung. An der Hochschule Osnabrück wird seit 2011 unter meiner Leitung eine empirische Studie durchgeführt, die einen Beitrag zur Schließung dieser Forschungslücken leisten soll. Mit Hilfe qualitativer Interviews wollen wir Erkenntnisse hinsichtlich der Lernpräferenzen junger Pop-Instrumentalistinnen und -Instrumentalisten in Deutschland gewinnen. Die Erforschung geschlechtstypischer Aspekte ist ein wichtiges Querschnittsziel. Im Vorfeld der Studie haben wir bisherige Erkenntnisse zusammengetragen und den Versuch unternommen, Merkmale des poptypischen Instrumentenlernens anhand verschiedener Wirkungsgrößen näher zu beschreiben. Dabei zeigte sich, dass der Lernprozess auf mehreren Ebenen Möglichkeiten bietet, sich hinsichtlich der Geschlechtsrolle zu positionieren.

Lernen zwischen ›wild‹ und ›zahm‹

Um verschiedene Wege der musikalischen Aneignung zu beschreiben, verwen-

---

[16] Lucy Green, *How popular musicians learn. A way ahead for music education* (= Ashgate popular and folk music series), Aldershot 2002.

[17] Vgl. u. a. Göran Folkestad, »Formal and informal learning situations or practices vs formal and informal ways of learning«, in: *British Journal of Music Education* 23 (2006), S. 135–145; Lars Lilliestam, »On playing by ear«, in: *Popular Music* 15 (1996), S. 195–216.

[18] Vgl. u. a. Jan Hemming, »Autodidaktisches Lernen, Motivation und Innovation. Eine Dreiecksbeziehung im Bereich populärer Musik?«, in: *Vom wilden Lernen. Musizieren lernen – auch außerhalb von Schule und Unterricht*, hrsg. von Natalia Ardila-Mantilla und Peter Röbke (= Üben & Musizieren, Texte zur Instrumentalpädagogik), Mainz 2009, S. 61–78; Adina Mornell, »Antagonists or Allies? Informal learning versus deliberate practice: defining pathways to musical expertise«, in: *Vom wilden Lernen*, S. 79–98; Anja Rosenbrock, *Komposition in Pop- und Rockbands. Eine qualitative Studie zu kreativen Gruppenprozessen* (= Beiträge zur Musikpsychologie 6), Hamburg 2006.

det Adina Mornell die Kategorien des ›wilden‹ und des ›zahmen‹ Lernens.[19] Gleichzeitig stellt sie damit poptypisches und klassiktypisches Lernen einander gegenüber. Ich werde diese Aufteilung in modifizierter Form aufgreifen und um die Differenzierung zwischen ›typisch männlichem‹ und ›typisch weiblichem‹ Lernen ergänzen.

Diese Polarisierung bildet zunächst den Ausgangspunkt der Analyse, muss aber weiter differenziert werden. Sie ist geeignet, um charakteristische Merkmale zu benennen, kann individuelle Lernprozesse aber nicht abbilden. Die in Abbildung 1 einander gegenübergestellten Größen sind vielmehr als Kontinua zu verstehen, auf denen jede und jeder Lernende sich anders positioniert. Nur wenige werden sich auf diesen Skalen durchgehend am linken oder rechten Rand bewegen. Dennoch gibt es Hinweise, dass im Bereich Pop die hier unter ›wild‹ gefassten Größen mehr Gewicht haben und dass Jungen und Männer eher zu dieser Art des Lernens tendieren.

Abb. 1: Lernen zwischen ›wild‹ und ›zahm‹

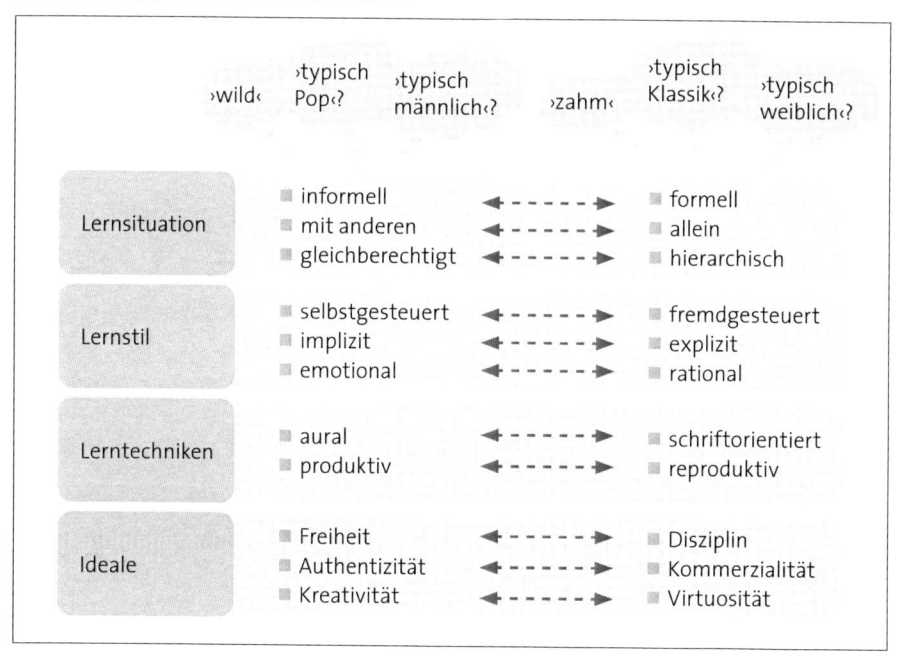

	›wild‹ ›typisch Pop‹? ›typisch männlich‹?		›zahm‹ ›typisch Klassik‹? ›typisch weiblich‹?
Lernsituation	informell mit anderen gleichberechtigt	← - - - - → ← - - - - → ← - - - - →	formell allein hierarchisch
Lernstil	selbstgesteuert implizit emotional	← - - - - → ← - - - - → ← - - - - →	fremdgesteuert explizit rational
Lerntechniken	aural produktiv	← - - - - → ← - - - - →	schriftorientiert reproduktiv
Ideale	Freiheit Authentizität Kreativität	← - - - - → ← - - - - → ← - - - - →	Disziplin Kommerzialität Virtuosität

[19] Mornell, »Antagonists or Allies?«, S. 83ff.

Lernsituationen

Im Pop findet das Lernen häufig in informellen Situationen ohne einen Lehrer oder eine Lehrerin statt. Mitlernende und Autoritäten – z.B. musikalische Vorbilder oder fortgeschrittene Bandmitglieder – werden selbstgewählt. Die typische informelle Lernsituation ist die selbstorganisierte Bandprobe, daneben gibt es andere Formen des musikalischen Austauschs. Oft bilden Freundschaften die Grundlage gemeinsamen Lernens,[20] teilweise wird auch ohne die Beteiligung anderer autodidaktisch gearbeitet. An der kollektiven Lernpraxis im Pop sind nur wenige Mädchen und Frauen beteiligt. Jungen ermöglicht sie daher, homosoziale Beziehungen zu pflegen und sich dabei vom Weiblichen abzugrenzen.[21] Gleichzeitig können sie dem Bild eines unabhängigen Mannes entsprechen und Hierarchien untereinander ohne äußere Vorgaben aushandeln, da sie sich nicht an die Regeln eines pädagogischen Kontexts anpassen müssen. Der soziale Raum einer informell organisierten Band eignet sich daher gut, um die anfangs beschriebenen Strategien des doing masculinity beim Lernen anzuwenden.

Im Vergleich zu früheren Jahrzehnten hat sich hinsichtlich der Lernsituationen im Pop jedoch auch vieles geändert: Jugendliche finden immer mehr Möglichkeiten vor, im formalen Unterricht popspezifische instrumentale Fähigkeiten zu erwerben oder in einer angeleiteten Band zu spielen. In diesen institutionalisierten Kontexten sind Mädchen häufiger beteiligt als im informellen Bereich. Diese Entwicklung wirft neue Fragen auf: Auf welche Weise läuft der Prozess des doing gender im popspezifischen Ensembleunterricht ab? Wie gestaltet sich das Lehrer-Schüler-Verhältnis im Pop? Inwiefern unterscheiden sich die Beziehungen zwischen den gemeinsam im Unterricht Lernenden von denen informell Lernender? Was ändert sich durch die höhere Beteiligung von Mädchen oder Frauen? Hier bleibt vieles zu erforschen.

---

[20] Vgl. Green, *How Popular Musicians Learn*, S. 76ff.; Sharon G. Davis, »›That Thing you Do!‹ Compositional processes of a rock band«, in: *International Journal of Education and the Arts* 6 (2005), S. 1–20.

[21] Clawson, »Masculinity and skill acquisition«, S. 106f.; Matthew Bannister, *White boys, white noise. Masculinities and 1980s indie guitar rock* (= Ashgate popular and folk music series), Aldershot 2006, S. 91ff.; Sara Cohen, »Men Making a Scene«, in: *Sexing the groove*, S. 17–36.

Lernstile

Der Begriff ›Lernstil‹ wird in der Forschung uneinheitlich verwendet. Göran Folkestad definiert ›learning style‹ als »a way of describing the character, the nature and quality of the learning process«.[22] Auch an dieser Stelle soll der Terminus für Qualitäten stehen, die die grundsätzliche Herangehensweise an das Lernen beschreiben. Wichtige Faktoren sind dabei u. a. der Grad an Handlungsautonomie und Intentionalität sowie die Gewichtung der Dimensionen Kopf, Herz und Hand.[23]

Die beschriebenen informellen Lernsituationen bieten einen günstigen Rahmen für weitgehend selbstgesteuertes Lernen. Das gilt schon für die Instrumentenwahl: E-Gitarre oder Schlagzeug werden seltener aufgrund familiärer Erwartungen erlernt als Klavier oder Geige. Beim Lernen ohne eine Lehrkraft werden musikalische Ziele selbst gesteckt, die Wege zum Erreichen dieser Ziele werden eigenständig eingeschlagen und ausgestaltet. Den Lernenden ist dabei oftmals gar nicht bewusst, dass sie etwas lernen; der Zuwachs an Fertigkeiten ist Nebenprodukt ihres musikalischen Handelns.

Ein weiteres Merkmal dieses Lernstils ist eine hohe Bedeutung der emotionalen Dimension: Wenn Pop-Musikerinnen und -Musiker ihre eigene Herangehensweise an das Musizieren oder die musikalischen Qualitäten anderer beschreiben, beziehen sie sich häufig auf das ›Feeling‹. Dies spiegelt wider, dass ihr Zugang zur Musik oft eher intuitiv und emotional als rational geprägt ist. Ihr Wissen, das Lars Lilliestam als ›tacit knowledge‹ charakterisiert, ist wenig bewusst und systematisiert.[24] Das Kognitive, Analytische hat im Vergleich zu Klassik oder Jazz weniger Gewicht und wird teilweise sogar als hinderlich angesehen.[25]

Diese Eigenarten poptypischer Aneignungsprozesse bieten unterschiedliche Möglichkeiten der geschlechtsbezogenen Selbstverortung. So entspricht es dem hegemonialen Männlichkeitsbild, Eigenständigkeit zu beweisen und Frei-

---

[22] Folkestad, »Formal and informal learning situations«, S. 141.
[23] Zur Anwendung von Pestalozzis Begrifflichkeit auf das Instrumentalspiel vgl. David Liebman, *Self portrait of a jazz artist. Musical thoughts and realities*, Rottenburg 1996, S. 22ff.
[24] Lilliestam, »On playing by ear«, S. 199.
[25] Vgl. Lilliestam, »On playing by ear«, S. 201; Jürgen Terhag, »Vertraute Noten, fremde Improvisation und umgekehrt? Musikbezogene Fähigkeitsprofile bei mündlich und schriftlich sozialisierten Lerntypen«, in: *Musikkulturen – fremd und vertraut*, hrsg. von Meinhard Ansohn und Jürgen Terhag (= Musikunterricht heute 5), Oldershausen 2004, S. 224–231, hier S. 229.

heit auszuleben, während das unbewusste und emotionale Lernen weniger in dieses Bild passt. Schließlich wird Emotionalität und Intuition eher Frauen zugesprochen, während Rationalität und bewusstes Handeln eher als männertypisch gilt. Allerdings entspricht die Qualität der Emotionen im Pop häufig den gängigen Stereotypen: Diejenigen Sparten, in denen die männliche Codierung besonders deutlich hervortritt, sind meistens entweder durch eine aggressive Expressivität (z. B. im Heavy Metal) oder durch Coolness (z. B. im HipHop) gekennzeichnet. In anderen populären Stilistiken haben dagegen auch weichere Klänge ihren Platz, so dass das Bild eines emotional agierenden Pop-Musikers durchaus Grenzgänge im doing gender ermöglicht.

Lerntechniken

Als Lerntechniken bezeichne ich die Strategien und konkreten Handlungen, durch die instrumentale Fertigkeiten erworben werden.[26] Im Pop sind diese stark durch aurales Lernen geprägt. Sowohl beim Erarbeiten von Repertoire mit Hilfe von Aufnahmen als auch in Probensituationen ist das Spielen nach dem Gehör grundlegend. Teilweise wird es durch die Arbeit mit Tabulaturen oder Akkordsymbolen ergänzt. Noten spielen dagegen eine untergeordnete Rolle. In den vergangenen Jahrzehnten haben vor allem sogenannte neo-orale,[27] durch technische Entwicklungen entstandene Lerntechniken an Bedeutung gewonnen. Mobile Aufnahmegeräte, Playalongs, Computerprogramme für Sequencing oder Audiobearbeitung, Downloadangebote für Midifiles, Online-Lehrgänge und YouTube u. v. m. bieten vielfältige Möglichkeiten auralen Lernens.

Aurales Lernen erfolgt oft durch Methoden des Ausprobierens und Entdeckens, während das schriftorientierte Lernen analytische Zugänge begünstigt. Hier bestehen Querverbindungen zu den beschriebenen Lernstilen. Aural Lernende erproben sich häufiger in den produktiven Bereichen Improvisation und Komposition und entwickeln dabei ihre kreativen Fähigkeiten weiter. Gleichzeitig hat aber auch Reproduktion eine hohe Bedeutung im Pop: Am Anfang steht in der Regel das Nachspielen von Lieblingssongs und damit das imitative Lernen.

[26] »Lerntechnik« ist damit als Konkretisicrung des von Mornell beschriebenen »work style« zu verstehen. Beispiele poptechnische Lerntechniken finden sich u. a. bei Lilliestam, vgl. Mornell, »Antagonists or Allies?«, S. 83; Lilliestam, »On playing by ear«, S. 205ff.

[27] Andreas Eichhorn, [Art.] »Mündlichkeit/Schriftlichkeit«, in: *Lexikon der Musikpädagogik*, hrsg. von Siegmund Helms, Reinhard Schneider und Rudolf Weber, Kassel 2005, S. 161.

Die bereits erwähnten empirischen Daten lassen Geschlechterdifferenzen hinsichtlich der Vorlieben für verschiedene Lerntechniken erkennen: Bei den Musik-Lehramtsstudierenden finden sich Anzeichen, dass eine Präferenz für aurales Lernen bei den Männern häufiger ist.[28] Auch die Überrepräsentanz von Männern im Bereich Improvisation steht im Zusammenhang mit dem auralen Lernen.[29] Besonders eklatant ist die Geschlechterdifferenz hinsichtlich der Verwendung musikbezogener Technik beim Spielen und Erlernen eines Instruments.[30] Jungen handeln also geschlechtstypisch, wenn sie aural lernen, improvisieren und dabei technische Geräte einsetzen.

Ideale

Poptypische Ideale wie ›Freiheit‹ und ›Wildheit‹ haben auf den ersten Blick wenig mit dem Thema Lernen zu tun. Dennoch lassen sie sich beim Erwerb von instrumentalen Fertigkeiten teilweise realisieren. Ein hoher Grad an Selbstbestimmung ermöglicht es, beim Musizieren nach dem Lustprinzip vorzugehen. Dies steht im Gegensatz zu Werten wie ›Disziplin‹ und ›Selbstdisziplin‹, die beim Lernen eines Instruments im klassischen Bereich eine wichtige Rolle spielen. Auch hier bestehen Parallelen zu den stereotypen Geschlechterbildern: ›Wilde Jungen‹ brauchen auch beim Lernen Freiheit, ›brave Mädchen‹ mögen Disziplin.

Hinsichtlich des Ideals der ›Authentizität‹ gibt es zwar Veränderungen,[31] dennoch spielt es bis heute eine wichtige Rolle im Pop. Seine Gendercodierungen haben ihre Wurzeln in der afroamerikanischen Musiktradition. Bereits in den 1920er-Jahren galt der von Männern praktizierte Country Blues als authentisch, der von Sängerinnen dominierte City Blues als eher kommerziell. Dieselbe Codierung findet sich in der heutigen Populären Musik. Bei Blues-

---

[28] Diese Differenz lässt sich nicht lediglich mit unterschiedlichen stilistischen Schwerpunkten erklären, sondern ist auch darüber hinaus nachweisbar (vgl. Ilka Siedenburg, »Lesende Frauen, hörende Männer? Geschlechtstypische Aspekte im Lernfeld Improvisation. Ergebnisse einer Befragung von Lehramtsstudierenden«, in: *Lehr- und Lernforschung in der Musikpädagogik*, hrsg. von Niels Knolle (= Musikpädagogische Forschung 27), Essen 2006, S. 13–41).
[29] Siedenburg, Geschlechtstypisches *Musiklernen*, S. 162.
[30] Ebd., S. 166.
[31] Vgl. Nicholas Cook, *Music. A Very Short Introduction*, Oxford u. a. 1998, S. 6ff.; Michael Parzer, »›Ich hör' alles Querbeet!‹ Zum Bedeutungsverlust von Authentizität als ethisches Bewertungskriterium Populärer Musik, in: *Samples*, hrsg. von Ralf von Appen u. a., 8 (2009), www.aspm-samples.de/Samples8/parzer.pdf, 10.04.2012.

rock und Indie Rock spielt Authentizität eine Rolle; Mainstream-Pop gilt als kommerziell und weniger wertvoll. Auch hier fallen ein höherer Frauenanteil, Kommerzialität und eine vermeintlich geringere Authentizität zusammen.

Eng verbunden mit den Idealen von Freiheit und Authentizität ist das Ideal der Kreativität. Höhere Anerkennung erhält im Pop, wer sein Repertoire selbst schreibt. Damit bestehen Parallelen zur europäischen Kunstmusiktradition, in der Kompositionen als Leistungen besonders begabter oder genialer Individuen gelten – ein Künstlerbild, das traditionell Männlichkeit impliziert. Auch im Pop ist das Schreiben von Songs eher Männersache,[32] erfolgt aber in der Regel im Kollektiv. Die Tätigkeit als Singer-Songwriter üben dagegen sowohl Männer als auch Frauen aus. An dieser Schnittstelle des frauentypischen Felds Gesang und des männertypischen Bereichs Komposition sind die Geschlechterrollen weniger polarisiert.

Dem gegenüber wird der Stellenwert der Virtuosität im Pop unterschiedlich gesehen: In einigen Bereichen stellt sie durchaus ein Ideal dar, in anderen – z. B. im Punk – wird sie abgelehnt und als Widerspruch zu anderen Werten empfunden. Wer virtuos spielt, setzt sich leicht dem Vorwurf aus, vermeintliche Defizite in ›Feeling‹ oder ›Eigenständigkeit‹ mit technischer Perfektion kompensieren zu wollen. Hier fällt eine Parallele zwischen geschlechtsbezogenen und ethnischen Zuschreibungen auf, die über den Bereich Pop hinaus reicht: Instrumentalistinnen in Pop oder Jazz, weiße Musiker in ›Schwarzer Musik‹ oder Menschen asiatischer Herkunft in der Klassik sind ähnlichen Abwertungen ausgesetzt, wenn sie technisch sehr versiert sind. Es wäre lohnenswert, diese Formen der Konstruktion von Ethnizität und Gender hinsichtlich der dabei wirksamen Ausgrenzungsmechanismen und der Rolle von Idealen wie Virtuosität und Authentizität vergleichend zu erforschen.[33]

Fazit

Junge Pop-Instrumentalisten haben unterschiedliche Möglichkeiten, sich mit ihren Lernhandlungen hinsichtlich ihrer männlichen Geschlechtsrolle zu positionieren. Wenn sie sich an Vorbildern orientieren wollen, finden sie sowohl in

---

[32] Anja Rosenbrock, »… und ich sage dir, ob du Stücke schreibst. Voraussetzungen für die Komposition in Rock- und Popbands«, in: *Begabung und Kreativität in der populären Musik*, hrsg. von Günter Kleinen (= Beiträge zur Musikpsychologie 4), Münster 2003, S. 176–188.

[33] Zum Ideal einer ›weißen Männlichkeit‹ vgl. Bannister, *White boys, white noise*; Rosa Reitsamer, »Black Culture – White Nature?«, in: *Zeitschrift für radikaldemokratische Kulturpolitik* 2 (2004), http://kulturrisse.at/ausgaben/022004/oppositionen/black-culture-2013-white-nature, 24.04.2012.

den Medien als auch im sonstigen sozialen Umfeld zahlreiche Modelle vor, die weitgehend konform mit den Idealen hegemonialer Männlichkeiten sind. Beim informellen Lernen können sie Selbstbestimmung und Unabhängigkeit erfahren und beides auch ihrer Umwelt demonstrieren. Der homosoziale Raum der Band bietet sich als eine kreative Alternative zu Bolzplatz oder Computer-Communities an. Wer sein Interesse an Musik mit dem an Technik verknüpfen will, hat dazu ebenfalls die Gelegenheit. Darüber hinaus ermöglichen Bühnenauftritte es den jungen Musikern, sich selbst zu inszenieren, durch ein Publikum Bestätigung zu erfahren und sich so als erfolgreich zu erleben.

Daneben können im Pop auch alternative Männlichkeitsentwürfe erkundet werden. Grenzgänge werden gerade durch seine deutliche Codierung als männertypisches Handlungsfeld erleichtert. Für Jungen können geschlechtsuntypische Handlungen bedrohlich sein; sie befürchten, dadurch die Akzeptanz Gleichaltriger zu verlieren. Im Kontext einer ›Männerdomäne‹ ist dies aber weniger der Fall, so dass es eher möglich ist, der Emotionalität beim Lernen mehr Raum zu geben oder Tätigkeiten wie das Singen oder Tanzen auszuüben. Noch viel grundlegender gesehen wird das Musizieren, das im pädagogischen Bereich oftmals das Image einer ›Mädchentätigkeit‹ hat,[34] so überhaupt für Jungen erst zugänglich. Aus musikpädagogischer Perspektive bietet Pop daher zunächst einmal die Chance, mehr Jungen zu erreichen als bisher.

In der popspezifischen Instrumentaldidaktik besteht nicht nur im Hinblick auf die Genderorientierung Entwicklungsbedarf. Die bisherigen Ansätze haben sich weitgehend aus der Praxis heraus entwickelt. Die Reflexion aus wissenschaftlicher Perspektive steht dagegen noch am Anfang.[35] Hinzu kommt, dass sich die Lernbedingungen in einem hohen Tempo verändern, insbesondere durch die gewachsenen medialen Möglichkeiten und die zunehmende Institutionalisierung. Darüber hinaus schlagen sich allgemeine Wandlungsprozesse hinsichtlich der Geschlechterrollen in den Lernbedürfnissen nieder. Wenn man dies bei der Entwicklung instrumentalpädagogischer Konzepte berücksichtigen will, ist zunächst weitere Forschung erforderlich. Die Ergebnisse sollten dazu beitragen, dass man sowohl der Sache – also dem Pop – als auch den Lernenden – also Jungen wie Mädchen – von musikpädagogischer Seite besser gerecht werden kann. Die bereits erwähnte Osnabrücker Studie zum Lernen im Pop setzt an dieser Stelle an.

[34] Vgl. Andreas Lehmann-Wermser, »Vom Verschwinden der Jungen aus der Musikdidaktik«, in: *Zeitschrift für Kritische Musikpädagogik* (2002), http://home.arcor.de/zf/zfkm/lehmannw1.pdf, 10.04.2013; Siedenburg, *Geschlechtstypisches Musiklernen*, S. 68.
[35] Ilka Siedenburg, »Beruf: Pop-PädagogIn. Arbeitsfelder, Herausforderungen und Perspektiven«, in: *Üben und Musizieren* 6 (2010), S. 52–55, hier S. 52.

Trotz des bestehenden Forschungsbedarfs lassen sich auf dem heutigen Erkenntnisstand bereits einige Vorschläge für die instrumentalpädagogische Praxis im Pop machen. Wesentliche Grundlagen können aus dem Konzept übernommen werden, das Lucy Green für allgemeinbildende Schulen entwickelte. Es ermöglicht Schülerinnen und Schülern, im Rahmen des schulischen Musikunterrichts innerhalb einer Freundschaftsgruppe zu musizieren, ihr Repertoire frei zu wählen und selbstgesteuert zu lernen.[36] Will man dies im außerschulischen Kontext realisieren (z. B. in der Musikschularbeit), gibt es zunächst einige Hürden zu überwinden. Hier sind Lehrformen stark verbreitet, die nur bedingt mit den oben genannten Prinzipien vereinbar sind: Die Meister-Schüler-Tradition hat ein hohes Gewicht, die normale Lernsituation ist vielerorts der Einzelunterricht, es wird viel mit Notenmaterial gearbeitet, und es findet eine zielgerichtete Anleitung statt, die wenig Raum für eigenes Entdecken lässt.

Aber es sind auch Veränderungen festzustellen. Oft ergeben sie sich durch den musikbiografischen Hintergrund von Lehrkräften, die neben einer formalen Ausbildung auch über Erfahrungen im informellen Lernen verfügen. Auf diese Weise werden Elemente der Poptradition in den Unterricht übertragen, wie beispielsweise ein partnerschaftliches Verhältnis zwischen Lehrenden und Lernenden und ein höheres Gewicht des auralen Lernens. Eine solche Übernahme von Aspekten des Lernens im informellen Bereich sollte meines Erachtens noch stärker erfolgen als bisher und in didaktischen Konzepten verankert werden. Dies ist gleichzeitig ein Schritt zu mehr Jungenorientierung, da sie diese Art des Lernens außerhalb von Unterrichtssituationen bevorzugt praktizieren. Doch auch die Mädchen können davon profitieren, indem sie auf diese Weise Zugang zu jenen Lernformen erhalten, die ihnen aufgrund der homosozialen Strukturen in der informellen Szene weniger zugänglich sind. Innerhalb von Institutionen sind Mädchen dagegen sogar stärker vertreten als Jungen. Schulen oder Musikschulen können so kompensatorisch wirken.

Das Aufgreifen geschlechtstypischer Bedürfnisse darf allerdings nicht dazu führen, dass Stereotype erneut festgeschrieben werden. Mädchen und Jungen sollten deshalb ermutigt werden, auch Erfahrungen in musikalischen Handlungsfeldern zu machen, die für ihr Geschlecht nicht typisch sind. Damit Jungen zunächst ihre Berührungsängste überwinden können, ist die erwähnte Verknüpfung des jungentypischen Stilbereichs Pop mit eher untypischen Tätigkeiten wie dem Singen oder Tanzen ein geeigneter Weg. In bestimmten

---

[36] Lucy Green, *Music, informal learning and the school: a new classroom pedagogy* (= Ashgate popular and folk music series), Aldershot 2008.

Altersgruppen, z. B. während der Pubertät, kann es sinnvoll sein, dass diese Erfahrungen in reinen Jungengruppen gemacht werden.

Schwieriger wird es, wenn die Interessen von Jungen und Mädchen einander entgegenstehen. Dieser Fall tritt ein, wenn Jungen in einer Band lieber unter sich bleiben wollen, Mädchen aber gerne mit ihnen gemeinsam musizieren wollen. Wenngleich seedukative Angebote punktuell von großem Nutzen sein können, dürfen sie nicht dazu führen, dass ähnliche exklusive Strukturen in Bildungseinrichtungen entstehen wie beim informellen Lernen in der freien Szene – sei es durch eine unwillkürliche Übernahme dieser Strukturen oder durch gezielte pädagogische Angebote für Jungen. Dies widerspräche den Grundsätzen von Geschlechtergerechtigkeit und Chancengleichheit. Die Ausrichtung an Jungeninteressen und den umfangreichen Lernerfahrungen junger Popmusiker kann aber dennoch helfen, Grundsätze einer popspezifischen Instrumentalpädagogik zu erarbeiten. Wichtig ist, dass man die Mädchen dabei nicht aus dem Blick verliert: Auch ihre Lernpräferenzen im Pop bedürfen einer weiteren Erforschung, damit sie in der musikpädagogischen Praxis besser berücksichtigt werden können als bisher.

Jungen sollten darin unterstützt werden, ein breites Spektrum an Männlichkeitsbildern für ihre Geschlechtsidentität nutzen. Dies kann ihnen ermöglichen, auch innerhalb des Pop weitere musikalische Ausdrucksformen für sich zu entdecken. Die ersten Erkenntnisse aus der Osnabrücker Studie zum Lernen im Pop geben Anlass zu der Hoffnung, dass musikpädagogische Angebote noch eine weitere Funktion erfüllen können: Sie bieten Jungen einen Raum für die Erfahrung, dass selbstgesteuertes Lernen im Pop auch zusammen mit Mädchen Spaß machen kann.

Marion Gerards
Sozialpädagogische Überlegungen zu Männlichkeitsinszenierungen in populärer Musik

Die mit den Lebenswelten von Jugendlichen verbundenen Musikszenen sind zum aller größten Teil noch immer Jungen-Kulturen: Jungen und Männer dominieren die HipHop-, Skinhead-, Grunge-, Punk- oder Metal-Szene. Daran hat sich trotz zweiter Frauenbewegung, Gender-Mainstreaming und diverser Musik-Förderprogramme für Mädchen kaum etwas geändert.[1] So zählte das Hamburger FrauenMusikZentrum einen 6–9-prozentigen Anteil von Instrumentalistinnen bei 300 jungen Rock- und Popbands aus ganz Deutschland, die sich für den »Jugend kulturell Förderpreis Popmusik 2008 der Hypo-Vereinsbank« beworben hatten. Der Anteil von Sängerinnen lag bei 25%.[2] Die musikalischen Lebenswelten vieler Jugendlichen sind demnach geprägt von einer quantitativen Präsenz männlicher Musiker auf der Bühne, in Videoclips, im Internet und zum Teil auch im Publikum (beispielsweise im Heavy Metal oder Hip-Hop). Auf zum Teil provozierende Art und Weise werden in diesen Szenen vielfältige Formen von Männlichkeit inszeniert:[3] vom harten Heavy-Metal-Mann bis hin zu dem um seine männliche Identität kämpfenden Gangsta-Rapper.[4]

---

[1] Vgl. Gabriele Rohmann, »Krasse Töchter. Mädchen in Jugendkulturen. Auftakt«, in: *Krasse Töchter. Mädchen in Jugendkulturen*, hrsg. von ders., Berlin 2007, S. 7–12, hier S. 7.

[2] Vgl. Susie Reinhardt, »Hamburg – Frauen in der Popmusik«, in: *Emanzipation – Macht – Gerechtigkeit. 100 Jahre Internationaler Frauentag in Hamburg 2011*, hrsg. vom Hamburger Frauenbündnis 100 Jahre Internationaler Frauentag, Hamburg 2011, S. 177–181, hier S. 178f. sowie den Aufsatz von Ilka Siedenburg in diesem Band und ihre Studie, *Geschlechtstypisches Musiklernen. Eine empirische Untersuchung zur musikalischen Sozialisation von Studierenden des Lehramts Musik* (= Osnabrücker Beiträge zur Musik und Musikerziehung 7), Osnabrück 2009.

[3] Vgl. hierzu ausführlicher Marion Gerards, »I'm a man. Männlichkeitsinszenierungen in der populären Musik«, in: *standpunkt : sozial*, 1 (2011), S. 81–90.

[4] Vgl. die Beiträge zu den verschiedenen Männlichkeitsinszenierungen in diesem Tagungsband. Aber nicht nur in der populären Musik, sondern auch im Klassikbereich werden Jugendliche mit bestimmten Formen von Männlichkeiten konfrontiert, wenn sie in ihrer musikalischen Ausbildung an Musikschule oder Konservatorium den dortigen Inszenierungen begegnen. Im Folgenden beschränke ich mich jedoch auf populäre Musik.

Hinzu kommt, dass in einigen dieser Szenen frauen- und schwulenfeindliche Texte zum guten Ton gehören.[5]

Was aber bedeutet dieser Sachverhalt für den Einsatz von Musik in der Sozialen Arbeit? Muss nicht kritisch gefragt werden, inwieweit man in der Jugendarbeit überhaupt auf ein Medium zurückgreifen sollte, das ein heteronormatives, zuweilen sexistisches und homophobes Geschlechterkonzept entwirft und vielfach übertriebene Inszenierungen einer dominanten Männlichkeit vermittelt? Besteht nicht die Gefahr, beim Einsatz von Musik in der Arbeit mit Jugendlichen überkommene Geschlechterkonzepte fortzuschreiben, und wenn ja, welche Konsequenzen sind daraus zu ziehen?

Im Folgenden werden – fokussiert auf die Arbeit mit Jugendlichen – die Prinzipien und Ansatzpunkte Sozialer Arbeit mit Musik dargelegt, um anschließend die Funktionen und Bedeutungsdimensionen von Musik im jugendlichen Alltag, insbesondere in Bezug zur Entwicklung der eigenen Geschlechtsidentität zu erläutern. Hier werde ich die Ergebnisse von Studien zu den Wirkungen von Porno- oder Gangsta-Rap auf Jugendliche darstellen und auf Funktionen dieser Musik in der jugendlichen Entwicklung hinweisen. Dabei gilt es, mögliche Gefahrenpotentiale hypermaskuliner Inszenierungen zu benennen, die sich vornehmlich auf männliche Jugendliche beziehen, weil sie die verschiedenen HipHop-Spielarten weitaus häufiger als Mädchen oder junge Frauen konsumieren.[6] Aber nicht nur Jungen, auch Mädchen sind als Rapperinnen, DJanes, als Schlagzeugerinnen, Sängerinnen oder Gitarristinnen in ›Männer-Musikszenen‹ aktiv oder rezipieren diese Musik. Um erste Antworten auf die Fragen nach den Funktionen dieser Musik für junge Frauen zu erhalten, habe ich explorative Interviews mit sechs Musikerinnen aus der Grunge-, HipHop- und Hardcore-Szene zu ihren Erlebnissen und Erfahrungen geführt. Die so gewonnenen Einsichten in Formen und Funktionen dieser musikalischen Lebenswelten für weibliche Jugendliche und junge Frauen werden präsentiert, um abschließend grundlegende Ansatzpunkte für die soziale Jugendarbeit mit Musik zu entwerfen.

---

[5] Vgl. Rohmann, »Krasse Töchter. Mädchen in Jugendkulturen. Auftakt«, S. 7. Rohmann bezieht sich auf eine eigene Studie *Spaßkultur im Widerspruch. Skinheads in Berlin*, Bad Tölz 1999.

[6] Vgl. Michael Herschelmann, »Sexistischer deutscher Gangsta-Rap: Provokation oder Gefährdung?«, in: *Die Jugend(hilfe) von heute – Helfen mit Risiko*, hrsg. von der Bundesarbeitsgemeinschaft der Kinderschutz-Zentren e.V, Köln 2009, S. 75–89.

Musik in der Sozialen Arbeit

Musik in der Sozialen Arbeit steht im Spannungsfeld zwischen Musikpädagogik und Musiktherapie, verfolgt jedoch eigene Zielsetzungen. Wird – vereinfacht gesprochen – in der Musikpädagogik zur Musik hin erzogen und werden vornehmlich musikbezogene Fähigkeiten und Fertigkeiten vermittelt, so ist Musiktherapie kurz als Psychotherapie mit Musik zu umschreiben, die mithilfe der Musik Krankheiten oder psychosoziale Störungen behandeln und heilen möchte.[7] Demgegenüber wird in der Sozialen Arbeit Musik zur Erreichung von sozialpädagogischen Zielen eingesetzt, die sich aus der Analyse der je individuellen und/oder sozialräumlichen Situation ergeben. Bezogen auf Jugendarbeit steht nicht die Vermittlung musikalischer Kenntnisse oder die Therapie von Verhaltensauffälligkeiten im Mittelpunkt. Vielmehr geht es darum, (kulturelle) Angebote zu entwickeln, die an die Lebenswirklichkeit und an die damit verbundenen sozialen oder personalen Problemlagen anknüpfen. Es wird bewusst nach den Ressourcen zur Bewältigung der individuellen Entwicklungsaufgaben oder Problemlagen gesucht, die die Personen befähigen sollen, ihr Leben selbstverantwortlich gestalten zu können. Empowerment, verstanden als Selbstbefähigung ist eines der zentralen Ziele sozialarbeiterischen Handelns. Soziale Arbeit mit Musik lässt sich in den Arbeitsfeldern der Jugendarbeit und Jugendsozialarbeit lokalisieren.[8] Zur Jugendsozialarbeit zählt die Förderung benachteiligter Jugendlicher, während Jugendarbeit außerschulische kulturelle Bildungsangebote in Freizeitstätten, Bildungseinrichtungen, Jugendverbänden oder soziokulturellen Zentren entwickelt und durchführt. Neben der Entwicklungsförderung von Kindern und Jugendlichen spielt somit auch die kulturelle Bildung als eine langfristige und präventive Investition in die Persönlichkeitsentwicklung eine Rolle.

Um die Relevanz von Musik während der jugendlichen Entwicklung und damit auch für die Jugendarbeit beziehungsweise Jugendsozialarbeit einschätzen zu können, verdient ein grundsätzlicher Aspekt Beachtung: Musik bietet ›Welt-

---

[7] Grundlegend hierzu Theo Hartogh/Hans Hermann Wickel, »Musik und Musikalität. Zu der Begrifflichkeit und den (sozial-)pädagogischen und therapeutischen Implikationen«, in: *Handbuch Musik in der Sozialen Arbeit*, hrsg. von dens., Weinheim/München 2004, S. 45–56.

[8] Vgl. hierzu Burkhard Hill/Elke Josties, »Musik in der Arbeit mit Jugendlichen«, in: *Jugend, Musik und Soziale Arbeit. Anregungen für die sozialpädagogische Praxis*, hrsg. von dens., Weinheim/München 2007, S. 13–43, hier S. 26f. Das Arbeitsfeld, auf das ich mich im Folgenden beschränke, ist das der Jugendhilfe, die im Kinder- und Jugendhilfegesetz KJHG (SGB VIII) gesetzlich verankert ist.

sichten‹, die es ermöglichen, sich in der Welt zu positionieren und sich sinnvoll darin zu bewegen. Indem wir entscheiden, was wir hören, welche Musik wir schön oder hässlich finden und auch welche Musik uns nicht berührt, erleben wir uns selbst, nämlich unseren je individuellen Sinn, unsere je individuelle Empfindung für Richtigkeit und Schönheit.[9] Das heißt, dass sich durch musikalische Aktivitäten subjektive und im sozialen Zusammenschluss kollektive Identitäten bilden – wozu in der Adoleszenz die Herausbildung von Geschlechtsidentitäten als eine zentrale Entwicklungsaufgabe gehört. In der Jugendphase ist Musik ein, wenn nicht das zentrale Medium. Jugendliche »realisieren über Musik vielfältige Formen der Geselligkeit, sie suchen in Musik emotionale Resonanz und Identifikation.«[10] Burkhard Hill und Elke Josties heben drei Bedeutungsdimensionen der Musik für Jugendliche hervor: Zunächst geht es darum, sich selbst in der Musik wiederzufinden. Angesichts der vielen Verunsicherungen in der Pubertät suchen Jugendliche nach Identitätssymbolen. Popstars werden zu einem Orientierungspunkt, Musik dient der Affektkontrolle (Mood Management[11]) und wird zur Gestaltung von Situationen genutzt. Als zweite Bedeutungsdimension geht es Jugendlichen darum, unter Gleichaltrigen zu sein und Orientierung zu gewinnen: In den Peer Groups und in der Zugehörigkeit zu einer bestimmten Jugend-Musikszene können sich Jugendliche von den Zwängen durch Eltern und Schule befreien, ihre Selbstwirksamkeit auf andere, vor allem auf das andere Geschlecht ausprobieren beziehungsweise ihre sexuelle Orientierung gewinnen. Hier hat Musik »zugleich die Aufgabe, Zugehörigkeiten und Abgrenzungen über gemeinsame Idole und Vorlieben zu symbolisieren.«[12] Dies schafft soziale Orientierung und führt zu Verhaltenssicherheit. Und drittens wird mit der eigenen Musik oder beim Nachspielen der Musik anderer nonverbal und gefühlsbetont das ausgedrückt, was emotional beschäftigt.[13] Aktives Musizieren in der Band (im Orchester), Musikmachen am Computer, DJing, das Erlernen eines Instruments oder das Singen genießen besonders dann hohes Prestige, wenn Jugendliche in öffentlichen Auftritten soziale Anerkennung erfahren.

---

[9] Vgl. Simon Frith, »Musik und Identität«, in: *Die kleinen Unterschiede. Der Cultural Studies Reader*, hrsg. von Jan Engelmann, Frankfurt/M./New York 1999, S. 145–169.
[10] Hill/Josties, »Musik in der Arbeit mit Jugendlichen«, S. 13.
[11] Unter Mood Management versteht man die individuelle Nutzung von Musik zur Stimmungsregulation; vgl. Holger Schramm, *Mood management durch Musik. Die alltägliche Nutzung von Musik zur Regulierung von Stimmungen*, Köln 2005.
[12] Hill/Josties, »Musik in der Arbeit mit Jugendlichen«, S. 20.
[13] Vgl. Hill/Josties, »Musik in der Arbeit mit Jugendlichen«, S. 20ff.

In den musikalischen Lebenswelten finden Jugendliche demnach einen Sozialisationsraum, in dem sie Selbst-Stilisierungen und -Inszenierungen ausprobieren können. So erfolgt über die Nutzung von Musik eine Selbstplatzierung, die zur Orientierung und Identitätsfindung beiträgt.[14] Die besonders intensive Musikrezeption und -produktion im Jugendalter erfüllt also »bestimmte Aufgaben im Kontext von Identitätssuche, Lebensbewältigung und sozialem Handeln«[15]. Und hier ist zu unterstreichen, dass musikalische Vorlieben auch für die geschlechtsbezogene Sozialisation und Identitätsentwicklung bedeutsam sind. Welche Risiken und Chancen bestehen nun, wenn Jugendliche sich in Musikszenen bewegen, die von überhöhten Männlichkeitsinszenierungen geprägt sind und in denen homophobes und sexistisches Gedankengut verbreitet wird? Welche Konsequenzen ergeben sich im Sinne einer gendersensiblen sozialen Arbeit mit Musik, wenn HipHop-Kurse oder Punk-Workshops in Einrichtungen der offenen Kinder- und Jugendarbeit angeboten werden?

Männlichkeiten im Porno- und Gangsta-Rap

Kontrovers wird die Frage diskutiert, ob und – wenn ja – wie sexistische oder homophobe Textinhalte von Songs sozialisierende Wirkung auf die Konsumenten und Konsumentinnen dieser Songs haben. Während zahlreiche Musikmachende und der größte Teil der Musikrezipierenden behaupten, dass der Inhalt des Songs keinerlei Bedeutung habe und zu vernachlässigen sei, weil nur die Musik als klangliches Ereignis relevant sei, befürchten Eltern und Pädagog_innen, dass die Texte sehr wohl wahrgenommen werden und sozialisierende Wirkung haben. Eine kürzlich veröffentlichte qualitative Studie von Nadine Jünger an der Universität Leipzig kommt zu einem differenzierten Ergebnis in Bezug auf den Konsum und die Wirkungen von so genanntem Porno-Rap.[16] Hierzu zählen Songs von Bushido, Aggro Berlin, Sido, Fler, Nelly oder Frauenarzt, »die harten Sex bis hin zu Vergewaltigungen verharmlosen und beschönigen«.[17] Die Ergebnisse eines qualitativen Leitfadeninterviews mit sieben Mädchen und Jungen im Alter von 10 bis 19 Jahren fasst Jünger in vier Thesen zusammen:

[14] Vgl. Hill/Josties, »Musik in der Arbeit mit Jugendlichen«, S. 18.
[15] Hill/Josties, »Musik in der Arbeit mit Jugendlichen«, S. 20.
[16] Nadine Jünger, »Porno-Rap: Identifikation mit Inhalten oder Musik? Eine Fallanalyse zur sexuellen Sozialisation«, in: *tv diskurs. Verantwortung in audiovisuellen Medien*, 15/7 (2011) (Themenheft: *Der Lustfaktor. Sexualisierte Medien – Sexualisierter Alltag?*), S. 20–25.
[17] Bernd Siggelkow/Wolfgang Büscher, *Deutschlands sexuelle Tragödie. Wenn Kinder nicht mehr lernen, was Liebe ist*, 1. Aufl. Asslar 2008, S. 63.

1. Porno-Rap ist in erster Linie Musik: Die meisten befragten Jugendliche begreifen Porno-Rap als Musik und nicht als (textliches) Vorbild zur Herausbildung ihrer eigenen Sexualität (Geschlechterrolle); sie ziehen eine klare Grenze zwischen der Fiktion des Mediums und der (sexuellen) Realität.
2. Dennoch ist Porno-Rap nicht ganz ohne Vorbildfunktion. Abhängig von der subjektiven Bedeutungszuschreibung gilt: Je stärker sich Jugendliche mit den Inhalten identifizieren und je positiver der Porno-Rap samt seiner Interpret_innen bewertet wird, desto mehr übernimmt er die Funktion sexueller Orientierung.
3. Diese Orientierung findet meist nur dann statt, wenn entsprechende Einstellungs- und Handlungsstrukturen bereits ausgeprägt sind. Das soziale Umfeld und die Biografie bestimmen die Art und Weise, wie die Texte für die individuelle Geschlechterkonstruktion nutzbar gemacht werden.
4. Das familiäre und soziale Umfeld ist entscheidend für die sexuelle Sozialisation; bereits vorhandene Ansichten und Handlungsmuster führen dazu, sich dieser Musik zuzuwenden, weil darin die im sozialen Umfeld üblichen Kommunikationsgewohnheiten gespiegelt werden.[18]

Die Ergebnisse von Jünger sind insofern relevant, als sie auf einen Zusammenhang zwischen sozialem Umfeld und dem Konsum von Porno-Rap verweisen. Das im sozialen Umfeld erworbene Geschlechterkonzept und die damit verbundenen Handlungsoptionen und Werthaltungen führen dazu, die im Porno-Rap präsentierten Männlichkeitsinszenierungen als Modell für das eigene doing gender, die eigenen sexuellen Praktiken und für die eigene männliche Identität zu übernehmen. Eine Trennung zwischen Fiktion beziehungsweise Kunst und der eigenen sozialen Wirklichkeit findet nicht statt – mit fatalen Folgen für das eigene Männer- beziehungsweise das Frauenbild.

In einer weiteren Studie, diesmal zum Konsum von Gangsta-Rap, ermittelte Michael Herschelmann 2008 folgende Hörpräferenzen von Schülerinnen und Schülern an Haupt-, Realschule und Gymnasium: An der Hauptschule hören 13% der Mädchen und 31% der Jungen deutschen Gangsta-Rap, an der Realschule sind es 8% der Mädchen und 15% der Jungen, am Gymnasium wiederum 3% der Mädchen und 10% der Jungen.[19] Geschlechts-, schicht- und bildungsspezifische Faktoren können demnach als maßgeblich für den Konsum von Gangsta-Rap ausgemacht werden. Während Jünger der Frage nachgeht, was der Porno-Rap mit den Jugendlichen macht, hat Herschelmann

[18] Jünger, »Porno-Rap«, S. 21.
[19] Vgl. Herschelmann, »Sexistischer deutscher Gangsta-Rap«, S. 78.

auch danach gefragt, was die Jugendlichen mit dem Rap machen.[20] Neben den Funktionen der Musik im Jugendalter wie Identifikation, Orientierung, Mood-Managing oder Alltagsbegleitung konnte Herschelmann herausarbeiten, dass Jungen Gangsta-Rap nutzen, um »eigene biographische Erfahrungen zu spiegeln, Emotionen zu regulieren, Spaß zu haben, latente Bedürfnisse zu kompensieren, Männlichkeit her- und darzustellen, sich mit gesellschaftlichen Themen auseinanderzusetzen, sich mit positiven Vorbildern zu identifizieren und sich von einem problematischen Umfeld zu lösen.«[21] Auch Herschelmann sieht eine Gefährdung für zumindest einen Teil der männlichen Jugendlichen:

> »Wenn etwa biographisch Bedürfnisse entstanden sind, z.B. Macht zu demonstrieren oder auszuleben, es ein besonderes Interesse an Sexualität gibt [...], gleichzeitig Fähigkeiten zur sozialen Perspektivübernahme und Empathie wenig ausgeprägt sind [...] und eine Orientierung an traditioneller Männlichkeit mit allen (Vergewaltigungs-)Mythen etc. existiert, dann besteht die Gefahr, dass [...] die transportierten Bilder und Inhalte sexuelle Gewalttaten mit auslösen oder zumindest unterstützen oder bagatellisieren können [...].«[22]

Gerade die Her- und Darstellung einer dominanten und hypermaskulinen Männlichkeit kann pubertierenden Jungen zu Orientierung und Verhaltenssicherheit und damit zur (Wieder-)Herstellung einer sicheren Geschlechtsidentität verhelfen. Dies gilt besonders in einer Gesellschaft, in der Frauen mittlerweile die besseren Schul- und Bildungsabschlüsse vorweisen, Kanzlerin und Notenbankchefin werden können und viel von einer »Krise der Männlichkeit«[23] die Rede ist. Ihnen vermittelt der Gangsta-Rap ein Ermächtigungsgefühl, es trotz aller Widerstände schaffen und eine gesellschaftlich anerkannte Position als Mann einnehmen zu können – jedoch mittels Konsum von Musik, in

---

[20] Michael Herschelmann, »Jungen und deutscher (Gangsta)Rap. Sinnrealisation in (stereotypen) Bedeutungen«, in: *Jungen und Jungenarbeit. Eine Bestandsaufnahme des Forschungs- und Diskussionsstandes*, hrsg. von Detlef Pech, Baltmannsweiler 2009, S. 171–189; Herschelmann, »Sexistischer deutscher Gangsta-Rap«.
[21] Herschelmann, »Jungen und deutscher (Gangsta)Rap«, S. 184.
[22] Ebd., S. 180.
[23] Robert W. Connell, *Der gemachte Mann. Konstruktion und Krise von Männlichkeiten*, 3. Aufl. Wiesbaden 2006 (Originalausgabe u.d.T. *Masculinities*, Los Angeles 1995). In aktuellen Publikationen geht es um eine Rehabilitierung der Männlichkeit, so etwa Ralf Bönt, *Das entehrte Geschlecht. Ein notwendiges Manifest für den Mann*, München 2012 oder Bjørn Thorsten Leimbach, *Männlichkeit leben. Die Stärkung des Maskulinen*, 5. Aufl. Hamburg 2011 (Erstausgabe 2007).

der in den Texten Macht und Gewalt gegenüber Frauen und marginalisierten Männlichkeiten ausgeübt wird. Zwar finden diese Jugendlichen über den Musikkonsum zu Orientierung und Verhaltenssicherheit in einer von Krisen und Selbstzweifeln geprägten Lebenssituation, aber dies gelingt ihnen (nur) durch Abwertung, Unterwerfung und Marginalisierung ›anderer‹ Gruppen wie Frauen, Schwule oder Ausländer (beispielsweise im Rechtsrock). Dass dies aus Sicht einer gendersensiblen Sozialen Arbeit als überaus problematisch anzusehen ist, muss nicht betont werden.

Mädchen und junge Frauen in ›Männer-Musikszenen‹

Die Gefahren sexualisierter Musik und übertriebener Männlichkeitsinszenierungen für männliche Jugendliche aus sozial benachteiligten Milieus lassen sich also anhand der Studien von Jünger und Herschelmann konstatieren. Ob und inwiefern eine Gefährdung auch für die Rezipientinnen und Akteurinnen in Männer-Musikszenen gelten, weil die Konfrontation mit sexualisierter Macht und sexistischen Frauenbildern in den Liedtexten und Video-Inszenierungen zu Einschüchterung, Zweifeln am Selbstwertgefühl und der Übernahme einer untergeordneten Position führen kann, ist anhand der bisher vorliegenden Studien nicht zu beantworten. Kann es aber für Mädchen und junge Frauen nicht auch emanzipatorische und Geschlechterkonzepte sprengende Optionen bieten, sich als Musikerin in männlichkeitsdominierten Musikszenen zu bewegen? Zu fragen ist: Was erleben Mädchen und Frauen, die in männerdominierten Musikszenen, in Musikgenres mit hyperpotenten Männlichkeitsinszenierungen und zahlenmäßiger Überlegenheit von Männern als Musikerinnen aktiv sind? Wie erleben sie sich und welchen Schwierigkeiten sehen sie sich gegenüber, aber auch welche Chancen bieten sich ihnen?

Mittels einer leitfadenbasierten Interviewreihe mit fünf jungen Frauen im Alter zwischen 23 und 32 Jahren, die sich in ›Männer-Musikszenen‹ bewegen, wurden in einem explorativen Sinn Informationen zusammengetragen und ausgewertet. Als Referenz wurde zusätzlich ein Interview mit einer Musikerin aus der Singer-/Songwriterszene geführt, einer Musikszene, in der Frauen und Männer paritätisch vertreten sind. Im Sinne eines offenen Interviews wurden die Musikerinnen nach ihren Erlebnissen und Beobachtungen beim Musikmachen, während der Proben, bei Auftritten usw. befragt. Die Interviews wurden aufgezeichnet und transkribiert. Mit folgenden Musikerinnen, deren Namen geändert und biografische Daten anonymisiert wurden, fanden von Juli 2011 bis Januar 2012 Interviews statt:

TABEA W., 25 Jahre, DJane in der HipHop-Szene,
CONSTANZE H., 31 Jahre, Sängerin u. a. in der HipHop-Szene,
REBECCA L., 32 Jahre, Sängerin und Schlagzeugerin in der Hardcore-Szene,
KATINKA S., 25 Jahre, Sängerin, E-Gitarristin in der Punk- und Grunge-Szene,
FRIEDERIKE R., 23 Jahre, Bass-Gitarristin in der Punk- und Grunge-Szene,
BEATE M., 35 Jahre, Sängerin in der Singer-/Songwriter-Szene.

Eine erste These, die sich aus den Interviews generieren lässt, lautet, dass Musikerinnen in männerdominierten Musikszenen eine Ausweitung der traditionellen Frauenrolle erleben und dies als beglückend und selbstbefähigend erleben. Als Beispiele hierfür können folgende Interview-Aussagen angeführt werden:

Für TABEA W. (DJane) sollten Mädchen HipHop machen,

»weil es sie stärkt auf jeden Fall. Also ich habe die Erfahrung gemacht, dass sie [...] daran wachsen, weil es [...] Horizonte erweitert. [...] und [...] weil sie [...] durch HipHop Abstand nehmen können zu einem, ja eigentlich schon völlig überholten Klischeebild des Mädchens an sich. [...] dass wir Mädchen Power haben und laut sein können. HipHop ist unglaublich laut, es hat viel mit ›Hier bin ich!‹ zu tun, also sehr viel mit ›Sich selber zu presentren‹, und ich glaube, das sind alles Sachen, die Mädchen dabei wirklich mitnehmen können: sich durchzusetzen, den Mund aufzumachen, sich Respekt zu verschaffen. Das sind Sachen, die sie auf jeden Fall lernen.«

CONSTANZE H., Hip-Hop-Sängerin ergänzte den Halbsatz

»Mädchen sollten HipHop machen« wie folgt: »Das bedeutet, dass die Mädchen auf jeden Fall voll das Bedürfnis [...] nach Ausdruck, nach Raum, nach ›Jetzt komm ich‹ haben. [...] weil ich glaube, dass da Chancen bestehen fürs eigene Selbstwertgefühl, also nicht als Therapie, [...] also man könnte sagen, weil sie sich dann in ihrer Kraft erleben können [...]; eigentlich geht's drum zu erleben, dass man Power hat.«

Die Hardcore-Musikerin ergänzte den Halbsatz folgendermaßen: weil es

»Spaß bringt. Also ich glaube, früher war es tatsächlich teilweise ein Ventil für mich, um auf der Bühne was auszuleben, was sonst nicht ging. [...] ich kann mir vorstellen, dass es gerade für [...] Mädchen einfach ein Selbstbewusstseinsschub ist, also weil das natürlich gerade, wenn man mit anderen, mit Freundinnen zusammen Musik macht oder so und auch noch auftreten kann und dann die Leute sich das angucken und die das gut finden, dann ist das einfach eine Riesenbestätigung. [...] Ich glaube, für mich war es das Wilde und Ausgelassene im besonderen Maße auch [...] das wirklich extrem Subkulturelle, [...] für mich hat das schon bedeutet: Freiheit, Unabhängigkeit, Ausgelassenheit, Ich-Sein-Dürfen, Abgrenzung, also auch Abgrenzung vom Rest der Gesellschaft.«

Auf die Frage, wie sie sich während eines Auftrittes erlebt, antwortet KATINKA S. (Punk-Musikerin):

»Ich geh da nicht auf die Bühne und will cool aussehen vor den anderen und toll sein, sondern einfach mein Ding machen und das machen, was ich mache. Und das mit den Anderen teilen, mit den Leuten, die zuschauen.« Mädchen sollten Punk-Musik machen, »wenn sie sich so fühlen, dass ihnen die Musik und das Musikmachen Spaß bereiten und ihnen was gibt [...]. Also wenn sie das Bedürfnis da spüren, damit irgendwas ausdrücken zu können. [...] Also ich denke schon, dass Musikmachen einen zu sich selber führt, ne. In gewisser Hinsicht [...] identifiziert man sich ja mit der Musik, und damit findet man irgendwie dann zu sich selber. Die Dinge, die man vielleicht vorher nicht verstanden hätte über sich selber [...].« Des Weiteren gibt sie an, sich beim Musikmachen und während eines Auftritts frei zu fühlen, ihre Musik beschreibt sie als »kraftvoll, solide [...] und gewaltig.« Die Musik ist »einfach ein Teil von mir. Diese Dinge, diese Wut oder diesen Ärger oder diese Frustration oder auch sehr viel Liebe zum Ausdruck zu bringen [...].«

Auch die Bassistin gibt an: Musikmachen

»ist [...] so super befreiend, weil ich halt da wirklich so ich selber sein kann. Beim Sicherheitsdienst mach' ich meinen Job [...]. Und bei der Musik, ich leg mir die Gitarre um und entscheide selber, was ich mache, [...]. Und das finde ich halt sehr befreiend.« Im Gegensatz zur Pop-Musik könne sie im Punk ihren »Aggressionen freien Lauf lassen. Ich kann, wenn ich Glücksgefühle habe, kann ich denen freien Lauf lassen. [...] und das ist eigentlich eine der einzigen Musikrichtungen, wenn nicht die einzige, wo man halt wirklich alle Gefühle bündeln kann und rauslassen kann.« Demzufolge macht sie Musik »weil es mich einfach vervollständigt, in dem was ich bin. Ich kann halt ich selber sein. Das find ich halt super.«[24]

[24] Demgegenüber beschreibt die Singer-Songwriterin ihre Erfahrungen auf der Bühne wie folgt: »Also, das ist ein bisschen wie ein anderes ›Ich‹ oder ein anderer Teil meines ›Ichs‹. Wirklich, wie nochmal so ein ganz neues Fenster, was da aufgeht, so also es geht wirklich so ein... ja, also es ist wirklich wie ein anderer Raum. Es

Die Musikerinnen erleben sich und ihre Musik als stark, laut, wild, frei, ausgelassen, kraftvoll, solide und gewaltig. Sie erwerben Durchsetzungsfähigkeit und das Selbstbewusstsein, sich zu äußern, den Mund aufzumachen, sich mit einem lauten und deutlichen »Hier bin ich« zu inszenieren, während der Bühnen-Performance körperlich präsent zu sein und die gesamte Gefühlspalette (von Glück über Liebe bis hin zu Wut, Trauer und Aggression) ausdrücken zu können. Dieses Ich-Sein-Dürfen wird als befreiend und als selbstbestätigend erlebt. Sie betonen, dass es wichtig sei, sich in der Szene Respekt und Anerkennung zu verschaffen: durch musikalisches Können, technisches Know-How und engagiertes Auftreten.

Diese Aussagen lassen sich im Sinne traditioneller Geschlechterkonzepte als eine Erweiterung von eher ›weiblichen‹ Verhaltensweisen und Erlebnisebenen beschreiben. Musikerinnen in diesen Musikszenen überschreiten typisch weibliche Verhaltensweisen, probieren sich in bislang Männern vorbehaltenen Posen, Inszenierungen und Verhaltensweisen, befreien sich von zugewiesenen Geschlechterkonzepten und erleben sich als durchaus selbstbefähigend im Sinne des Empowerment-Ansatzes. Somit bieten sich in diesen Musikszenen – trotz oder gerade wegen ihrer zum Teil hypermaskulinen Verhaltenscodices – vor allem für junge Frauen beziehungsweise Musikerinnen Frei-Räume im Sinne einer Befreiung von einengenden Geschlechterbildern. Das Musizieren und Agieren in diesen Musikszenen ermöglicht erweiterte Handlungsoptionen: lautes und aggressives Auftreten, körperliche Präsenz, die sich in typisch männlichen Posen zeigt und die öffentlich inszeniert wird, Selbstausdruck und das Thematisieren einer eigenen Weltsicht durch eigene Songtexte oder eigene Musikauswahl, körperliche Stärke in Form von stimmlicher und instrumentaler beziehungsweise technischer Virtuosität, Durchsetzungsfähigkeit, selbstbewusstes Auftreten in männerdominierten Gruppen (Band, Studios, Management) und Erwerb technischer Kompetenzen. Diese erweiterten Verhaltensmöglichkeiten und Handlungsoptionen lassen sich mit dem Begriff der

> ist wie in einen anderen Raum eintreten und... das genieße ich sehr und sehr energetisch erlebe ich mich. Also es ist wirklich so ein Energieschub auch so. Und... ja, also es ist so ein bisschen auch so ein Erleben von, dass es einen Punkt gibt, wo ich aufhöre zu denken und wo es durch mich hindurch fließt, wo es mich singt, wo es mich spielt.« Erlebt sie sich eher als ein (entpersonalisiertes) Medium, durch das es/etwas singt oder spielt, so sprechen die Frauen in der Hardcore-, Punk- und HipHop-Szene, dass sie sich selbst besonders komplett, vollständig und intensiv beim Musikmachen erleben. Allen Frauen gemeinsam ist, dass sie das Musizieren als energetisch, als kraftvoll empfinden und es Teil ihrer Identität ist.

weiblichen Maskulinität[25] umschreiben, da männliche Verhaltensweisen von weiblichen Personen ausgeführt werden. Indem Musikerinnen maskuline Verhaltensweisen der Musikszenen performen, in ihrer Bühnenshow oder in ihren Videos Männlichkeitsinszenierungen übernehmen, wird Männlichkeit subversiv unterwandert – subversiv insofern, weil sie zeigen, dass Männlichkeit nicht an das biologische Geschlecht gebunden ist, sondern auch von Frauen aus- und aufgeführt werden kann. Dass die Musikerinnen die damit verbundene Ausweitung ihrer Ausdrucks- und Handlungsoptionen als überaus selbstermächtigend und das eigene Verhaltensrepertoire als vervollständigend erleben, verweist auf selbstbefähigende Wirkungen im Sinne des Empowerment-Ansatzes, die für die soziale Mädchen-Musikarbeit genutzt werden können.

Sozialpädagogische Konsequenzen

Für eine gendersensible Jugendkulturarbeit ergeben sich aus den bisherigen Ausführungen zwei unterschiedliche Ansatzpunkte: Für Jugendliche sind medienkritische Ansätze zu entwickeln, die einer unreflektierten Wirkung kritischer Texte wie beispielsweise im Gangsta- oder Porno-Rap entgegenwirken.[26] Gemeinsames Musikhören kann Anlass sein, sich differenziert mit den in den Songtexten kolportieren Geschlechterbildern auseinander zu setzen und so die Jugendlichen zu befähigen, die Musik selbstbewusst, kritisch und reflektiert wahrzunehmen und zu nutzen. Eine gendersensible Jugendarbeit in Offenen Türen, Jugendmusikzentren oder soziokulturellen Zentren hat somit die Aufgabe, Liedtexte zu reflektieren sowie die Fähigkeit zu entwickeln, zwischen der Fiktion der Liedtexte und sozialer Realität unterscheiden zu können. Dies schließt einen lebenswelt- beziehungsweise sozialraumorientierten Ansatz ein, da das soziale Umfeld beziehungsweise die Schicht- und Bildungszugehörigkeit der Jugendlichen für die Interpretation der Texte sowohl der von den Jugendlichen konsumierten als auch für die produzierte Musik und ihrer Lieder von Belang sind. In Bezug auf eine Überwindung einengender Weiblichkeitskonzepte leisten Angebote speziell für Mädchen in maskulinen Musikszenen einen

---

[25] Vgl. Judith Halberstam, *Female masculinity*, 7. Aufl. Durham u. a. 2006 (Erstausgabe 1998); Susanne Schröter, »Female masculinity, ein neues Phänomen des Gender Bender?«, in: *Körper und Identität. Gesellschaft auf den Leib geschrieben*, hrsg. von Elisabeth Rohr, Königstein/Ts. 2004, S. 144–160.

[26] Aus meiner Sicht zählen hierzu auch die sexistischen Texte in vielen Heavy Metal Songs oder die ausländerfeindlichen Texte im Rechtsrock. Des weiteren ist noch zu untersuchen, inwiefern die sexistischen Liedinhalte auf das Selbstkonzept von weiblichen Jugendlichen nicht ebenfalls wirkungsmächtig sind, indem sie auf eine untergeordnete Rolle verwiesen und als Sexualobjekt reduziert werden.

Beitrag zu einer emanzipatorischen Entwicklung; zu einem die Geschlechtergrenzen überschreitenden Empowerment, sich selbst als wirkungsmächtig zu erleben, sich nicht auf die Rolle des stillen, braven Mädchens zu beschränken, sondern diese Rolle um ›männliche‹ Handlungsoptionen zu erweitern und somit die vermeintliche Natürlichkeit überkommener Geschlechterkonzepte subversiv zu erweitern. Mädchen erschließen sich dadurch neue Ressourcen und erwerben Kompetenzen, die auch für Bewältigung anderer Entwicklungsaufgaben in Schule, Beruf, Familie und gesellschaftlicher Partizipation relevant sein können. Inwiefern dies gelingt, ist mit jugendkulturellen Studien zu untersuchen. Hier besteht großer Forschungsbedarf,[27] will man Musik wissenschaftlich fundiert und im Sinne einer gendersensiblen Jugendarbeit einsetzen.

---

[27] Für eine gendersensible Musikarbeit bieten bisher die Arbeiten von Elke Josties erste wissenschaftliche Erkenntnisse, z.B. *Szeneorientierte Jugendkulturarbeit. Unkonventionelle Wege der Qualifizierung Jugendlicher und junger Erwachsener. Ergebnisse einer empirischen Studie aus Berlin* (= Praxis, Theorie, Innovation. Berliner Beiträge zu Bildung, Gesundheit und Sozialer Arbeit 5), Berlin/Milow/Strasburg 2008; »Jugendkulturarbeit mit Mädchen und jungen Frauen. Biographische Fallstudien«, in: *Krasse Töchter. Mädchen in Jugendkulturen*, hrsg. von Gabriele Rohmann, Berlin 2007, S. 253–269; »›Das ist meine Musik!‹ Zum Bedeutungsgehalt von Musik(-machen) in der Biografie von Mädchen«, in: *Anders Lernen! Schlüsselkompetenzen durch kulturelle Bildung vermitteln*, hrsg. von der Landesvereinigung Kulturelle Jugendbildung Berlin, Berlin 2003, S. 33–41.

Elke Josties
Empowerment und Grenzüberschreitungen
Bedeutungspotenziale von Musikprojekten für männliche Jugendliche

Ein Konzert der Band Ska Oriental. Der Saal ist voll, die Stimmung aufgeheizt. Viele tanzen ausgelassen zur schnellen Musik, einem Crossover aus Ska und orientalischer Musik. Die Frontsängerin Songül heizt die Stimmung an und hüpft ausgelassen vorne auf der Bühne, oft stößt sie dabei fast gegen die Bühnenbeleuchtung. Dann muss Ahmed, der rechts hinter ihr sitzt und Saz spielt, jedes Mal lächeln. Wenn er ein Solo spielt, sind die Bühnenscheinwerfer auch auf ihn gerichtet. Ansonsten gehört er zusammen mit der Schlagzeugerin und Bassistin zum eher ruhigen Teil dieser temperamentvoll und fröhlich wirkenden Band. Ebenfalls in vorderster Reihe spielen und singen drei Bläserinnen und eine E-Gitarristin. Und hinten auf der Bühne ist ein grünes altes Fahrrad aufgestellt. Warum wohl?

»1, 2, 3, 4 …« – Dragan zählt ein, und die 15jährige Ayşe trägt im Testdurchlauf ihren Raptext zu dem Track vor, den er für die jugendlichen Teilnehmer_innen seines Rapworkshops aufgenommen hat. Im Vorfeld des Workshops hatte Dragan im Jugendkulturzentrum gezielt jüngere Mädchen angesprochen und ermutigt, am Workshop teilzunehmen. Er betont: »Ich fand's gut, dass dieses Mal mehr Mädchen als Jungs beteiligt waren. Das war für mich am Wichtigsten. Das war wirklich sehr gut.«

Zwei kleine Geschichten von jungen Männern, die 2010 in jugendkulturellen Musikprojekten engagiert waren. Ihre Rollen sind vielfältig und längst nicht mehr reduziert auf die Reproduktion dominanter Bilder von stereotyper Männlichkeit in der populären Musik. Welchen Weg nahmen die beiden jungen Männer, wie fanden sie Zugang zum Musizieren? Welche Rolle spielt Jugendkulturarbeit in der Identitätsentwicklung und speziell in der Entwicklung der Geschlechtsidentität?

Die Übergangsphase von der Jugend ins Erwachsenenalter ist in der heutigen Zeit von Tendenzen der Destrukturisierung und Individualisierung[1] und damit

[1] Vgl. Klaus Hurrelmann / Gudrun Quenzel, *Lebensphase Jugend. Eine Einführung*

von vielen Unsicherheiten bezüglich der Identitätsentwicklung und des Eintritts ins Erwerbs- und Erwachsenenleben[2] geprägt. Ob und inwiefern Jugendliche in der Musik und in jugendkulturellen Szenen ein Experimentierfeld und letztlich Orientierung in der Übergangsphase ins Erwachsenenalter finden, wird exemplarisch anhand zweier Portraits von männlichen Jugendlichen mit Migrationshintergrund analysiert.[3]

Szeneorientiertes Empowerment durch und mit Musik

Dragan wurde 1990 in Berlin geboren und war zum Zeitpunkt des Interviews 20 Jahre alt. Er stammt aus einer Familie mit serbischem Migrationshintergrund. Dragan besuchte seit seinem achten Lebensjahr regelmäßig das Jugendkulturzentrum (im Folgenden kurz Jukuz) in einem Berliner Innenstadtbezirk. Bereits mit elf Jahren begann Dragan zu rappen. Seit 2008 nahm er intensiv an szeneorientierten Jugendkulturprojekten teil, die im Jukuz angeboten wurden. Hier lernte er Rapkünstler_innen kennen, die ihn beeindruckten und ermutigten, seine

in die sozialwissenschaftliche Jugendforschung (= Grundlagentexte Soziologie), 11., vollst. überarb. Aufl. Weinheim/Basel 2012.

[2] Vgl. Andreas Walther, »Die Entdeckung der jungen Erwachsenen: eine neue Lebensphase oder die Entstandardisierung des Lebenslaufs?«, in: *Junges Erwachsenenalter* (= Lebensalter und soziale Arbeit 4), hrsg. von Tim Rietzke u. a., Baltmannsweiler 2008, S. 10–36.

[3] Es handelt sich hier um Auszüge aus der euromediterranen Studie *Jugend und ihre sozialen, kulturellen und politischen Partizipationschancen. Vergleichende ethnografische Studien aus Tunesien, Marokko, Frankreich und Deutschland.* Dieses Forschungsprojekt der Alice Salomon Hochschule Berlin ist das eigenständige Teilprojekt eines euromediterranen Netzwerkes, an dem Partner aus Frankreich (IRTS Aquitaine, IRTS Bretagne, Universität Rennes 2), Tunesien (ISAJC Université Tunis) und Marokko (IRFC Rabat) beteiligt sind. Chancen und Schwierigkeiten sozialer, kultureller und politischer Partizipation wurden am Beispiel von Jugendlichen, die sich informell oder in Projekten der Jugendkulturarbeit organisieren, analysiert. Dabei wurden in jedem der vier Partnerländer vergleichend urbane wie auch ländliche sozialstrukturell benachteiligte Regionen untersucht. Die deutsche Teilstudie bezieht sich auf einen Berliner Innenstadtbezirk und die Region Brandenburg. In der empirischen Forschung wurden die teilnehmende Beobachtung, die Kameraethnografie sowie Einzel- und Gruppeninterviews angewandt. Die Auswertung der Interviews erfolgte mit Hilfe einer eigens entwickelten Variante der Methode der objektiv hermeneutischen Interpretation. Die hier vorgestellten Interviewbeispiele stammen aus den Jahren 2010/2011. Personenbezogene Angaben sind anonymisiert, das gilt entsprechend für die Namen der Jugendfreizeiteinrichtungen und für spezifische Ortsangaben. Das euromediterrane Forschungsprojekt wird 2013/2014 abgeschlossen.

Rap-Karriere fortzuführen, indem er im Tonstudio des Jukuz Musik produzierte und bei zahlreichen Anlässen (nicht nur im Jukuz) als Rapper und Moderator der von ihm geleiteten Workshopgruppen auftrat. Dragan hatte zum Zeitpunkt des Interviews die Fachhochschulreife verbunden mit einer staatlichen Prüfung zum Medienassistenten erreicht und strebte die allgemeine Hochschulreife an. Er wünschte sich, von seiner Musik einmal seinen Lebensunterhalt bestreiten zu können, und wollte darüber hinaus im tontechnischen Bereich arbeiten.

»Familie, Freundschaften und Connections« – Jugendkulturprojekte als Zentren und Netzwerke

Für Dragan ist das Jukuz zu seiner »kleinen Familie« geworden:

> »Also generell habe ich sehr viele neue Leute kennen gelernt. Und das hat sich wie so eine kleine Familie gebildet. Und davon profitiere ich halt, weil die Freundschaft wirklich wächst durch das, was man tut. Und man gewinnt immer neue Freunde dazu. Und man kriegt vor allem neue Connections. Und das finde ich einfach Hammer.«

Familie symbolisiert ein unumstößliches Gefüge, und Dragan ist Teil desselben. Das Jukuz ist für ihn ein zentraler Ort seines Lebens. Auch wenn Dragan dort nichts Besonderes zu tun hat, nutzt er das Jukuz nahezu täglich, weil er einfach dazugehört. Diese »kleine Familie« entspricht nicht dem üblichen Bild einer verwandtschaftlich geschlossenen Gemeinschaft. Im Gegenteil – immer wieder kommen neue Leute und potentielle neue Freunde hinzu. Dragan betont: Freundschaft »wächst durch das, was man tut«. Dank seines Wirkens als Rapmusiker und dank der Netzwerke der szeneorientierten Jugendkulturarbeit entstehen »neue Connections«, die ihm für seine Karriere im Bereich der Musik und Tontechnik hilfreich sind.

»Die eigene Karriere auf Vordermann bringen« – Nutzung von Räumen und Ressourcen

Insbesondere junge Musiker_innen und Tänzer_innen nutzen die Räume und Ressourcen des Jukuz intensiv und weit über die Zeit der Workshop- und Projekt-Angebote hinaus. Ein Ort von zentraler Bedeutung ist für Dragan das Tonstudio, in dem Jugendliche Musiktracks produzieren und ihre selbst geschriebenen Songs oder Raps aufnehmen können. Dragan hebt gleich zu Beginn des Interviews hervor: »Für mich war es sehr wichtig gewesen, meine Rap-Karriere hier fortführen zu können, also wie soll ich sagen, auf Vordermann zu bringen, und zwar durch das Nutzen vom Studio.« Das Tonstudio ist heiß begehrt. Wie Dragan verbringen viele Jugendliche gerne ihre Zeit im Tonstudio. Nicht nur um selbst aufzunehmen, sondern um anderen beim Musizieren zuzuhören und Freund_innen zu treffen.

»Wie es ist, von der Musik zu leben« – Empowerment durch Kontakte zu Szenekünstler_innen

Das Jukuz bietet szeneorientierten Jugendlichen, insbesondere denjenigen, die HipHop favorisieren, vielfältige Förderangebote vor allem in den Bereichen Musik und Tanz. Die Workshop-Dozent_innen selbst sind angesehene Szenckünstler_innen. Auch die Junior-Dozent_innen, zu denen Dragan mittlerweile gehört, beeindrucken durch ihre Erfolge, sind bereits Preisträger_innen von Tanzwettbewerben oder als Rapper_innen an Projekten und Musikproduktionen namhafter Szenekünstler_innen beteiligt. Die jungen Erwachsenen orientieren sich an Vorbildern aus ihren jeweiligen Szenen, und zu diesen finden sie im Jukuz direkten Kontakt. Dragan berichtet von mehreren »coolen« Begegnungen mit solchen Persönlichkeiten. Stark beeindruckt war Dragan von einem Seminar zum Thema Street Philosophy, bei dem Szenekünstler_innen aus ihrem Leben erzählten. So zum Beispiel ein berühmter Berliner Rapper, der früher in kriminellen Milieus verkehrte, selbst einer Gang angehörte und mehrmals in der Justizvollzugsanstalt einsaß: »Die erzählen, wie es früher war, und was überhaupt Straße bedeutet und über die ungeschriebenen Gesetze. Genau. Und das hat mich voll interessiert.« Herausragend fand Dragan ein Beatbox-Seminar, das die in Deutschland berühmte Band Culcha Candela gegeben hatte:

> »Eines der krassesten coolen Seminare war Beatbox. Da war der Leiter für Beatboxbattles in ganz Deutschland, der auch eine Beatboxweltmeisterschaft veranstaltet hat, das erste Mal hier in Berlin. Also wir hatten wirklich die Ehre, die Band Culcha Candela bei uns zu haben. Und das war wirklich ein krasses Seminar, weil die auch über Träume geredet haben, wie es ist, von der Musik zu leben. Und das spricht mich voll an so.«

Persönliche Begegnungen mit Vorbildern wie Culcha Candela wirken auf junge Erwachsene wie Dragan im Sinne eines Empowerments, ermuntern sie, einen künstlerischen Weg weiterzuverfolgen, der zwar nicht durch formelle Bildung geebnet wird, aber Träume realisierbar erscheinen lässt.

»Er hat's drauf, und er ist cool« – ehrenamtliches Engagement als Juniordozent und Leiter von Rapworkshops in anderen Jugendkulturprojekten

Junge Erwachsene, die in bestimmten Disziplinen oder Fachgebieten herausragende Kenntnisse und auch die Fähigkeit zur Anleitung Jugendlicher haben, werden als Junior-Dozent_innen in die Arbeit des Jukuz einbezogen[4]. Zum Zeitpunkt des Interviews gab es drei Juniordozenten, die alle männlich waren, was Dragan nicht weiter kommentiert. Er erklärt, wie man zum Junior-Dozenten wird:

»Darüber entscheidet Marco [der Projektleiter]. Also, wenn er sieht, da ist Potential, er hat's drauf, und er ist cool, dann sagt er das einfach. Zum Beispiel letztes Jahr war es so, dass ein berühmter Rapper hier einen Rap-Kurs gegeben hat für unseren Auftritt im Theater. Er hat geholfen beim Aufnehmen im Studio, aber auch erklärt, wie man die Texte schreibt und so weiter. Und ich war sein Juniordozent. Ich war wie sein Assistent, weil er sich nicht um acht Leute kümmern konnte. Ich war dann immer da und hab mich um Leute gekümmert. Und weil Marco weiß, wie ich mit Leuten umgehen kann, also jetzt um denen Rappen beizubringen und so weiter, also wie man an Text ran geht und so weiter, deswegen hat er gesagt, ›Okay, gut, willst du gerne Juniordozent sein im Bereich Rap?‹«

Junior-Dozent_innen arbeiten ehrenamtlich und fühlen sich für die Realisierung der Projekte mit verantwortlich, wie Dragan beschreibt:

»Ich versuche, auch in der Freizeit mein Engagement zu zeigen. Und ich bin halt dafür da, dass Neuankömmlinge, zum Beispiel wie Ayşe oder andere, sich an mich wenden können, wenn sie Fragen haben. Und ich versuche, sie auch mehr in die Seminare und so weiter zu integrieren. Wenn jemand sagt zum Beispiel, ›ey, bitte ruf mal die Leute an, damit die heute zum Rap-Kurs kommen und so weiter‹, dann muss ich mich halt ranhängen und anrufen, dass sie es nicht vergessen und so weiter.«

Dragan war außerdem auch im Tonstudiobereich und im offenen Bereich des Jukuz aktiv. Alle diese Projekte fanden im gleichen Gebäudekomplex statt. Dies war Dragans »kleine Familie«, hierhin gehörte er. Er bot seine Expertise im Rap an, fühlte sich für das Projekt als Ganzes verantwortlich und nahm an seinen wöchentlichen Teamsitzungen teil.

Neben dem Programm des Jukuz entwickelte Dragan eigene Projektideen. Im Rahmen einer Ausschreibung des lokalen Kinder- und Jugendbeteiligungsbü-

---

[4] Zum Thema junge Szeneakteure_innen als Anleiter_innen vgl. Elke Josties, *Szeneorientierte Jugendkulturarbeit. Unkonventionelle Wege der Qualifizierung Jugendlicher und junger Erwachsener. Ergebnisse einer empirischen Studie aus Berlin* (= Praxis, Theorie, Innovation. Berliner Beiträge zu Bildung, Gesundheit und Sozialer Arbeit 5), Berlin/Milow/Straßburg 2008, S. 26–28.

ros organisierte er für jüngere Mädchen und Jungen einen Rap-Workshop. Er entwickelte ein Workshop-Konzept, bei dem es ihm darum ging, Anfänger_innen systematisch in das Rappen einzuführen, mit Übungen für das Schreiben eigener Texte, für das rhythmische Sprechen und den Auftritt. Wie dies gelingen kann, dokumentierte er in einem Videofilm, den er im Sommer 2010 zur Abschlussveranstaltung des Kinder- und Jugendbeteiligungsbüros vorführte. Diese Filmdokumentation ragte unter den Projektbeispielen des Bezirks durch ein hohes Reflektionsniveau heraus, weil darin sowohl konzeptionelle als auch beobachtende und selbstreflexive Inhalte thematisiert wurden. Dragan resümiert:

> »Ich hab' versucht, an meine Grenzen zu gehen und mit bis zu 10 Jugendlichen zu arbeiten. Es war wirklich sehr hart. Wenn ich mich mal um einen gekümmert habe, war es schwierig, die anderen gleichzeitig ruhig zu halten. Dieses Projekt hat mir gezeigt, dass ich in Zukunft weiterhin Rapworkshops organisieren werde.«

»Bestätigung und Feedback für die harte Arbeit« – öffentliche Präsentationen

Dragan hatte bereits viele kleine und große Auftritte im und mit dem Jukuz und auch in anderem Rahmen, z. B. mit 17 Jahren auf dem Viva-TV-Kanal, absolviert. Er agierte sowohl als Rapper als auch als Moderator. Dragan betont im Interview:

> »Und was mir auch sehr wichtig war, diese Abschlusspräsentation zu machen, wo dann jeder Workshop seine Ergebnisse zeigt. Und ich war in der Rap-Gruppe. Dieser Auftritt im Theater, das war wirklich ein cooles Erlebnis, das werde ich niemals vergessen. Natürlich bin ich schon mehrmals vor so einer Masse aufgetreten, aber es war einfach eine krasse Atmosphäre. Und das war wirklich mir sehr wichtig. Weil es so eine Art Bestätigung für die harte Arbeit ist. Also, ich fühle mich auf jeden Fall respektiert durch das, was ich mache. Und zwar von den Leuten, die mir die Bestätigung geben, die sagen: ›Was du machst, ist gut. Mach weiter so.‹ Oder die mir aber auch konstruktive Kritik geben. Das achte ich auch sehr. Und das ist mir sehr wichtig. Und vor allem das Feedback von Leuten, denen ich was beigebracht hab. Und da bin ich wirklich sehr stolz darauf.«

Männliches Empowerment – Reflektion zum Diskurs um Geschlechterkonstruktionen

HipHop gilt als männlich dominierte Musikszene.[5] Dragan fühlte sich von dieser Szene angezogen. Ihm imponierten männliche Szenekünstler als Vorbilder für eine selbstbestimmte und erfolgreiche Musikerkarriere. Als Jugendlicher und bald schon als Juniordozent des Jukuz nutzte er die Gelegenheit, in Workshops und bei öffentlichen Auftritten von solchen Begegnungen zu profitieren. Der direkte Kontakt zu seinen Vorbildern ermutigte ihn, seinen Weg als Rapper und Musikproduzent im Tonstudio gezielt weiterzuverfolgen. Die jugendkulturelle Szene und die Projekte des Jukuz prägten Dragans Orientierung und Identitätsentwicklung maßgeblich, er fühlte sich hier als Person akzeptiert, respektiert und gefördert. Das im Jukuz veranstaltete szeneorientierte Kulturprojekt war, was dessen Leitungsteam und die Juniordozenten anbelangte, ebenso männlich dominiert wie die HipHop-Szene sonst auch. Demnach wurde Dragan in seiner Identität stark von männlicher Präsenz geprägt: Es waren ausschließlich Männer, die ihm als Vorbild dienten und ihm positive Resonanz gaben, es war männliches Empowerment, das ihn in seiner Leistungsbereitschaft und seinem Engagement als Juniordozent und Workshopleiter beflügelte – mit der Hoffnung auf eine musikalische Karriere.

Warum es Dragan wichtig war, in seinen Workshops auch Mädchen zu fördern, erläuterte er nicht weiter. Vielleicht ist dies ein Beispiel dafür, wie geschlechterreflexive Konzeptionen[6] und Gender Mainstreaming als »grundlegende Ziele und Handlungsorientierungen der Jugendarbeit«[7] wirken. Es wird laut Konzeption und Praxis des Jukuz nicht mehr hingenommen, wenn die Jugendarbeit männlich besetzt ist. Im szeneorientierten Kulturprojekt stieß dieser Ansatz jedoch an Grenzen – die männlich besetzte HipHop-Szene war zu wirkmächtig. Dragan, obwohl selbst fasziniert von männlichen

---

[5] Vgl. *Krasse Töchter. Mädchen in Jugendkulturen*, hrsg. von Gabriele Rohmann, Berlin 2007.
[6] Vgl. Berliner Senatsverwaltung für Bildung, Jugend und Sport, Claudia Wallner [Verf.], *Im Gender-Dschungel. Die Kinder- und Jugendhilfe auf neuen Wegen zur Gleichberechtigung. Eine Handreichung zu Perspektiven von Mädchen- und Jungenarbeit in Zeiten von Gender Mainstreaming und zu aktuellen Gleichberechtigungsanforderungen an die Kinder- und Jugendhilfe* (= Sozialpädagogische Fortbildung Jagdschloss Glienicke), Berlin 2003.
[7] *Handbuch Qualitätsmanagement der Berliner Jugendfreizeiteinrichtungen*, hrsg. von der Berliner Senatsverwaltung für Bildung, Jugend und Wissenschaft, 3. überarb. Aufl. Berlin 2012, S. 18.

Vorbildern, erschien es dennoch selbstverständlich, darauf zu achten, dass verstärkt Mädchen Zugang zu seinem Workshop fanden, den er im Rahmen der offenen Jugendarbeit des Jukuz angeboten hatte. Er hatte als »Kind der Jugendarbeit« gelernt, dass es nicht richtig ist, wenn Mädchen außen vor bleiben. Aus dem Blickwinkel der 15jährigen Ayşe, die immer schon gerne zu Hause rappte, sich aber noch nicht traute, dies weiter zu verfolgen, hörte sich dies so an: »Und dann hat Dragan uns angesprochen, ob wir gerne mitmachen würden, weil halt ein paar Leute fehlen, und dass er gerne Mädchen dabei hätte und nicht noch mehr Jungs. Und wir meinten, okay, wir würden gerne mitmachen.« Für Ayşe, ein Mädchen aus einer Familie mit türkischem Migrationshintergrund, war dieser Workshop wichtig, wie sie sagte, weil sie sich als »schüchterner Mensch« bezeichnete und von daher viel Angst vor ihrem Rap-Auftritt hatte. Der erste Erfolg als Rapperin auf der Bühne des Jukuz gab ihr »ein bisschen mehr Selbstvertrauen«. Ayşe hätte gerne weiter an Workshops mit Dragan teilgenommen und auch an anderen Jugendkulturprojekten im Jukuz. Jedoch erlaubten ihre Eltern ihr nicht, so oft auszugehen, das sei »ein Problem, Familiensache«, erklärte Ayşe. Aus vielerlei Gründen, in diesem Fall familiären beziehungsweise kulturellen, bleibt es für Mädchen schwieriger, einen Zugang zur Rap-Szene zu finden. Es gibt zudem immer noch zu wenige weibliche Vorbilder unter den Szenekünstler_innen und in vielen Teams von szeneorientierten Kulturprojekten, so auch im Jukuz. Und Dragan ist unter den männlichen Akteuren mit seinem gendersensiblen Engagement leider (noch) in der Minderheit.

Grenzüberschreitungen durch und mit Musik

Ahmed ist 1989 in Berlin geboren und war zum Zeitpunkt des Interviews 21 Jahre alt. Er ist als Kind einer türkischstämmigen Familie aufgewachsen und seit 2005 intensiver Nutzer des Jugendmusik- und Kulturzentrums (im Folgenden kurz Mukuz genannt). Ahmed hat die Hauptschule mit dem mittleren Schulabschluss beendet und dann eine Ausbildung zum Fahrradmonteur absolviert. Mittlerweile arbeitet er in einem Fahrradladen. Ahmed begann mit 16 Jahren, Musik zu machen, und lernte zunächst unter Anleitung eines Mitarbeiters des Mukuz Schlagzeug zu spielen. Bald schon entdeckte er die türkische Musikschule,[8] die ein Musiker türkischer Herkunft in den Räumen

---

[8] Dieses Angebot der Einbettung einer türkischen Musikschule in ein Jugendkulturzentrum war vorbildhaft im Sinne einer überfälligen Förderung kultureller Diversität in Richtung »transkulturelle Welten«. Vgl. hierzu das Themenheft »Über Grenzen hinaus. Multikulti ade – Wege in transkulturelle Welten« der Zeitschrift *Musikforum. Das Magazin des deutschen Musiklebens* 1 (2010).

des Mukuz anbot. Aus Sondermitteln des Bezirksamtes finanziert wurde hier ein kostenfreies Musikförderprogramm bereit gehalten und neben einem türkischen Chor Unterricht im Spiel der Saz angeboten. Ahmed nahm an dieser Musikschule Unterricht an der Saz. Zum Zeitpunkt des Interviews spielte Ahmed seit einem Jahr in der Band Ska Oriental[9] mit.

»Zufall« – die erste Erfahrung, selbst zu musizieren

»Ja, also das war alles Zufall«, so leitet Ahmed seine Geschichte über seine musikalische Biografie ein. Der Erstkontakt mit dem Mukuz ergab sich über Ahmeds Teilnahme an einem Schulworkshop, der dort 2005 für seine Hauptschulklasse veranstaltet wurde. Ahmed begann als Laie im Rahmen des Schulprojektes, erstmalig Musik zu machen. Das war Neuland für ihn, nur durch den zufälligen Besuch des Mukuz hat sich ihm im Alter von 16 Jahren diese Möglichkeit eröffnet. Ahmed nutzte als Besucher des offenen Bereichs der Jugendarbeit des Mukuz dessen vielfältige niedrigschwellige Musikförderangebote. Schließlich war es ein weiterer prägender Zufall, dass Ahmed – vermittelt über einen Mitarbeiter des Mukuz – sein Interesse für Fahrradreparaturen entwickelte und gemeinsam mit ihm eine Fahrradwerkstatt aufbaute, die er dann bald als Honorarkraft betreute. Damit war wohl auch der Weg in Richtung Ausbildung zum Fahrradmonteur angebahnt. Ahmed war bis zu seinem Eintritt in die Erwerbstätigkeit Nutzer des offenen Bereichs des Mukuz. Er bezeichnete sich selbst als »Kind des Mukuz«, auch die Mitarbeiter_innen nannten ihn so. Als Honorarmitarbeiter der Fahrradwerkstatt engagierte sich Ahmed für Kinder und Jugendliche aus dem offenen Bereich des Mukuz. Aus Ahmeds Sicht waren vielerlei zufällige Begegnungen im Mukuz förderlich und prägend für seinen Lebensweg ab dem 16. Lebensjahr, also der Übergangsphase ins Erwerbsleben nach dem Mittleren Schulabschluss. Und für seine musikalische Biografie war prägend, dass er das Spiel der Saz erlernte. Er resümiert: »Also, ich hab da richtig viel mitbekommen.«

---

[9] Die Band Ska Oriental wurde von der Autorin bereits in einem anderen Fachartikel portraitiert. Daraus sind einige Textpassagen größtenteils wörtlich übernommen (vgl. Elke Josties, »Jugendkulturarbeit als Diskursfeld. Aushandlungsprozesse um Anerkennung und Teilhabe«, in: *Körper. Geschlecht. Affekt. Selbstinszenierungen und Bildungsprozesse in jugendlichen Sozialräumen*, hrsg. von Birgit Bütow, Ramona Kahl und Anna Stach, Wiesbaden 2013, S. 193–216).

»Das finde ich schön, eigentlich könnten wir das ausprobieren« – Umgang mit Differenzen

Der Einstieg in die Band Ska Oriental war für Ahmed nicht selbstverständlich. Seine Geschichte begann – wie für ihn typisch – mit einer zufälligen Begegnung. Ahmed hörte der Band beim Proben im offenen Bereich zu: »Hab dann mal gesagt, dass ich's schön finde und so, dass ich auch Saz spiele. Und da kam irgendwie eine Diskussion oder was weiß ich.« Augenscheinlich gab es in der Band zunächst Diskussionsbedarf, bevor Ahmed aufgenommen werden konnte. Er war somit von der Gunst der Bandmitglieder abhängig. Bis zu diesem Zeitpunkt war Ska Oriental eine reine Mädchenband. Das war nie Konzept, das war einfach so, erklärten die weiblichen Bandmitglieder. Bisher wurden stets nur Mädchen als neue Bandmitglieder gesucht. Nun stand mit Ahmed dieses unausgesprochene Gesetz zur Disposition. Eine andere Spezialität dieser Band wurde wichtig – ihre Bezugnahme auf das Vorbild der türkischen Band Athena[10] und die von der Sängerin Songül, eine der Gründungsmitglieder, verfassten türkischsprachigen Liedtexte. Die Gitarristin Alice erklärte, es habe damals gerade ein Auftritt auf der orientalischen Bühne beim Karneval der Kulturen bevor gestanden: »Und dann dachten wir, das wäre ja eigentlich nett, weil wir ja auf der orientalischen Bühne spielen sollten, könnten wir noch so 'n anderes Instrument mit rein bringen«. Ahmed erinnert sich: »Ja, ich war auch ziemlich aufgeregt und hatte also meinen ersten Auftritt, mein großer erster Auftritt, ich hatte noch nie einen Auftritt davor. Also dachte ich mir, ja, das ist schön, ja. Dann mache ich weiter.« Für Ahmed war es eine gute Gelegenheit, sich einer Band anzuschließen, die musikalische Ausrichtung war für ihn nachrangig: »Also Ska ist eigentlich wirklich nicht meine Wahl, nicht meine Richtung, Ska-Musik. Aber dann dachte ich mir, dass ich da mitspiele, das kommt gut rüber.« Die Schlagzeugerin Sophie erinnerte sich an den erfolgreichen Auftritt: »Ja, das ist sehr gut angekommen. Und uns hat 's allen Spaß gemacht. Und deswegen dachten wir, wachsen wir zusammen«. Ahmeds Bandeintritt bedeutete für die Geschichte der Band personell wie musikalisch einen Einschnitt. Ahmed hatte nicht nur ein anderes Geschlecht, er hatte auch eine andere schulische Sozialisation, war der einzige Hauptschulabsolvent, alle anderen hatten Abitur und die meisten studierten bereits. Und er brachte ein traditionelles orientalisches Musikinstrument mit ein.

---

[10] Diese erfolgreiche türkische Band spielte eine Mischung aus Ska, Punk und Oriental.

»Eine komische Mischung, aber irgendwie toll« – Entstehung von musikalischem Crossover

Drei Bandmitglieder beschrieben im Gruppeninterview, wie sie ihre musikalische Mischung entwickelt hatten: Alice erzählte, sie hätten schon öfter probiert, andere Lieder einfach als Ska zu spielen – z.B. eine Coverversion von einem türkischem Rocksänger: »Im ersten Teil haben wir gecovert, also das ist musikalisch ähnlich. Und dann gibt's ja einen Bruch (Break) oder eine kurze Pause. Und danach spielen wir Ska, also das ist der gleiche Text und die Strophe bleibt gleich, aber« – Ahmed erklärte: »vom Rhythmus her« – und Alice ergänzte: »genau, und dann spielen wir halt viel schneller«. Sie fuhr fort: »Und dann hatten wir ein türkisches Lied, das unsere Sängerin Songül geschrieben hatte, dazu sollte Ahmed mit der Saz improvisieren im Wechsel mit der Stimme. Und das hat voll gut geklappt und hat wirklich dazu gepasst«. Sophie unterstrich: »Allein das Instrument Saz bringt schon viel Orientalisches rein, ohne dass man noch viel machen muss«. Ahmed erläuterte:

> »Ja, die Tonleiter, weil die ist eigentlich ja ganz anders als die europäische. Das sind ja so Vierteltöne, also Halbtöne, was beim Europäischen nicht so ist. Das hört sich dann alles sehr verstimmt an und alles halb komisch an, aber wenn man dann alles richtig spielt, war schon auch ziemlich schwer, das alles zu improvisieren.«

In diesen Beschreibungen wird deutlich, wie innerhalb der Band Vielfalt produktiv genutzt wird und sich jede_r einbringen kann. Wie jede Band, so tat sich auch Ska Oriental schwer, sich auf einen Musikstil festzulegen. Meistens sagten sie, sie spielten »orientalischen Ska«, meinte Sophie. Aber sie war sich nicht sicher. Alice betonte, dass die Band »was ganz Eigenes« kreiert hätte: »Na, mit türkischen Texten. Es ist halt nicht so, wenn man Ska hat, dann denkt man irgendwie an so einen bestimmten Ska. Und na ja, unsere Musik ist jetzt nicht so typisch. Also, das ist was ganz Eigenes. Habe ich auch sonst noch nicht irgendwo gehört. Also hat so einen eigenen Touch eben auch.« Und Ahmed fügte hinzu, er habe noch nie Ska gemischt mit dem Spiel einer Saz gehört, »das ist schon 'ne ganz komische Mischung, aber irgendwie toll.« Gerade diese besondere Mischung machte den Reiz und Identität stiftenden Charakter der Band für ihre Mitglieder aus. Sophie betonte, »dass einige von der Band unterschiedliche Wurzeln haben.« Sophie selbst ist in Bern geboren, und Alice hat ein Elternteil, das aus dem Iran stammt. Ahmed und einige andere Bandmitglieder haben einen türkischen Migrationshintergrund. Ska Oriental war oftmals im Rahmen von Veranstaltungen »gegen Rassismus und gegen Sexismus« aufgetreten – ein politisches Engagement, mit dem vor allem das

Mukuz viele Auftritte und Projekte verbindet und organisiert. Und schließlich war es eine Besonderheit, erklärte Sophie, »dass halt alle, also dass eben alle mit Ausnahme von Ahmed alle Mädels sind und alle Instrumente spielen.« Ansonsten übernähmen Frauen in Bands meistens nur die Rolle der Sängerinnen und Männer spielten die Instrumente. In der Band Ska Oriental spielten die Frauen Schlagzeug, Bass, Gitarre, Tenor- und Alt-Saxophon. Dabei ginge es ihrer Band nicht um große Worte, sondern um das Schaffen von Fakten, unterstrich Sophie:

> »Dass wir es irgendwie gar nicht groß ansprechen, sondern einfach machen und zeigen, also das geht auch und geht vielleicht auch, und für manche ist es irgendwie – vielleicht nicht eine Vorbildfunktion, aber so eine Idee, also dass das nicht unnormal ist oder so, dass es halt ganz natürlich sein soll.«

In ihrem Fazit kommt eine Ambivalenz zum Tragen. Einerseits wird ein Faktum unterstrichen: Es ist »nicht unnormal«, so zu agieren. Andererseits wird eine Forderung erhoben: Es »soll natürlich« sein, dass eine Band agiert wie Ska Oriental, demnach ist es (noch) nicht selbstverständlich und vielmehr doch »unnormal«. Und doch nicht so ganz einfach, und das macht das Besondere der Band aus: ihre ungewöhnliche Mischung in ihrer Zusammensetzung, in ihrer Musik und ihren Texten.

»Viel mitbekommen von den Jugendlichen« – Motive sozialen Engagements in der offenen Jugendarbeit

Ahmed war nicht nur als Musiker aktiv, sondern auch jahrelang Nutzer des offenen Bereichs des Mukuz. Bald schon arbeitete er in der Fahrradwerkstatt mit, die er dann selbst als Honorarmitarbeiter leitete. Die Fahrradwerkstatt liegt direkt im Eingangsbereich der Parterre-Etage des Mukuz, wo die offene Jugendarbeit stattfindet. Wer eintritt, kommt zwangsläufig an der Fahrradwerkstatt vorbei. Und das sind augenscheinlich viele Jugendliche. Sie kommen »einfach so, nur zum Gucken oder so alles mögliche am Fahrrad zu machen«. Ahmed benennt ein Charakteristikum der offenen Arbeit: Hier müssen sich Jugendliche nicht gezielt auf etwas einlassen und konzentrieren, sie können auch unverbindlich schauen. »Und wenn ich zum Beispiel meine Pause habe oder so und mal da sitze mit den Kollegen oder mich mit Jugendlichen unterhalte, da kommen da so Diskussionen raus. Dann diskutiert man wirklich mit den Jugendlichen«. Ahmed resümiert: »Also ich hab da richtig viel mitbekommen, auch über die Jugendlichen persönlich, also welche Musik die hören. Also manche haben wirklich sehr viele Freundschaften geknüpft hier«. Ahmed hat viel über die Jugendlichen erfahren, das ist ihm wichtig. Und zwischen den

Jugendlichen und ihm, das ist die latente Botschaft, gibt es Parallelen. Sie nutzen das Mukuz als offene Anlaufstelle, für sie kann sich hier etwas ergeben, und für Ahmed hat sich im Mukuz vielerlei ergeben, für seine musikalische Ausbildung und Weiterentwicklung wie auch seine berufliche Orientierung.

»Mehr als nur ein Zufall« – Reflektion zum Diskurs um Geschlechterkonstruktionen

In Deutschland gibt es einen engen Zusammenhang zwischen dem Bildungserfolg Jugendlicher und ihren Partizipationschancen.[11] Jugendliche mit Migrationshintergrund, die in sozialstrukturell benachteiligten Regionen aufwachsen und geringere Bildungsförderung erhalten, haben weniger Chancen zu partizipieren. Die Mitarbeiter_innen des Mukuz wollen mit ihrem Engagement in der offenen Jugendarbeit und in der Kooperation mit Schulen dagegen halten. Einzelne Jugendliche wie Ahmed wissen diese Förderangebote für sich zu nutzen. Was Ahmed als bloßen Zufall bezeichnet, entspricht den Zielsetzungen des Konzepts der kulturellen Bildung des Mukuz: Jugendlichen durch das Angebot von Workshops einen Zugang zum Musizieren zu ermöglichen.[12] Darüber hinaus gab es eine Sonderfinanzierung der türkischen Musikschule, von deren kostenlosem und niedrigschwelligem Förderprogramm Ahmed profitieren konnte. Diese Sondermittel sind mittlerweile aufgrund kommunaler Sparzwänge gestrichen worden, das Angebot existiert nicht mehr.[13]

Ahmed gibt ein Beispiel für einen unkonventionellen Grenzgänger. Was er selbst lakonisch als bloßen Zufall beschreibt, sind nicht nur günstige Rahmenbedingungen, die er im Mukuz vorfand. Es ist seiner eigenen Initiative zu verdanken, dass er – nicht nur auf musikalischer Ebene – Neuland betrat, indem er sich auf den Musikunterricht am Schlagzeug und an der Saz einließ und indem er um Aufnahme in eine Band bat, die bis dahin nur aus Mädchen beziehungsweise jungen Frauen bestand und dort Ska-Musik kennen und spie-

---

[11] *Jugend, Partizipation und Migration. Orientierungen im Kontext von Integration und Ausgrenzung,* hrsg. von Thomas Geisen und Christine Riegel, Wiesbaden 2007.

[12] Elke Josties, »Musik in der Kooperation von Jugendkulturarbeit und Schulen«, in: *Jugend, Musik und Soziale Arbeit. Anregungen für die sozialpädagogische Praxis,* hrsg. von Burkhard Hill und Elke Josties, Weinheim/München 2007, S. 63–76.

[13] Es ist bemerkenswert und eigentlich ein Skandal, dass Berlin einerseits mit seiner kulturellen Vielfalt wirbt und andererseits an solchen Stellen, wo es um kontinuierliche niedrigschwellige und verlässliche interkulturelle Musikförderung geht, verhältnismäßig geringe Summen öffentlicher Mittel einspart.

len lernte. Die Existenz dieser Band ist ebenfalls nicht dem Zufall geschuldet, sondern Ergebnis einer konsequent gendersensiblen Bandförderung im Mukuz sowie der Eigeninitiative einer Gruppe von Mädchen. Ska Oriental gründete sich im Anschluss an einen Schulworkshop als sogenannte Mädchenband und wurde in den ersten Jahren ihres mittlerweile fünfjährigen Bestehens von einer Mitarbeiterin des Mukuz gecoacht. Gemeinsam mit dieser Band entwickelte Ahmed ein musikalisches Crossover, bei dem er auf ganz besondere Weise mit der Saz die orientalische Musiktradition seiner Herkunftsfamilie zum Ausdruck bringen konnte. Dies war für alle Beteiligten nicht nur musikalisch bereichernd, sondern in hybridem Sinne Identität stiftend.

Im Gegensatz zu Dragan orientierte sich Ahmed nicht an erfolgreichen männlichen Vorbildern. Ahmed wirkt in seinem betont höflichen Verhalten zurückgenommen und ist dennoch durchsetzungsfähig. Er bastelt seinen eigenen Weg, doch er verfolgt damit keine ehrgeizigen Karriereziele. Ahmed betrachtet sich im Gegenteil als abhängig von Zufällen, Förderangeboten und Entscheidungen Dritter. Aber er setzt eigene Akzente – sei es mit der unkonventionellen Rolle in der Band oder mit seinem Engagement für Jugendliche in der offenen Fahrradwerkstatt.

Zusammenfassung und Ausblick

Dichotome Geschlechterkonstruktionen können im Kontext einer gendersensiblen Jugendkulturarbeit aufweichen. Selbst in der männlich dominierten HipHop-Szene gibt es schon seit längerem eine gezielte Mädchen- und Frauenförderung und mittlerweile auch erfolgreiche weibliche Szeneakteurinnen und Vorbilder.[14] Dennoch zeigt Dragans Beispiel, dass die HipHop-Szene, so wie sie im szeneorientierten Projekt seines Jugendkulturzentrums etabliert ist, hauptsächlich männliche Vorbilder und Karrieremodelle bietet. Die Förderung der Mädchen im HipHop erhält im Vergleich hierzu eher einen Ausnahmecharakter. Dragan nutzt diese Form des männerbezogenen Empowerments auf seine Weise. Er ist kein bloßes Abbild seiner Vorbilder, sondern bastelt seinen eigenen Weg. Er nutzt Musik als gestalterisches Mittel des Selbstausdrucks wie auch als eine potentielle Nebenerwerbsquelle, wenn er – mittlerweile nicht nur ehrenamtlich, sondern auch gegen Honorare – in Jugendprojekten und an Schulen Rapworkshops anleitet. Dabei zeigt er zunehmend pädagogischen Ehrgeiz, wenn er zum Beispiel gendersensible Angebote zu entwickeln versucht. Das Beispiel Ahmeds zeigt, dass Geschlech-

[14] Vgl. Rohmann (Hrsg.), *Krasse Töchter. Mädchen in Jugendkulturen.*

terdifferenzen in günstigen Konstellationen nachrangig bedeutsam sein können. Statt Geschlechterstereotype und soziale und kulturelle Differenzen zu manifestieren, werden sie de facto durch unkonventionelles und Grenzen überschreitendes Verhalten aufgeweicht. Davon profitieren Jugendliche wie Ahmed, indem sie Neuland betreten, sozial, kulturell und auch und gerade musikalisch.

Die Übergangsphase vom Jugend- ins Erwachsenenalter erlaubt es jungen Männern wie Dragan und Ahmed, sich auf vielfältige Weise zu erproben. Zugleich birgt diese Phase die Herausforderung, sich orientieren und positionieren zu müssen. Es gilt, dem verstärkten Druck einer Verdichtung der Jugendphase im Sinne einer Verkürzung der schulischen, hochschulischen und beruflichen Ausbildungszeiten bei zeitgleichem Wachsen und verstärkter Differenzierung der Lernanforderungen standzuhalten[15] beziehungsweise eine eigene authentische Position entgegenzuhalten. Dragan wählte bisher einen szene- und leistungsorientierten Weg, bei dem Musik der eigenen Qualifizierung dient.[16] Ahmed orientierte sich beruflich pragmatisch und erlaubte sich darüber hinaus in einem gewissen Spielraum Experimente, die ihm Freude im Hier und Jetzt bereiten – wie seine Musikband Ska Oriental und sein grünes Fahrrad auf der Bühne.

Perspektivisch sollte Jugendkulturarbeit und Jugendforschung keine dichotomen Geschlechterdifferenzen reproduzieren, sondern im Gegenteil die Vielfalt jugendlicher Geschlechterkonstruktionen, wie sie bereits im Alltag praktiziert oder angelegt ist, aufdecken und fruchtbar machen. Dabei sollte die Kategorie Geschlecht jedoch nicht isoliert betrachtet werden. Gerade wenn es um Erfahrungen von Diskriminierung geht, können sich verschiedene Formen der Diskriminierung aus mehreren Gründen[17] auf eine Person vereinen. Musik erhält in jugendkulturellen Projekten unterschiedliche symbolische Bedeutung und hilft, kreative Potenziale bei den Jugendlichen zu entfalten:

---

[15] Vgl. Christian Lüders, »Entgrenzt, individualisiert, verdichtet. Überlegungen zum Strukturwandel des Aufwachsens«, in: *Jugendliche zwischen Aufbruch und Anpassung*, hrsg. vom Sozialpädagogisches Institut im SOS-Kinderdorf (= SOS-Dialog 2007), München 2007, S. 4–10.

[16] Vgl. Josties, *Szeneorientierte Jugendkulturarbeit*.

[17] Vgl. die aktuellen theoretischen und pädagogischen Diskurse um Intersektionalität, in denen die zu berücksichtigenden Kategorien der Differenz unterschiedlich gehandelt werden. In den Fallbeispielen von Ahmed und Dragan sind vor allem die Kategorien Klasse, Geschlecht, Ethnizität und Kultur für ihre spezifische gesellschaftliche Positionierung bedeutsam.

Sie bietet ihnen Anlass und Motivation für szeneorientiertes Empowerment und für neuartige Begegnungen, bei denen Jugendliche die Chance haben, stereotype Geschlechterbilder aufzubrechen und hybride musikalische Ausdrucksformen zu kreieren.

Judith Müller
Inszenierung von Musik und Männlichkeiten
Ein gendersensibler Blick auf die Kinder- und Jugendbandarbeit[1]

Abasi (18 Jahre) zählt ein, und die Band beginnt, ihren selbstkomponierten Song zu spielen: »arkadaşım« – meine Freundin. Der HipHop-Beat und der groovige Basslauf fordern zum Tanzen auf. Hülya (15 Jahre) spielt mit der Gitarre eine lyrische orientalische Melodie dazu, und die Klarinette antwortet mit einer passenden Phrase. Zeynep (16 Jahre) fängt an, den Text zu singen, bricht aber gleich darauf wieder ab. Zwei jüngere Mädchen, Kübra und Danica, 9 und 10 Jahre alt, drücken sich die Nasen an der Glasscheibe platt, die den Bandraum vom offenen Bereich des Jugendkulturzentrums trennt. Sie gestikulieren wild und, nachdem Zeynep ihnen die Tür geöffnet hat, fragen sie, ob sie zugucken dürfen. »Ja, setzt Euch da hin«, antwortet Zeynep und zeigt auf die Stühle am Ende des Raumes. Die beiden Mädchen folgen der Aufforderung und bestaunen mit großen Augen die älteren Jugendlichen, ihre Vorbilder. In der *Kreuzberger Musikalischen Aktion e. V. (KMA e.V.)*, einem multimedialen und interkulturellen Jugendzentrum in Berlin Kreuzberg, ist der Bandraum lediglich durch eine Glaswand vom offenen Bereich getrennt. Die Bands, die dort spielen, können von allen Besucher_innen gesehen werden: Nadja (15 Jahre) setzt sich mit ihrem Bass auf einen Stuhl: »Können wir endlich mal weiterspielen? Wir sind schon eine Stunde da und haben noch gar nichts richtig gespielt.« Marta (15 Jahre) an der Klarinette stimmt ihr zu. Abasi zeigt seine Zustimmung, indem er anfängt einzuzählen. »Arkadaşım« ertönt zum zweiten Mal. Nach kurzer Zeit können sich die beiden Besucherinnen nicht mehr auf den Stühlen halten und fangen an zu tanzen. Ein Kollege winkt mir auf der anderen Seite der Glaswand zu, er möchte mich kurz sprechen, und ich verlasse den Raum für einige Minuten. Als ich wiederkomme, sitzt die kleine Kübra am Schlagzeug und Zeynep singt mit Danica den Song von Adele »Rolling in the Deep«. Ich freue mich über diesen Austausch, die Offenheit der Älteren den Jüngeren gegenüber und über die äl-

---

[1] Für diesen Text habe ich Inhalte meiner Diplomarbeit benutzt: *TrainerInnenkompetenzen in der kulturellen Bildungsarbeit mit Mädchen in Rockbands*, Freie Universität Berlin, 2007.

teren Mädchen, die so selbstbewusst mit den Instrumenten umgehen und zum Vorbild für die jüngeren Mädchen werden.

Seit 12 Jahren coache ich, Musikerin und Diplom-Sozialpädagogin, Kinder- und Jugendbands im Rahmen der Kinder- und Jugendkulturarbeit[2] in Berlin. Die Kinder und Jugendlichen, die das Bandangebot wahrnehmen, kommen aus der Umgebung. Viele von ihnen haben noch nie ein Instrument gespielt, aber sie wollen mit anderen Kindern und Jugendlichen eine Band gründen und populäre Musik spielen. Das Bandangebot in der *KMA e. V.* ist kostenlos und die Besucher_innen müssen keine Vorkenntnisse mitbringen. Das Haus beherbergt sechs Proberäume mit Musikequipment und zwei Musikstudios, die unter professioneller Anleitung von Kindern und Jugendlichen genutzt werden können. Dieses Angebot ist einmalig im Bezirk und die Nachfrage groß. Lerninhalte im Bandcoaching sind u. a. die Vermittlung des Instrumentalspiels, das Komponieren eigener Songs sowie das Zusammenspiel. Wenn die Band im Verlauf der Proben einige Stücke gemeinsam spielen kann, organisiere ich die ersten Auftrittsmöglichkeiten im Rahmen von Kinder- und Jugendveranstaltungen und Stadtteilfesten. Bei diesen ersten Auftritten und bei Studioaufnahmen begleite ich die Band.

Bandarbeit im Rahmen der Kinder- und Jugendförderung beinhaltet pädagogische Gruppenarbeit mit dem Ziel, die kommunikativen und sozialen Kompetenzen zu erweitern. Musik wird als Medium in der Sozialen Arbeit genutzt, weil sie emotionalen Ausdruck ermöglicht und gemeinsames Musikerleben Geselligkeit und Kommunikation fördert. Im aktiven Musizieren drücken Menschen sich aus und kommunizieren miteinander. Die Auseinandersetzung mit Musik und den gruppendynamischen Vorgängen in der Band bündeln die Aufmerksamkeit der Bandmitglieder auf einen gemeinsamen künstlerischen und sozialen Schaffensprozess. Die Ernsthaftigkeit des Arbeitsprozesses und der inhärente Aufforderungscharakter der Musik, sich einzubringen und sich

---

[2] Kinder- und Jugendkulturarbeit knüpft an den Interessen der Adressat_innen an und vermittelt wichtige Schlüsselkompetenzen wie beispielsweise Selbstvertrauen, Zuverlässigkeit, Kreativität, Kommunikations- und Teamfähigkeit. Diese Schlüsselkompetenzen wirken sich wiederum positiv auf die Persönlichkeitsentwicklung der Kinder und Jugendlichen aus und unterstützen sie in ihrer späteren beruflichen Karriere. Kulturelle Bildungsarbeit bietet alternative Lernfelder jenseits des formalisierten Lernens in Schulen. Die Adressat_innen werden hier aufgefordert, sich auszuprobieren und zu experimentieren. (Vgl. *Neue Wege der Anerkennung von Kompetenzen in der Kulturellen Bildung. Der Kompetenznachweis Kultur in Theorie und Praxis*, hrsg. von Vera Timmerberg und Brigitte Schorn (= Kulturelle Bildung 15), München 2009.

selbst auszudrücken, helfen Kindern und Jugendlichen auch in schwierigen Phasen, ›dran zu bleiben‹ und weiter zu arbeiten. Bei den Auftritten können sie ihre Fähigkeiten und das erarbeitete Produkt präsentieren und ernten dafür Bewunderung und Anerkennung. Das vermittelt ihnen ein positives Selbstgefühl und stärkt ihr Selbstbewusstsein.

Die Band von Abasi, Nadja, Marta, Zeynep und Hülya probt erst seit kurzem zusammen. Zwei der Musiker_innen habe ich bereits in anderen Bands betreut. Früher waren sie die ›Kleinen‹, mittlerweile gehören sie zu den ›Großen‹, haben zahlreiche Auftritte hinter sich und viel Erfahrung in der Bandarbeit. Jetzt beginnen sie, ihre Skills an die Jüngeren weiterzugeben. Die Band tritt regelmäßig bei Veranstaltungen und Straßenfesten auf. Demnächst werden die Jugendlichen ins hauseigene Studio gehen und drei ihrer selbstgeschriebenen Songs mit einem professionellen Toningenieur aufnehmen. Die Band spiegelt die kulturelle Vielfältigkeit des Bezirks wieder. Ein Teil der Jugendlichen hat einen Migrationshintergrund, der in Text und Musik sicht- und hörbar wird. Orientalische und westliche Elemente sind in der Musik verwoben. Die Songtexte sind zum Teil in türkischer und zum Teil in deutscher Sprache verfasst. Die Band hat ihren eigenen Sound gefunden, in dem sich die einzelnen Persönlichkeiten der Bandmitglieder ausdrücken. Hinsichtlich der Instrumentenwahl vermittelt die Band ein ungewohntes Bild:[3] Sie ist keine Mädchenband, da sie einen Jungen als Schlagzeuger hat, aber Bass, Gitarre und Klarinette werden von Mädchen gespielt, die sich selbstbewusst an den Instrumenten präsentieren.

Frauen und Mädchen in der Popularmusik

Mädchen und Frauen an Rockmusik-Instrumenten zu sehen, ist immer noch eine Seltenheit. In populären Musikvideos fällt auf, dass die Mehrzahl aller Instrumentalist_innen populärer Musikgenres nach wie vor männlichen Geschlechts sind. Gitarre, Bass und Schlagzeug scheinen immer noch selbstverständlich ›Männersache‹ zu sein. Bei der Produktion von Medien beziehungsweise Musikvideos spielt die Inszenierung von Geschlecht eine erhebliche Rolle: Die duale Geschlechterkonstruktion wird durch musikalische, narrative und visuelle Gestaltung permanent reinszeniert. Es dominieren archaische Männlichkeitsbilder und traditionelle konservative Geschlechterrollenklischees. Musikclips, die die heteronormative Geschlechterkonstruktion kritisch

---

[3] Zur Genderspezifik in der populären Musik und beim Pop-Lernen vgl. den Beitrag von Ilka Siedenburg »Der Weg zum Guitar Hero. Lernprozesse im Pop und männliche Identität« in diesem Band.

beleuchten oder davon abweichende Inszenierungen präsentieren, sind in der Minderzahl.[4] Aber auch im Fernsehen, vor allem in Soaps, ist die Darstellung von Geschlechterrollen zumeist stereotyp. Männer und männliche Figuren übernehmen weitaus häufiger die Hauptrollen, sie suggerieren Aktivität und Handlungsfähigkeit und bekleiden gesellschaftlich machtvollere Positionen – im Kontrast zu weiblichen Figuren, die eher passiv und auf den Mann bezogen dargestellt werden.[5]

Musik und Medien spielen, neben Schule und Familie, eine wichtige Rolle in der Sozialisation von Kindern und Jugendlichen. Die medial verbreiteten Geschlechtsstereotype von Mann und Frau, Junge und Mädchen haben erheblichen Einfluss auf die Sozialisation[6] und die Entwicklung der Geschlechtsidentität.[7] Besonders Jugendliche befinden sich im Prozess der Identitätsentwicklung[8] und experimentieren mit (Gender-)Rollen und Identitätsentwürfen, um ihre Identität in einem kreativen Prozess zu entwickeln. Der Umgang mit Medien, Musik und den dazugehörigen Jugendkulturen bietet Jugendlichen

[4] Vgl. Ute Bechdolf, »Puzzling Gender. Jugendliche verhandeln Geschlecht in und beim Musikfernsehen«, in: *Wozu Jugendliche Musik und Medien gebrauchen. Jugendliche Identität und musikalische und mediale Geschmacksbildung*, hrsg. von Renate Müller u. a., Weinheim 2002, S. 222–230.

[5] Vgl. Maya Götz, »Männer sind die Helden: Geschlechterverhältnisse im Kinderfernsehen«, in: *TelevIZIon* 12 (1/1999), S. 33–35.

[6] Sozialisation wird als Prozess verstanden, in dem sich der Mensch Normen, Werte und Handlungsmuster einer Gesellschaft aneignet und dadurch seine Handlungsfähigkeit und persönliche Identität erwirbt. Nach Klaus Hurrelmann ist Sozialisation kein passiver Prozess, der durch Anpassung gekennzeichnet ist, sondern wird als aktiver Prozess der Persönlichkeitsbildung beschrieben, in dem sich das Individuum in Auseinandersetzung mit der sozialen und dinglichen Umwelt seine Identität formt und am sozialen Leben nicht nur teilnimmt, sondern dieses auch mitgestaltet. Vgl. Klaus Hurrelmann, »Das Modell des produktiv realitätsverarbeitenden Subjekts in der Sozialisationsforschung«, in: *Zeitschrift für Sozialisationsforschung und Erziehungssoziologie 3* (1/1983), S. 91–103.

[7] »Geschlechtsidentität ist das Selbstkonzept einer Person, männlich oder weiblich (oder ein anderes Geschlecht) zu sein, es kann aber auch verwendet werden, um sich auf das Geschlecht zu beziehen, das andere Leute einem Individuum zuschreiben, meist auf körperlichem Aussehen, Sozialisierungsprozessen und kulturellen Werten basierend.« (Glossar Intersektionale Gewaltprävention, Stichwort »Gender«, online unter www.dissens.de/isgp/glossar.php, 12.04.2012).

[8] Identität bezeichnet das »Selbst« des Individuums. Nach Erikson ist Identität ein lebenslanger Prozess, der sich im Spannungsfeld der Bedürfnisse und Wünsche des Kindes als Individuum und den sich im Laufe der Entwicklung permanent verändernden Anforderungen der sozialen Umwelt entwickelt. Vgl. Erik H. Erikson, *Identität und Lebenszyklus*, Frankfurt/M. 1966, S. 136ff.

einen Rahmen und unterstützt sie in ihren Entwicklungsaufgaben. Jugendliche nutzen Musik und Medien auch, um sich gesellschaftlich zu verorten. Das selbstorganisierte Erwerben musikkultureller Kompetenzen wird als musikalische Selbstsozialisation bezeichnet und beinhaltet, sich einer selbst gewählten Musikkultur anzuschließen, deren Symbolwelt anzueignen und den dort praktizierten Lebensstil zu übernehmen. Indem Jugendliche sich einer Jugendkultur anschließen, die kulturellen Codes übernehmen und diese Kultur mitgestalten, nutzen sie dies gleichzeitig dazu, sich zugehörig zu fühlen, sich zu identifizieren und abzugrenzen.[9]

Sozialisation ist ein dynamischer Prozess. Die angebotenen Identifikationsmuster, Werte und Normen werden nicht bruchlos und unhinterfragt übernommen, sondern in einem diskursiven Aushandlungsprozess ausgewertet und wie in einem Puzzlespiel benutzt, um ein eigenes, individuelles Bild zu entwerfen.[10] Dieser Prozess findet in der dualen Genderkonstruktion der westlichen Gesellschaft statt. Sozialisation ist geschlechtsspezifisch: Jungen wird weitaus mehr außerhäusliche Exploration und Selbstkontrolle zugestanden als gleichaltrigen Mädchen, die stärker Fremdkontrollen durch die Familie ausgesetzt sind und deren außerhäusliche Exploration weitgehend unterbunden wird.[11]

Der pädagogische Auftrag in der Jugendkulturarbeit

Bandarbeit ist eines von vielen attraktiven Angeboten der Jugendkulturarbeit und findet überwiegend im Rahmen außerschulischer Jugendarbeit statt. Kindern und Jugendlichen werden Ressourcen und Unterstützung bei ihren Vorhaben ge-

---

[9] Vgl. Renate Müller u. a., »Zum sozialen Gebrauch von Musik und Medien durch Jugendliche. Überlegungen im Lichte kultursoziologischer Theorien«, in: *Wozu Jugendliche Musik und Medien gebrauchen. Jugendliche Identität und musikalische und mediale Geschmacksbildung*, hrsg. von ders. u. a., Weinheim 2002, S. 9–26.

[10] Ute Bechdolf, »Verhandlungssache Geschlecht: Eine Fallstudie zur kulturellen Herstellung von Differenz bei der Rezeption von Musikvideos«, in: *Kultur–Medien–Macht. Cultural Studies und Medienanalyse*, 3., überarb. u. erw. Aufl. hrsg. von Andreas Hepp und Reiner Winter, Wiesbaden 2006, S. 425–437.

[11] Vgl. Helga Bilden, »Geschlechtsspezifische Sozialisation«, in: *Handbuch Sozialisationsforschung*, hrsg. von Klaus Hurrelmann, Weinheim 1991, S. 279–301. Anmerkung Hrsg.-Team: Noch in der 7., vollst. überarb. Auflage des Handbuchs stellt Hannelore Faulstich-Wieland in ihrem Artikel »Sozialisation und Geschlecht« fest, dass Jungen eher rivalitätsorientierte Wettkampfspiele bevorzugen, während Mädchen kooperative, auf Gemeinsinn und Verkleidung basierende Spielformen präferieren (Basel 2008, S. 240–253).

boten, eine Band zu gründen, regelmäßig zu proben, Tonaufnahmen zu machen und aufzutreten. Die hohe Affinität von Kindern und Jugendlichen zu Musik und Jugendkulturen wird genutzt, um mit Jugendlichen pädagogisch, im Sinne des KJHG, SGB VIII,[12] zu arbeiten. Immanente Aufgaben der Jugendarbeit sind u. a., Jugendlichen Differenzerfahrungen zu ermöglichen, sie in ihrer Persönlichkeitsbildung ganzheitlich zu unterstützen, ihre sozialen, kreativen und medialen Kompetenzen zu fördern und Entfaltungsräume bereitzustellen. Unterschiedliche Interessen und Bedürfnisse, kulturelle und religiöse Orientierungen, Milieus und Lebenswelten der Kinder und Jugendlichen müssen in der Arbeit berücksichtigt werden. Die Arbeit soll sich an den Erfahrungen, Erlebnissen und Bedürfnissen der Adressat_innen orientieren (Stichwort: Lebensweltorientierung).[13]

Eine Querschnittsaufgabe in der Jugendarbeit ist die Realisierung der Leitlinien des Gender Mainstreaming. Im Sachverständigenbericht des Europarates von 1998 wird Gender Mainstreaming wie folgt beschrieben: Gender Mainstreaming besteht in der (Re-) Organisation, Verbesserung, Entwicklung und Evaluierung der Entscheidungsprozesse, mit dem Ziel, dass die an politischer Gestaltung beteiligten Akteur_innen den Blickwinkel der Gleichstellung zwischen Frauen und Männern in allen Bereichen und auf allen Ebenen einnehmen.[14] Gleichstellung ist auch in einer chancengerechten pädagogischen Arbeit mit Mädchen und Jungen ein substanzielles Teilziel geworden. Das Instrument Gender Mainstreaming kann dazu beitragen, dass die gesetzlichen Vorgaben und Zielstellungen der Gleichstellungspolitik auch in der Jugendarbeit unter verbindlicher Beteiligung aller Fachkräfte umgesetzt werden.

Chancengerechte und geschlechtsbewusste Bandarbeit beinhaltet z. B. »tradierte Geschlechterbilder von Kindern und Jugendlichen zu irritieren«[15], Ju-

---

[12] KJHG, SGB VIII ist das Sozialgesetzbuch zur Kinder- und Jugendhilfe. In §11 werden die Aufgaben der Jugendarbeit festgelegt (vgl. Sozialgesetzbuch (SGB) – Achtes Buch (VIII) Kinder- und Jugendhilfe, Artikel 1 des Gesetzes vom 26. Juni 1990, BGBl. I, S. 1163.

[13] Vgl. Werner Thole, *Kinder- und Jugendarbeit: Eine Einführung*, Weinheim/München 2000.

[14] Ulrich Mückenberger/Karin Tondorf/Gertraude Krell, *Gender Mainstreaming – Informationen und Impulse*, 2. Aufl. hrsg. vom Niedersächsisches Ministerium für Frauen, Arbeit, und Soziales, Hannover 2001, S. 5

[15] Sozialpädagogisches Fortbildungsinstitut Berlin Brandenburg, Powerpoint-Präsentation zu Gender Mainstreaming in der Kinder- und Jugendarbeit, online unter www.berlin.de/imperia/md/content/basteglitzzehlendorf/abteilungen/jug2/gender_mainstream_kinder__u_jugendarbeit.pdf?start&ts=1264756819&file=gender_mainstream_kinder__u_jugendarbeit.pdf, 15.04.2012.

gendlichen Räume anzubieten, in denen sie gängige gesellschaftliche Normen bezüglich der Geschlechterrollen und des Geschlechterverhältnisses hinterfragen und mit Geschlechterrollen experimentieren können. Ferner ist auf Grund der Unterrepräsentanz von Mädchen in der Rockmusik eine geschlechtsspezifische Förderung von Mädchen an Rockmusikinstrumenten unabdingbar für die Chancengleichheit im Jugendbandbereich.

In der Praxis: Geschlechtergerechtigleit in aktuellen Bandangeboten der Jugendkulturarbeit?

Rockmusik ist ein männlich dominierter Bereich; auch zahlreiche Jugendmusikangebote spiegeln traditionelle Geschlechterklischees wider. Dabei werden diese Klischees nicht nur von Jugendlichen reinszeniert und reproduziert, sondern häufig auch von Pädagog_innen und Musiker_innen unhinterfragt übernommen, die mit Jugendbands arbeiten. So spricht Karl-Heinz Dentler in seinem Buch *Partytime* (2001)[16] über »Musikmachen und Lebensbewältigung« von Jugendlichen, ohne zu benennen, dass er die Interviews seiner Fallstudie ausschließlich mit Jungen durchgeführt hat und seine Analyse sich somit lediglich auf männliche Jugendliche beziehen lässt und nicht, wie im Buch beschrieben, auf Jugendliche im Allgemeinen.

In zahlreichen außerschulischen Jugendfreizeiteinrichtungen existiert ein Raum, der mit Rockmusik-Instrumenten ausgestattet ist und der Jugendlichen zur Verfügung gestellt wird, um in eigener Regie, manchmal auch mit Unterstützung eines Erwachsenen, zu musizieren. Dieser Raum wird fast ausschließlich von Jungen genutzt. Wenn eine pädagogische Betreuung für die Bands vor Ort vorhanden ist, ist das in den meisten Fällen ein Mann. In einigen Projekten wird von Bandtrainer_innen zusätzlich eine Mädchenband angeboten. In gemischtgeschlechtlichen Bands, vor allem an den Instrumenten, sind Mädchen jedoch unterrepräsentiert. Mädchen in der Bandarbeit sind immer noch ein ›Sonderfall‹. Das wird bereits auf sprachlicher Ebene durch den existierenden Terminus »Mädchenband« deutlich gemacht. Indem hier eine geschlechtliche Markierung stattfindet, die wie in vielen anderen sogenannten Männerdomänen, beispielsweise im Fußball, das Anders-Sein nach Außen hin sichtbar macht. Männlichkeit wird demnach zum Prinzip, zum allgemeinen Maßstab hochstilisiert. Die meisten Jugendbands, die in den Kellern der Jugendprojekte

---

[16] Karl-Heinz Dentler, *Partytime: Musikmachen und Lebensbewältigung. Eine lebensgeschichtlich orientierte Fallstudie der Jugendarbeit* (= Forschung Erziehungswissenschaft 146), Opladen 2001.

proben, sind Jungenbands, werden aber nicht speziell als solche bezeichnet. In der Bandarbeit nehmen Jungen die Instrumente selbstverständlicher und selbstbewusster ›in Beschlag‹ als Mädchen. Mädchen sind meist zögerlicher und schätzen ihre eigenen Leistungen an Rockmusik-Instrumenten von vornherein schlechter ein. Arbeiten zu weiblicher Adoleszenz geben Aufschluss darüber, warum Mädchen zögerlicher sind und den Jungen eher den Vortritt lassen. So sind Karin Flaake und Vera King[17] der Ansicht, dass aufgrund der gesellschaftlichen Bedingungen, in denen Mädchen aufwachsen, die Adoleszenz für sie hinsichtlich einer selbstbestimmten Lebensgestaltung und der Verwirklichung ihrer Potentiale weit weniger Chancen bietet.

Zwei Faktoren haben in der Sozialisation von Mädchen besonderen Einfluss:[18]

- Die gesellschaftlichen Bedingungen, die eine Abwertung und Sexualisierung des Weiblichen beinhalten, somit den Mädchen die aktive Aneignung ihres Körpers erschweren und sie in eine Abhängigkeit drängen, in der sie die Bestätigung körperlichen Selbstgefühls durch den Mann suchen. Und daraus folgend:
- Die Tendenz, dass sich Mädchen in der Adoleszenz in ihren eigenen Leistungen und Fähigkeiten zurücknehmen und gleichzeitig männliche Fähigkeiten höher bewerten. Damit entsprechen sie den geforderten Erwartungen der Gesellschaft, dass Mädchen sich auf Beziehungsarbeit konzentrieren und sich über ihre Attraktivität statt über ihre Kompetenzen definieren.

Auch Jungen sind der Überzeugung, dass sie auf Grund ihres Geschlechts besser Gitarre oder Schlagzeug spielen können als Mädchen. Es fällt ihnen schwerer, die Kompetenzen der Mädchen vorbehaltlos anzuerkennen, ohne sie abzuwerten. Erfahrungsgemäß kommt es bei Proben von Mädchenbands häufig zu Störungen durch Jungen, wie z. B. durch das Öffnen der Probenraumtür, durch abwertende Bemerkungen und sexistische Beleidigungen bis hin zu körperlichen Übergriffen.[19]
In gemischtgeschlechtlichen Gruppen lassen Mädchen u. a. aus diesen Gründen Jungen den Vortritt an den begehrten Instrumenten wie Schlagzeug, Key-

---

[17] Vgl. Katrin Flaake/Vera King, »Psychosexuelle Entwicklung, Lebenssituation und Lebensentwürfe junger Frauen. Zur weiblichen Adoleszenz in soziologischen und psychoanalytischen Theorien«, in: *Weibliche Adoleszenz. Zur Sozialisation junger Frauen*: hrsg. von dens., Frankfurt/M./New York 1995, S. 13–39, hier S. 30ff.
[18] Vgl. Flaake/King, »Psychosexuelle Entwicklung«, S. 29ff.
[19] Von Judith Förner interviewte Mädchenbandtrainerinnen berichten von ähnlichen Vorgängen, vgl. Judith Förner, *Musikalische Mädchen(t)räume. Die Bedeutung weiblicher Adoleszenz für die Ausbildung musikalisch künstlerischer Produktivität*, Herbolzhein 2000.

board oder Gitarre. Fehlen dem Bandtrainer oder der Bandtrainerin Gender-Kompetenzen, besteht die Gefahr, dass sie das Zögern oder die Unsicherheit der Mädchen nicht bemerken oder mit Desinteresse verwechseln. Dann bleibt für Mädchen in diesem Bandtraining oft das bei den Jungen weniger beliebte Singen übrig. Dabei sind Mädchen nicht weniger motiviert, an den Instrumenten zu musizieren als Jungen. Gendersensible Musikarbeit bedeutet, diese Umstände nicht als gegeben hinzunehmen.[20]

Mädchenförderung in der Kinder- und Jugendbandarbeit

Mädchen sind in der Rockmusik unterrepräsentiert. Folgende Gründe spielen eine maßgebliche Rolle:

- Geschlechtsspezifische Sozialisation;
- Fehlende weibliche Rollenvorbilder in der Rockmusik;[21]
- Männliche Dominanz im Bereich (Rock-)Musik.[22]

Seit den 1990er-Jahren wurde die Unterrepräsentanz von Mädchen an Rockmusikinstrumenten durch Musiker_innen, Pädagog_innen und Wissenschaftler_innen analysiert und der Bedarf einer Frauenmusikförderung festgestellt – mit dem Ergebnis,

> »dass Mädchen prinzipiell in jedem Bereich der Popmusik agieren können und – je nach Fallspezifik – auch wollen. Jedoch bedarf es geschlechtsbezogener Förderung, um den Zugang zum Musizieren zu erleichtern, u. a. Raum zum Experimentieren für Mädchen, weibliche Vorbilder, beziehungsweise musikalische Anleiterinnen, Berücksichtigung der Interessen und des Musikgeschmacks der Mädchen.«[23]

---

[20] Vgl. Elke Josties, »Musik in der Arbeit mit Mädchen. Raus aus der Nische, weg von den Sondertöpfen.«, in: *Handbuch Musik in der sozialen Arbeit*, hrsg. von Theo Hartogh und Hans Hermann Wickel, Weinheim 2004, S. 345–358, hier S. 353.
[21] Nicht nur die Unsichtbarkeit von Frauen an Rockmusikinstrumenten bei MTV, sondern auch das Fehlen von Rockmusikerinnen im Amateurrockbereich belegen das Fehlen von weiblichen Rollenvorbildern in der Rockmusik, vgl. Reiner Niketta/Eva Volke, *Rock und Pop in Deutschland. Ein Handbuch für öffentliche Einrichtungen und andere Interessierte*, Essen 1993.
[22] Gillian Gaar dokumentiert die Existenz von Frauen als Instrumentalistinnen in der Rockmusik seit Anbeginn der Rockmusikgeschichte und zeigt auf, dass sie mit erheblich mehr Hürden und Widerstand durch Produzenten und Techniker konfrontiert waren und immer noch sind, vgl. Gillian Gaar, *Rebellinnen. Die Geschichte der Frauen in der Rockmusik*, Hamburg 1994.
[23] Elke Josties, »Mädchen, populäre Musik und musikalische Praxis, Fallstudien aus

Elke Josties (2004) formuliert Rahmenbedingungen, die gegeben sein müssen, damit auf eine Chancengleichheit im Rockmusikbereich hingearbeitet werden kann:

- Erleichterter Zugang zum Musikbereich für Mädchen: Josties fordert, Räume und technische Ressourcen zu bestimmten Zeiten ausschließlich für Mädchen bereitzustellen und die Räume so zu gestalten, dass Mädchen sich dort sicher fühlen.[24]
- Fachkräfte mit Genderkompetenzen: Geschlechtsspezifische Arbeitsteilung, wie z. B. die Bedienung der Technik, und tradiertes Genderrollenverhalten sollten dabei in Frage gestellt werden.[25]
- Förderangebote für Mädchen und Frauen: Damit sind vor allem geschlechtshomogene Angebote gemeint, deren Anleitung von Musikerinnen übernommen werden soll, damit durch das Rollenvorbild der Trainerin die Mädchen ermuntert werden, sich im Bereich populäre Musik auszuprobieren.[26]

Methoden zur Stärkung von Genderkompetenzen in der Bandarbeit

Zusätzlich zur Schaffung grundlegender Rahmenbedingungen, die Geschlechtergerechtigkeit in der Bandarbeit realisieren soll, ist es erforderlich, inhaltlich und methodisch zu arbeiten. Sowohl in gemischtgeschlechtlichen als auch in homogenen Bands ist es notwendig, Raum für Auseinandersetzungs- und Aushandlungsprozesse zu schaffen, um stereotypes Denken und Handeln aufzudecken und zu verändern. Die Teilnehmer_innen tragen Werturteile, Stigmatisierungen und Stereotypisierungen ihrer Lebenswelten in die Band. In der Regel tauchen die Inhalte durch Auseinandersetzungen, beim Musikmachen oder als Thema in den selbstgeschriebenen Songtexten auf. In der Bandarbeit können Pädagog_innen gezielt zum Thema Gender arbeiten, statt tradierte Genderrollen zu reproduzieren. Voraussetzung dafür ist Genderkompetenz der Anleiter_innen und der Einsatz passender pädagogischer Methoden in der Arbeit mit den Bands.

Vor und nach jeder Probe werden bandrelevante Themen gemeinsam besprochen. Dies schafft Struktur für Aushandlungsprozesse in der Bandprobe und bietet somit auch einen Rahmen für die Auseinandersetzung mit dem Querschnittsthema Gender. Eine Band hat viele gemeinsame Entscheidungen zu fällen und mit Konflikten umzugehen: von der Frage »Welchen Bandna-

der Jugendarbeit«, in: *Wozu Jugendliche Musik und Medien gebrauchen. Jugendliche Identität und musikalische und mediale Geschmacksbildung*, hrsg. von Renate Müller u. a., Weinheim 2002, S. 208–221, hier S. 218.

[24] Vgl. Josties, »Musik in der Arbeit mit Mädchen«, S. 352.
[25] Vgl. ebd., S. 355.
[26] Vgl. ebd., S. 354.

men geben wir uns?« bis hin zu Auseinandersetzungen über den Musikstil und das Engagement der Einzelnen in und für die Band. Hier werden auch Themen wie Mobbing, Ungerechtigkeit, unterschiedliche Lebenswelten und Lebensbedingungen von Menschen und der Umgang mit Individualität und Differenzen angesprochen. Die Rolle der Bandtrainer_in ist hauptsächlich die der Moderator_in. Aufgabe ist es, allen zu ermöglichen, an den Kommunikationsprozessen teilzunehmen, dafür zu sorgen, dass Konflikte fair ausgehandelt werden und ein gemeinsamer Umgang mit Differenzen und Befremdung gefunden wird. Die einzelnen Bandteilnehmer_innen lernen in diesen Gruppengesprächen, widersprüchliche Bedürfnisse und Wünsche offen zu diskutieren und auszuhandeln. Ziel ist es, dass die Band einen Raum schafft, in dem Unterschiede und der Umgang mit ihnen thematisiert werden. Dort haben die einzelnen Bandmitglieder die Möglichkeit, mit unterschiedlichen Verhaltensweisen, Identitätsentwürfen und Ansichten zu experimentieren, sowohl im musikalischen Prozess als auch in der Kommunikation über die Musik und das Gruppengeschehen in der Band. Das Experimentieren und Reflektieren in der Gruppe führt zu einem tieferen Verständnis füreinander und zu Respekt gegenüber den individuellen Identitätsentwürfen. Es entstehen neu erlernte Umgangsweisen miteinander.

Umgang mit Differenzen

Wenn der Raum für Aushandlungsprozesse und Auseinandersetzung geöffnet wird, muss dieser nicht auf das Thema Gender begrenzt bleiben. Gender ist eine von mehreren sozialen Kategorien und kann nicht isoliert betrachtet werden. In unserer westlichen Gesellschaft werden Differenzen in ein hierarchisches Wertesystem eingeordnet und prägen die Lebenswelten und Erfahrungen der Menschen. Soziales Milieu, ethnische Zugehörigkeit, Bildungsniveau, Staatsangehörigkeit, Aussehen und körperliche Fähigkeiten bilden gemeinsam mit dem sozialen Geschlecht einen Hintergrund, der die soziale Wirklichkeit der Kinder und Jugendlichen formt. Dieser Hintergrund bestimmt die Erfahrungen, die das Kind oder die Jugendlichen in der Gesellschaft machen, und beeinflusst ihr Handeln. In der pädagogischen Arbeit ist es unentbehrlich, diese unterschiedlichen Lebensbedingungen zu kennen und deren Auswirkungen mitzudenken, um Bedingungen zu schaffen, die allen Jugendlichen mit ihren Unterschieden einen Zugang zum Bandtraining ermöglicht und einen gleichberechtigten Umgang miteinander fördert. Arbeitsansätze wie der Diversity-Ansatz,[27] Ergebnisse der

---

[27] Vgl. Annedore Prengel, *Pädagogik der Vielfalt*, 3. Aufl., Wiesbaden 2006.

intersektionalen Ungleichheitsforschung[28] sowie intersektionale Methoden können ein neues Denken und eine neue Art des Umgangs mit Differenzen fördern und den Trainer_innen helfen, konstruktiv mit diesen umzugehen.

»Mädchen können nicht rappen!« (Mike, 10 Jahre)
Stereotype oder Diskriminierung aufgreifen und hinterfragen –
den richtigen Zeitpunkt wählen

Jede stereotype oder diskriminierende Aussage, jede geschlechtsspezifische Aufgabenteilung sollte zum Anlass für eine konstruktive Auseinandersetzung genommen werden. Diese Aussagen tauchen, wie schon erwähnt, nicht nur im Gruppengespräch, sondern oft auch im Arbeitsprozess oder in den selbstgeschriebenen Texten auf. Bisweilen ist es für den Fluss des Arbeitsprozesses ungünstig, diskriminierende Aussagen sofort zu thematisieren. Das gemeinsame Gespräch am Ende der Probe bietet eine Struktur, diese noch einmal aufzugreifen.

»Du siehst aus wie ein Junge, wenn du Schlagzeug spielst.«
(Claudia, 10 Jahre)
Alternatives Denken und Handeln der Jugendlichen erkennen und unterstützen

Geschlechtsidentität ist ein Prozess, der im frühen Kindesalter beginnt und von verschiedenen Einflüssen wie Familie, Medien, Institutionen etc. geprägt wird. In der Pubertät orientieren sich Kinder und Jugendliche aus der Sicherheit und Geborgenheit der Familie hinaus, um sich einen Platz in der Gesellschaft zu schaffen. Die Peergroup als Sozialisationsinstanz rückt in den Vordergrund. Kinder und Jugendliche können in dieser Gleichaltrigengruppe mit sozialen Regeln und Verhaltensweisen experimentieren und den Umgang mit Anderen lernen. Peergroups haben großen Einfluss auch auf die Geschlechtsidentität. Hier wird Geschlecht verhandelt, findet eine Auseinandersetzung

---

[28] »Intersektionale Ungleichheitsforschung befasst sich mit der Frage, wie sich unterschiedliche soziale Kategorien wie Geschlecht, soziale Klasse und Ethnizität, aber auch Sexualität, Nationalität, Behinderung auf gesellschaftliche Benachteiligungen oder Privilegierungen auswirken. Dabei werden die jeweiligen Kategorien nicht nebeneinander, sondern als ineinander verwobene gesehen, die sich je nach konkretem Kontext gegenseitig beeinflussen. So können sich verschiedene soziale Differenzen je nach Kontext verstärken oder abschwächen.« (Projekt Intersektionale Gewaltprävention, online unter www.dissens.de/isgp/index.php, 11.07.2012).

mit Geschlechterrollen statt und wird geschlechtsspezifisches Verhalten eingeübt.[29] Ablehnung durch die Peergroup kann zu großen Problemen führen und fatale Folgen für das Individuum haben.

Wenn in der Peergroup z. B. Schlagzeugspielen oder Breakdancen als unweiblich oder Singen von Liebesliedern als unmännlich definiert werden, hat das erheblichen Einfluss auf die Jungen und Mädchen dieser Peergroup. Wenn Mitglieder dieser Peergroup den Wunsch nach einem genderuntypischen Hobby entwickeln, müssen sie sich entscheiden, ob sie ihre Wünsche verwirklichen und damit Auseinandersetzungen in oder Ausschluss aus der Peergroup riskieren oder aber ihre geschlechtsuntypischen Hobbys zu Gunsten einer stabilen Stellung in der Peergroup aufgeben. Oft sind Kinder und Jugendliche, die sich gegen das Leben konservativer Geschlechterrollen entscheiden, verletzbarer und vermehrten Angriffen ausgesetzt. Für sie sind alternative Vorbilder und die Bestärkung ihrer Wünsche existentiell. Musikclips, die die heteronormative Geschlechterkonstruktionen kritisch beleuchten, sind – wie bereits erwähnt – marginal.[30] Trotzdem gibt es sie: Menschen, die sich in ihren Musikclips androgyn präsentieren,[31] mit uneindeutiger Geschlechtszugehörigkeit[32] spielen oder homoerotische Sexualität darbieten,[33] selbstbewusste, aktive Frauen, die zu Instrumenten greifen, Bands gründen, rappen[34] und damit Rollenvorbilder für Mädchen liefern, die selbst aktiv werden wollen.[35] Ihre Bedeutung für Kinder und Jugendliche, die sich nicht an den gängigen Geschlechterrollen orientieren wollen, ist groß.

Bandtrainer_innen sollten Mädchen und Jungen bestärken, die sich gegen genderstereotypes Verhalten entscheiden oder auf dem Weg dazu sind, indem sie ihre Wünsche unterstützen und konservative Geschlechterrollenklischees und stereotype Meinungen innerhalb der Band hinterfragen. Ziel sollte es sein, die Band als geschützten Erfahrungsraum zu gestalten, in dem sich die Kinder und Jugendlichen fern von Rollenerwartungen (selbst) finden können. Einen Raum, indem es in Ordnung ist, so zu sein, wie sie wollen, ohne darauf zu achten, ob ihr Verhalten unweiblich oder unmännlich ist. Beim Bandcoaching oder im HipHop-Studio könnte das z. B. heißen, Mädchen zum Rappen und

---

29   Vgl. Eleanor E. Maccoby, *Psychologie der Geschlechter – Sexuelle Identität in den verschiedenen Lebensphasen*, Stuttgart 2000, S. 208ff.
30   Vgl. Bechdolf, »Puzzling Gender«.
31   Z. B. Skin, Sarah Bettens.
32   Z. B. Marilyn Manson, Freddie Mercury, Le Tigre, The Gossip.
33   Z. B. Madonna, Lady Gaga, Sookee.
34   Z. B. MC Lyte, Missy Elliott, Mary J. Bildge, Queen Latifah, Salt-n-Pepa u. v. a.
35   Z. B. Ani DiFranco, Beyoncé, Linda Perry, Lauryn Hill, Pink, Tracy Chapman, Anouk u. v. m.

Abb. 1: Mädchen bei der Probenarbeit im Musikraum (© Judith Müller)

Instrumentalspiel und Jungen zum Singen zu ermutigen, Mädchen zu vermitteln, dass eine Selbstdefinition über die eigenen Fähigkeiten legitim ist und ihre Meinungen und Bedürfnisse wichtig sind. Jungen können lernen, dass sie sich nicht ständig beweisen müssen, indem sie einem hypermaskulinen Männlichkeitsideal entsprechen, und dass es befriedigend ist, sich wohlwollend und gleichberechtigt miteinander auseinander zu setzen.

»... wenn wir unsere eigenen Songs auf der Bühne spielen, bin ich viel stolzer, als wenn wir einfach nur covern.« (Leroy, 14 Jahre)
Kreativität und Eigenes fördern

Eigene Songs zu schreiben, ist eine gute Methode, sich von stereotypen Medienbildern wegzubewegen. Solange eine Band Songs covert, also einen Song nachspielt, den es bereits gibt, ist sie immer wieder mit dem Original beschäftigt. Wenn Kinder oder Jugendliche einen bekannten Hit nachspielen, haben sie gleichzeitig auch die Bilder des entsprechenden Musikclips vor Augen. Sie bemühen sich, das Stück so klingen zu lassen, wie das Original. Sie bewegen sich beim Spielen wie die Musiker_innen im Musikclip. Sobald Kin-

Abb. 2: Mädchen beim Auftritt auf einem Stadtteilfest in Berlin-Neukölln (© Judith Müller)

der und Jugendliche eigene Songs produzieren, schaffen sie aus sich selbst. Es entsteht ein intimes Produkt, das die Band und die Themen widerspiegelt, mit denen sie sich beschäftigt. Eine Band, die ihre eigenen Songs schreibt und ihren eigenen Musikstil findet, misst sich nicht an einem Original, sondern erschafft etwas Neues.

Musik machen ist ein kreativer Prozess. Es ist empfehlenswert, Kinder und Jugendliche von Anfang an so weit wie möglich an diesem Prozess zu beteiligen. Auf der musikalischen Ebene ist es für eine neue Band nicht einfach, Eigenes zu entwickeln. Die Meisten haben noch nie zuvor ein Instrument gespielt, sie sind zu Beginn der Arbeit nicht in der Lage, eigene Stücke zu komponieren und bedürfen daher der Vorschläge und Vorlagen der Bandtrainer_innen. Songtexte dagegen können sie selbstständig schreiben. Durch das Schreiben eigener Texte sind sie am kreativen (musikalischen) Prozess beteiligt und reproduzieren nicht nur das, was ihnen angeboten wird. Die Musik, die sie spielen, wird so zu ihrer eigenen.

»… ich und meine Kumpels wollen eine Band machen, so wie die Crazy Girlz« (Tim, 11 Jahre)
Fazit – Vorbilder

Als Tim mit diesen Worten vor einigen Jahren zu mir kam, war ich sehr bewegt. Die Crazy Girlz war die erste von mir gecoachte Band, bestehend aus sechs Mädchen. Die Mädchen begannen im Alter von 9 bis 11 Jahren mit ihrer Band, und ich habe ca. 5 Jahre mit ihnen gearbeitet. Die Band trat auf vielen Kiezfesten in Berlin auf und produzierte einen ihrer selbstgeschriebenen Songs im Studio. Tim ist der Cousin der Sängerin. Ich fand es beeindruckend, dass er keine bekannte männliche Popband zum Vorbild für seine eigene Band genommen hat, sondern die Band seiner Cousine.

Wenn wir Kinder und Jugendliche dabei unterstützen, im Bandkontext ihre Einzigartigkeit zu entwickeln, indem wir sie befähigen, eigene Songs zu schreiben und einen eigenen Musikstil zu erarbeiten, wenn wir Mädchen im Rockmusikbereich fördern, Genderstereotype hinterfragen und die kulturellen Ressourcen der Einzelnen in die Band einfließen lassen, dann schaffen wir gemeinsam mit der Band alternative Bilder und Vorbilder, die einen weiteren Kontrast zu den konventionellen Inszenierungen von Männlichkeit in modernen Musikclips bilden. Dies in der Anleitung von Kinder- und Jugendbands umzusetzen, erfordert eine hohe Genderkompetenz. Dem gegenüber können nachhaltige Veränderungen im Hinblick auf den Umgang mit Differenzen, Diskriminierungen und ungleichheitsfördernden Prozessen lediglich erreicht werden, wenn diese Maßnahmen von der Leitungsebene und dem pädagogischen Team der jeweiligen Einrichtung gewollt und unterstützt werden. Gleichstellung muss als Ziel im Leitbild der Organisation verankert sein und die Implementierung des Instruments Gender Mainstreaming als Top Down Prozess erfolgen.[36] Dafür bedarf es zeitlicher, finanzieller, fachlicher und fachpolitischer Ressourcen und nur dann kann es – wie im Bandbereich der *Kreuzberger Musikalischen Aktion* – gelingen, dass Mädchen durch die jahrelange Mädchenförderung im Rock-Popbereich etabliert sind oder Jungen eine ›Mädchenband‹ zu ihrem Vorbild wählen. Je selbstverständlicher dies für alle Beteiligten wird, desto größer die Wahrscheinlichkeit, dass auch im Musikbereich tradierte Männlichkeitskonzepte aufgebrochen werden.

---

[36] Vgl. www.gender-mainstreaming.net/gm/wissensnetz,did=16808.html, 29.04.2012.

Verzeichnis der Autor_innen

VERENA BARTH begann ihr Studium der Musikwissenschaft in Tübingen und zog später nach Schweden, um Trompetenunterricht zu nehmen. Sie promovierte 2007 in Göteborg mit einer Arbeit über die Trompete als Soloinstrument in der Kunstmusik Europas seit 1900. Es folgten Gastaufenthalte an mehreren Musikinstrumentenmuseen in Deutschland, Großbritannien, Norwegen und Schweden. Derzeit ist sie Postdoktorandin am Royal Conservatoire of Scotland in Glasgow und widmet sich einer Arbeit zur Trompete in der Geschlechterordnung. Sie war Redakteurin des *Euro-ITG Newsletters* und im Beirat der Europäischen Sektion der *International Trumpet Guild*.

IAN BIDDLE is a cultural theorist and musicologist, working on a range of topics in music- and sound-related areas. His work ranges from the cultural history of music and masculinity, theorising music's intervention in communities and subjectivities, sound, soundscapes and urban experience, and the politics of noise. He is author of *Music, Masculinity and the Claims of History: the Austro-German Tradition from Hegel to Freud* and co-editor, with Kirsten Gibson, of *Masculinity in Western Musical Practice*. He is co-founder and co-ordinating editor (with Richard Middleton) of the journal *Radical Musicology*.

MONIKA BLOSS beschäftigt sich seit vielen Jahren mit der Konstruktion von Geschlecht und Geschlechterverhältnissen am Beispiel der populären Musik. Sie veröffentlichte zahlreiche Aufsätze, unter anderem zu Geschlechterkonstruktionen im Videoclip, androgynen Images, Identitätsstrategien von Rockmusikerinnen in der DDR, zum Boy Group-Phänomen und Männlichkeitsbildern in populärer Musik Deutschlands. Nach mehrjährigen Lehrtätigkeiten, u. a. an der Humboldt-Universität und der Universität der Künste in Berlin sowie einer Gastprofessur an der Kunstuniversität in Graz, arbeitet sie gegenwärtig als Gastwissenschaftlerin an der Universität Oldenburg. Jüngst erschien unter ihrer Mitherausgeberschaft der Ausstellungskatalog zu *ShePOP*, einem Projekt im rock'n'popmuseum Gronau.

MALTE FRIEDRICH, Diplom-Soziologe, seit 2005 Leiter des Instituts für soziologische Meinungsforschung (IsoMe), forscht im Bereich der Kultursoziologie,

Stadtforschung und Umweltsoziologie. In seinem Dissertationsprojekt beschäftigte er sich mit dem Zusammenhang von populärer Musik, Imagination und Stadt, war von 1999 bis 2002 wissenschaftlicher Mitarbeiter im DFG-Forschungsprojekt »Korporalität und Urbanität. Die Inszenierung des Ethnischen am Beispiel Hip-Hop«, im Rahmen des Schwerpunktprogramms »Theatralität«. Auswahl an Veröffentlichungen: »Niemand kauft das Recht Musik zu hören. Performative Wertschöpfung in digitalen Zeiten«, in: *Akustisches Kapital. Wertschöpfung in der Musikwirtschaft*, hrsg. von Bastian Lange, Hans-Joachim Bürkner und Elke Schüßler, Bielefeld 2013; *Urbane Klänge. Popmusik und Imagination der Stadt*, Bielefeld 2010; »Skandalsuperstar. Die inszenierten Grenzüberschreitungen des Rappers Eminem«, in: *TV-Skandale*, hrsg. von Claudia Gerhards, Stephan Borg und Bettina Lambert, Konstanz 2005; zusammen mit Gabriele Klein, *Is this real? Die Kultur des HipHop*, Frankfurt/M. 2003.

MARION GERARDS, Musikwissenschaftlerin und Diplom-Sozialpädagogin; mehrjährige Berufstätigkeit als Sozialpädagogin vornehmlich im sozialpsychiatrischen Bereich; Studium der Musikwissenschaft, Soziologie und Pädagogik an der Universität zu Köln (M.A.); bis 2010 wissenschaftliche Mitarbeiterin am Sophie Drinker Institut Bremen und Lehrbeauftragte an diversen Hochschulen (Aachen, Köln, Frankfurt, Oldenburg); Promotion an der Universität Oldenburg mit einer Arbeit über *Die Musik von Johannes Brahms und der Geschlechterdiskurs im 19. Jahrhundert* (Köln 2010); 2010–2013 Professorin für »Soziale Arbeit und Musik« an der Hochschule für Angewandte Wissenschaften Hamburg, seit dem 1.9.2013 an der Kath. Hochschule NRW, Abt. Aachen.

KIRSTEN GIBSON is Lecturer in Music at Newcastle University, UK. She has published articles on John Dowland, early modern print culture and Elizabethan courtly lyrics in *Early Music History* (2007), *Journal of the Royal Musical Association* (2007), *Renaissance Studies* (2012) and *Early Music* (2013). She is also a contributor to *Concepts of Creativity in Seventeenth-Century England*, edited by Rebecca Herissone and Alan Howard (Boydell, 2013). She co-edited *Masculinity and Western Musical Practice* with Ian Biddle (Ashgate 2009), to which she contributed a chapter on melancholy, masculinity and music in early modern England, and they are currently co-editing a forthcoming collection, *Noise, Audition, Aurality: Histories of the Sonic Worlds of Europe, 1500–1918*, for Ashgate.

GERLINDE HAID (†) war seit 1994 bis zu ihrer Emeritierung im Jahr 2011 Professorin am Lehrstuhl für Geschichte und Theorie der Volksmusik an der

Universität für Musik und darstellende Kunst Wien und dort auch Leiterin des Instituts für Volksmusikforschung und Ethnomusikologie; sie studierte in Wien Musikerziehung und Germanistik (Lehramt) sowie Volkskunde und Musikwissenschaft (Doktorat), war von 1975–1989 Generalsekretärin des Österreichischen Volksliedwerkes in Wien und wurde nach Stationen als wissenschaftliche Assistentin in Wien und Salzburg an den Instituten für Volksmusikforschung beziehungsweise Musikalische Volkskunde 1994 Professorin in Wien; gemeinsam mit ihrem Mann, Prof. h.c. Dr. Hans Haid, gründete sie das Institut für Volkskultur und Kulturentwicklung in Innsbruck. Ihr Forschungsgebiet war die Volksmusik im Alpenraum, sie gab die *Schriften zur Volksmusik* und die *Innsbrucker Hochschulschriften, Serie B: Musikalische Volkskunde* heraus; ihre mit Hans Hais publizierte achtteilige CD-Edition MUSICA ALPINA zählt zu den Klassikern unter den Dokumentationen zur Volksmusik; als eine der ersten beschäftigte sie sich mit dem Thema »Frau und Volksmusik«; 2003 wurde sie mit dem Ehrenkreuz für Wissenschaft und Kunst erster Klasse der Republik Österreich ausgezeichnet, im Jahr 2010 mit dem Walter-Deutsch-Preis für ihre überragenden Leistungen auf dem Gebiet der Volksmusikforschung; Gerlinde Haid verstarb im November 2012.

FLORIAN HEESCH, Studium der Schulmusik, Instrumentalpädagogik, Musikwissenschaft, Musikpädagogik und Germanistik in Hannover, Köln und Göteborg; Promotion 2006 an Göteborgs Universitet zu August Strindbergs Dramen in der Oper. Seit 2007 Mitarbeit im Forschungsprojekt »Edda-Rezeption« (Institut für Skandinavistik, Goethe-Universität Frankfurt/M.), 2008–2011 im Forschungsprojekt »History/Herstory« (Hochschule für Musik und Tanz Köln). 2011–2013 Vertreter der Professur für Historische Musikwissenschaft am Forschungszentrum Musik und Gender, Hochschule für Musik, Theater und Medien Hannover; 2012–2013 außerdem Lehrtätigkeit an der Robert Schumann Hochschule Düsseldorf. Ab Oktober 2013 an der Universität Siegen. Mit Karin Losleben Herausgeber von *Musik und Gender. Ein Reader*, Wien u.a. 2012 (Musik – Kultur – Gender 10), mit Niall Scott, *Heavy Metal, Gender and Sexuality: Interdisciplinary Approaches* (Ashgate Popular and Folk Music Series) [Druck in Vorbereitung]

STEFAN HORLACHER ist Professor für Englische Literaturwissenschaft an der TU Dresden. Studium und Forschungsaufenthalte an der Universität Mannheim, der Université de Paris IV (Sorbonne), University of Strathclyde, Cornell University, Kent State University und der English and Foreign Languages University, Hyderabad. Wichtigste Publikationen: *Masculinities: Konzeptionen von Männlichkeit im Werk von Thomas Hardy und D.H. Lawrence.*

Tübingen 2006 (Habilitationspreis des *Deutschen Anglistenverbandes* 2004); *Visualität und Visualitätskritik im Werk von John Fowles*. Tübingen 1998; *Taboo and Transgression in British Literature from the Renaissance to the Present*, hrsg. mit S. Glomb u. L. Heiler. New York 2010; *»Wann ist die Frau eine Frau?« –»Wann ist der Mann ein Mann?« Konstruktionen von Geschlechtlichkeit von der Antike bis ins 21. Jahrhundert*. Hrsg. Würzburg 2010; *Constructions of Masculinity in British Literature from the Middle Ages to the Present*. Hrsg. New York 2011; *Post-World War II Masculinities in British and American Literature and Culture*, hrsg. mit Kevin Floyd, Farnham/Burlington 2013; *Metzler Handbuch Männlichkeitsforschung*, hrsg. mit Bettina Schötz und Wieland Schwanebeck. Stuttgart/Weimar (i. Dr.).

ELKE JOSTIES, Dr. phil., Diplom-Pädagogin, seit 2003 Professorin für Theorie und Praxis Sozialer Kulturarbeit (Schwerpunkt Musik) an der Alice Salomon Hochschule Berlin, langjährige Berufserfahrungen in der musikorientierten Jugendkulturarbeit, Praxisentwicklung und Forschungen zu Jugendkulturarbeit in Berlin und im euromediterranen Vergleich, Homepage: www.ash-berlin.eu/hsl/josties.

BIRGIT KIUPEL, Dr. phil., freischaffende Historikerin, Zeichnerin, Rundfunk-Autorin, Moderatorin; Studium der mittleren und neueren Geschichte, Philosophie und Literaturwissenschaft an der Universität Hamburg sowie der Visuellen Kommunikation an der Hochschule für Bildende Künste in Hamburg. Promotion im Fachbereich Geschichte der Universität Hamburg: *Zwischen Krieg, Liebe und Ehe – Studien zur Konstruktion von Geschlecht und Liebe in den Libretti der Hamburger Oper am Gänsemarkt (1678–1738)*, Freiburg 2010; Ausstellungen, Vorträge, Aufsätze, Lehraufträge, Radio-feature, Bücher zur Kultur- und Gender-Geschichte; außerdem Zeichnungen, Trickfilme, multi-mediale Konzerte und Liederabende (»Musikvermittlung«).

MARTIN LOESER, Dr. phil., studierte an der Universität und der Hochschule für Musik und Theater in Hannover katholische Kirchenmusik (B-Diplom 1998), Biologie und Schulmusik (Erstes Staatsexamen 1999), darauf aufbauend Musikwissenschaft, Philosophie und Deutsche Literaturgeschichte. 2008 Promotion mit der Arbeit *Das Oratorium in Frankreich zwischen 1850 und 1914. Grundzüge der Gattungsgeschichte* (Hildesheim 2011). Seit 2005 wissenschaftlicher Mitarbeiter am Institut für Kirchenmusik und Musikwissenschaft der Ernst-Moritz-Arndt-Universität Greifswald. Derzeitige Forschungsschwerpunkte sind die norddeutsche Musikkultur des späten 17. und frühen 18. Jahrhunderts sowie die Geschichte des Chorvereinswesens, vornehmlich in Deutschland und Frankreich. Er ist Beirat des *Jahrbuch Musik und Gender* (Hildesheim 2008 ff.).

KATRIN LOSLEBEN, Dr. phil., Ausbildung zur Chor- und Ensembleleiterin, Studium der Instrumentalpädagogik und Musikwissenschaft, Literatur- und Medienwissenschaft in Hannover und Malmö. 2006–2012 wissenschaftliche Mitarbeiterin im Projekt »History | Herstory: Symmetrische Musikgeschichte« der Hochschule für Musik und Tanz Köln. 2010 Promotion (*Musik – Macht – Patronage: Kulturförderung als politisches Handeln im Rom der Frühen Neuzeit am Beispiel der Christina von Schweden (1626–1689)*, Köln 2011). Seit 2012 wissenschaftliche Mitarbeiterin im DFG-Projekt »Sängerinnen und Rollen. Geschlechtskonzeptionen in der Oper des 19. Jahrhunderts« am Forschungsinstitut für Musiktheater der Universität Bayreuth; mit Annette Kreutziger-Herr Herausgeberin des Buches *History | Herstory. Alternative Musikgeschichten*, Köln 2009 (Musik – Kultur – Gender 5), mit Florian Heesch, *Musik und Gender. Ein Reader*, Wien u. a. 2012 (Musik – Kultur – Gender 10).

JUDITH MÜLLER ist freischaffende Musikerin und Diplom-Pädagogin. Seit über 12 Jahren bietet sie Bandworkshops und fortlaufende Bandangebote im Rahmen der Kinder- und Jugendkulturarbeit in Berlin an. Schwerpunkte ihrer Arbeit mit den Kinder- und Jugendbands sind der sensible Umgang mit Differenzen speziell vor den Hintergründen von Gender und Migration sowie Gruppenprozesse in den Bands. 2001–2007 studierte sie Pädagogik/Erziehungswissenschaften an der Freien Universität Berlin und schrieb ihre Diplomarbeit zum Thema *Mädchen in Rock- und Popbands in der Jugendkulturarbeit*. Seit 2010 hat sie einen Lehrauftrag an der Alice-Salomon-Hochschule in Berlin und gibt dort Praxisseminare zum Thema Musik mit Klient_innen der Sozialen Arbeit in der (Jugend-) Kulturarbeit. Seit 2012 leitet sie ein Kinder- und Jugendkulturzentrum in Berlin/Kreuzberg.

NINA NOESKE, Dr. phil., Studium der Musikwissenschaft, Philosophie und Musikpraxis in Bonn, Weimar und Jena. 2005 Promotion über Neue Instrumentalmusik in der DDR, anschließend Wissenschaftliche Mitarbeiterin an der Hochschule für Musik »Franz Liszt« Weimar. 2007–2011 Wissenschaftliche Mitarbeiterin am Forschungszentrum Musik und Gender an der Hochschule für Musik, Theater und Medien Hannover. 2012 Vertretung jeweils einer halben Professur in Hannover und an der Hochschule für Musik und Theater Hamburg. Seit Oktober 2012 Assistenzprofessorin für Musikwissenschaft an der Universität Salzburg. Forschungsschwerpunkte: Musik/Kultur vom 19. bis 21. Jahrhundert, Musikästhetik, Filmmusik, Musik und Gender, Musik und Politik.

MARTINA OSTER, Dr. phil., Kulturwissenschaftlerin. Wissenschaftliche Mitarbeiterin im hochschuldidaktischen Projekt LernkulTour an der HAWK – Hochschule für angewandte Wissenschaften und Kunst Hildesheim, Holzminden, Göttingen; Promotion zu musikbezogenen Geschlechterkonstruktionen von Kindern im Grundschulalter. Arbeits- und Forschungsschwerpunkte: Frauen- und Geschlechterforschung, Kindheitsforschung, qualitative Sozialforschung, interkulturelle musikalische Bildung, Hochschuldidaktik, Organisationsentwicklung und Prozessbegleitung.

MARTIN SEELIGER studierte Sozialwissenschaft an der Ruhr-Universität Bochum, war dort mehrere Jahre als wissenschaftlicher Mitarbeiter beschäftigt und ist heute Promotionsstipendiat am Kölner Max-Planck-Institut für Gesellschaftsforschung. Wichtige Veröffentlichungen: *Mitbestimmung zwischen Klassenkampf und Sozialpartnerschaft* (Münster 2012) sowie *Deutscher Gangstarap* (Berlin 2013); Arbeitsschwerpunkte: Internationale Arbeitsbeziehungen, Politische Ökonomie, Soziale Ungleichheit.

ILKA SIEDENBURG ist Professorin für Didaktik Populärer Musik an der Hochschule Osnabrück. Zuvor arbeitete sie als Instrumentalpädagogin für Jazz und Pop in verschiedenen Praxisfeldern sowie als Musiklehrerin an einer Bremer Gesamtschule. Sie war als wissenschaftliche Mitarbeiterin am Sophie Drinker Institut Bremen tätig und promovierte 2007 an der Universität Oldenburg. Zu ihren wissenschaftlichen Interessen gehören neben der Vermittlung Populärer Musik auch die Themen musikalische Sozialisation, musikpädagogische Genderforschung und Improvisation.

IRVING WOLTHER, Dr. phil., studierte angewandte Sprach- und Kulturwissenschaften und Journalistik an den Universitäten Mainz, Genf und Hannover. In seiner Dissertation *Kampf der Kulturen – Der Eurovision Song Contest als Mittel national-kultureller Repräsentation* analysierte er 2006 erstmals die komplexen Zusammenhänge des Wettbewerbs im Spannungsfeld zwischen Medien, Musikwirtschaft, Politik und Nationalkultur. Wolther arbeitet u. a. als Journalist und wissenschaftlicher Berater für die offizielle deutsche Eurovision-Song-Contest-Webseite www.eurovision.de. Seit 2009 organisiert er mit Studierenden verschiedener Bildungseinrichtungen in Hannover den jährlich stattfindenden Kompositionswettbewerb HÖREN!, der 2011 als »Ausgewählter Ort im Land der Ideen« ausgezeichnet wurde.

Register

Abbate, Carolyn 152
Abeles, Harold F. 217
Abert, Anna Amalie 56
Accept 144, 146, 149f., 155
– *Accept* 149, 155
»Lady Lou« 149
»That's Rock'n'Roll« 149
»Tired of Me« 149
– *Balls to the Wall* 146
– *Breaker* 146, 150
»Son of a Bitch« 150
»Starlight« 150
– *I'm a Rebel* 149
»I Wanna Be No Hero« 149
»Save Us« 149
– *Restless and Wild* 146, 150
»Restless and Wild« 150
– *Russian Roulette* 146
Ackermann, Josef 192
Adele 321
»Rolling in the Deep« 321
Adler, Guido 44f., 47
Adorno, Theodor Wiesengrund 79, 84, 86
Agawu, Kofi 43
Aggro Berlin 295
Alexander, Peter 90, 94f.
»Schenk mir ein Bild von dir« 95
Alsmann, Götz 101
Altausseer Schützenmusi 200
Ammer, Christine 221, 225
André, Maurice 230
Annielicious 126
Antonsen, Ole Edvard 235

– *Landscapes* 235
Arens, Johannes 113
Arkenau-Sanden, Rita 221
Armstrong, Louis 223, 232f.
Arrest Development 166
Assia, Lys 106
Athena 314
Aubret, Isabelle 106
Auslander, Philip 67
Avsenik, Slavko 202

Baacke, Dieter 101
Bach, Johann Sebastian 46f., 53, 62, 241
– *Brandenburgisches Konzert Nr. 2, BWV 1047* 230
Barbarossa 78
Barth, Verena 18
Baudelaire, Charles 51
Bayton, Mavis 241f., 253, 279
Beatles, The 50, 251, 258
Beauvoir, Simone de 227
Beethoven, Ludwig van 17, 46, 50, 53, 59–64, 73–88
– Klaviersonate Nr. 12, op. 26 61
– *Kreutzersonate* op. 47 61
– Ouvertüre zu *Egmont*, op. 84 61
– Ouvertüre zu *Leonore*, op. 72 61
– Sinfonie Nr. 1, op. 21 61
– Sinfonie Nr. 3, op. 55 61
– Sinfonie Nr. 5, op. 67 61
– Sinfonie Nr. 7, op. 92 61
– Sinfonie Nr. 9, op. 125 59, 74f., 81
– *Waldstein-Sonate*, op. 53 76, 78
Bekker, Paul 62
Bella Tromba 222
Bendix, Ralf 90, 94
Benjamin, Walter 51
Berry, Chuck 251
Bertelmann, Fred 90, 94

Biddle, Ian 17
Birtwistle, Harrison 225
– *Endless Parade* 225
Bithell, Caroline 207
Black, Roy 94f., 102f.
»Ganz in Weiß« 95, 103
»Irgend jemand liebt auch Dich« 103
»Wunderbar ist die Welt« 103
Blackmoore, Richie 252
Black Sabbath 145, 148
Blamberger, Alois 203, 205
Blanco, Mykki 166
Bloss, Monika 17
Bly, Robert 32, 233
Boethius, Anicius Manlius Torquatus Severinus 58
Bolan, Marc 67, 258
Bolden, Charles Joseph (»Buddy«) 223, 235
Boldoczki, Gabor 235
– *Glanz der Trompete* 235
Born, Nicolas 51
Bourdieu, Pierre 13–15, 30, 244
Bowie, David 67, 152, 257
Boy George 67
Brahms, Johannes 62
– *Sinfonie Nr. 1, op. 68* 62
Brandt, Anja 221
Braungart, Wolfgang 127
Bredemeyer, Reiner 87
– *Bagatellen für B.* 87f.
Britten, Benjamin 64, 66
– *Oberon* 66
Brockhaus, Heinz Alfred 80, 83
Brod, Harry 30, 37
Brönner, Till 224
Bronski Beat 67
Brutus 82
B-Tight 169, 173

»Neger bums mich« 169
Buhlan, Bully 96
Bund, Lisa 126
Büning, Eleonore 60
Burda, Hubert 181
Burnham, Scott 73, 79
Busch, Ernst 95
Buschkowsky, Heinz 192
Bushido 168, 173, 181, 193, 295
Butler, Judith 15, 16, 144, 154, 226

C, Lorena 113
»Piensa Gay« 113
Carrigan, Tim 28
Caruso, Carmine 228
Casa Azul, La 113
»La revolución sexual« 113
Cassirer, Ernst 190
Chaker, Sarah 157
Chiciliquatre, Rodolfo 113
»Baila el Chicki-chicki« 113
Christie, Sarah 126
Classen, Sabina 157
Clatterbaugh, Kenneth 28, 31
Cocker, Joe 251
Connell, Raewyn (Robert W., Robert William, R. W., Bob) 14f., 28, 30f., 54, 99, 211, 227, 229f., 232
Cotton, Jerry 129
Courtois, Antoine 234f.
Crazy Girlz 336
Culcha Candela 308
Curtiz, Michael 229
– *Young Man with a Horn* 229
Cusick, Suzanne 153f., 231

Dahlhaus, Carl 79f.
Danilko, Andrej siehe Serduchka, Verka

Davies, James Q. 65
Davies, John 219, 229
Davies, Peter Maxwell 216
Davis, Miles 230, 234
Deep Purple 145, 148, 252
– *Machine Head* 148
»Highway Star« 148f.
Def Leppard 148
Degele, Nina 187
De La Soul 166
Deleuze, Gilles 46
Dentler, Karl-Heinz 327
Derrida, Jacques 44
Dickinson, Bruce 149f.
Diddley, Bo 251, 253
Dietrich, Marlene 154
Dinges, Martin 25
Dion, Céline 106
Dirkschneider, Udo 144–146, 149–159
Doerk, Chris 98
Dokken 241
»Heaven Sent« 241
Doro siehe Pesch, Doro
Drinker, Sophie 53
DQ 108
»Drama Queen« 108

Eckes, Thomas 222
Eggebrecht, Hans Heinrich 73
Eisler, Hanns 80f.
Elflein, Dietmar 146
Eklund, Niklas 235
– *The Art of the Baroque Trumpet I* 235
Eleasar 215
Eldridge, Roy 232
Elias, Norbert 13
Eminem 167
Eno, Brian siehe Roxy Music

Eötvös, Peter 66
Erhart, Walter 34
Eurythmics, The 68

Faulstich-Wieland, Hannelore 325
Fast, Susan 143f., 147, 243
Feddersen, Jan 106, 113, 115, 119
Ferry, Bryan siehe Roxy Music
Feuerbrüder, Die 258
Flaake, Karin 328
Fler 173, 295
Folkestad, Göran 283
Fontane, Theodor 254
Ford, Lita 156
Ford, Mary 247, 251
Ford, Tennessee Ernie 91
»Sixteen Tons« 91f.
Forkel, Johann Nikolaus 46f.
Forman, Murray 174
Francis, Conny 251
Frankie goes to Hollywood 67
Frauenarzt 295
Frey Steffen, Therese 29
Fricker, Karen 108
Friedrich, Malte 18, 121f., 183f., 188
Frith, Simon 142, 164, 174
Fritsch, Thomas 103
Frohberg, Fred 97
Frumpy 255f.
Fuchsberger, Joachim (»Blacky«) 102

Gaar, Gillian 329
Gabbard, Krin 223, 228–230, 232, 234f.
Gabler, Milt 248
Gaitana 111f.
»Be My Guest« 112
Geisler, Miloslav Ladislav (»Ladi«) 239, 245–250

Geißler, Günter 97f.
Geißler, Rainer 183
Gerards, Marion 19
Gibson, Kirsten 17
Gildo, Rex 94f.
»Zwei blaue Vergissmeinnicht« 95
Gillan, Ian 148f.
Gillespie, Dizzy 228, 232, 234
Girlschool 144, 156
Glass, Philip 66
– *Echnaton* 66
Goehr, Lydia 46
Goethe, Johann Wolfgang 61f., 74, 254
Goldschmidt, Harry 81f., 87
Görtz, Britta 157
Gossow, Angela 157
Green, Lucy 221, 280, 288
Grönemeyer, Herbert 11, 122f., 126, 128, 134–139
– *4630 Bochum* 11, 123, 126, 139
»Alkohol« 126
»Amerika« 126
»Bochum« 126
»Erwischt« 126
»Fangfragen« 126
»Flugzeuge im Bauch« 126
»Für dich da« 126
»Jetzt oder nie« 126
»Mambo« 126
»Männer« 11, 126, 128, 134–139
– *Was muss muss* 137
Grotjahn, Rebecca 151
Guattari, Félix 46
Gubaidulina, Sofia 216

Haid, Gerlinde 17, 195
Haid, Hans 195
Haley, Bill 248
Halford, Rob 149f., 157

Hall, Clare 265
Hall, Stuart 89, 100
Händel, Georg Friedrich 46, 215
– *Coronation Anthems* 215
Hanslick, Eduard 62
Hardenberger, Håkan 225f.
Härtel, Hermann 202
Hauer, Norbert 203
Hausen, Karin 151
Haydn, Joseph 46, 62,
Heanzen-Quartett 202, 204
Hearn, Jeff 35
Heesch, Florian 17, 18, 68, 157, 240
Heesters, Johannes 181
Hegel, Georg Wilhelm Friedrich 62, 87
Heine, Heinrich 254
Heintz, Bettina 191
Helmes, Maja 221
Helms, Dietrich 275
Hendrix, Jimi 148, 249f., 253
Henze, Hans Werner 216
Hermanns, Thomas 111
Herold, Ted 94
Herr, Corinna 65
Herschelmann, Michael 171, 296–298
Heuckeroth, Gordon siehe Toppers, De
Hill, Burkhard 294
Hitler, Adolf 77–79
Hoffmann, Freia 265
Holiday, Billy 248
Höllerich, Gerhard siehe Black, Roy
Horkheimer, Max 84
Horlacher, Stefan 11, 14, 17
Horn, Guildo 112
Howarth, Elgar 225
Huber, Annegret 57
Hurrelmann, Klaus 324

International, Dana 108, 112, 115
»Diva« 108

Iron Maiden 146, 148f.
Ithamar 215

Jacobsen, Cornelia 94
Jackson, Michael 68
Jackson, Wanda 251
Jagger, Mick 68, 143, 147, 167
James, Harry 234
Jenkins, Henry 111
Jesus Christus 82
Jones, Philip 221, 225f.
Joplin, Janis 147, 154, 158
Jordan, Paul Thomas 110
Josties, Elke 18, 294, 330
Judas Priest 146, 148f., 157
– *British Steel* 148f.
»Breaking the Law« 149
– *Stained Class* 148f.
»Exciter« 149
Jung, C. G. 31
Jünger, Nadine 171, 298
Junker, Carl Ludwig 217
Jürgens, Udo 94, 103

Kagel, Mauricio 75–79, 84f., 87
– *Ludwig van* 76, 79, 84
Kämpf, Armin 97
Kaempfert, Bert 247f.
»Swinging Safari« 248
– *That latin feeling* 248
Kant, Immanuel 129, 210
Kauffeld, Greetje 247
Kaufmann, Dorothea 222
Kerman, Joseph 42
Kimmel, Michael 30
King, Vera 328
King Cole, Nat 246f.
King Cole Trio 246
King Karl, Lotto 246, 258, 260
»Hamburg meine Perle« 258

Kirkorow, Philipp 116
Kiupel, Birgit 18
Klein, Gabriele 121f., 183f., 188
Klenze, Leo von 45f.
Knaus, Kordula 66
Knef, Hildegard 247f.
Knepler, Georg 85
Knorr-Cetina, Karin 267
Koch, Marianne 102
Koch, Roland 192
Kocka, Jürgen 53
Kosofsky Sedgwick, Eve 51
Köster, Heinz 248
Kramer, Lawrence 63, 73
Kraus, Peter 94
Kraushaar, Elmar 106, 112
Kravetz, Jean-Jacques 255f.
Kreisiraadio 113
»Leto svet« 113
Kretschmer, Carola 239, 246, 254—258
Kretschmer, Thomas siehe Kretschmer, Carola
Krummacher, Michael 185
Künneke, Evelyn 247

Lacan, Jacques 44
Lammel, Inge 83
Lane, Anthony 110f.
Laux, Karl 74
Le Beau, Louise Adolpha 62
Lee, Brenda 251
Lee, Geddy 157
Lee, John 28
Lee, Spike 229
– *Mo' Better Blues* 229
Led Zeppelin 143, 145, 147f., 243
– *Led Zeppelin* 148
»Communication Breakdown« 148
Lemish, Dafna 107

Lemke, Klaus 255
- *Rocker* 255
Lenin, Wladimir Iljitsch 81
Lennox, Annie siehe Eurythmics, The
Lenz, Hans-Joachim 34
Leopold, Silke 64
Lichdi, Griseldis 221
Liebe, Willi 235
Ligeti, György 216
Lilliestam, Lars 283f.
Lindemann, Klaus 77
Lindenberg, Udo 246, 255–257
»Daumen im Wind« 256
»Good Life City« 256
»Nichts haut einen Seemann um« 256
Lipton, Jack 219, 224, 229, 231
Liszt, Franz 46, 77
Little Richard 251
Liverbirds, The 251
Loeser, Martin 11, 17
Loose, Günter 96
Lorber, Judith 232
Lord, Jon 252
Losleben, Katrin 17
Ludwig XIV. 215
Luhmann, Niklas 194
Lutz, Helma 187

Madonna 68, 165
Mahler, Gustav 236
Mamangakis, Nikos 50f.
Martin, Dean 91
Martini, Mia 106
»Memories Are Made of This« 91f.
Marvin, Hank 254
Marx, Adolf Bernhard 58, 78
May, Billy 248
Mayer, Hans 56

McCall, Lesley 187
McClary, Susan 43f., 48f., 53, 57, 59, 73, 79, 222f., 229
McLuhan, Marshall 125
McRobbie, Angela 142
Meine, Klaus 158
Mendelssohn Bartholdy, Felix 79
Messner, Michael A. 227, 232f.
Meyer, Ernst Hermann 83, 85
Meyer-Landrut, Lena 113
Mezzrow, Mezz 232
Michel, Paul 83
Moesser, Peter 92
Monroe, Marilyn 133
Monteverdi, Claudio 215
- *Orfeo* 215
Moore, Oscar 247
Moreo, Elena 108
Mörike, Eduard 254
Mornell, Adina 281
Moser, Heinz 107
Moses 215
Mötley Crüe 152
Mozart, Wolfgang Amadeus 46, 53, 62
Müller, Judith 18
Müller-Blattau, Joseph 59
Müller-Kampel, Beatrix 211
Müller-Westernhagen, Marius 122–133, 135, 138
- *Das erste Mal* 139
- *Ganz allein krieg ich's nicht hin* 128
»karikatur« 128–130, 139
- *Halleluja* 128
»SeXy« 128, 130–133, 139
- *Mit Pfefferminz bin ich Dein Prinz* 123–126, 138
»Alles in den Wind« 124f.
»Dicke« 124f.

»Giselher« 124f.
»Grüß mir die Genossen« 124
»Johnny W.« 125
»Mit 18« 123, 125
»Mit Pfefferminz bin ich Dein Prinz« 124f.
»Oh Margarete« 124f.
»Willi Wucher« 123–125
»Zieh dir bloß die Schuhe aus« 123, 125
– *Theo gegen den Rest der Welt* 140
Musikkapelle Bad Aussee 199

N., Marie 108
Nannini, Gianna 158
Napoleon Bonaparte 61
Natischinski, Gerd 96
NDR Bigband 247
Nelly 295
Neuwirth, Olga 216
Nevermann-Körting, Uta 56
Ney, Elly 77, 78
Niemann, Konrad 80
Niggemeier, Stefan 114
Noeske, Nina 17, 60
Nohr, Karin 244f.
Nora, Tia de 60
Novalis 254
Nünning, Vera 27

Oasis 260
Ocean, Frank 166
Oerter, Rolf 265
Oster, Martina 18
Ougenweide 254

Pape, Carsten 239, 246, 258–261
Papilaya, Eric 108
»Get a Life – Get Alive« 108
Parkes, Kelly Ann 231

Paul, Elisabeth 202
Paul, Les 247, 251
Paulsen, Ralf 96
Pearl Jam 154
Pederson, Sanna 61, 73
Peel, John 161
Pesch, Doro 144f., 156–159
Philip Jones Brass Ensemble 221
Pietsch, Rudolf 202
Plant, Robert 147f.
Platon 58
Plögert, Donato 106
Poe, Edgar Allan 44
Poison 152
Pollock, William 23
Porter, Susan Yank 217
Praetorius, Michael 215
Presley, Elvis 147
Pulitzer, Roxanne 224

Quatro, Suzi 67
Quinn, Freddy 90f., 94, 247
»Heimweh« 91
»Sie hieß Mary Anne« 91f.
Quinque, Rolf 228

Raab, Stefan 113
Rackwitz, Inge siehe Lammel, Inge
Rackwitz, Werner 81, 84
Rakete, Jim 138
Ramsey, Bill 94
Rattles, The 245
Reed, Lou 67
Rehberg, Peter 114
Reichel, Achim 239, 245, 250–254
– *Dat Shanty-Alb'm* 254
Reinhart, Carole Dawn 217f.
Reiser, Tobi 202
Reitz, Edgar 41, 49–52
– *Heimat I* 49–51

– *Heimat II, Chronik einer Jugend* 41, 49–52
– *Heimat III* 51
Riddle, Nelson 248
Rieger, Eva 53, 57, 224, 230, 265
Riethmüller, Albrecht 74, 78
Robinson, Tom 257
Rolland, Romain 60
Rolling Stones, The 67, 251
Rosen, Charles 42
Rosen, David 38
Rosen, Judith 53
Roth, David Lee 148
Roxy Music 67
Rudolph, Johanna 81
Runaways, The 156
Rush 157

Said, Edward 64
Sarkassian, Margaret 214
Sarrazin, Thilo 192
Saxon 148
Scheidt, Samuel 215
Schenker, Heinrich 43
Scherbaum, Adolph 230f.
Schertzinger, Victor 229
– *Birth of the Blues* 229
Scheuer, Walter 265
Schöbel, Frank 98
Reise ins Ehebett 98
Hochzeitsnacht im Regen 98
Heißer Sommer 98
»Wie ein Stern« 98
Schönberg, Arnold 80
Schmale, Wolfgang 29
Schmidt-Norden, Franz 96
Schmitz, Jochen 259
Schneider, Frank 84
Schubert, Franz 46, 50, 62f., 79
Schumann, Robert 58, 63

Scooch 113
»Flying the Flag« 113
Scorpions 146, 158
»Wind of Change« 158
Seeliger, Martin 18, 68
Serebro 111
»Song Number 1« 111
Serduchka, Verka 109
»Dancing – Lasha Tumbai« 109
Šerifovič, Marija 108
Sestre 108, 112
»Samo ljubezen« 108
Shadows, The 254
Shavelson, Melville 229
– *The Five Pennies* 229
Siedenburg, Ilka 18
Sido 168, 173, 295
Sinatra, Frank 248
Singleton, Brian 107f., 113
Ska Oriental 305, 313–316, 318f.
Smith, Bessie 154
Smyth, Ethel 56
Sokrates 82
Solie, Ruth A. 227
Solomon, Maynard 63
Sontag, Susan 110
Spaulding, Roger 228
Sputniks 254
Stardust, Ziggy siehe Bowie, David
Steblin, Rita 63
Steirische Streich, Die 206
Stewart, Dave siehe Eurythmics, The
Stewart, Rod 158
Stockhausen, Karlheinz 79, 84f., 87, 216
– *Opus 1970* 79, 85
Stoph, Willi 81f.
Storm, Theodor 254
Stroh, Wolfgang Martin 277

Stuckenschmidt, Hans Heinz 87
Studnitz, Hans-Georg von 93f.
Strawinsky, Igor 78
– *Sacre du Printemps, Le* 78
Syrutyok, Jurij 111

Thatcher, Margaret 68
Theweleit, Klaus 54, 141
»Tom Dooley« (Folksong) 97
Thon, Franz 247
Thordarson, Thomas 109
Thornton, Sarah 185
Tietze-Ludwig, Karin 117
Tomlinson, Gary 42
Too $hort 168, 170
»Blowjob Betty« 168
Toppers, De 109
Toriani, Vico 97
»Du bist mein Traum« 97
»Wenn im Tal die Glocken läuten« 97
Tornillo, Mark 146
Townsend, Pete 253
Travis, Merle 91
»Sixteen Tons« 91f.
Tschaikowsky, Pjotr Iljitsch 63
Treitler, Leo 42, 59f.
T. Rex 258
Turner, Tina 154
Twisted Sister 152

Unseld, Melanie 59
U.D.O. 146, 158
– *Man and Machine* 158
»Dancing with an Angel« 158f.

Vahsen, Mechthilde 29
Valentini, Giovanni 215
van den Toorn, Pieter 43f., 48
Van Halen 148

»Runnin' with the devil« 148
Vedder, Eddie 154
Ventures, The 254
Vukobratovic, Laura 221

Wagner, Cosima 66
Wagner, Richard 66f., 163
– *Lohengrin* 66
– *Meistersinger von Nürnberg, Die* 66
– *Parsifal* 66
– *Ring des Nibelungen, Der* 66f., 163
– *Tristan und Isolde* 67
Walser, Robert 68, 141–144, 148, 152, 240f.
Warlock 156
Weber, Carl Maria von 46
Wehler, Hans-Ulrich 53
Weinstein, Deena 144
Wende, Horst 247
Wenning, Norbert 187
Whiteley, Sheila 143f.
Wicke, Peter 121, 137
Wieland, Peter 97
Winkler, Gabriele 187
Wise, Sue 243
Wobisch, Helmut 217
Wolther, Irving 18
Women in Brass 222

Zanki, Edo 138

»Beiträge zur Kulturgeschichte der Musik«, herausgegeben von Rebecca Grotjahn

Band 1
Rebecca Grotjahn (Hg.)
Deutsche Frauen, deutscher Sang. Musik in der deutschen Kulturnation
ISBN 978-3-86906-026-2, 196 S., Paperback, € 22.00

Band 2
Cornelia Bartsch, Rebecca Frotjahn und Melanie Unseld (Hg.)
Felsensprengerin, Brückenbauerin, Wegbereiterin. Die Komponistin Ethel Smyth
Rock Blaster, Bridge Builder, Road Paver: The Composer Ethel Smyth
ISBN 978-3-86906-068-2, 264 S., Paperback, € 28.00

Band 3
Freia Hoffmann, Markus Gärtner und Axel Weidenfeld (Hg.)
Musik im sozialen Raum. Festschrift für Peter Schleuning zum 70. Geburtstag
ISBN 978-3-86906-155-9, 328 S., Paperback, € 32.00

Band 4
Marleen Hoffmann, Joachim Iffland und Sarah Schauberger (Hg.)
Musik 2.0. Die Rolle der Medien in der musikalischen Rezeption in Geschichte und Gegenwart
ISBN 978-3-86906-307-2, 184 S., Paperback, € 24.00

Band 5
Andreas Fukerider, Joachim Iffland und Cornelia Kohle (Hg.)
Lippes Grüner Hügel
Die Richard-Wagner-Festwochen in Detmold 1935–1944
ISBN 978-3-86906-312-6, 168 S., Paperback, € 22.00

Band 6
Irmlind Capelle und Maren Goltz (Hg.)
Wilhelm Berger (1861–1911). Komponist – Dirigent – Pianist
Vorträge der Tagung 2011, veranstaltet von der Sammlung
ISBN 978-3-86906-491-8, 204 S., Paperback, € 24.00

Band 7
Karin Martensen
Die Frau führt Regie
Anna Bahr-Mildenburg als Regisseurin des Ring des Nibelungen
ISBN 978-3-86906-506-9, 564 S., Paperback, € 54.00